Rudolf G. Glos

Heim-Netzwerke

Heim-Netzwerke

Fritz!Box · WLAN · DSL

Mit 257 Abbildungen

FRANZIS

Bibliografische Information der Deutschen Bibliothek

Die Deutsche Bibliothek verzeichnet diese Publikation in der Deutschen Nationalbibliografie; detaillierte Daten sind im Internet über http://dnb.ddb.de abrufbar.

Herausgeber: Ulrich Dorn
Satz: DTP-Satz A. Kugge, München
art & design: www.ideehoch2.de
Druck: Bercker, 47623 Kevelaer
Printed in Germany

ISBN 978-3-645-60034-7

Inhaltsverzeichnis

1 Grundlagen der Netzwerktechnik

Wer heutzutage mehr als einen PC besitzt – sei es, weil ein neuer angeschafft wurde, sei es, weil zu Hause ein zweiter zum Spielen oder für Kinder eingesetzt wird –, kommt um das Thema Netzwerk nicht herum. Wurden früher Daten über Disketten ausgetauscht oder war die Verbindung zweier PCs mittels Parallelkabel das höchste der Gefühle, sind heute die ausgetauschten Datenmengen so groß und die Technik so simpel, dass sich unterhalb eines Kabelnetzwerks eigentlich nichts mehr anbietet. Moderne PCs tragen dem Rechnung, indem sie schon ab Werk mit den notwendigen Schnittstellen ausgerüstet sind, diese also bereits auf dem Mainboard integriert sind.

Heute ist das Thema Netzwerkeinrichtung ohne dedizierten Server samt Software unter Windows keine große Sache mehr. Es klappt reibungslos, solange nur Rechner mit Windows Daten austauschen, Drucker gemeinsam nutzen oder Internetzugriff haben sollen. Etwas kritischer wird es, wenn unterschiedliche Windows-Versionen vernetzt werden sollen, dann muss man ein wenig Hand anlegen, damit es klappt.

1.1 DSL und Netzwerke

Einen zusätzlichen Schub hat das Thema Netzwerk durch die nahezu flächendeckende Verfügbarkeit von DSL-Zugängen bekommen. Früher war ein ISDN-Zugang zwar dank Internet Connection Sharing (ICS) ab Windows 98 problemlos möglich, zum gleichzeitigen Surfen genügte die Bandbreite von 64 KBit/s aber nicht. DSL stellte bereits zum Start genug Bandbreite bereit, um einen Zugang aufzuteilen und dennoch schnell genug surfen oder Mails abrufen zu können. Da für den DSL-Zugang auch Netzwerkkarten oder -anschlüsse am PC gebraucht werden, ist aus Herstellersicht die Ab-Werk-Ausstattung moderner PCs mit Netzwerkkarten bzw. -schnittstellen nur folgerichtig.

Über ein Netzwerk kann die Internetverbindung mit allen vernetzten PCs geteilt werden. Also: Einer zahlt … und alle Rechner im Heimnetzwerk surfen! Mit DSL reicht die Bandbreite für alle, denn die eine Leitung kann benutzt werden, um beliebig viele Rechner dranzuhängen. Zum Surfen genügt die Grundausstattung mit 1 MBit/s, wenn Daten hochgeladen werden sollen, sind allerdings schon 2 MBit/s nicht mehr ausreichend. Bei neuen Anschlüssen liegt der Standard inzwischen bei 6 MBit/s, damit steht genügend Bandbreite zur Verfügung.

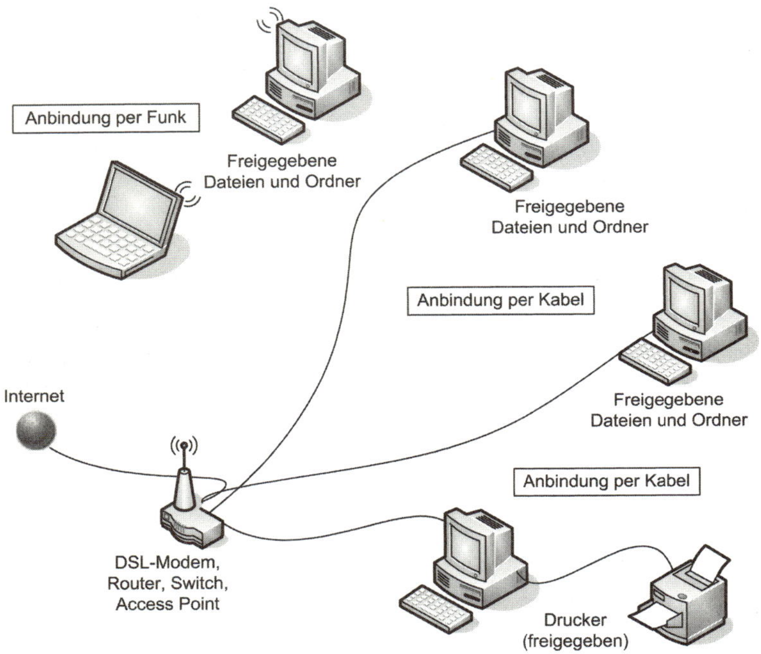

Bild 1.1: Beispiel eines Netzwerks bestehend aus Kabel- und WLAN-Verbindungen mit Datei- und Druckerfreigaben.

Da beim Abschluss eines neuen DSL-Vertrags fast immer ein WLAN-Router mit im Lieferumfang enthalten ist, sind Funknetze heute nahezu flächendeckend vorhanden. Allerdings steigt mit zunehmender Funknetzdichte auch das notwendige Wissen, um das Netz clever abzusichern. Aber auch das ist bei einem Computer neuerer Bauart kein Problem mehr, denn diese beherrschen die derzeit aktuelle WPA2-Verschlüsselungstechnologie.

Kritischer wird es, wenn Sie z. B. ein älteres Notebook integrieren möchten – hier kann oftmals lediglich eine WEP-Verschlüsselung mit geringer Sicherheit eingestellt werden. Ist das der Fall, hilft nur die Anschaffung einer separaten WLAN-Lösung via USB, die das Sicherheitsniveau nicht absenkt.

1.2 Betriebssysteme und Protokolle

Schon lange vor Windows 7 stellten Windows 3.11 für Workgroups und Linux die Basistechnologie für Heimnetzwerke zur Verfügung. Allerdings verwendete Windows seinerzeit im Gegensatz zu TCP/IP das Netzwerk-Übertragungsprotokoll NetBEUI, das eindeutig auf den Datenaustausch verkabelter PCs zugeschnitten war. Linux beherrschte aufgrund seiner UNIX-Wurzeln dagegen standardmäßig TCP/IP.

TCP/IP wurde als Internetprotokoll bekannt und leitete einen wesentlichen Umschwung in der Netzwerkwelt ein: Es wurde zum Standardprotokoll, weil es hersteller- und plattformübergreifend zur Übertragung von Daten eingesetzt werden konnte. Während Windows nach und nach TCP/IP als Standard übernahm, blieben die alten Protokolle aus Kompatibilitätsgründen erhalten. Das hat bis heute bestimmte Sicherheitslücken im Bereich der Datei- und Druckerfreigabe zur Folge.

Der wesentliche Unterschied zwischen Windows und Linux besteht allerdings darin, dass die Betriebssystemversionen von Microsoft keine Serversoftware enthalten. Boten frühere Windows-Versionen wenigstens noch den Personal Internet Server zur Bereitstellung von HTML-Seiten im Internet an, stehen heute zwar für alle wesentlichen Netzwerkaufgaben Spezialprogramme von Microsoft bereit, allerdings sind sie für Privatleute unerschwinglich.

Linux als Open-Source-System bietet hingegen auch die nötige Serversoftware kostenlos an, um aus einem PC einen Datei-, Druck-, Internet- oder Mailserver zu machen. Das funktioniert aufgrund der geringeren Systemanforderungen sogar mit vergleichsweise schwachbrüstigen PCs, denen unter Windows XP oder gar Windows Vista längst die Luft ausginge.

Wenn Sie aber einen ordentlichen Windows-PC zum Server umfunktionieren wollen, ist das mit den Windows-Versionen von Apache (Internetserversoftware) und Samba (Dateiserversoftware) kein Problem. Mit Apache realisieren Sie einen eigenen Webserver, der per DynDNS über Ihre DSL-Leitung angebunden werden kann; mit Samba steht ein Fileserver für zu Hause bereit.

1.3 Aufbau eines Client-Server-Systems

Grundsätzlich steht jeder, der Daten über ein Netzwerk schicken möchte, vor der Frage, wie das Netzwerk aufgebaut sein soll. Im Industriebereich gibt es da keine Diskussion, hier wird grundsätzlich eine Serverlösung vorgesehen. Das bedeutet, dass ein oder mehrere Rechner ausgewählte Aufgaben für alle am Netz angeschlossenen Rechner übernehmen, also Daten bereitstellen (Dateiserver), Druckaufträge abwickeln (Druckserver), Internetseiten bereitstellen (Internetserver) oder den Mailverkehr organisieren (Mailserver). Je nach Umfang dieser Aufgaben sind die Rechner entsprechend dimensioniert.

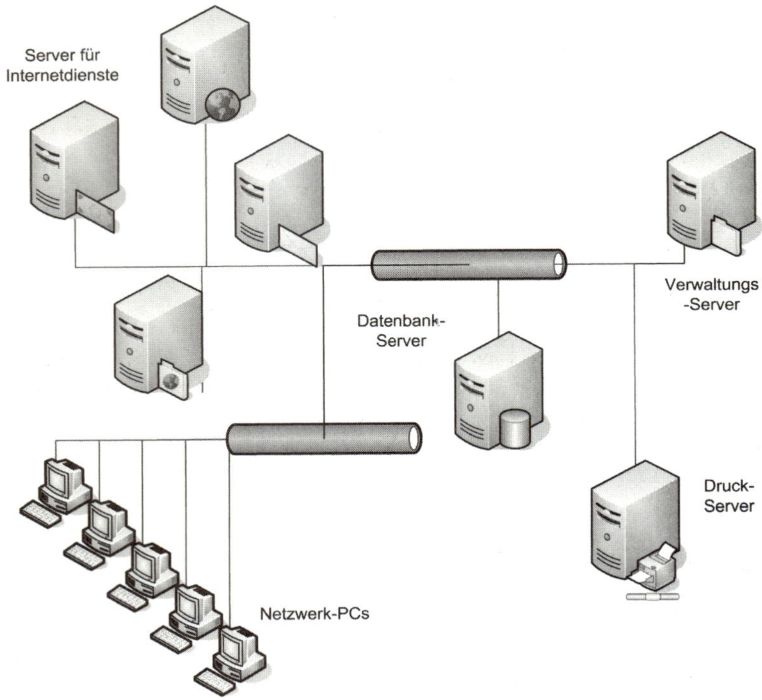

Bild 1.2: Typischer Aufbau eines Servernetzwerks.

An diesen Servern hängen sogenannte Clients, die die bereitgestellten Dienste nutzen. Im Computersprachgebrauch spricht man von Client-Server-Systemen. In einem solchen Umfeld spielen dann auch Aspekte wie die Benutzerverwaltung und die Rechtevergabe – »Wer darf was mit welchen Daten machen?« – eine wesentliche Rolle. Schließlich soll nicht jeder die Daten der Buchhaltung einsehen können oder den teuren Farbdrucker der Werbeabteilung zur Ausgabe gescannter CD-/DVD-Cover verwenden. Für große Netze werden daher ausgeklügelte Administrationsmöglichkeiten und Netzwerkmanagementprogramme eingesetzt, um das Client-Server-System in schnellen und geordneten Bahnen zu halten.

Daten gezielt im Netzwerk verteilen

Für die Verteilung der Daten in solchen Netzwerken waren ursprünglich sogenannte Hubs zuständig, die die Daten komplett an alle angeschlossenen Systeme verteilten. Mit immer größeren Netzen wurde die Belastung durch den ungeordneten Datenverkehr so hoch, dass eine Alternative entwickelt werden musste: der Switch. Jetzt war es möglich, die Daten gezielt zu verteilen und die Netzbelastung in Grenzen zu halten. Der Switch ersetzte den Hub nahezu überall.

Ein Hub ist bei geringem Datenvolumen, das im Netz übertragen wird, eine einfache Lösung. Er agiert wie ein Bürobote, der bei jeder Postverteilung grundsätzlich alle Büros aufsucht und dann prüft, ob er etwas dabeihat. Kein Problem, solange es nur ein paar Briefe oder Faxe sind. Steigt aber die Briefmenge, braucht er zu lange bzw. werden zu viele Leute bei der Arbeit gestört.

Der Switch ist cleverer: Er schaut vorher auf das Namensschild und die Adressierung und besucht nur die Büros, für die er etwas hat. Selbst bei großen Mengen spart das Zeit. Für den Übergang von einem Netz zum nächsten wurde das Konzept des Switchs, also des partiell intelligenten Lastverteilers, noch einmal erweitert, der Router kam hinzu. Er wickelt alle Aufträge ab, die von den Clients an ein anderes Netz geschickt werden. Ob es sich beim adressierten Netz um ein weiteres Unternehmensnetz handelt oder um das Internet, spielt keine Rolle.

1.4 Peer-to-Peer-Netze für zu Hause

Jenseits der großen Netzwerke haben die Privatanwender oder Arbeitsgruppen in kleineren Büros ganz andere Bedürfnisse: Sie benötigen normalerweise keinen speziellen Server, der Daten bereitstellt, sondern möchten nur Daten zwischen zwei oder mehreren PCs austauschen. Auch muss die Benutzerverwaltung nicht kompliziert die unterschiedlichsten Ansprüche abdecken.

Dementsprechend sieht das Netzkonzept hier etwas anders aus: Zwei oder mehrere PCs sind mehr oder weniger gleichberechtigt, sie sollen Daten austauschen können und sind dazu miteinander verbunden. Da alle gleichwertig sind, spricht man von einem Peer-to-Peer-Netz.

In einem Peer-to-Peer-Netz kann jeder PC Server und Client sein, indem er einerseits Daten bereitstellt, andererseits aber auch wieder welche von anderen abruft. Für solche privaten Netze war der Hub lange Zeit ein ideales Produkt, denn das Datenaufkommen war gering, die Vorteile eines Switchs erschlossen sich erst bei einer größeren Anzahl teilnehmender PCs.

Zwei PCs mit einem Patchkabel verbinden

Die einfachste Form des gleichberechtigten Netzes ist die Direktverbindung zweier PCs per Kabel. Es lassen sich schnell Daten hin- und herkopieren, Drucker oder Internet kann gemeinsam genutzt werden. Mit der Verbreitung des WLAN hat das Thema Peer-to-Peer noch einmal eine Erweiterung erfahren, denn zwischen zwei WLAN-fähigen PCs ist ein schneller Datenaustausch im sogenannten Ad-hoc-Modus möglich. Dazu wird eine Direktverbindung auf Funkebene hergestellt. Das klappt zwischen stationärem PC und Notebook genauso wie zwischen zwei tragbaren PCs.

Bei einer PC-Direktverbindung können Sie zwei Rechner direkt mit einem sogenannten gekreuzten Kabel miteinander verbinden. Ein gekreuztes Kabel (Crossover-Kabel) ist einfach ein ganz normales Patchkabel (Twisted Pair), bei dem an einem Ende die Sende- und Empfangsleitung vertauscht ist. Setzen Sie keinen Hub oder Switch ein, sollten Sie unbedingt darauf achten, dass es wirklich gekreuzt ist, sonst lässt sich keine Verbindung zwischen den beiden Netzwerkkarten aufbauen. Ein gekreuztes Kabel hat normalerweise eine rote Markierung am Kabel und kostet je nach Länge 5 bis 10 Euro.

Bild 1.3: Solange nur zwei PCs im Einsatz sind, können diese über ein gekreuztes Patchkabel verbunden werden. Ein Hub oder Switch ist hier nicht notwendig.

Zeitgemäße Technik für Daheim ist kabellos

Peer-to-Peer-Netzwerke und Ad-hoc-Verbindungen sind allerdings nicht mehr wirklich zeitgemäß: Auch Privathaushalte stellen inzwischen ähnliche Ansprüche in Sachen Internetzugang wie kleine Unternehmen und sind auch weitaus anspruchsvoller, was die Verkabelung angeht. Wer hat schon Lust, für ein kleines Netz zwischen zwei oder drei Computern Kabel durch die Wohnung oder das Haus zu legen? Wo in Bürogebäuden Kabelschächte sind, haben Wohnungen bestenfalls Fußleisten.

Und so wird nach dem Telefon jetzt der Computer vom Kabel befreit. Einige wenige Freaks bauen sich zu Hause ihren eigenen Server für Multimedia-Dateien etc. Aber auch da zeichnet sich ein klarer Trend ab – zeitgemäße Technik fürs Wohnzimmer ist kabellos.

Wohnzimmergeräte wie Apple TV weisen den Weg: Attraktive Technik fürs Wohnzimmer, Vernetzung per WLAN und ein grauer, rauschender Server irgendwo in einem Arbeitszimmer oder im Keller. Ob dieser Server dann mit Windows oder mit Linux realisiert wird, spielt keine Rolle, denn beide Systeme beherrschen TCP/IP und WLAN-Standards vom Typ 802.11.

1.5 Die Internetprotokollfamilie TCP/IP

Wie auch immer Ihr Netzwerk Daten übertragen wird und welches Betriebssystem Sie auch einsetzen, an TCP/IP, der Internetprotokollfamilie, kommen Sie nicht vorbei. Jetzt brauchen Sie sich aber nicht mit so diffizilen Dingen wie Protokollschichten, Headern oder dergleichen herumzuschlagen, für Sie genügen die Basics der Adressierung. Außerdem müssen Sie wissen, dass TCP/IP festlegt, wie Daten im Internet und im Netzwerk übermittelt werden. Bei einer Netzwerkverbindung oder einer Internetverbindung wird keine direkte Verbindung zwischen zwei Punkten hergestellt, wie das beispielsweise beim Telefonieren der Fall ist.

Die Daten werden vielmehr in kleine Pakete zerlegt und auf den Weg zum Ziel geschickt. Wo sie hinmüssen, steht in der Adresse. Am Ziel werden die Pakete dann wieder in der richtigen Reihenfolge zusammengesetzt. Auch das wird über TCP/IP gesteuert, denn Reihenfolge und Anzahl der Pakete werden ebenfalls übermittelt. Dazu kommen noch ein paar Prüfgeschichten und sonstige Informationen – das muss Sie aber nicht interessieren.

Zusammensetzung einer TCP/IP-Adresse

Damit ein Rechner über TCP/IP angesprochen werden kann, muss seine Adresse, die sogenannte IP-Adresse, bekannt sein. Die Adressierung ist bei TCP/IP in ihrer Struktur festgelegt, auf der Basis der Version IPv4 können bis zu 4.294.967.296 Rechner in ein Netzwerk integriert werden. IPv4 nutzt 32-Bit-Adressen, die Weiterentwicklung IPv6 hingegen setzt auf 128-Bit-Adressen und ist bis heute (2008) noch nicht allzu sehr verbreitet.

Eine TCP/IP-Adresse ist immer identisch aufgebaut: Sie setzt sich zusammen aus einem Netzwerkteil und einen Hostteil (Adressenteil). In der Regel ist die 32-Bit-Adresse in einen 24-Bit-Netzwerkteil und einen 8-Bit-Hostteil aufgeteilt. Der Hostteil wird im LAN (im lokalen Netzwerk) zugeteilt, während der Netzwerkteil von der IANA (Internet Assigned Numbers Authority) vergeben wird, die über die Vergabe der offiziellen IP-Adressen wacht.

Für die Konfiguration des Hostteils sind in einem sogenannten Class-C-Netzwerk – das ist ein typisches privates Netz – 254 Geräteadressen für angeschlossene Clients verfügbar. Die Endadresse 255 ist für den Broadcast (zu Deutsch: Rundruf, also Übertragung an alle) reserviert, während die Adresse 0 für das Netzwerk selbst reserviert ist.

Für die Aufteilung des Netzwerk- und Hostteils ist die Netzmaske zuständig: Im Fall eines Class-C-Netzwerks gibt die Adresse *255.255.255.0* eine sogenannte Trennlinie zwischen beiden Teilen an. Die binäre *1* steht für den Netzwerkteil, und die *0* steht für den Adressteil.

So entspricht die Netzwerkmaske

```
255.255.255.0
```

und binär

```
11111111.11111111.11111111.0000000
```

Die ersten 24 Bit (die Einsen) sind der Netzwerkanteil.

Sie müssen sich aber gar nicht mit der Adressvergabe herumschlagen, denn der heimische Rechner ist immer mit folgenden Daten ansprechbar. So sind einige Klassen von Netzwerkadressen für spezielle Zwecke reserviert, anhand deren man ablesen kann, mit welchem Netzwerk man es zu tun hat. Beispielsweise ist eine IP-Adresse beginnend mit *192.X.X.X* oder *10.X.X.X* ein internes, in Ihrem Fall ein Heimnetzwerk.

Adressbereich	Netzwerk
192.168.0.0	Heimnetz, bis zu 254 Clients
172.16.0.0	Unternehmensnetz, bis zu 65.000 Clients
10.0.0.0	Unternehmensnetz, bis zu 16 Mio. Clients

Sobald aus einem heimischen Rechner ein Netz mehrerer Computer wird, beginnt die IP-Adresse mit *192.168.0.* Auf dieser Basis können in das Netz bis zu 254 Geräte eingebunden werden, indem die letzte Zahl von 0 bis 254 hochgezählt wird. Allerdings hat kaum jemand zu Hause so viele Geräte im Einsatz, es wird bei überschaubaren Adressbereichen bleiben.

Adresszuweisung: dynamisch oder statisch?

Gewöhnen Sie sich für die Vergabe der IP-Adressen entweder die automatische Zuweisung via DHCP oder eine statische Zuweisung mit festen Adressen an. Arbeiten Sie mit festen Adressen, sollten Sie gegebenenfalls nur ausgewählte, leicht merkbare IP-Adressen verwenden, also *192.168.0.1* für den Router, *192.168.10* für den zentralen Rechner und für weitere die Endnummer *20*, *30* etc. Wer generell Schwierigkeiten hat, sich die Nummern zu merken, kann die Rechner beispielsweise nach Alter nummerieren – in der Regel weiß man genau, welchen PC man zuerst gekauft hat.

Localhost: die Standard-IP-Adresse

Egal ob als Betriebssystem Windows, Linux, Mac OS oder was auch immer zum Einsatz kommt: Jeder PC besitzt – unabhängig davon, ob er im Internet oder im heimischen Netzwerk betrieben wird – eine Standard-IP-Adresse. Diese wird als sogenannter Localhost mit der IP-Adresse *127.0.0.1* bezeichnet.

Windows-Anwender können diese Einstellung in der Datei *hosts* im Windows-Verzeichnis *C:\WINDOWS\system32\drivers\etc* prüfen. Die *hosts*-Datei lässt sich mit einem Editor wie Notepad öffnen und bearbeiten. Verhält sich der heimische PC beispielsweise nach einem Virenbefall oder Trojanerangriff seltsam und werden Webseiten fehlerhaft dargestellt bzw. wird auf andere Webseiten weitergeleitet, wurde in der Regel die *hosts*-Datei manipuliert.

```
C:\>ping localhost

Ping kistexp [127.0.0.1] mit 32 Bytes Daten:

Antwort von 127.0.0.1: Bytes=32 Zeit<1ms TTL=64
Antwort von 127.0.0.1: Bytes=32 Zeit<1ms TTL=64
Antwort von 127.0.0.1: Bytes=32 Zeit<1ms TTL=64
Antwort von 127.0.0.1: Bytes=32 Zeit<1ms TTL=64

Ping-Statistik für 127.0.0.1:
    Pakete: Gesendet = 4, Empfangen = 4, Verloren = 0 (0% Verlust),
Ca. Zeitangaben in Millisek.:
    Minimum = 0ms, Maximum = 0ms, Mittelwert = 0ms

C:\>
```

Bild 1.4: Der Rechner *localhost* wird in der *hosts*-Datei konfiguriert. Mit einem *ping localhost* wird die IP-Adresse zurückgegeben.

Reibungslose Kommunikation via Gateway

Der Vollständigkeit halber sei hier auch das sogenannte Gateway erwähnt. Innerhalb des Heimnetzwerks können sämtliche Geräte direkt miteinander kommunizieren und Daten austauschen. Soll hingegen eine Verbindung zu einem Gerät aufgebaut werden, das sich nicht innerhalb des adressierbaren Adressbereichs befindet, müssen diese Heimnetze miteinander verbunden werden. Diese Aufgabe übernimmt das Gateway bzw. der Router, der quasi sämtliche verfügbaren Netzwerke »kennt« und die Pakete bzw. Anforderungen entsprechend weiterleitet und empfängt. Im Internet sind demnach einige Router im Betrieb, da es technisch nahezu unmöglich ist, dass ein einzelner Router alle verfügbaren Netze kennt und direkt adressieren kann.

In der Regel hat der Router auch einen DHCP-Server eingebaut, der für die Vergabe der IP-Adressen im Heimnetz zuständig ist. Sind Daten für eine IP-Adresse außerhalb des Heimnetzes bestimmt, wird es automatisch an das konfigurierte Standardgateway, also den Router, weitergeleitet. Verbindet sich der heimische DSL-WLAN-Router mit dem Internet, versteckt dieser das private Netz hinter der öffentlichen IP-Adresse, die der DSL-WLAN-Router beim Verbindungsaufbau vom Internetprovider erhalten hat. Dieser Mechanismus der Adressumsetzung, NAT (Network Address Translation) genannt, sorgt dafür, dass die Datenpakete vom Heimnetz in das Internet (und wieder zurück) gelangen.

Übermittlung von IP-Adressen im Internet

Alle Server im Internet sind ebenfalls über eine IP-Adresse ansprechbar, aber das könnte sich keiner merken. Wer weiß schon, dass sich hinter *217.64.171.171 www.franzis.de* verbirgt? Deshalb gibt es im Internet zentrale Server, deren einzige Aufgabe darin besteht, für die von Ihnen eingegebene Internetadresse (URL) den richtigen Zahlencode bereitzustellen.

Nichts anderes passiert nämlich bei der Eingabe der URL: Der Rechner übermittelt seine Anfrage im Klartext an den sogenannten **D**omain **N**ame **S**erver (DNS). Ein DNS-Server führt eine Liste mit Domain-Namen und den IP-Adressen, die jedem Namen zugeordnet sind.

Wenn ein Computer die IP-Adresse zu einem bestimmten Namen benötigt, sendet er eine Nachricht an den DNS-Server. Dieser sucht die IP-Adresse heraus und sendet sie an den PC zurück. Kann der DNS-Server die IP-Adresse lokal nicht ausfindig machen, fragt er einfach andere DNS-Server im Internet, bis die IP-Adresse gefunden ist.

Damit die Daten, die Sie angefordert haben – und im Internet wird jede Seite aus übermittelten Daten aufgebaut –, auch wieder zu Ihnen bzw. zu Ihrem Rechner zurückgelangen, braucht der Server Ihre IP-Adresse. Nun wird nicht jedem Internetteilnehmer kurzerhand eine IP-Adresse verliehen – dafür gibt es einfach nicht genug Adressen. Stattdessen hat jeder Provider einen Pool mit IP-Adressen, die jeweils nach Bedarf vergeben werden.

Wenn Sie sich in das Internet einloggen, teilt Ihnen der Provider eine Adresse zu, die so lange gültig ist, bis Sie die Verbindung trennen oder bei einem DSL-Anschluss 24 Stunden vorbei sind. Bei der nächsten Einwahl erhalten Sie eine andere Adresse aus dem Pool.

Diese Technik ist quasi nichts anderes als die eines DHCP-Servers (**D**ynamic **H**ost **C**onfiguration **P**rotocol). Damit bekommen alle an ein Netzwerk angeschlossenen Computer, egal ob WLAN oder nicht, automatisch die TCP/IP-Konfiguration zugewiesen. Zusammen mit Ihrer Anfrage bei einer URL wird also Ihre eigene dynamische Adresse übermittelt, damit Sie auch eine Antwort bekommen.

Aus dem Internet sieht man nur den Router

Wenn Sie Ihr Netzwerk mit einem Router für den Internetzugang ausstatten, übernimmt Ihr Router künftig einen Teil der Aufgaben rund um die Adressierung. Das macht Ihnen das Leben nicht nur etwas leichter, sondern vor allem viel sicherer, denn nach außen tritt lediglich der Router in Erscheinung, Ihren PC bekommt das Internet nicht so leicht zu sehen. Das beginnt schon damit, dass von außen nicht mehr die zugewiesene Adresse des Rechners zu sehen und zu verwenden ist, sondern die des Routers. Alle Anfragen stellt der Router, alle Antworten nimmt er entgegen und leitet sie netzwerktechnisch betrachtet als Switch innerhalb des heimischen Netzes an den passenden Rechner weiter.

Für den Router gibt es also intern den Nummernkreis *192.168.X.X* und nach außen alle anderen. Der einzelne Rechner ist nicht mehr direkt ansprechbar, sondern die Adresse ist immer die des Routers. Das ist ein erster Schritt in Richtung mehr Sicherheit im Internet, denn nun kann nicht mehr direkt auf möglicherweise offene Ports Ihres Rechners oder eines anderen im Netz zugegriffen werden. Noch mehr Sicherheit bietet eine im Router aktivierte Firewall, deren Ziel es ist, nur zulässige und ungefährliche Pakete durchzulassen und bestimmte Pakete kurzerhand abzulehnen. Sie nehmen ja auch nicht jede Nachnahme an.

2 WLAN: drahtlos überall online

WLAN (Wireless Local Area Network) ist mittlerweile nicht nur breit etabliert, sondern auch durch die niedriegen Preise erschwinglich wie nie. Das Schöne: Mit dem Notebook können Sie drahtlos nicht nur zu Hause, sondern fast überall online sein, vorausgesetzt, es ist ein sogenannter Hotspot in der Nähe, mit dem sich die WLAN-Karte oder der WLAN-USB-Stick verbinden kann. Das ist nach wie vor trendy und in vielen Coffeeshops, am Flughafen oder in Bahnhöfen zu beobachten.

Den meisten Spaß macht WLAN aber zu Hause. Möchten Sie den Kabelsalat ein für alle Mal aus dem Wohnzimmer verbannen oder mit Ihrer Familie oder Freunden gemeinsam den Internetanschluss ohne langwieriges Kabelverlegen nutzen, ist WLAN erste Wahl.

2.1 Vorteile von WLAN-Funknetzen

Obwohl WLAN primär für mobile Endgeräte wie Notebooks gedacht ist, können Sie auch stationäre Computer mit einer WLAN-Karte nachrüsten – entsprechende sind ab 30 Euro erhältlich. Ein Grund dafür kann beispielsweise der fehlende Internetzugang im Wohnzimmer sein – sprich, man möchte sich das Strippenziehen und Löcherbohren in den Wänden ersparen.

Auch für ältere Notebooks ist das Nachrüsten via PCMCIA-(PC-Card-)WLAN-Karte problemlos möglich, eine Karte kostet ebenfalls um die 30 Euro. Für Notebooks wie für Desktop-PCs gibt es eine besonders praktische Variante, den USB-Adapter. Das oft bei älteren Notebooks vorhandene USB 1.1 ist zwar nicht mehr zeitgemäß, reicht aber für die langsamen WLAN-Standards völlig aus. Highspeed-WLAN realisieren Sie damit ab USB 2.0, was nahezu jeder Computer neuerer Bauart beherrscht.

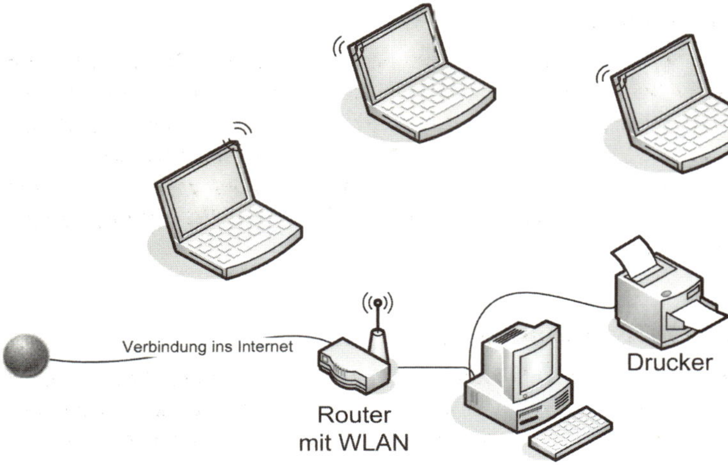

Bild 2.1: Desktop-PCs werden normalerweise per Kabel angeschlossen, Notebooks nehmen per Funk Kontakt auf.

Ein WLAN-Funknetz bietet viele Vorteile. Im Netzwerk können Sie Verbindung zu anderen Rechnern und sonstigen Geräten wie Druckern, Videoservern etc. durch Wände und eingeschränkt auch über mehrere Etagen aufbauen, ohne Kabel legen zu müssen. Außerdem ermöglicht dieses Netzwerk, mit einem Drucker mehrere Rechner zu versorgen, auf Daten zuzugreifen oder MP3s vom PC aus in der ganzen Wohnung zu hören.

Unterschiedliche WLAN-Standards

Derzeit gibt es für WLAN im Wesentlichen zwei unterschiedliche Standards – je nachdem, welche WLAN-Steckkarte Sie nutzen, sendet diese im 2,4-GHz- oder im 5-GHz-Funkbereich. Die Funkleistung von 2,4 GHz ist mittlerweile veraltet, da es nur 11 MBit/s übertragen kann. Das moderne 5-GHz-Funknetz schafft per Standard 54 MBit/s. Firmenspezifische Lösungen bieten bei gleicher Funkleistung schon das Doppelte, diese Technik ist jedoch nicht standardisiert und macht somit speziell aufeinander abgestimmte Komponenten notwendig. Damit kommen Sie problemlos durch dicke Wände in der Wohnung oder im Haus, und im Freien kann die Reichweite um die 100 Meter für eine Funkübertragung betragen.

Mit Aufwand, also mit speziellen Antennen (ab 50 Euro), lässt sich die Reichweite bei freier Sicht auf einige hundert Meter und mit speziellen Richtantennen sogar auf bis zu zwei Kilometer erhöhen.

WLAN-Betrieb im Ad-hoc-Modus

Ein WLAN lässt sich wahlweise im sogenannten Ad-hoc-Modus oder im Infrastruktur-Modus betreiben. Im Ad-hoc-Modus kommunizieren die Stationen, also die Rechner, direkt miteinander. Ad-hoc-Verbindungen sind hier quasi Point-to-Point-Verbindungen, von denen aber jede Station mehrere haben kann – ein Vorteil des Funknetzes. Der Ad-hoc-Modus ist für Anwender geeignet, die kein großes Funknetz aufbauen möchten, sondern nur schnell zwei WLAN-Geräte miteinander verbinden wollen.

WLAN-Betrieb im Infrastruktur-Modus

Der Infrastruktur-Modus braucht stattdessen einen sogenannten Access Point, über den die WLAN-Komponenten kommunizieren und auch auf das kabelgebundene Netz wie das Internet etc. zugreifen können. Access-Point-Technik liefern alle WLAN-Router, die Sie im Handel kaufen können. So macht ein Access Point nichts anderes, als die Daten zwischen WLAN und LAN hin- und herzuschieben, und stellt somit eine Sende- und Empfangseinheit dar.

2.2 WLAN-Router für das Heimnetzwerk

Für das Netzwerk zu Hause nutzen Sie einen DSL-fähigen WLAN-Router, mit dem Sie alle Räume der Wohnung mit Internet versorgen können, ohne in jedem einzelnen Raum Löcher durch die Wand bohren zu müssen. Als Erstes wird der Router ausgepackt und aufgestellt. Anschließend kommt der Rundstecker der Stromversorgung in das Gerät. Auf der Rückseite des Routers ist eine Buchse mit der Aufschrift DSL/TEL, in die das Kabel des DSL-Modems eingesteckt wird.

Bild 2.2: Über die DSL/TEL-Buchse (links) stellen Sie die Verbindung zum Internet Service Provider her. (Foto: AVM)

Damit ist eine permanente Internetverbindung möglich, ohne dass ein Computer im Netzwerk laufen muss. Anschließend können Sie hier sowohl kabelgebundene Netzwerkkarten als auch WLAN-Netzwerkkarten mit einem WLAN-Router in einem gemeinsamen Netz betreiben.

Zum Einrichten und Konfigurieren des WLAN-Routers schließen Sie ihn aus Sicherheitsgründen per Twisted-Pair-Netzwerkkabel an. Das sollten Sie auch bei Notebooks beherzigen, die standardmäßig immer mit WLAN-Adaptern ausgestattet sind. Für die Ersteinrichtung ist Funk eigentlich tabu.

Grundvoraussetzung für eine WLAN-Verbindung mit einem WLAN-Router ist eine WLAN-Karte. Befindet sich in Reichweite ein WLAN-Router, können Sie kabellose Geräte miteinander verbinden und beispielsweise den Internetanschluss zur Verfügung stellen. Auch wenn die Verbindung allgemein als unsicher gilt, kann durch geschickte Konfiguration die Übertragung mithilfe verschiedenster Mechanismen sicherer gemacht werden.

Phänomen Elektrosmog
Immer wieder in der Diskussion und nicht wegzuleugnen – WLANs tragen durch ihre elektromagnetische Strahlung mit zum Phänomen Elektrosmog bei. Ähnlich wie Schnurlostelefone sind WLANs dauerhaft auf Sendung, auch wenn gerade keine Daten übertragen werden. Wenn Sie die Bildung von Elektrosmog einschränken möchten, können Sie die meisten Router mit einer Nachtschaltung abschalten. Geht das nicht, hilft nur die Methode »Stecker ziehen«. Vorsicht ist jedoch geboten, wenn Sie Internettelefonie (VoIP) nutzen. In diesem Fall sollten Sie das komplette Abschalten vermeiden, denn dann können Sie auch nicht mehr telefonieren.

2.3 Norm, Frequenz, Geschwindigkeit

WLANs arbeiten mit bestimmten Standards, die Funkfrequenz, Kanalnummer und Übertragungsgeschwindigkeit festlegen. Für den Aufbau eines WLAN bedeutet das zunächst, dass alle Komponenten einen gemeinsamen Standard beherrschen müssen, um zusammenzuarbeiten. Funknetze verständigen sich per Funk, dazu brauchen sie eine gemeinsame Frequenz. Die gemeinsame Frequenz gehört zusammen mit anderen Daten zur Norm, die für die Kommunikation benötigt wird. Die Basisnorm heißt 802.11.

Wie bei allem in der Welt gibt es aber auch hier unterschiedliche Normen, die sich ungünstigerweise nur im Abschlussbuchstaben unterscheiden. Es gibt also 802.11b, 802.11g etc. Die verschiedenen Normen, auch Standards genannt, haben unterschiedliche Frequenzen, unterschiedliche Reichweiten und unterschiedliche Übertragungsgeschwindigkeiten.

Die Welt der Funknetze heute

IEEE-Standard	Beschreibung	Bemerkung
802.11	Protokoll und Übertragungsverfahren für drahtlose Netze (bis 1997 für 2 MBit/s bei 2,4 GHz definiert).	Grundlage für alle WLAN-Standards.
802.11a	WLAN mit bis zu 54 MBit/s im 5-GHz-Bereich, 12 nicht überlappende Kanäle, Modulation: **O**rthogonal **F**requency **D**ivision **M**ultiplexing (OFDM).	In Deutschland eher unüblich und selten; nicht mehr aktuell.
802.11b	WLAN mit bis zu 11 MBit/s im 2,4-GHz-Bereich, 3 nicht überlappende Kanäle.	Früher WLAN-Standard in Europa, immer noch in älteren Centrinos zu finden.
802.11b+	WLAN mit bis zu 22 MBit/s im 2,4-GHz-Bereich, Modulation: PBCC.	Modifizierte Variante des 802.11b-Standards. Verbreitung eher gering.
802.11c	Wireless Bridging zwischen Access Points.	
802.11d	Anpassungen an regionale Regulierungen und Besonderheiten wie den Frequenzbereich.	
802.11e	Erweitert WLAN um QoS (**Q**uality **o**f **S**ervice) – Priorisierung von Datenpaketen, z. B. für Multimedia-Anwendungen und Streaming.	
802.11f	Roaming zwischen Access Points verschiedener Hersteller.	

Die Welt der Funknetze heute		
IEEE-Standard	**Beschreibung**	**Bemerkung**
802.11g	54-MBit/s-WLAN im 2,4-GHz-Band, Modulation: OFDM.	Dieser Standard steckt in allen modernen Notebooks und wird von nahezu allen modernen WLAN-Geräten beherrscht. Darunter geht perspektivisch nichts mehr.
802.11h	Ergänzungen zu 802.11a für Europa: DFS (**D**ynamic **F**requency **S**election) und TPC (**T**ransmit **P**ower **C**ontrol).	
802.11i	WPA2: Verbesserung der Verschlüsselung: AES, 802.1x (aufbauend auf WEP und WPA).	WPA2 ist inzwischen mit vielen Adaptern für den Standard g oder höher möglich.
802.11j	Japanische Variante von 802.11a.	
802.11k	Bessere Messung/Auswertung/Verwaltung der Funkparameter wie Signalstärke; macht ortsbezogene Dienste möglich.	
802.11m	Zusammenfassung früherer Ergänzungen, Bereinigung von Fehlern aus vorausgegangenen Spezifikationen.	
802.11n	WLAN-Erweiterung mit 108 MBit/s bis 320 MBit/s.	Dieser Standard steckt in allen modernen Notebooks und wird von nahezu allen modernen WLAN-Geräten beherrscht. Die neuesten WLAN-Router kommen ebenfalls mit 802.11n – auch Heimnetzfestplatten wie beispielsweise die Apple Time Capsule-Lösung.

Die Einheit MBit pro Sekunde wird leicht mit der in der PC-Branche üblichen Angabe MByte verwechselt. Tatsächlich besteht ein Byte aus acht Bit, die theoretisch mögliche Geschwindigkeit bei 11 MBits/s beträgt daher in MByte gerechnet ein Achtel, also etwas mehr als 1,3 MByte/s. Allerdings werden diese Werte in der Praxis nicht erreicht, weil zusätzlich zu den Nutzdaten auch administrative Informationen übertragen werden. Mehr als 600 bis 700 KByte/s sind selten drin. Gleiches gilt für den g-Standard, also rund 4 bis 5 MByte/s.

Für Sie ist wichtig, welchen Einsatz Sie für Ihr WLAN planen. Ein WLAN zum Surfen im Internet vom Sofa aus wäre auch bei 11 MBit/s noch ausreichend schnell, wenn die volle Sendeleistung erreicht wird. Die meisten DSL-Anschlüsse stellen zwischen 2 und 6 MBit/s bereit, da ist ausreichend Luft nach oben. Für die schnellen 16-MBit/s-Zugänge ist der ältere Standard aber zu langsam.

Aktuelle Komponenten versprechen Übertragungsleistungen von 108 MBit/s und mehr. Diese Werte werden normalerweise nur erreicht, wenn die Komponenten aus einem Haus stammen. AVM ermöglicht 125 MBit/s nur in Verbindung mit dem hauseigenen FRITZ!Box-System und USB- oder Cardbus-Adaptern aus dieser Baureihe. Besitzer eines normalen Centrino-Notebooks kommen in der Regel nicht in den Genuss solcher Geschwindigkeiten, weil der Chipsatz herstellerspezifische Ansätze nicht unterstützt.

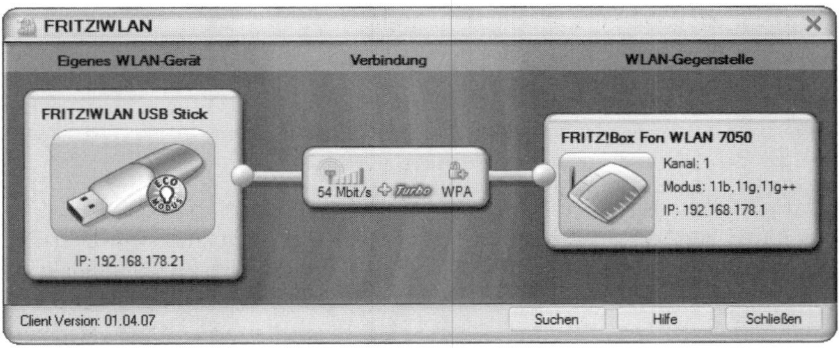

Bild 2.3: Hier arbeitet das WLAN im 802.11g++-Modus – der Standard aktueller Notebooks und WLAN-Geräte.

Beim Kauf von WLAN-Komponenten sollten Sie daher darauf achten, dass alle den gleichen Standard unterstützen, denn das WLAN-System ist abwärtskompatibel: Bei langsameren Komponenten schaltet das ganze Netzwerk auf die niedrigere Geschwindigkeit herunter. Es genügt eine ältere Komponente, und schon werden alle schnelleren ausgebremst. Gleiches gilt auch für die automatische Reduzierung der Übertragungsrate bei Verbindungsproblemen aufgrund dämpfender Wände oder dergleichen. Das ganze Netz wird langsamer.

2.4 WLAN-Komponenten im Überblick

Um ein WLAN aufzubauen, benötigen Sie nur wenige Komponenten. Wenn Sie ein Komplettpaket von einem der großen DSL-Anbieter erworben haben, ist alles schon dabei. Kaufen Sie die Komponenten einzeln, weil Sie bereits einen DSL-Zugang haben, sollten Sie anhand folgender Liste einkaufen gehen:

- **DSL-WLAN-Router**
  Der Router hat die Funktion, das Netzwerk zu realisieren, indem er die nötigen Anschlüsse per Funk und evtl. für Netzwerkkabel bereitstellt, außerdem stellen neue Modelle die Verbindung zur DSL-Leitung her, fungieren also auch als DSL-Modem. Im Sinne des Funknetzes ist er der sogenannte Access Point, der Zugriffspunkt, der die teilnehmenden Computer verbindet. Möchten Sie auf den Internetzugang verzichten, genügt auch ein Access Point zur drahtlosen Vernetzung von PCs. Das ist in Privathaushalten aber eher selten der Fall.

- **WLAN-Adapter**
  Der WLAN-Adapter wird benötigt, um drahtlos mit dem Router kommunizieren zu können. WLAN-Adapter gibt es in Form von Steckkarten für normale PCs, als PCMCIA- oder Cardbus-Adapter für Notebooks, als USB-Lösung für stationäre PCs und Notebooks oder als Bestandteil des Notebooks. Im letzten Fall ist der WLAN-Adapter in den Chipsatz integriert.

- **Kabel (Splitter–Router)**
  Dieses Kabel wird normalerweise mit dem Router geliefert und verbindet den Splitter mit dem Router. Ob WLAN oder nicht, auf dieses Kabel können Sie nicht verzichten. Alles andere kann kabellos funktionieren, aber an dieser Stelle wird noch auf absehbare Zeit eine sichtbare Kabelverbindung benötigt.

- **Netzwerkkarte**
  Wenn Sie den PC, über den der Router und das Netz eingerichtet werden, über ein Kabel an den Router anschließen möchten, muss der Computer mit einer Netzwerkkarte ausgestattet sein. Ist das nicht der Fall, können Sie eine solche Karte günstig nachrüsten oder auch die Erstverbindung per Funk erledigen. Dazu benötigen Sie nur einen der oben genannten WLAN-Adapter für den PC. Es empfiehlt sich aber, die Erstverbindung über ein Netzwerkkabel zu realisieren. Moderne Notebooks haben heutzutage beides, Netzwerkanschluss und

WLAN-Adapter. Desktop-PCs sind seit rund fünf Jahren normalerweise mit einem Netzwerkanschluss ausgestattet.

- **Netzwerkkabel**
  Weitere PCs können bei vielen Routern auch kabelgebunden angeschlossen werden. Ob der Router Ihrer Wahl das zulässt, müssen Sie prüfen. Viele Router, die einzeln verkauft werden, bieten vier Netzwerkanschlüsse, sodass zusätzlich zum WLAN auch ein kleines Kabelnetzwerk aufgebaut werden kann. Je nach Einsatzzweck ist das sehr praktisch, denn Sie können zwei stationäre PCs im Arbeitszimmer per Kabel vernetzen und Daten austauschen, während Sie sich mit dem Notebook per WLAN ins Internet aufmachen. Sollen mehrere PCs per Kabel angeschlossen werden, benötigen Sie die entsprechende Anzahl Kabel.

Passendes Router-Kabel
Manche Router benötigen besondere Kabel, sogenannte Kreuzkabel. Prüfen Sie beim Einkauf, ob dem Router ein passendes Kabel beiliegt. Ein Kreuzkabel ist anders verschaltet als ein Netzwerkkabel, es kann nur zur Verbindung zwischen Router und dem ersten PC oder für eine Direktverbindung zweier PCs über die Netzwerkbuchse eingesetzt werden.

FRITZ!Box-Eigenart USB-Kabel
Arbeiten Sie mit einem FRITZ!Box-Router soll eine Eigenart nicht verschwiegen werden: Sie können vor allem bei älteren FRITZ!Box-Modellen statt eines Netzwerkkabels auch ein USB-Kabel verwenden, das der Box beiliegt. Bei den meisten anderen Routern ist das nicht der Fall. Moderne FRITZ!Box-Modelle bieten diese USB-Schnittstelle für den Anschluss von USB-Druckern oder Speichermedien wie USB-Stick bzw. USB-Festplatte. Solche Geräte können Sie problemlos anschließen. Es muss nur ein Treiber installiert werden, danach läuft's.

2.5 DSL-Anschluss und der richtige Standort

Für ein WLAN mit Internetzugang benötigen Sie zunächst eine Telefonleitung mit DSL-Funktionalität. Wenn Sie bereits DSL nutzen, verfügen Sie auch über einen Splitter, steigen Sie erst jetzt auf DSL um, gehört der Splitter zum Lieferumfang des DSL-Providers. Der Splitter wird an die TAE-Telefonbuchse angeschlossen und trennt das Telefon- vom DSL-Signal.

Bild 2.4: Der typische T-Home-Splitter mit AMT- (links) und DSL-Anschluss (rechts).

Es ist sinnvoll, zunächst den Splitter und den Router anzuschließen, um die Reichweite der Kabel rund um Ihren Telefonanschluss festzustellen. Der Standort des Routers spielt eine entscheidende Rolle für die Übertragungsleistung. Je freier die Antenne oder die Antennen (manche Router haben zwei) senden und empfangen können, desto besser. Wie bereits erwähnt – Betonwände schirmen stark ab, Gleiches gilt für Metallkonstruktionen.

Beste Übertragungsraten

Die besten Übertragungsraten erzielen Sie, wenn der Router freie »Sicht« zum WLAN-Adapter hat, eine dünne Wand dazwischen und geringer Abstand sind normalerweise auch kein Problem. Führt allerdings irgendwo ein Metallmöbelstück zu einem Funkschatten, wird das die Leistung beeinträchtigen. Wächst die Entfernung oder nimmt die Zahl der zu durchdringenden Wände zu, sinkt die Übertragungsleistung des Netzwerks.

Bei der Nutzung über zwei oder mehr Etagen ist es meist günstiger, den Router im Treppenhaus anzubringen, um die Dämpfung der Stahlbetondecken zu umgehen. Bei Anschluss im Keller ist das oft die einzig sinnvolle Möglichkeit, den Empfang sicherzustellen.

Haben Sie vor, mehrere Etagen zu vernetzen, kann die Anschaffung von Access Points für die oberen Etagen sinnvoll sein. Setzen Sie im Treppenhaus einen Access Point, der dann auf der Etage das Signal problemlos verteilt. Innerhalb des Treppenhauses reicht die Leistung der meisten Router aus, um einen Access Point mit voller Leistung anzusprechen.

2.6 Auf 802.11n-Kompatibilität achten

Gerade beim Kauf von neuen WLAN-Komponenten wie Routern oder WLAN-Adaptern für Notebook bzw. PC, aber auch bei NAS-Lösungen sollten Sie auf die 802.11n-Kompatibilität achten. Der 802.11n-WLAN-Standard gehört zur Grundausstattung in einem modernen WLAN.

Macht das schmale Budget keine Komplettumstellung auf 802.11n möglich, lässt sich hier schrittweise vorgehen:

Da der 802.11n-Standard abwärtskompatibel ist, können solche Komponenten auch in ein bestehendes »älteres« WLAN integriert werden, und ebenso lässt sich ein 802.11n-tauglicher WLAN-Router oder Zugriffspunkt so konfigurieren, dass dieser auch Verbindungswünsche von älteren WLAN-Komponenten entgegennimmt.

Bild 2.5: Die FRITZ!Box WLAN 7270 kommt mit dem neuen 802.11n-Standard. (Foto: AVM)

Der 802.11n-Standard wird in der Werbung vor allem wegen seiner höheren Datentransferrate gepriesen. Tatsächlich hängt es in der Praxis vom Zusammenspiel und der Kompatibilität der verbundenen WLAN-Geräte ab, ob ein neuer Geschwindigkeitsmaßstab erreicht werden kann. So lassen sich unterm Strich nicht mal 100 MBit/s unter guten Bedingungen erreichen. Das ist zwar deutlich schneller als ein »alter« WLAN-Router mit 54 MBit/s, doch im Vergleich zu einem kabelgebundenen Netzwerk ist noch deutlich Luft nach oben.

Wer jedoch noch ein altes WLAN-Modell im Einsatz hat oder in Sachen WLAN erst einsteigt, kann mit dem 802.11n-Standard den Wechsel bzw. den Einstieg in das drahtlose Netzwerk wagen. Im Gegensatz zur »alten« WLAN-Technik reicht der neue Standard für mehrere hochauflösende Videostreams aus und macht endlich ruckelfreie Video-/TV-Übertragungen im Heimnetz möglich. Zusätzlich bieten manche Geräte der neuesten WLAN-Generation noch weitere Features, die einen Umstieg attraktiver machen.

Wer in Sachen Datensicherung noch immer mit einer externen Festplatte arbeitet, kennt das Problem – sind in einem Heimnetz mehrere PCs im Einsatz und sollen Daten schnell und problemlos übertragen werden, ist das Umstecken einer externen Festplatte von einem PC zum anderen schnell lästig.

Einfacher und vor allem bequemer sind Festplatten, die direkt im Netzwerk angeschlossen sind. Hier lässt sich von jedem PC oder Mac – auch gleichzeitig – darauf zugreifen. Mit einem passenden DSL-Router mit Festplattenanschluss, einem NAS-Server (Network Attached Storage) oder einer Netzwerkfestplatte wie beispielsweise der Time Capsule-Lösung von Apple erweitern Sie die Möglichkeiten des Heimnetzwerks enorm.

2.7 Was nicht verschwiegen werden soll

WLANs haben neben den praktischen Vorteilen auch ein paar Nachteile, die je nach Einsatz mehr oder weniger ins Gewicht fallen. Zunächst einmal sind sie oft langsamer als kabelgebundene Netzwerke. Auch wenn die meisten WLAN-Router theoretisch genauso schnell sind wie der Standard für Kabelnetzwerke – in der Praxis erreichen WLANs nur unter optimalen Bedingungen die volle Leistung.

Die Mauer, die das WLAN ohne Bohren überwinden soll, kann je nach Beschaffenheit schon eine erste Hürde darstellen. Aus direkt benachbarten Räumen lässt sich das Netzwerk meist noch mit guter Übertragungsqualität nutzen, sind aber mehrere Wände oder gar Geschossdecken dazwischen, lässt die Leistung deutlich nach. Beeinträchtigt werden die sich kreisförmig ausbreitenden Funkwellen nur von Stahlbetonwänden und -decken oder Metallteilen.

Ein weiterer Nachteil ist die mangelnde Begrenzung der Funkwellen. Die Daten machen eben nicht vor Wänden halt. Wenn ein Kabel liegt, kann niemand so einfach an Ihre Daten heran, das Funknetz kann jedoch auch im Nachbarhaus noch erreichbar sein. Wie weit die Strahlung reicht, hängt davon ab, wie ungehindert sich die Funkwellen ausbreiten können. Deshalb ist es möglich, WLANs von außen zu entdecken, wenn man mit einem WLAN-fähigen Notebook am Haus vorbeifährt.

Gleiches gilt natürlich auch für Mehrfamilienhäuser oder Wohnanlagen, in denen ohne Schwierigkeiten mehrere Funknetze nebeneinander laufen können, man aber auch immer zusätzlich andere Netze als das eigene zu sehen bekommt. Damit Sie

Ihr WLAN nicht öffentlich bereitstellen, sind deshalb einige Sicherheitsmaßnahmen erforderlich. Welche das sind, erfahren Sie weiter unten.

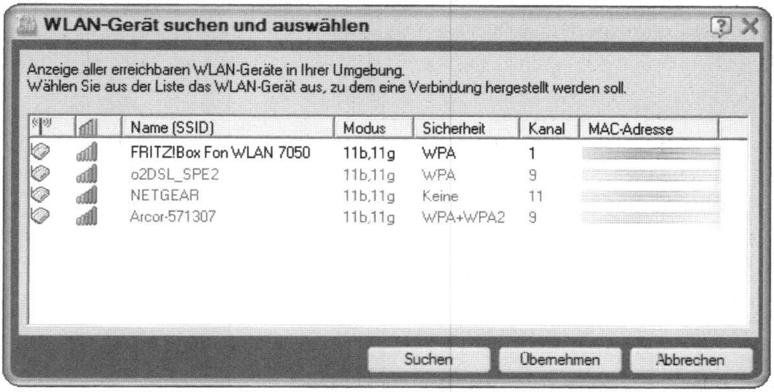

Bild 2.6: Freie Auswahl: Gerade in dicht besiedelten Wohngebieten finden sich zig WLAN-Netzwerke.

Es gibt aber wirksame Sicherungsmöglichkeiten, die Sie nutzen können (mehr dazu weiter hinten in diesem Buch). Die Zuverlässigkeit der Netzwerkverbindungen ist bei Funknetzen nicht so hoch wie im kabelgebundenen Netz, zu vielfältig sind die äußeren Einflüsse. Es kann immer wieder vorkommen, dass die Verbindung abreißt oder gar nicht erst zustande kommt. Die Nutzung des WLAN für die Übertragung großer Datenströme, wie sie beispielsweise bei Videos anfallen, ist daher nur selten und unter optimalen Bedingungen angeraten.

3 DSL-WLAN-Router einrichten

Direkt ein Tipp vorweg: Wer in Sachen Netzwerke einigermaßen fit ist und auf ausführliche Erklärungen verzichten möchte, der kann die Checkliste für die sichere Konfiguration des WLAN-Routers, weiter hinten in diesem Kapitel, nutzen. Alle anderen kommen mit den folgenden Erläuterungen aber ganz sicher zum Ziel, denn der Grundaufbau ist eigentlich idiotensicher. Knifflig wird's erst später, aber das meistern Sie locker.

Hier finden Sie das nötige Wissen, um aus dem Stand ein WLAN zum Laufen zu bringen. Auch die wesentlichen Sicherheitsaspekte werden Schritt für Schritt vorgeführt. Wenn Sie also noch kein Netzwerk eingerichtet haben, sollten Sie dieses Kapitel von vorn bis hinten systematisch durcharbeiten. Danach geht es dann an die Einbindung kabelloser Rechner und die komplette Absicherung.

3.1 Den Router mit dem PC verbinden

Für die Verbindung zwischen Router und PC, die Sie benötigen, um den Router einzurichten, gibt es verschiedene Möglichkeiten:

1. Verbindung über ein Netzwerkkabel (Kreuzkabel).
2. Verbindung per WLAN-Adapter (intern oder USB).

In den meisten Fällen wird ein vorhandener stationärer PC an den Router angeschlossen. Für Notebooks wird dann ein WLAN für den Internetzugang und gegebenenfalls die gemeinsame Nutzung von Druckern und Dateien eingerichtet. Die meisten handelsüblichen Desktop-PCs verfügen bereits über eine Netzwerkschnittstelle. Sollte Ihr PC mit keinem Netzwerkanschluss ausgestattet sein, müssen Sie eine entsprechende Netzwerkkarte nachrüsten.

Verbindung mit einem USB-WLAN-Stick

Sie können aber auch direkt auf WLAN setzen und den PC über einen USB-WLAN-Stick mit dem Router verbinden. In vielen Fällen wird die Steckkarte nicht die erste Wahl sein, denn dafür müssen Sie den PC öffnen und sich sowohl mit den internen Steckplätzen als auch mit der Installation von solchen Karten ein wenig auskennen.

Bild 3.1: Der neue FRITZ!WLAN USB Stick N 2.4 unterstützt WLAN N im 2.4 GHz-Frequenzbereich und erreicht Übertragungsraten bis zu 150 Megabit pro Sekunde. (Foto: AVM)

1. Verbinden Sie Router und PC mit dem Stromnetz und schalten Sie beide Geräte ein. Für die erstmalige Anmeldung am WLAN-Router bekommt die Netzwerkschnittstelle per DHCP automatisch eine IP-Adresse zugewiesen. Ist dies erfolgt, gelangen Sie ganz einfach über den Webbrowser in das Konfigurationsmenü des WLAN-Routers.

2. Starten Sie Ihren Webbrowser. Die Konfigurationsadresse ist, abhängig vom Hersteller, immer anders und in der Installationsanleitung des Geräts zu finden. Setzen Sie den neuen T-Home-Router Speedport W 920V ein, müssen Sie die URL *https://speedport.ip/* in die Adresszeile des Browsers eingeben. Bei Netgear-Routern verwenden Sie die URL *http://192.168.0.1*, und bei der weitverbreiteten FRITZ!Box ist meist *http://192.168.178.1* oder die Eingabe von *Fritz.Box* das Richtige. In der Regel erscheint anschließend ein Passwortdialog.

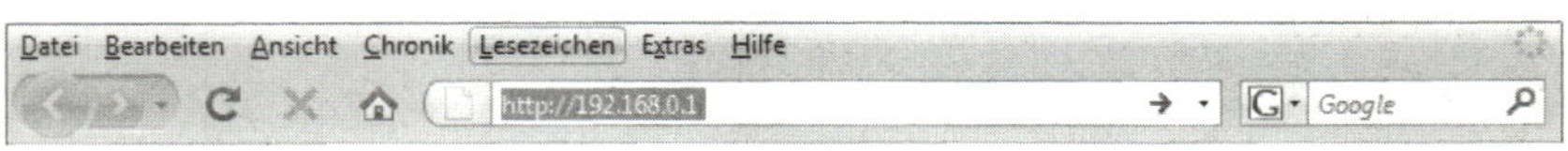

3. Aus Gründen der Sicherheit besitzen die meisten Router einen vorkonfigurierten Benutzernamen sowie ein Konfigurationspasswort. Die Werkeinstellung vieler Geräte erfragt einen Standardbenutzernamen und ein Passwort wie *user, admin, supervisor* oder gar keinen Namen. Beides steht ebenfalls in der Installationsanleitung des Routers. Ändern Sie nach dem Erststart der Router-Konfigu-

ration sofort den Benutzernamen und das Passwort. So stellen Sie sicher, dass wirklich niemand von außen Zugriff auf Ihren Router hat.

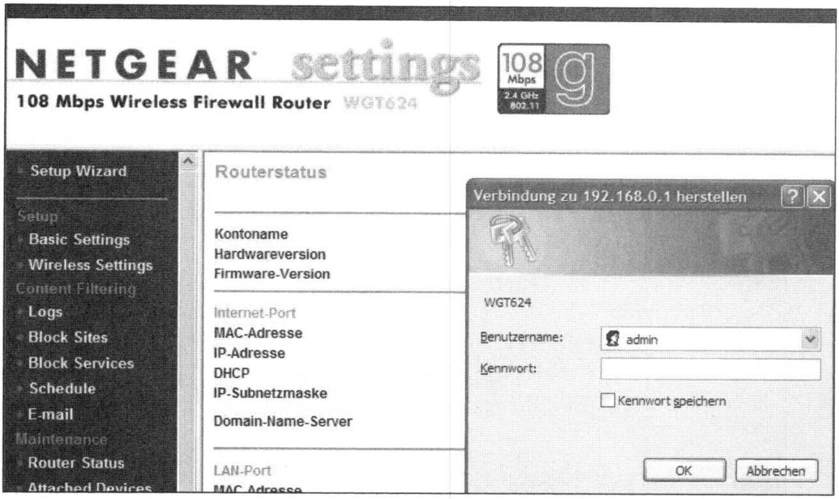

Bild 3.2: Aber sicher: Ein vernünftiger WLAN-Router sichert die Konfiguration per Zugangskennung ab.

Wenn keine Verbindung zustande kommt

Wenn keine Verbindung zum Router zustande kommt, sollten Sie folgendermaßen vorgehen:

1. Zunächst prüfen Sie die Stromversorgung des Routers. Ist der Stecker drin, ist der Router eingeschaltet?
2. Dann prüfen Sie die eingegebene IP-Adresse auf Eingabefehler. Ist kein Tippfehler zu sehen, heißt es, die Adresse noch einmal mit der Angabe im Handbuch abzugleichen.
3. Ist das Netzwerkkabel an Ihrem Rechner fest eingesteckt, und handelt es sich wirklich um die Netzwerkschnittstelle? Haben Sie das richtige Kabel verwendet? Meist sind die Kabel farbcodiert.
4. Prüfen Sie die Position und den Sitz des Netzwerksteckers. Da bei vielen Routern die Buchse für das Kabel zum DSL-Splitter und die Buchse für den ersten Netzwerkrechner nebeneinanderliegen, kann man das leicht verwechseln.

Ist alles in Ordnung, sollte der Router nicht nur laufen, sondern auch auf die Kontaktaufnahme des PC reagieren. Es gibt ganz selten Fälle, in denen ein Kabel defekt ist. Bei fabrikneuen Geräten kann man das meist ausschließen, aber vorgekommen ist es schon. Da steckt also noch Testpotenzial drin. Wir gehen aber davon aus, dass bei Ihnen alles läuft.

Das Router-Passwort sofort ändern
Nach dem Einrichten des Routers sollten Sie unbedingt das vorkonfigurierte Passwort ändern! Tun Sie das nicht, ist die Gefahr groß, das Hacker auf den Router zugreifen und das Gerät nach Belieben konfigurieren. Für die Erstinstallation nutzen Sie deshalb nicht die WLAN-, sondern immer eine konservative LAN-Verbindung, damit niemand die Konfiguration des Geräts mitlesen kann. Arbeiten Sie mit einem Notebook und WLAN, empfiehlt es sich auch hier, die Ersteinrichtung über den Netzwerkanschluss und nicht über das WLAN zu machen.

3.2 Einrichten per Setup-Assistent

Ist der WLAN-Router in Ihrem Netzwerk angeschlossen, muss er konfiguriert werden. Abhängig vom Router-Modell stehen dafür verschiedene Möglichkeiten zur Verfügung. Die FRITZ!Box von AVM prüft unmittelbar nach dem erstmaligen Einstecken des DSL-Routers die Netzwerkumgebung. Hier werden sämtliche angeschlossenen PCs sowie die Internetverbindung geprüft und, falls möglich, gleich konfiguriert.

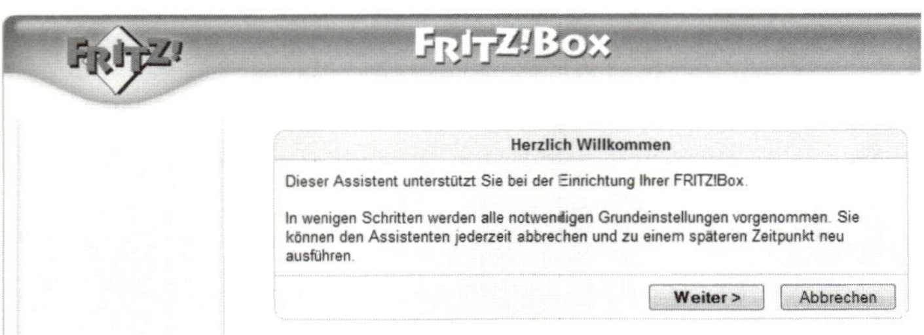

Bild 3.3: Ist die FRITZ!Box noch nicht konfiguriert, bietet der Einrichtungsassistent an, Sie bei der Einrichtung zu unterstützen.

Für Einsteiger empfiehlt es sich, die Arbeit vom Setup-Assistenten übernehmen zu lassen, gerade wenn Sie es nicht gewohnt sind, selbst eine Internetverbindung einzurichten.

Bei anderen Herstellern schaut es ähnlich aus: Der Hersteller Netgear bietet bei den meisten Modellen ebenfalls einen Setup-Assistenten an, der versucht, den Typ des Internetdiensts von Ihrem ISP (Internet Service Provider) automatisch zu erkennen.

Bild 3.4: Für Einsteiger: Für die passende Internetinstallation stellt Netgear einen Setup-Assistenten zur Verfügung.

Auch das T-Home Flagschiff Speedport W 920V bietet für die Erstinstallation die Unterstützung eines Assistenten an:

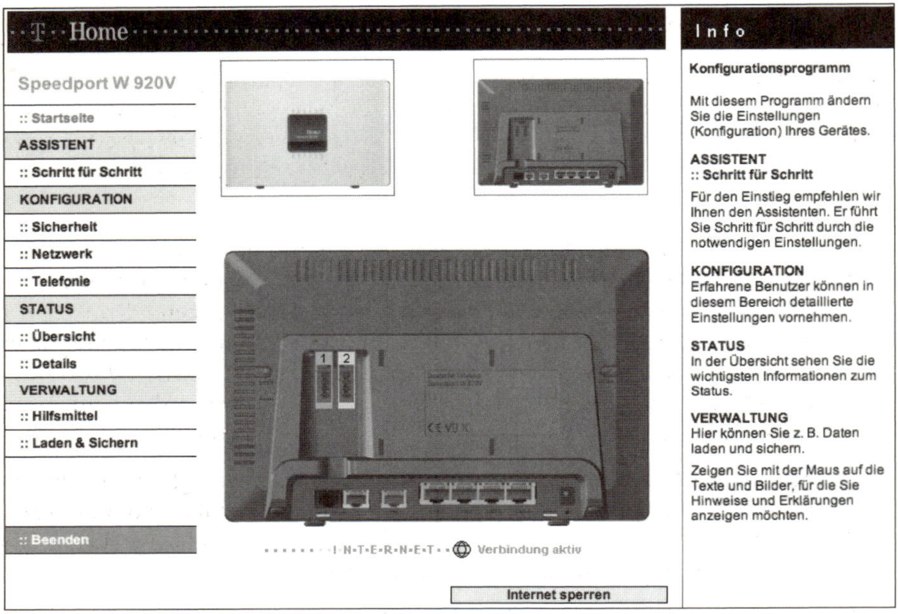

Bild 3.5: Auch der T-Home Speedport W 920V bietet einen Assistenten an.

Sicherer und für Fortgeschrittene empfehlenswert ist jedoch eine manuelle Konfiguration des Geräts. Dafür benötigen Sie die Installations- und Konfigurationsparameter sowie Benutzernamen und Passwort von Ihrem Internet Service Provider, die Sie in den Unterlagen zu Ihrem Internetzugang finden.

Zugangsdaten notieren und sicher aufbewahren

Notieren Sie unbedingt alle wichtigen Zugangsdaten und hinterlegen Sie diese zu Hause an einem sicheren Ort. Haben Sie z. B. Ihr Router-Passwort vergessen, müssen Sie den Router in den meisten Fällen auf die Werkeinstellungen zurücksetzen und wieder neu aufsetzen. Das kostet Zeit. Wenn Sie aber darüber hinaus Ihre Internetzugangsdaten nicht mehr wissen, haben Sie ein Problem. In dem Fall müssen Sie sich an die Hotline des Internetproviders wenden und die Zugangsdaten neu anfordern. Das kostet Zeit, Geld und Nerven.

3.3 Anpassen der Standardeinstellungen

Beim erstmaligen Einrichten des Routers können Sie möglicherweise die Standardeinstellungen ohne Änderungen übernehmen. Haben Sie bereits ein Heimnetz eingerichtet und wird der DSL-Router nachträglich ins Heimnetz integriert, ist ein Anpassen verschiedener Einstellungen notwendig. Orientieren Sie sich einfach an folgenden Schritten:

1. Beim manuellen Einrichten des Internetzugangs stellen Sie bei Netgear-Routern bei der Option *Ist für Ihre Internetverbindung eine Anmeldung erforderlich* den Schalter auf *Ja* um. Anschließend wählen Sie diese Option basierend auf der Art des Kontos aus, das Sie bei Ihrem ISP haben. Sind für die Verbindung zum Internet Anmeldeinformationen notwendig oder braucht das PPPoE-Konto weitere Informationen, tragen Sie den Kontonamen ein, der in den Unterlagen des ISP auch als Host- oder Systemname geführt werden kann.

   PPPoE steht für Point to Point Protocol over Ethernet und sorgt für eine Punkt-zu-Punkt-Verbindung über das Ethernet. Über dieses Protokoll kommuniziert der heimische DSL-Router mit dem Server bei Ihrem ISP und sorgt dafür, dass die Daten im richtigen Format hin- und hergeschoben werden.

   Beim akuellen T-Home-Router Speedport W 920V geben Sie die Zugangsdaten zum Intenet über das Menü *KONFIGURATION/Netzwerk* ein. Im Listenfeld *Provider-Auswahl* wählen Sie Ihren Anbieter aus – hier *T-Online*.

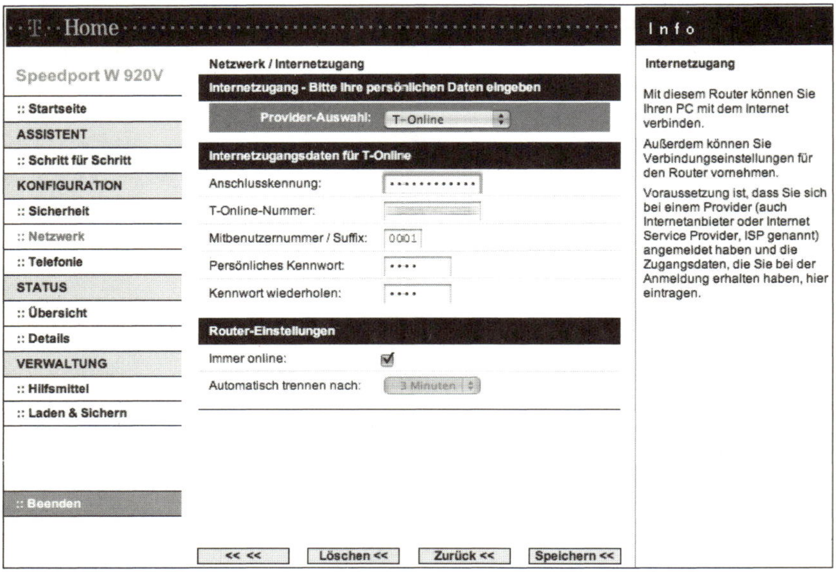

Arbeiten Sie mit einem FRITZ!Box-Router, geben Sie die Internetzugangsdaten über das Menü *Internet/Zugangsdaten* ein. Hier wählen Sie zunächst den Anbieter aus dem Drop-down-Menü aus. Falls der gewünschte nicht gelistet ist, wählen Sie die Option *anderer Internetanbieter*.

2 Anschließend geben Sie die *Internetzugangs-Kennung* und das *Internetzugangs-Passwort* (Konto und Benutzername) ein. Hat der ISP Ihnen einen bestimmten Hostnamen mitgeteilt (z. B. *X00132454*), geben Sie diesen hier ein.

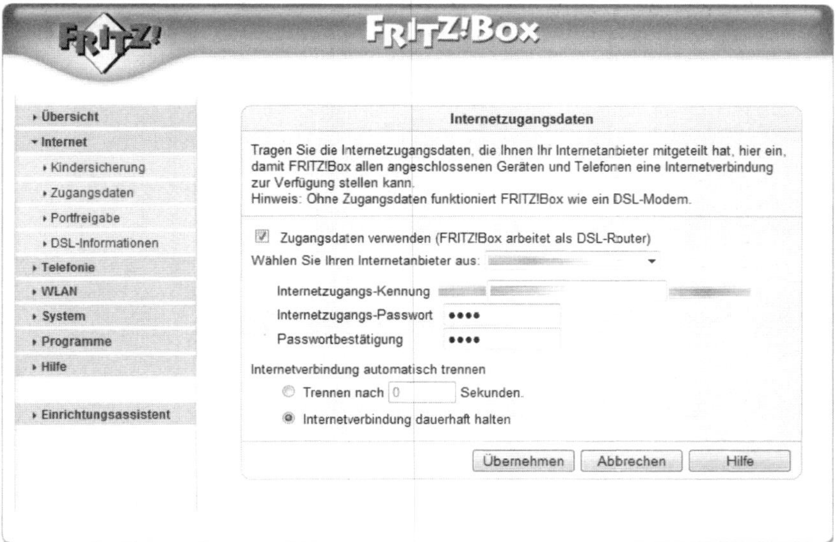

3. Für eine Verbindung ins Internet benötigt der Router eine IP-Adresse. Stellt der Router eine Verbindung zu Ihrem ISP her, bezieht er automatisch eine IP-Adresse, die aus einem Adresspool des ISP zur Verfügung gestellt wird. Nur wenige Provider vergeben eine feste (oder statische) IP-Adresse. Falls Sie eine solche haben, hat Ihnen der ISP die erforderlichen Informationen in den Unterlagen mitgegeben. In diesem Fall wählen Sie *Statische IP-Adresse verwenden* aus und tragen die IP-Adresse, die Subnetzmaske sowie die Gateway-IP-Adresse in die entsprechenden Felder ein.

4. Im nächsten Schritt richten Sie den DNS-Server ein. Dieser wird zur Suche von Webadressen basierend auf ihren Namen verwendet und löst den DNS-Namen in einer IP-Adresse auf.

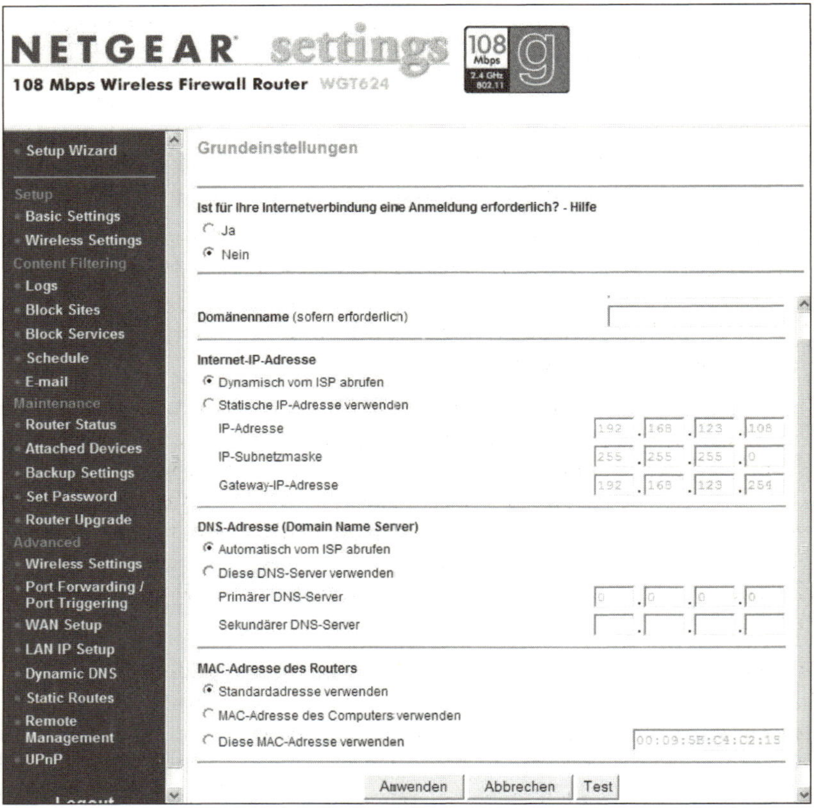

Bild 3.6: Internet und ISP-Grundeinstellungen manuell konfigurieren: In den meisten Fällen bekommen Sie die IP-Adresse sowie die DNS-Adresse vom Provider automatisch mitgeteilt.

5 Stehen in den ISP-Unterlagen eine oder zwei DNS-Serveradressen, tragen Sie einfach die primäre und die sekundäre Adresse in den Konfigurationsdialog ein. In der Regel reicht der Eintrag *Automatisch vom ISP abrufen*, wenn der ISP den DNS-Server automatisiert zur Verfügung stellt. Näheres dazu finden Sie in Ihren Unterlagen zum DSL-Zugang.

Bei einigen Modellen der FRITZ!Box ist das Konfigurieren der DNS-Serveradressen des ISP standardmäßig nicht möglich. Möchten oder müssen Sie mit dem PC dennoch einen anderen DNS-Server verwenden, muss bei der IP-

Konfiguration des PCs die entsprechende IP-Adresse des gewünschten DNS-Servers eingetragen werden.

Hier wählen Sie über die *Systemsteuerung* bei *Netzwerkverbindungen* die Schnittstelle aus, die für den Internetzugang sorgt, und wählen dort *Eigenschaften* aus. Im Register *Allgemein* ist das TCP/IP-Protokoll zu finden – dort klicken Sie abermals auf *Eigenschaften.*

Nun können Sie den Punkt *DNS-Adressen automatisch beziehen* auf *Folgende DNS-Serveradressen verwenden* umstellen und dort die IP-Adresse des gewünschten DNS-Servers eintragen. Nach dem Neustart des PCs sind diese Netzwerkeinstellungen aktiv, und der in der FRITZ!Box eingetragene DNS-Server wird vom PC nicht mehr verwendet.

6 Im nächsten Schritt können Sie die MAC-Adresse des Routers konfigurieren. Eine MAC-Adresse (Media Access Control) ist eine eindeutige Hardwareadresse in einem Netzwerk und sorgt für zusätzliche Sicherheit beim Verbindungsaufbau, weil jeder Netzwerkkomponenten eine eindeutige Adresse zugeordnet ist (in den meisten Fällen ist das die Netzwerkkarte). Selten kommt es vor, dass Internetanbieter nur eine bestimmte MAC-Adresse für den Internetzugriff zulassen, mit der – und nur mit dieser – eine Verbindung zustande kommen darf.

In diesem Fall wählen Sie bei Netgear-Routern die Option *MAC-Adresse des Computers verwenden* aus, damit anstelle der MAC-Adresse des Routers die des Computers verwendet wird (über den Befehl *ipconfig /all* in einem DOS-Fenster wird die MAC-Adresse des PCs angezeigt). Alternativ lässt sich die MAC-Adresse des Routers auch händisch konfigurieren, und Sie können selbst eine beliebige MAC-Adresse im Format *XX:XX:XX:XX:XX:XX* eintragen. Wählen Sie einfach *Standard-MAC-Adresse verwenden* aus. Mit der Schaltfläche *Test* können Sie eine Verbindung zur Website des Router-Herstellers aufbauen, um zu testen, ob die Verbindung mit den konfigurierten Parametern erfolgreich hergestellt werden kann oder nicht.

Bei der FRITZ!Box ist das Ändern der MAC-Adresse bei älteren Modellen nicht ohne Weiteres möglich. Zwar existiert ein Weg über eine Recovery-Konsole via FTP, doch dieser ist ausschließlich Spezialisten vorbehalten. Zu groß ist hier das Risiko, dass die FRITZ!Box nach dem Eingriff nicht mehr startet. Die MAC-Adresse der FRITZ!Box finden Sie ebenfalls über die Kommandozeile heraus.

```
C:\>arp -a

Schnittstelle: 192.168.123.174 --- 0x4
  Internetadresse       Physikal. Adresse     Typ
  192.168.123.21        00-14-6c-57-23-ef     dynamisch
  192.168.123.23        00-30-1b-b8-ec-4f     dynamisch
  192.168.123.38        00-17-f2-ef-f7-ca     dynamisch
  192.168.123.199       00-04-0e-14-1c-51     dynamisch

C:\>nslookup 192.168.123.199
Server:  fritz.fon.box
Address:  192.168.123.199

Name:    fritz.fon.box
Address:  192.168.123.199

C:\>
```

Bild 3.7: Mit dem Befehl *arp –a* im DOS-Fenster liefert *arp* zu jeder IP-Adresse die aktuell zugeordnete MAC-Adresse.

7 Bei neuen FRITZ!Box-Modellen bzw. FRITZ!Boxen mit einer aktuellen Firmware ist das Konfigurieren der MAC-Adresse etwas umständlicher gelöst. Damit Sie überhaupt an die Einstellungen für die Netzwerkparameter herankommen, muss im Hauptmenü zunächst die sogenannte Expertenansicht aktiviert werden. Diese finden Sie unter *Übersicht/Einstellungen/System/Ansicht/Expertenansicht aktivieren.*

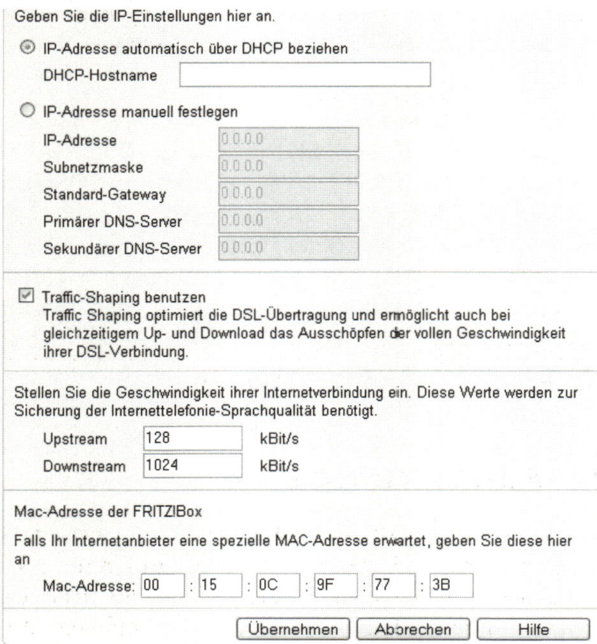

Bild 3.8: Erwartet der Internetanbieter eine spezielle MAC-Adresse für die Internetverbindung, tragen Sie diese hier ein.

Das Ändern der IP-Adresse bzw. MAC-Adresse der FRITZ!Box ist jedoch nur dann möglich, wenn der Internetzugriff über die Option *Internetzugang über LAN 1* konfiguriert ist. In diesem Fall ist die FRITZ!Box an ein bereits vorhandenes Netzwerk (LAN) oder einen anderen DSL-Router angeschlossen, der die Zugangsdaten für den Provider für das Netzwerk zur Verfügung stellt.

8 Beim T-Home Speedport finden Sie die Einstellungen der Mac-Adresse unter *Netzwerk/NAT & Portregeln/PCs benennen.* Hier bennen Sie die Pcs, die Sie an Ihrem DSL-Router betreiben möchten.

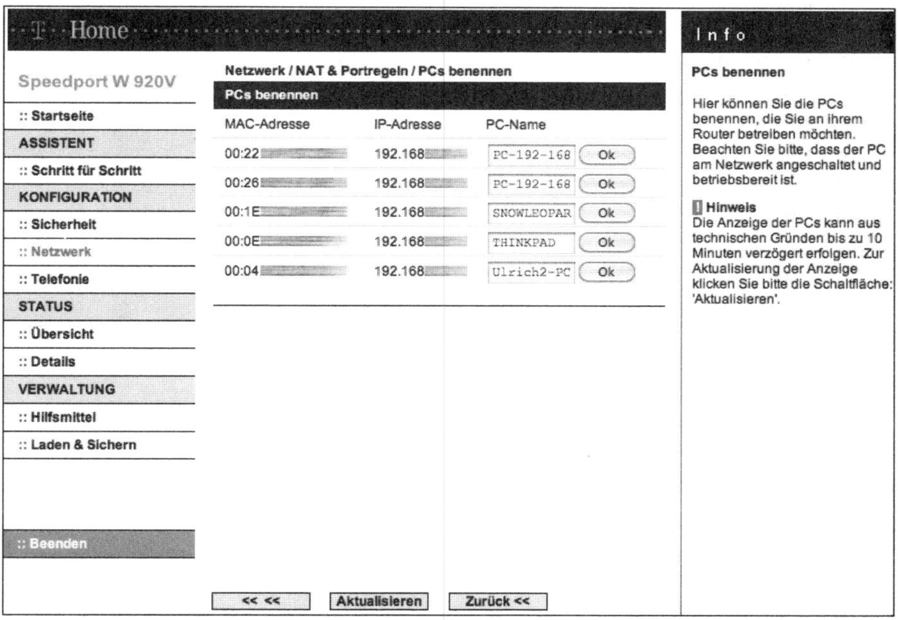

Bild 3.9: MAC-Adressen am T-Home Speedport W 920V einstellen.

3.4 Das drahtlose Netzwerk dicht machen

Nachdem Sie Ihren DSL-WLAN-Router grundlegend eingerichtet haben, kann es schon mit dem kabellosen Surfvergnügen losgehen. Doch wer auf Nummer sicher gehen will, der macht vorher sein WLAN-Netzwerk dicht, damit niemand anders als er selbst über das Funknetz arbeiten kann. Denn bei einem offenem WLAN kann jeder Schmarotzer auf Ihre Kosten mitsurfen.

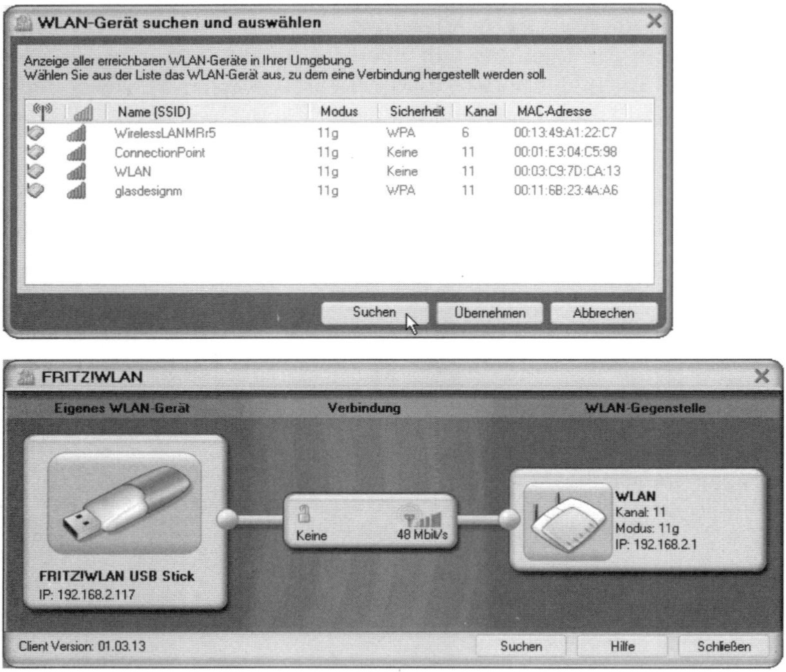

Bild 3.10: Ausprobiert: Das ungesicherte Funknetz *WLAN* kann problemlos angesprochen werden – ganz einfach mit einem USB-WLAN-Adapter.

Haben Sie eine Flatrate, macht es zwar bezüglich der Kosten keinen Unterschied – steht jedoch eines Tages bei Ihnen der Staatsanwalt vor der Tür, hat ein Eindringling möglicherweise über Ihren Internetanschluss Unfug getrieben. Deshalb sollten Sie die vorhandenen Sicherheitsmechanismen des Routers nicht nur kennen, sondern auch nutzen.

Bild 3.11: So soll es sein. Vier WLANs wurden in unmittelbarer Umgebung gefunden. Jedes der drahtlosen Netze ist gesichert, zu erkennen am Schloss-Symbol.

Vergabe einer sicheren SSID

Das Wichtigste bei einer sicheren WLAN-Konfiguration: eine sichere und unsichtbare SSID (Service Set Identifier). Mit der SSID ist nach Abschluss der Konfiguration das WLAN für die Umgebung sichtbar. Jeder, der sich an das Netz anmelden möchte, benötigt diesen Namen, und sämtliche WLAN-Geräte müssen diesen Netzwerknamen (SSID) kennen. Funknetze werden in der Standardeinstellung mit dieser Kennung angezeigt, die Kennung wird sozusagen mitgesendet. Das in der Abbildung oben gezeigte Netz hat die SSID WLAN, außerdem erkennt der Stick noch die verwendete WLAN-Norm sowie den Funkkanal.

Geben Sie eine neue Bezeichnung dafür ein – standardmäßig ist hier eine Herstellerbezeichnung, bei Netgear-Modellen beispielsweise *NETGEAR*, eingetragen. Der T-Home Speedport kommt im Auslieferungszustand mit einer voreingestellten 17-stelligen SSID *WLAN-»Zahlenbuchstabenkombination«*, die bereits relativ sicher ist.

Die FRITZ!Box hat im Auslieferungszustand als SSID den Namen des Geräts (in diesem Beispiel *FRITZ!Box Fon WLAN 7170*) eingetragen. Diese ist für potenzielle Angreifer entweder direkt zu sehen oder, bei verborgener SSID, dennoch leicht zu erraten, sie wird auch in den Supportforen der Hersteller für jedes Router-Modell genannt.

Ein sicherer SSID-Name besteht aus einer zufälligen Reihenfolge von Zahlen und gemischten Groß- und Kleinbuchstaben. Möglich ist auch eine nur Ihnen bekannte Kombination aus persönlichen Daten und Namen in Groß- und Kleinschreibung (z. B. *MeineOmaIngridhatte3Hundeund2Katzen!*). Konfigurieren Sie eine neue SSID und notieren Sie sich diese Kennung auf einem Zettel, der sich bei dem WLAN-Handbuch befindet, die FRITZ!Box bietet Ihnen das Ausdrucken der Einstellungen an.

Wer ganz auf Nummer sicher gehen möchte, der ändert in regelmäßigen Abständen diesen SSID-Namen, um es etwaigen Eindringlingen auf Dauer schwer zu machen. Dies ist natürlich nur dann richtig sinnvoll, wenn die Rundumsendung der SSID (SSID-Ratio) versteckt wird. Der SSID-Name der FRITZ!Box lässt sich im Menü *Übersicht/Einstellungen/WLAN/Funkeinstellungen* ändern.

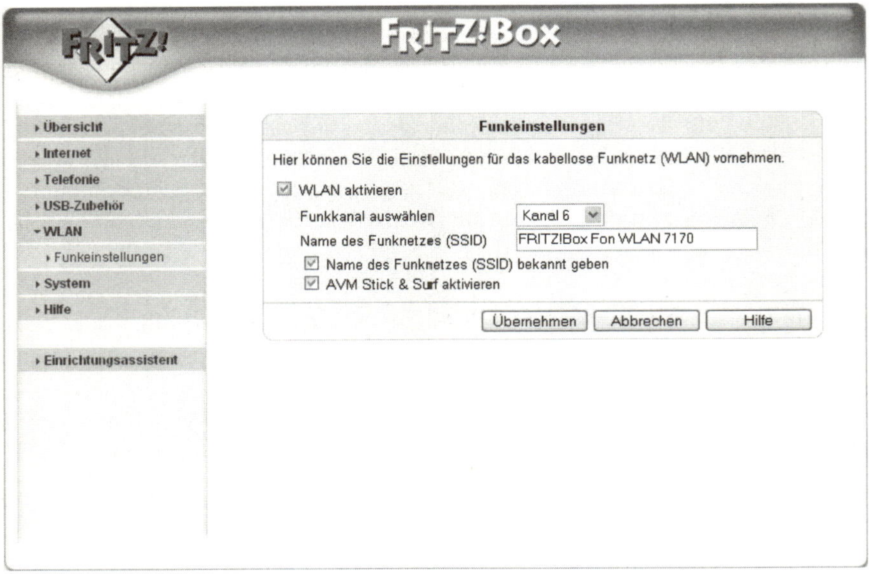

Bild 3.12: Erst wenn das Häkchen bei *WLAN aktivieren* gesetzt ist, lässt sich der Name der SSID auf einen beliebigen Namen anpassen.

Profis richten das WLAN-Netzwerk mit einem sicheren SSID-Namen ein und deaktivieren anschließend das SSID-Ratio – also das Versenden des SSID-Namens an die Umgebung. Bei der FRITZ!Box nehmen Sie hier das Häkchen bei *Name des Funknetzes (SSID) bekannt geben* heraus.

Nur passend konfigurierte WLAN-Karten und WLAN-VoIP-Telefone können anschließend den WLAN-Router noch sehen und mit ihm Verbindung aufnehmen. Damit haben Sie schon viel für die Absicherung getan, denn eine komplizierte SSID, die man nicht einfach erraten kann, muss von einem potenziellen Hacker erst einmal herausgefunden werden.

Aktivieren der WPA-/WPA2-Verschlüsselung

Besonders wichtig für die Datensicherheit ist die Datenverschlüsselung: Damit sich beispielsweise der Nachbar nicht per Funk über den WLAN-Router in das Internet einwählen kann, sollten neben dem Verzicht auf die SSID-Rundumsendung unbedingt die WEP- oder die WPA-/WPA2-Sicherheitsoptionen aktiviert werden.

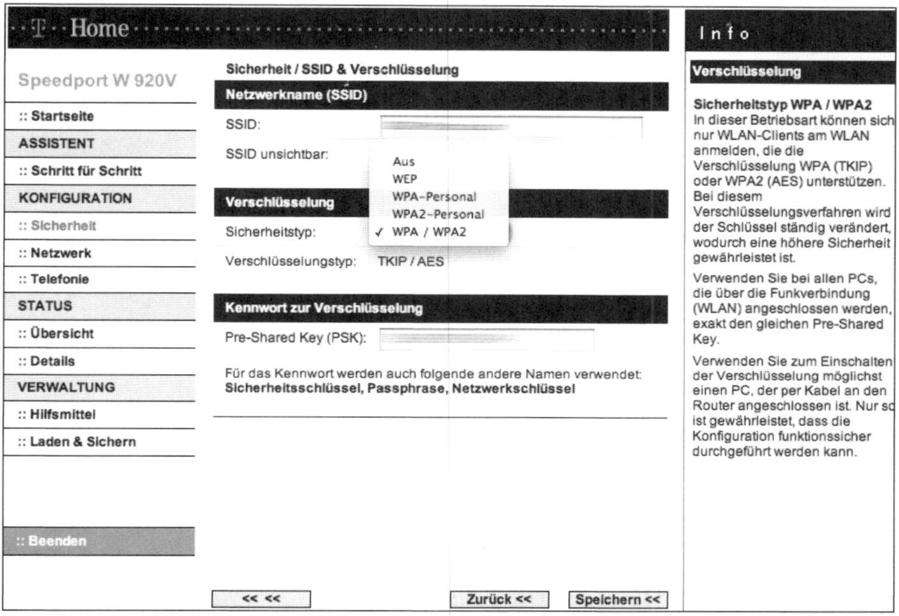

Bild 3.13: Der T-Home Speedport W 920V beherrscht alle gängigen Verschlüsselungsarten.

Die jeweiligen Standards sind unterschiedlich sicher (WEP ist vergleichsweise unsicher, WPA2 bisher nicht knackbar), ihre Verwendung hängt aber von den genutzten Geräten ab. Nur moderne Geräte bieten auch WPA2-Verschlüsselung an. Aber auch ältere Geräte können mithilfe eines USB-Adapters auf aktuelles Sicherheitsniveau gebracht werden, entscheidend ist letztlich der Router: Was der nicht beherrscht, können Sie nicht anwenden.

Das am häufigsten eingesetzte Verfahren zur Verschlüsselung ist bei älteren WLAN-Routern WEP und steht für Wired Equivalent Privacy – übersetzt etwa Kabelnetz-äquivalenter Schutz. Beim Einsatz von WEP ist ein sogenannter Netzwerkschlüssel für die Verschlüsselung notwendig. Diesen können Sie bei der Konfiguration des Routers selbst eingeben.

WEP ist allerdings problemlos innerhalb einiger Minuten knackbar. Das sollten Sie wissen. Wenn Sie also nur auf WEP setzen können, weil Ihre Netzwerkgeräte keine andere Verschlüsselungstechnologie unterstützen, sollten Sie regelmäßig (und zwar nicht alle paar Monate) den Schlüssel und idealerweise auch die SSID wechseln.

Bild 3.14: Alle neuen FRITZ!Box-Modelle sind ab Werk bereits mit einem sicheren WPA2-Schlüssel vorkonfiguriert. Diesen finden Sie auf der Bodenplatte des Geräts.

Abhängig vom Hersteller und dem Router-Modell sind hier unterschiedliche Schlüssellängen möglich – im Zweifelsfall nutzen Sie den längsten Schlüssel. Denn je länger der Schlüssel ist, desto sicherer ist auch die Datenübertragung. So sind meist eine 64-Bit-Verschlüsselung (auch manchmal 40 Bit genannt) und eine 128-Bit-Verschlüsselung möglich. Abhängig vom eingesetzten Router-Modell stehen hier weitere verschiedene Optionen zur Verfügung.

Für die Erstkonfiguration Ihres T-Home-Routers finden Sie die Werkeinstellungen des Geräts auf einem silbernen Aufkleber auf der Rückseite der Router-Bedienungsanleitung.

Sicherheitsoptionen	Beschreibung
Deaktivieren	Keine Datenverschlüsselung (nicht zu empfehlen).
WEP (Wired Equivalent Privacy)	64-Bit- oder 128-Bit-WEP-Datenverschlüsselung verwenden (nutzen, wenn die übrigen WLAN-Geräte kein WPA-PSK oder WPA2 unterstützen). Wenn WEP aktiviert ist, können Sie die vier Datenschlüssel manuell eingeben oder automatisch erstellen. Diese Werte müssen auf allen PCs und Access Points in Ihrem Netzwerk identisch sein und verwendet werden.
WPA-PSK (Wi-Fi Protected Access Pre-Shared Key)	WPA-PSK-Standardverschlüsselung verwenden (empfohlen). Manche WLAN-Karten unterstützen diese Verschlüsselung nicht. In diesem Fall nutzen Sie 128-Bit-WEP. Auch hier ist ein Verschlüsselungswert erforderlich.
WPA2-AES (Advanced Encryption Standard)	Bieten der Router und die angeschlossenen Geräte WPA2 oder WPA-AES an, sollte aus Sicherheitsgründen diese Verschlüsselung genutzt werden. Dieser Sicherheitsstandard ist derzeit das Maß aller Dinge und in Verbindung mit einem nicht erratbaren Schlüsselwert eine sichere Sache.

Wenn für einen älteren Router eine aktuelle Firmware angeboten wird, können Sie auch auf moderne Verschlüsselungsstandards umstellen.

▲ Erstellen eines WEP-Schlüssels

Beim Erstellen eines Sicherheitsschlüssels im WEP-Verfahren stehen meist zwei unterschiedliche Möglichkeiten zur Verfügung: Sie können entweder den Schlüssel automatisch erstellen lassen oder selbst manuell einen eingeben.

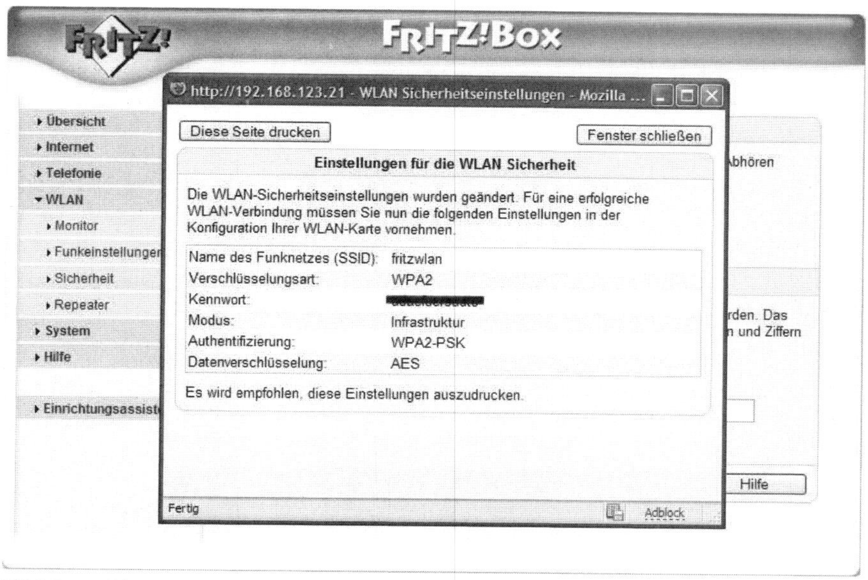

Bild 3.15: Die FRITZ!Box unterstützt mit WPA2 die derzeit aktuellste Verschlüsselung für WLANs. Lässt sich WPA2 bei der FRITZ!Box nicht auswählen, hilft ein Firmware-Update, um die Box auf den aktuellen Stand zu bringen.

Für die automatische Schlüsselerstellung geben Sie ein Wort oder eine Zeichenfolge in das Feld *Kennwort* ein und klicken auf die Schaltfläche *Erstellen.* Anschließend baut der Router selbstständig einen WEP-Schlüssel im Hexadezimalformat zusammen. Im Hexadezimalformat werden nur die Zahlen von 0 bis 9 sowie die Buchstaben von A bis F genutzt.

Bei der Verschlüsselungsstärke 64 Bit füllt der Router automatisch alle vier Schlüsselfelder mit einem Schlüsselwert auf, bei der Verschlüsselungsstärke von 128 Bit ist dies nur ein Wert. Egal ob Sie 64 Bit oder 128 Bit nutzen, dieser Schlüsselwert bzw.

einer der Werte wird anschließend beim Einrichten der WLAN-Netzwerkkarte gebraucht.

Im manuellen Eingabemodus wählen Sie aus, welcher der vier Schlüssel (im Fall von 64 Bit) verwendet werden soll, und geben die Informationen zum WEP-Schlüssel für das Netzwerk im Hexadezimalformat in das ausgewählte Schlüsselfeld ein. Bei der WEP-Verschlüsselungsstärke von 64 Bit geben Sie 10 Hexadezimalzahlen ein, bei der WEP-Verschlüsselungsstärke von 128 Bit tragen Sie 26 Hexadezimalzahlen ein. Damit lässt sich die WLAN-Karte sicher mit dem WLAN-Router verbinden.

▲ Erstellen eines WPA-Schlüssels

Als sehr sicher schätzen Experten die Sicherheitsverschlüsselung WPA-PSK ein. Das neuere WPA2-AES wird als noch sicherer eingestuft, aus diesem Grund sollten Sie auch dieses Verfahren für Ihr WLAN-Netzwerk nutzen. Ältere Centrino-Notebooks (beispielsweise Baujahr 2004) beherrschen allerdings meist nur WPA-PSK. Bei der Schlüsselerstellung geben Sie ein Wort bzw. eine Zeichenfolge in das Feld *Kennwort* ein, das/die mindestens 8 Zeichen und maximal 63 Zeichen lang sein darf. Nutzen Sie beispielsweise ein ähnlich langes Kennwort wie dieses:

```
AdamundEvagehenindenWaldundholen6ÄpfelherausIGibtesApfelkuchen.
```

Es kann aber auch etwas Persönliches mit Ziffern etc. sein. Dieses sollten Sie sich jedoch auf Papier notieren, da es beim Einrichten des WLAN-Client-PCs für die Verbindung gebraucht wird. Ist die Verschlüsselung aktiviert, ist der Grundstein dafür gelegt, dass keine Fremden über Ihren WLAN-Router Unfug anstellen können. Anschließend aktivieren Sie die Protokollierung, damit Sie über sämtliche Aktivitäten des WLAN-Routers informiert sind.

3.5 Ein fremdes WLAN stört den Funkverkehr

Mit dem Kanal legen Sie fest, welche Betriebsfrequenz der Router nutzen soll. Beim Funkkanal können Sie häufig die Werkseinstellung beibehalten, es sei denn, es sind Störstrahlungen von einem anderen WLAN-Router in der Umgebung bemerkbar. Dies macht sich vor allem durch Schwierigkeiten beim Verbindungsaufbau und in der Geschwindigkeit bemerkbar. Hängen in der Nachbarschaft einige andere WLAN-Router an der Steckdose, kann das Umkonfigurieren des Kanals einen Geschwindigkeitsschub bringen.

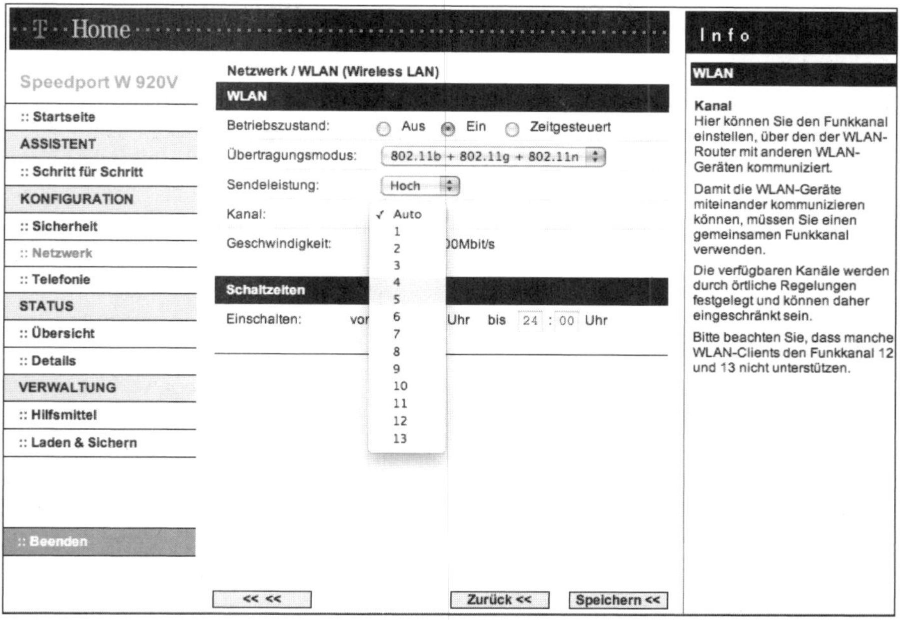

Bild 3.16: Die neue FRITZ!Box und der T-Home Speedport suchen sich den besten Funkkanal automatisch. Hat Ihr Router diese Funktion nicht, testen Sie einen der 13 vorgegebenen Funkkanäle.

So läuft das WLAN wieder wie geschmiert

Im Konfigurationsmenü Ihres WLAN-Routers stehen Ihnen 13 Kanäle zur Verfügung. Hierbei beträgt der Abstand der Mittenfrequenzen jeweils 5 MHz. Bedingt durch die große Bandbreite jedes einzelnen Funkkanals kommt es zu Überschneidungen der Frequenzbänder. Wird Ihr WLAN immer langsamer oder bricht die Verbindung ganz ab, ist dies in den meisten Fällen auf eine Überschneidung mehrerer Funkkanäle zurückzuführen.

Für beste Funkqualität sollten daher alle im Umkreis befindlichen WLANs mit einem Abstand von 5 Kanälen betrieben werden. Sendet Ihr Nachbar in seinem WLAN auf Kanal 6, wechseln Sie zu Kanal 1, 11, 12 oder 13, und Ihr WLAN läuft wieder wie geschmiert.

Auswahl der passenden Geschwindigkeit

Die meisten WLAN-Router am Markt sind abwärtskompatibel, doch veraltete WLAN-Netzwerkkarten können manchmal nicht im Auto-Modus (automatische Erkennung des verwendeten Modus) betrieben werden und fordern den passenden Wireless-Modus explizit an, damit eine Übertragung überhaupt zustande kommen kann. So sind folgende Wireless-Modus-Einstellungen möglich:

Wireless-Modus	Beschreibung
g & b	Hier können sowohl 802.11g- als auch 802.11b-konforme Wireless-Geräte verwendet werden. Die Geschwindigkeit wird jeweils an das langsamste Gerät angepasst.
g	Im g-Modus können nur 802.11g-konforme WLAN-Geräte genutzt werden. Die Geschwindigkeit liegt standardmäßig bei 54 MBit/s und wird nur bei Verbindungsproblemen angepasst.
g++	Diese Bezeichnung ist bei AVM-Geräten verbreitet. Dieser erweiterte g-Modus lässt sich nur mit hauseigenen AVM-Geräten nutzen.
b	Hier können alle 802.11b-konformen WLAN-Geräte verwendet werden. Zudem können 802.11g-konforme WLAN-Geräte im 802.11b-Modus betrieben werden. Die Geschwindigkeit orientiert sich am b-Standard, liegt also bei 11 MBit/s.
nur 108 MBit/s	Wie bei g++ ist auch dieser Modus herstellerabhängig. Der 108-MBit/s-Modus (hier Netgear) kann nur von kompatiblen 802.11g-Wireless-Geräten genutzt werden.
Auto 108 MBit/s	Hier können alle 802.11g-, 802.11b- und WLAN-Geräte, die 108 MBit/s unterstützen, angeschlossen werden.

Im b-Modus können alle 802.11b-konformen WLAN-Geräte verwendet werden. Zudem können 802.11g-konforme WLAN-Geräte auch im 802.11b-Modus betrieben werden.

Wenn die Option *108 MBit/s-Einstellungen/Erweiterte 108 MBit/s-Einstellungen deaktivieren* markiert ist, deaktiviert der Wireless-Router die Datenkomprimierung, das Packet-Bursting und die Unterstützung großer Frames.

Wer beispielsweise eine PSP (PlayStation Portable) mit einem Netgear-Router nutzen möchte, muss dieses Feature ausschalten. Diese Funktion ist bei der FRITZ!Box in den WLAN-Einstellungen unter 802.11g++ versteckt.

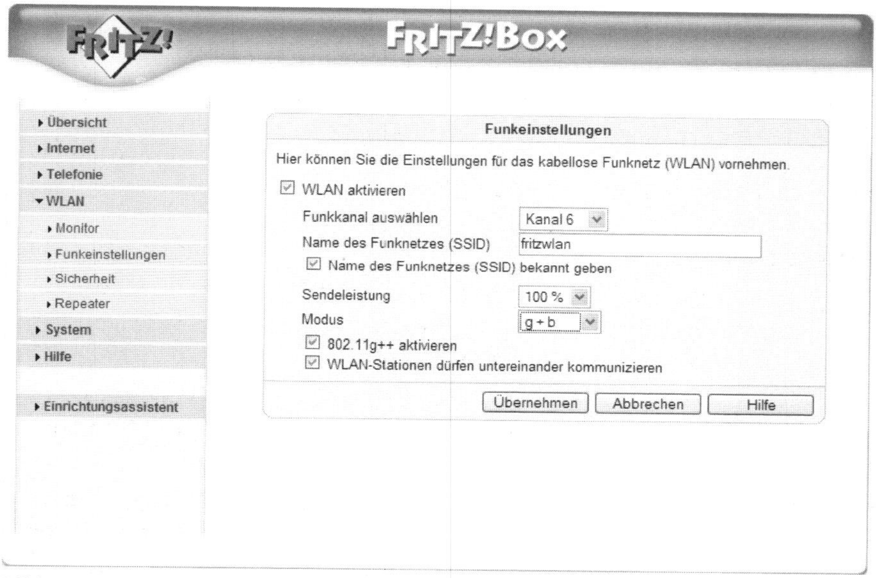

Bild 3.17: FRITZ!Box für alle: Im Zweifelsfall verwenden Sie den g + b-Modus, mit dem Sie sowohl 802.11g- als auch 802.11b-konforme WLAN-Geräte einsetzen können.

Soll eine mobile PSP-Spielkonsole via WLAN mit dem Heimnetzwerk oder dem Internet verbunden werden, muss hier eingegriffen werden: Der in der PSP eingebaute WLAN-Standard ist 802.11b und ermöglicht eine Übertragungsgeschwindigkeit von etwa 11 MBit/s.

Im PSP-Betrieb müssen der FRITZ!Box-g++-Schalter oder andere herstellerspezifische Standards wie der Netgear-108-MBit-Übertragungsmodus daher zwingend deaktiviert werden. Schnellere Datenübertragungsraten sind derzeit mit der PSP nicht möglich.

3.6 Aktivieren der Protokollierung

Ein Protokoll ist prinzipiell eine detaillierte Aufzeichnung der Webseiten, auf die die angeschlossenen Rechner in Ihrem Netzwerk zugegriffen haben bzw. zuzugreifen versucht haben. Aus Sicherheitsgründen sollten Sie – falls vorhanden – diese Option aktivieren. Damit können Sie, sollte es zu Zwischenfällen oder Problemen kommen, nachschauen, was welcher Rechner angestellt hat oder auch nicht.

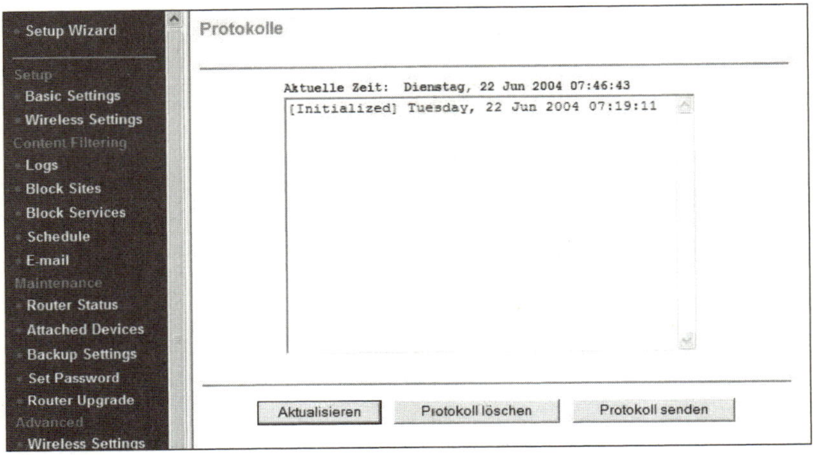

Bild 3.18: Nachgeschaut: Bei einem aktivierten Protokoll können Sie jede Aktivität eines Clients nachvollziehen.

Die FRITZ!Box und der T-Home Speedport W 920V bieten derzeit keine Protokollierung der Webseiten an, sondern nur eine Dokumentation wichtiger Systemereignisse wie Internetverbindungsauf- und -abbau sowie die Onlinezeit und das verbrauchte Onlinedatenvolumen.

Ist der Router mit dem Telefonanschluss sowie per VoIP mit der Welt der Telefone verbunden, wird zusätzlich eine Anrufliste mitdokumentiert. In der Anrufliste werden alle ein- und ausgehenden Telefonate erfasst, die mit der FRITZ!Box geführt wurden.

Ob allerdings eine Rufnummer protokolliert wird, hängt davon ab, ob Ihr Telefonanschluss das unterstützt. Kommen bei einem Analoganschluss keine Rufnummernübermittlungen an, kann auch die Box nichts anzeigen. Dann sehen Sie nur die von Ihnen getätigten Telefonate.

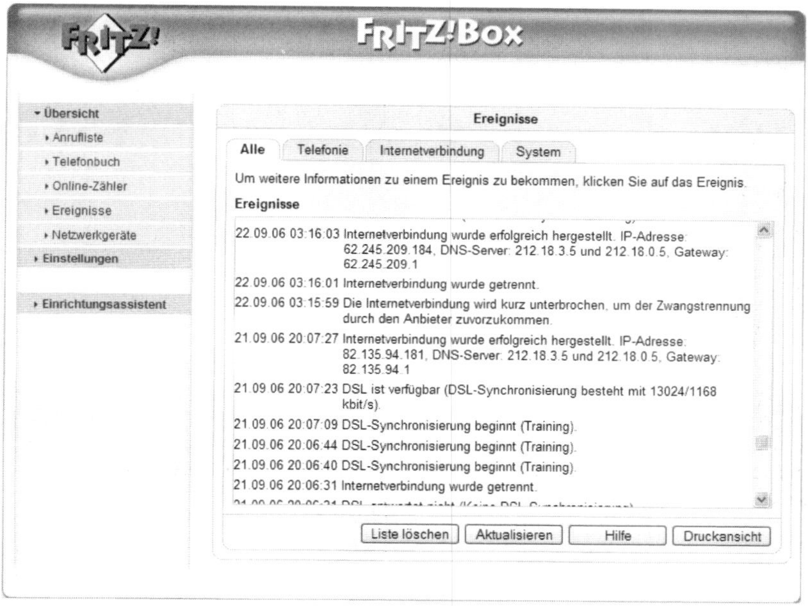

Bild 3.19: Spartanisch: In Sachen Protokollierung beschränkt sich die FRITZ!Box auf die wesentlichen Ereignisse. Diese sind via Weboberfläche über *Übersicht/Ereignisse* abrufbar.

Manche WLAN-Router bieten zusätzlich zur Protokollierung eine *Content-Filterung*. Ist diese Option aktiviert, ist bei den Protokollen zu sehen, wann ein Rechner in Ihrem Netzwerk auf eine gesperrte Site zuzugreifen versucht hat. Bei einer aktivierten E-Mail-Benachrichtigung können Sie das Protokoll automatisch in einer E-Mail zugestellt bekommen und brauchen nicht immer über den Webseitendialog des Routers zu gehen.

3.7 Schutz gegen Angriffe aus dem Internet

Viele Router bieten gute Werkzeuge, um dem Netzwerk so viel Sicherheit wie möglich zu bieten. So sorgt bei Netgear-Modellen eine Option wie *Webseiten filtern* für das Sperren von Internetinhalten. Bei anderen Modellen ist diese Möglichkeit auch unter der Bezeichnung *Content Blocker* verfügbar. Die AVM FRITZ!Box kennt dagegen zum derzeitigen Zeitpunkt keine Filteroptionen, mit denen sich die Darstellung von Webseiten anhand bestimmter Schlüsselbegriffe verhindern lässt.

Der T-Home Speedport bietet im Bereich *Sicherheit* die Möglichkeit, Änderungen vorzunehmen, die die Systemsicherheit betreffen.

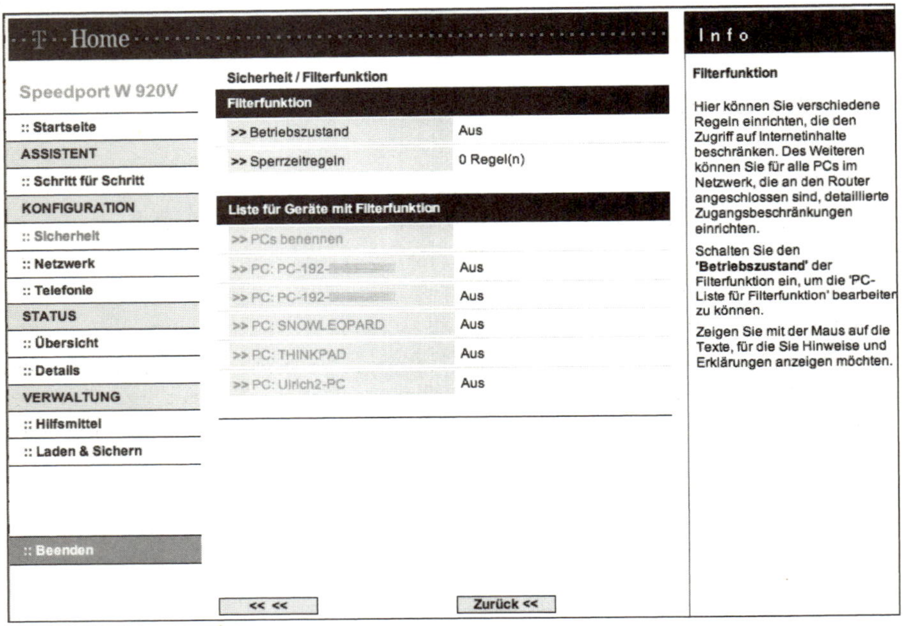

Bild 3.20: In der *Liste für Geräte mit Filterfunktion* aktivieren Sie den PC, für den die Filterregeln gelten sollen.

Bietet der DSL-Router hingegen diese Möglichkeiten an, können Sie den Internetzugang bestimmter Benutzer in Ihrem lokalen Netzwerk basierend auf dem Inhalt der Webseiten einschränken. Sie können zum Beispiel die Nutzung bestimmter Webseiten für alle oder einige Benutzer in Ihrem Netzwerk verhindern – ideal für das Einrichten einer Kindersicherung.

Bei aktivierter Content-Filterung können Internetinhalte auf unterschiedliche Arten gefiltert werden. Zum einen können Sie den Zugriff auf bestimmte Internetadressen (Domains bzw. Domänen) blockieren, wie beispielsweise *www.blutegel.com*, und zum anderen per Schlagwort wie z. B. »Sex«.

Versucht ein Benutzer, auf eine geblockte Webseite zuzugreifen, erhält er die Meldung, dass diese gesperrt wurde. Natürlich können Sie Rechner (per IP-Adresse) auch von der Sperrung der Webseiten ausnehmen. Hier aktivieren Sie das Kästchen

Vertrauenswürdiger IP-Adresse Aufruf gesperrter Sites erlauben und geben die entsprechende IP-Adresse des Computers in den Bereich *Vertrauenswürdige IP-Adresse* ein. Dazu muss allerdings mit festen IP-Adressen gearbeitet werden, sonst klappt das nicht.

Feste IP-Adressen unter XP und Windows 7

Die IP-Adresse eines Rechners legen Sie manuell über den *Eigenschaften*-Dialog der Netzwerkkarte fest.

1. Unter Windows XP wählen Sie über *Systemsteuerung/Netzwerkverbindungen* die Netzwerkverbindung aus, die mit dem DSL-Router verbunden ist. Im Kontextmenü wählen Sie den Eintrag *Eigenschaften* aus und scrollen im Register *Allgemein* zu dem Punkt *Internetprotokoll (TCP/IP)*.

   Bei Windows 7 gehen Sie ähnlich vor. Hier öffnen Sie über *Systemsteuerung* den Bereich *Netzwerk und Internet* und wählen den Punkt *Netzwerk- und Freigabecenter* aus. Nun klicken Sie auf den Link *Local Area Connection* (bei Vista noch *Status anzeigen*).

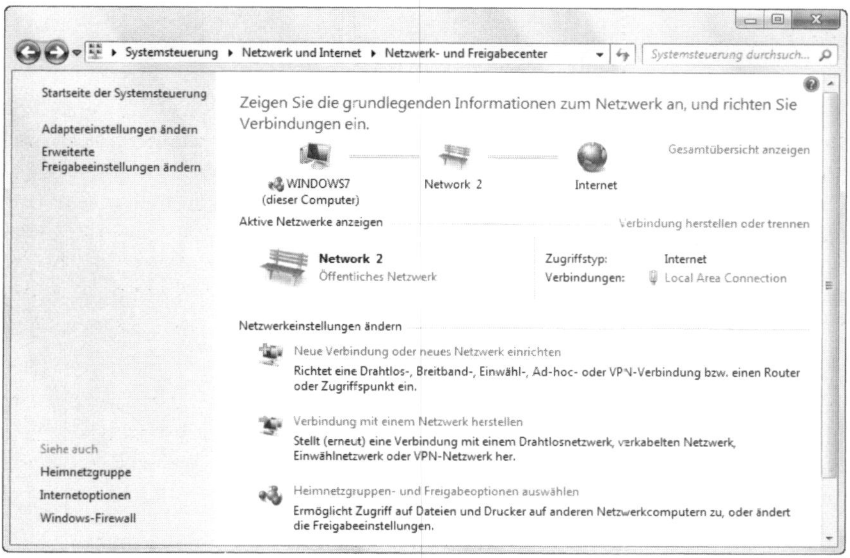

2 Es öffnet sich das Dialogfeld *Eigenschaften von Local Area Connection.* Da die meisten DSL-Router bzw. deren Firmware das »alte« TCP/IPv4 unterstützen, wählen Sie hier die Option *Internetprotokoll Version 4 (TCP/IPv4)* aus und klicken auf die Schaltfläche *Eigenschaften.*

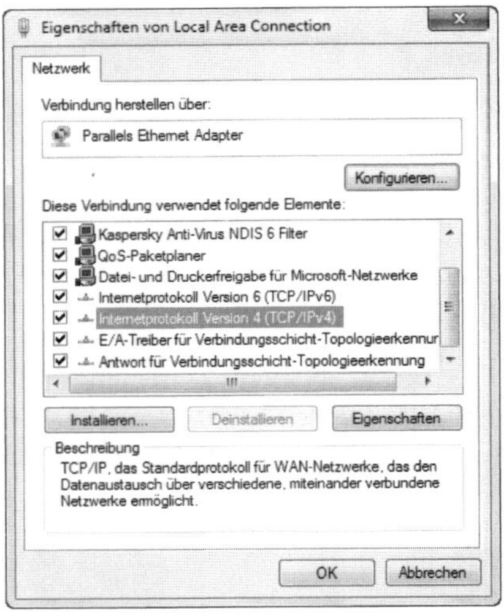

3 Bei Windows XP und Windows 7 können Sie nun per Klick auf die Schaltfläche *Eigenschaften* anschließend die Option *IP-Adresse automatisch beziehen* auf *Folgende IP-Adresse verwenden* umstellen. Tragen Sie dann eine IP-Adresse aus dem Bereich Ihres Heimnetzes (*192.168.X.X*) sowie eine Subnetzmaske (in der Regel *255.255.255.0*) ein.

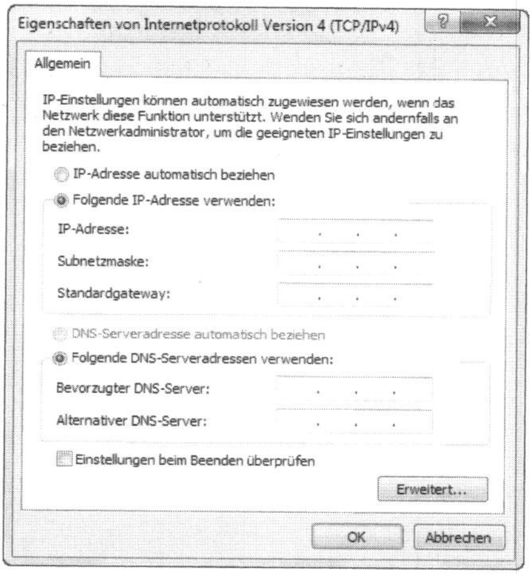

Für das *Standardgateway* sowie im Bereich *Folgenden DNS Server verwenden* tragen Sie die IP-Adresse des DSL-Routers ein und klicken auf die *OK*-Schaltfläche, um diese Änderungen zu aktivieren.

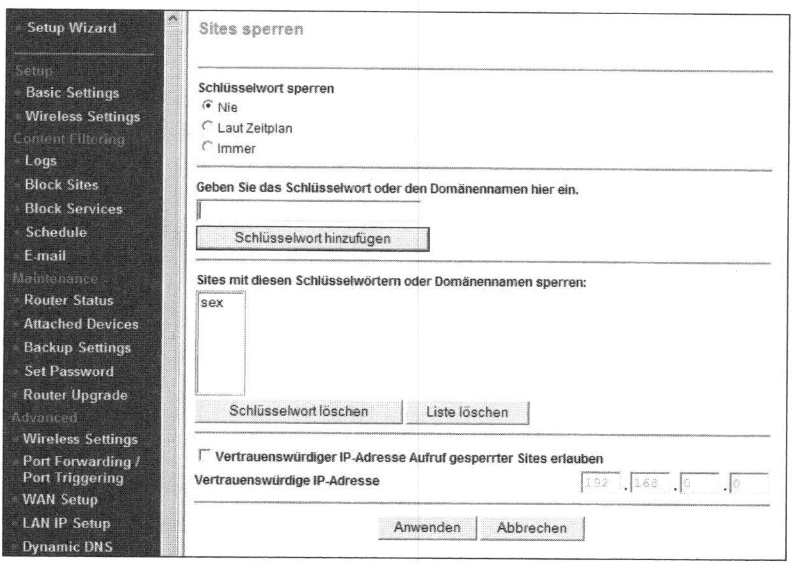

Bild 3.21: Egal ob ein bestimmter Domain-Name oder ein auffälliges Schlagwort: Bei aktiviertem Schutz filtert die Firewall die Webseiten für den Anwender.

Das Filterungsverfahren hat aber nur einen begrenzten Nutzen, denn nicht immer sind solche Schlagwörter vergeben. Verlassen Sie sich also besser nicht darauf. Gleiches gilt sinngemäß auch für die Sperrmöglichkeiten des Browsers. Und auf die Sperrung bestimmter URLs können Sie ganz verzichten, denn dafür gibt es zu viele Angebote.

Mehr Sicherheit per Router-Firewall

Ein wesentlicher Sicherheitsaspekt bei der Konfiguration des DSL-Routers sind die konfigurierten Dienste sowie die geöffneten Ports der im DSL-Router eingebauten Firewall. Eine Firewall muss prinzipiell zwei Funktionen erfüllen: Sie muss den PC und andere an ihn angeschlossene Geräte nach außen hin Richtung Internet absichern, damit Eindringlinge keine Chance haben. Dazu soll die Firewall den auf dem PC laufenden Programmen und Spielen eine sichere Verbindung nach außen gewähren.

Die Firewall überwacht den Datenstrom an sogenannten Ports, das sind virtuelle Ein- und Ausgänge, die der PC verwaltet. Bei der Übertragung von Daten wird ein Port festgelegt und verwendet, Standardfunktionen wie FTP (File Transfer Protocol) oder HTTP haben vorgegebene Ports. Da ein Programm aber auch an einem beliebigen Port warten kann, macht die Firewall außerhalb der bekannten Ports meist zunächst mal dicht.

Die wichtigsten Alltagsports

Portnummer	Beschreibung
20/21	FTP
80/8080	HTTP
53	DNS
110	POP3
1723	PPTP
25	SMTP

Je weniger Ports geöffnet sind, desto weniger Angriffsfläche stellt der DSL-Router dar. Wird der Router zu konservativ konfiguriert, ist das Heimnetz oder der PC zwar optimal abgesichert, aber unter Umständen leidet die Funktionalität.

Wer mit seinem Spiele-PC hinter einem Router oder einer Personal Firewall online zocken möchte, der muss den Router entsprechend einstellen, damit die Rückmeldungen vom Spielserver und den Mitspielern aus dem Internet auch zum PC zurückkommen. Erst dann kann dieser richtig mitfraggen.

Welchen Port Sie für den PC im Endeffekt öffnen, hängt von Ihren persönlichen Ansprüchen und Sicherheitsbedürfnissen ab. Insgesamt gibt es 65.535 verschiedene Ports. Damit bestimmten Anwendungen feste Portnummern zugewiesen werden können, sind die Ports im Wesentlichen in drei Gruppen unterteilt:

Bereich – Portnummer	Beschreibung
0 bis 1023	well known ports
1024 bis 49151	registered ports
49152 bis 65535	dynamic und/oder private ports

Beim Netzwerk-Gaming hängt es vor allem vom Spiel ab, welche Ports zur Verfügung stehen müssen. Damit das Spielen grundsätzlich funktioniert, sind beim Internet Control Message Protocol meist folgende Ports notwendig:

ICMP
53
80
443

ICMP dient dem Austausch von Fehler- und Informationsmeldungen bei TCP/IP- und UDP-Protokollen und sorgt dafür, dass eine Verbindung stabil bleibt – sprich aufrechterhalten wird – und dass es zu keinen ungewollten Verbindungsabbrüchen kommt.

Ob weitere Ports gebraucht werden, steht im Handbuch zum Spiel. Dort sollte beschrieben sein, welche Ports offen sein müssen, damit das Spiel online gespielt werden kann. Welche Ports es gibt und wofür welcher TCP- bzw. UDP-Port zuständig ist, ist auf folgender Webseite zusammengefasst:

Port 1 - 99

port 1 - 99
port 100 - 199
port 200 - 299
port 300 - 399
port 400 - 499 up
port 500 - 599
port 600 - 699
port 700 - 1023
port 1024 - 1199
port 1200 - 1299
port 1300 - 1399
port 1400 - 1499
port 1500 - 1599
port 1600 - 1699
port 1700 - 1799 up
port 1800 - 1899
port 1900 - 1999
port 2000 - 2099
port 2100 - 2299
port 2300 - 2399
port 2400 - 2499
port 2500 - 2599
port 2600 - 2699
port 2700 - 2799
port 2800 - 2899
port 2900 - 2999
port 3000 - 3099
port 3100 - 3199
port 3200 - 3299
port 3300 - 3399
port 3400 - 3499
port 3500 - 3599
port 3600 - 3699
port 3700 - 3999
port 4000 - 4999
port 5000 - 5399
port 5400 - 5999
port 6000 - 6999
port 7000 - 7999
port 8000 - 8999 up
port 9000 - 9999

Port No.	Protocol	Service	Description
0	tcp/udp	#	Reserved
1	tcp/udp	tcpmux	TCP Port Service Multiplexer
1	udp	#	Sockets des Troie
2	tcp/udp	compressnet	Management Utility
2	tcp	#	Death
3	tcp/udp	compressnet	Compression Process
3	tcp/udp	compressnet	Midnight Commander Sometimes this program is assigned to this port
4	tcp/udp	#	Unassigned
4	tcp	#	Self-Certifying File System(SFS) sfssd acceps connections on TCP port 4 and passes them to the appropriate SFS daemon. SFS is a secure, global file system with completely decentralized control. SFS uses NFS 3 as the underlying protocol for file access.
4	tcp	#	Midnight Commander Sometimes this program is assigned to this prot
5	tcp/udp	rje	Remote Job Entry
6	tcp/udp	#	Unassigned
7	tcp/udp	echo	Echo
8	tcp/udp	#	Unassigned
9	tcp/udp	discard	Discard
10	tcp/udp	#	Unassigned
11	tcp/udp	systat	Active Users
12	tcp/udp	#	Unassigned
13	tcp/udp	daytime	Daytime (RFC 867)
14	tcp/udp	#	Unassigned
15	tcp	#	Unassigned [was netstat]
15	tcp/udp	#	Unassigned
17	tcp/udp	qotd	Quote of the Day
18	tcp/udp	msp	Message Send Protocol
19	tcp/udp	chargen	Character Generator
20	tcp/udp	ftp-data	File Transfer [Default Data]

Bild 3.22: *www.bekkoame.ne.jp/~s_ita/port/port1-99.html*: Für jeden Einsatzzweck sind die Ports 1 bis 65535 hier übersichtlich beschrieben.

Die TCP- und UDP-Ports (User Datagram Protocol) sorgen für die Kommunikation auf Netzwerk- bzw. Anwendungsebene. Grundsätzlich gilt auch hier: Weniger ist mehr. Je weniger Ports geöffnet und Dienste verfügbar sind, desto weniger Angriffsfläche stellt der DSL-Router nach außen dar. So können Sie die Nutzung bestimmter Internetdienste wie das Surfen im WWW (HTTP), das File Transfer Protokoll (FTP) und viele andere für alle oder einige Benutzer in Ihrem Netzwerk blockieren.

Doch Vorsicht: Wird der Router zu sicher eingestellt, leidet die Funktionalität, weil bestimmte Programme nicht mehr richtig funktionieren. Wer beispielsweise einen Webserver (HTTP-Protokoll mit Port 80) hinter einem Router oder einer Personal Firewall betreiben möchte, der muss den DSL-Router so einstellen, dass die Anfragen aus dem Internet auch bis zum Server kommen können. Erst dann kann dieser reagieren und die Anfragen beantworten. Welchen Port Sie öffnen, hängt von dem eingesetzten Serverprogramm und vor allem von Ihren persönlichen Ansprüchen und Sicherheitsbedürfnissen ab.

Der Router kann auch so eingestellt werden, dass bestimmte Ports am Router offen sind, die Daten, die dort ankommen, aber nur an einen bestimmten Rechner bzw. eine bestimmte IP-Adresse weitergeleitet werden. Diese Technik läuft unter Portweiterleitung bzw. Port-Triggering.

Die Porteinstellungen der FRITZ!Box nehmen Sie über *Übersicht/Einstellungen/Internet/Portfreigabe* auf der Weboberfläche vor.

Achtung! FRITZ!Box mit älterer Firmware
Leider ist es bei der FRITZ!Box mit älteren Firmwareversionen nicht möglich, einen ganzen Portbereich (hier z. B. 16384–16389) zur Weiterleitung freizugeben. Wer in diesem Fall einen Block von TCP- oder UDP-Ports in der Firewall freigeben möchte, muss jeden Port einzeln angeben. Sie ersparen sich unter Umständen Konfigurationsarbeit, wenn Sie zunächst die aktuelle Firmware in die FRITZ!Box einspielen. Dies erledigen Sie mit dem Webbrowser per *Übersicht/Einstellungen/System/Firmware-Update.*

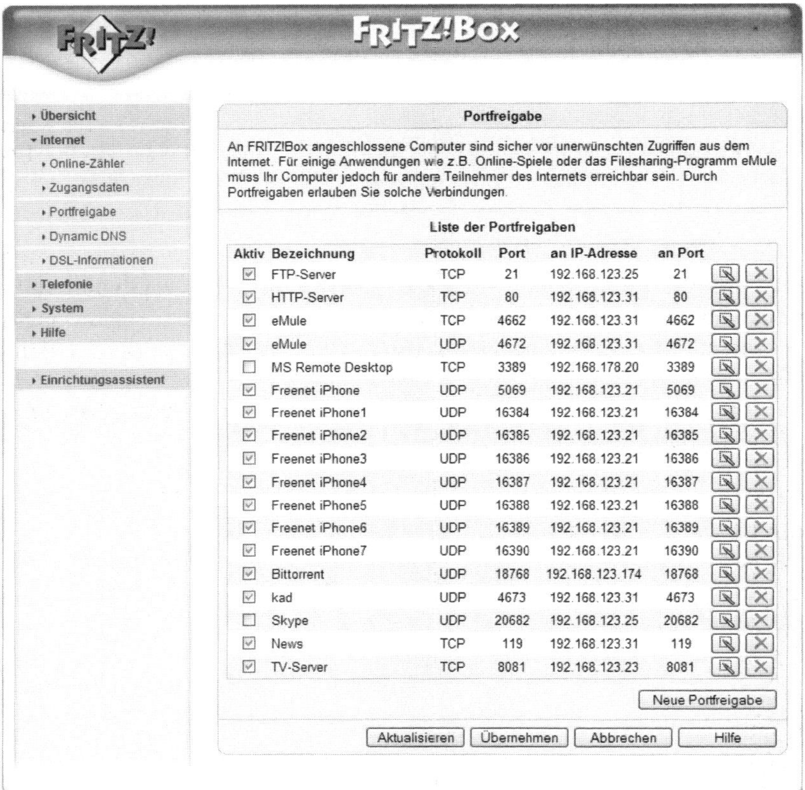

Bild 3.23: Per Klick auf die Schaltfläche *Neue Portfreigabe* richten Sie eine neue Verbindung von außen auf einem PC im Netzwerk ein.

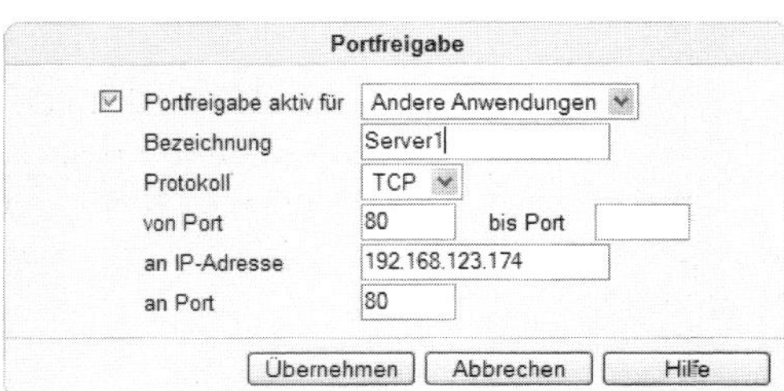

Bild 3.24: Nach einem Firmware-Update lassen sich Portbereiche bei einer Portfreigabe einrichten.

Konfiguration einer Portfreigabe
Achten Sie darauf, dass bei der Konfiguration einer Portfreigabe die Zieladresse immer gleich bleibt. Hier ist es möglicherweise besser, für den Zielrechner im heimischen Netz eine feste IP-Adresse einzurichten. Verwenden Sie im Zweifelsfall statt einer DHCP-Adresse für den PC eine statische IP-Adresse.

Mithilfe der FRITZ!Box-Portfreigabe lassen sich Dienste und verwendete Ports explizit bestimmten Rechnern im Heimnetz zuordnen. Abhängig vom DSL-Router-Modell ist auch der umgekehrte Fall möglich, und es lassen sich ebenfalls bestimmte Dienste und Ports für bestimmte Rechner blockieren. Bei Netgear-Modellen ist dafür der Schalter *Dienste sperren/Block Services* zuständig, mit dem Sie den Internetzugang bestimmter Benutzer in Ihrem lokalen Netzwerk basierend auf deren IP-Adressen sperren können.

Bild 3.25: Die Dienstetabelle listet bei Netgear-Routern alle Dienste auf, die gegenwärtig gesperrt werden. Sie können Dienste dieser Tabelle hinzufügen oder auch daraus löschen.

Zusätzlich können Sie die Dienstsperrung bei manchen Routern auch von der Zeitplanung abhängig machen. Dafür klicken Sie auf *Laut Zeitplan*, um die Dienstsperrung gemäß den Einstellungen auf der Seite *Zeitplan* zu aktivieren. Steht der Schalter auf *Immer*, ist die Dienstsperrung aktiv, sodass unabhängig von den Einstellungen des Zeitplans der Dienst immer gesperrt wird.

Zeitplan für limitierten Internetzugang festlegen

Haben Sie bei Ihrem WLAN-Router Sicherheitsschalter wie *Content-Filterung* oder *Dienste sperren* aktiviert, können Sie bei manchen Geräten auch noch einen Zeitplan definieren, der festlegt, ob der Netzwerkzugriff erlaubt ist oder nicht. Ist das Gerät lokalisiert, sprich einer bestimmten Zeitzone zugeordnet, geben Sie die Werte im 24-Stunden-Zeitformat ein, es muss zwischen 9:30 und 21:30 unterschieden werden. Per Klick auf *Anwenden* wird in diesem Beispiel der konfigurierte Zeitplan aktiv.

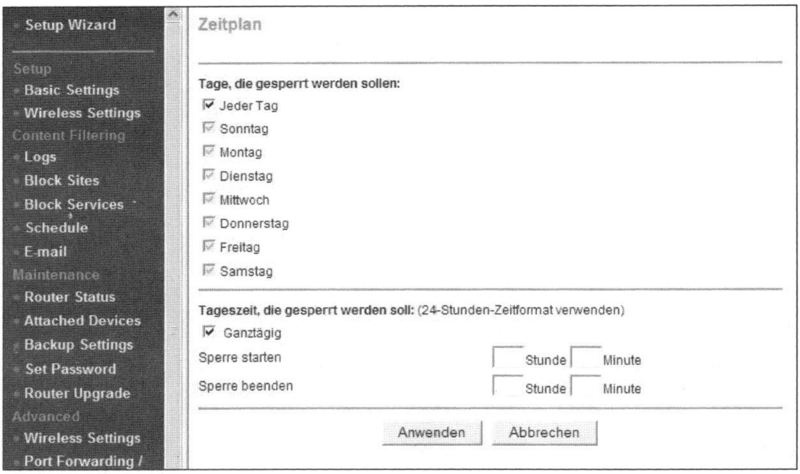

Bild 3.26: *Jeder Tag* **oder tageweise an einer bestimmten Uhrzeit: Das Sperren bestimmter Dienste und Webseiten können Sie detailliert festlegen.**

Die FRITZ!Box lässt in der aktuellen Firmwareversion eine detaillierte Zeit- und Zugangsplanung nicht zu. Lediglich eine sogenannte Nachtschaltung hat AVM der Box spendiert, die sich per *Übersicht/Einstellungen/System/Nachtschaltung* aktivieren lässt. Dann wird das WLAN abgeschaltet, sofern kein Zugriff mehr darauf erfolgt.

Bild 3.27: Keine Ruhestörung: Wer nachts ruhig schlafen möchte, kann neben der Nachtschaltung auch per Mausklick eine nächtliche Klingelsperre aktivieren, die für Ruhe vor Telefonanrufen über die Anschlüsse der FRITZ!Box sorgt.

Beim T-Home Speedport können Sie unter *Netzwerk/WLAN* die Option *Zeitgesteuert* aktivieren und im Bereich *Schaltzeiten* entsprechende Ein- und Ausschaltzeiten festlegen.

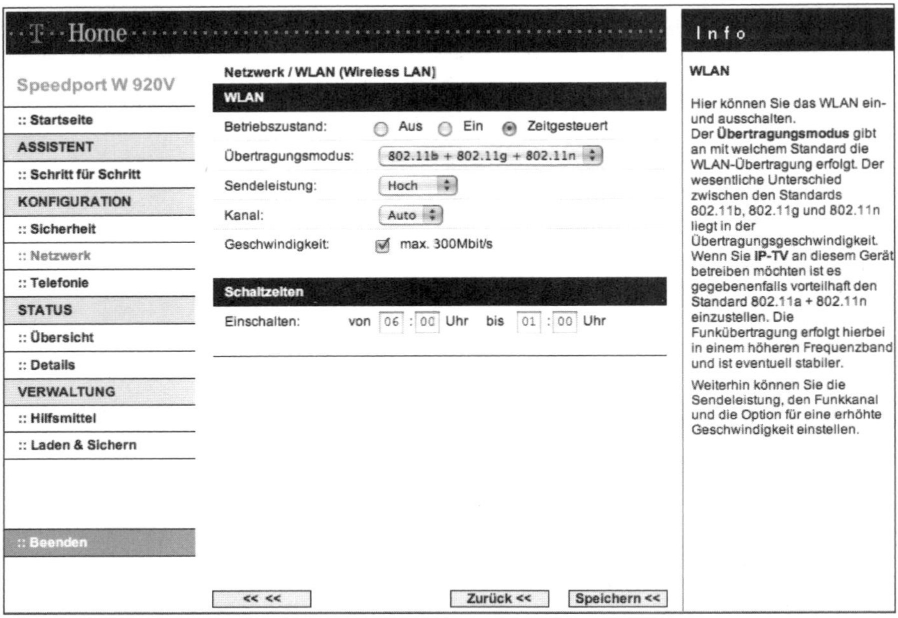

Bild 3.28: Festlegen spezieller Ein- und Ausschaltzeiten im T-Home Speedport W 920V.

E-Mail-Warnmeldungen von Netgear-Routern

Warnmeldungen können beim Netgear-Router per E-Mail an ein festgelegtes Mailkonto gesendet werden, wenn ein Benutzer über den Router versucht, auf eine gesperrte Site zuzugreifen. Protokolle können bei Netgear-Routern ebenfalls manuell über die Seite *Protokolle* angezeigt werden.

Auch lassen sie sich vom Router auf ein konfiguriertes E-Mail-Konto schicken. Wenn Sie keine E-Mails erhalten wollen, lassen Sie die Felder leer. Andernfalls aktivieren Sie das Kontrollkästchen *E-Mail-Benachrichtigung aktivieren* und geben in das Feld den entsprechenden Mailserver (SMTP-Mailserver) des ISP an. Dieser ist auch in der Konfiguration des E-Mail-Programms zu sehen – im Zweifelsfall schauen Sie dort nach. Anschließend tragen Sie eine E-Mail-Adresse ein, an die Warnmeldungen und Protokolle gesendet werden sollen.

Für verantwortungsvolle Home-Administratoren ist folgende Funktion der E-Mail-Benachrichtigung gedacht: Für den Fall, dass Ihr Sprössling versucht, auf eine gesperrte Webseite zuzugreifen, aktivieren Sie das Kontrollkästchen *Alert sofort schicken.* Dann bekommen Sie automatisch eine E-Mail zugeschickt. Zu guter Letzt stellen Sie die richtige Zeitzone ein, damit Zeitplan und E-Mail-Benachrichtigung ordnungsgemäß funktionieren. Auf diese Weise bekommen Sie zumindest mit, was alles über den Router läuft. Ob diese Form der Spionage dem häuslichen Frieden dient, müssen Sie allerdings selbst entscheiden.

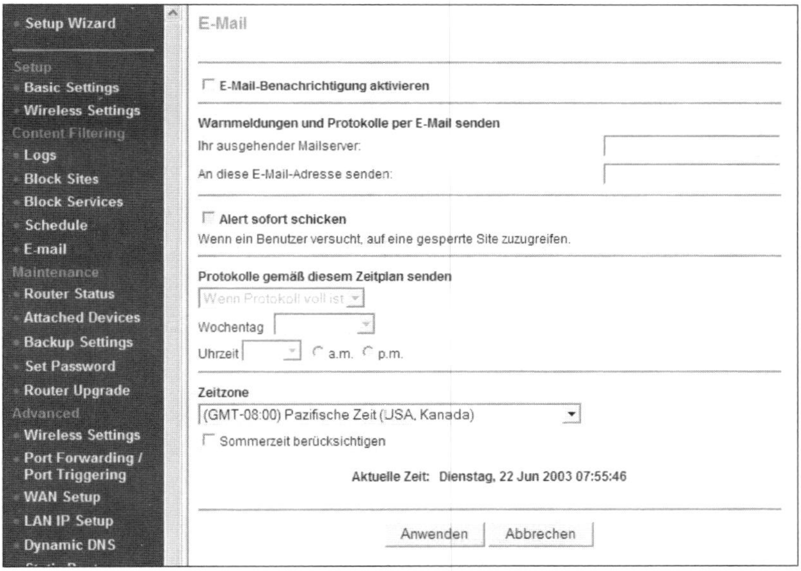

Bild 3.29: Sollen vom Netgear-Router Warnmeldungen und Protokolle per E-Mail verschickt werden, sind nach Setzen des Häkchens bei *E-Mail-Benachrichtigung aktivieren* der Mailserver sowie die Mailadresse einzutragen.

E-Mail-Systemmeldungen von der FRITZ!Box

Bei der FRITZ!Box ist in der Weboberfläche ein sogenannter Push Service integriert, der den Anwender auf Wunsch per Mail über den Systemzustand und Änderungen informiert. Grundvoraussetzungen dafür sind selbstverständlich ein E-Mail-Konto und die passenden Zugangsdaten, damit die FRITZ!Box entsprechend konfiguriert werden kann.

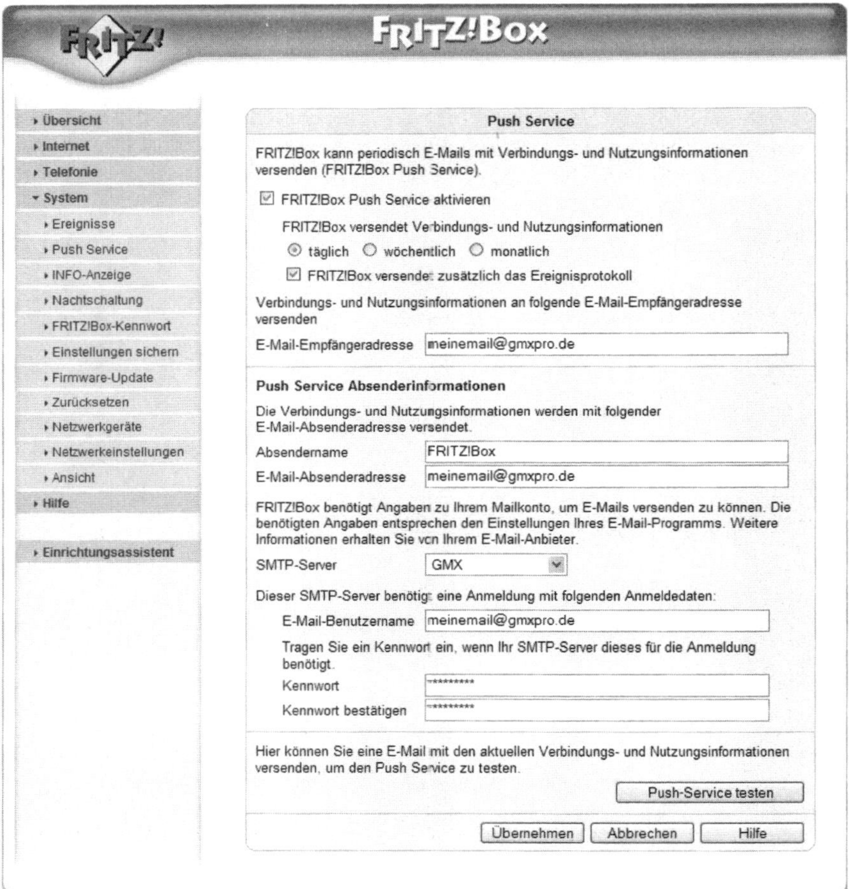

Bild 3.30: Über die Weboberfläche via *Übersicht/Einstellungen/System/Push Service* richten Sie das gewünschte E-Mail-Konto ein, das die Systemmeldungen der FRITZ!Box in Empfang nehmen soll.

Sind sämtliche Einstellungen eingetragen, können Sie per Klick auf die Schaltfläche *Push-Service testen* die ordnungsgemäße Funktion überprüfen. Haben Sie nach wenigen Minuten eine E-Mail im Posteingang, sollten Sie per Klick auf die Schaltfläche *Übernehmen* die Einstellungen speichern.

3.8 Finaler Check des Router-Status

Sind alle Einstellungen vorgenommen, prüfen Sie noch einmal die Konfiguration. Abhängig vom Router-Modell werden sämtliche Einstellungen auf einer oder mehreren Seiten zusammengefasst. Möchten Sie nachträglich eine Einstellung ändern, nehmen Sie dies auf der entsprechenden Seite vor.

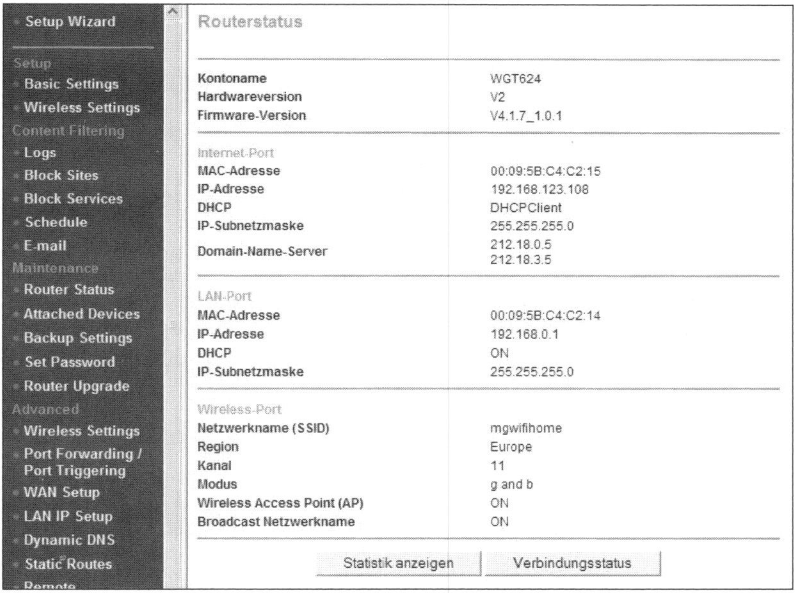

Bild 3.31: Einfach und übersichtlich: Ein besserer Router stellt sämtliche Änderungen auf einer Webseite übersichtlich dar.

Auf der Netgear-Statusseite sind in der Regel folgende Informationen zusammengefasst:

Router-Konfiguration	Beschreibung
Kontoname	Dies ist der Kontoname, den Sie auf der Seite des Setup-Assistenten oder der Grundeinstellungen eingegeben haben.
Firmware-Version	Dies ist die aktuelle Software, die der Router verwendet. Sie ändert sich, sollten Sie Ihren Router aktualisieren.

Router-Konfiguration	Beschreibung
Internet-Port	Dies sind die aktuellen Einstellungen für den Internetzugang, die Sie auf der Setup-Assistenten-Seite oder in den Grundeinstellungen vorgenommen haben. • *MAC-Adresse*: die physikalische Adresse des Routers aus der Perspektive des Internets. • *IP-Adresse*: die aktuelle Internet-IP-Adresse. Wenn diese dynamisch zugewiesen wird und keine Verbindung zum Internet besteht, ist dieses Feld leer, oder es wird *0.0.0.0* angezeigt. • *DHCP*: angezeigt wird entweder *Client* (IP-Adresse wird dynamisch zugewiesen) oder *Keine*. • *IP-Subnetzmaske*: die zur Internet-IP-Adresse gehörende Subnetzmaske. • *Domain-Name-Server*: die Adresse des konfigurierten DNS-Servers.
LAN-Port	Unter *LAN-Port* sind die aktuellen Einstellungen, die Sie auf der Seite *LAN-IP-Konfiguration* vorgenommen haben, zusammengefasst. • *MAC-Adresse*: die physikalische Adresse des Routers aus der Perspektive des lokalen LAN. • *IP-Adresse*: die LAN-IP-Adresse des Routers. • *DHCP*: zeigt an, ob der Router für Geräte in Ihrem LAN als DHCP-Server agiert. • *IP-Subnetzmaske*: die zur LAN-IP-Adresse gehörige Subnetzmaske.

Router-Konfiguration	Beschreibung
Wireless-Port	Bei *Wireless-Port* sind die Parameter, die Sie auf der Seite *Wireless-Konfiguration* gesetzt haben, aufgeführt. • *Netzwerkname (SSID)*: die SSID (Service Set Identifier) des Routers. • *Region*: Standort (Land). • *Kanal*: der gerade verwendete Kanal. • *Modus*: zeigt den gerade verwendeten Modus an (*g and b*, *g* oder *b*). • *Wireless Access Point (AP)*: zeigt an, ob die Access-Point-Funktion des Routers aktiviert ist. Wenn die Funktion nicht aktiviert ist, leuchtet die Wireless-LED an der Vorderseite des Geräts nicht. • *Broadcast Netzwerkname*: zeigt an, ob der Router seine SSID per Broadcast versendet.

Klicken Sie auf *Statistik anzeigen*, wird die Leistungsstatistik des Routers angezeigt, also beispielsweise die Anzahl der pro Port empfangenen und gesendeten Pakete. Bei *Verbindungsstatus* zeigt der Netgear-Router die Informationen zur aktuellen Verbindung an.

Auch der T-Home Speedport W 920V zeigt einmal eine grundlegende Status-Übersicht und eine detailliete Übersicht mit allen aktuellen Einstellungen.

Die FRITZ!Box bietet nach Abschluss der Konfiguration leider keine Übersichtsseite an. Um die Einstellungen zu überprüfen, müssen Sie Schritt für Schritt die notwendigen Konfigurationsschritte nochmals durchklicken.

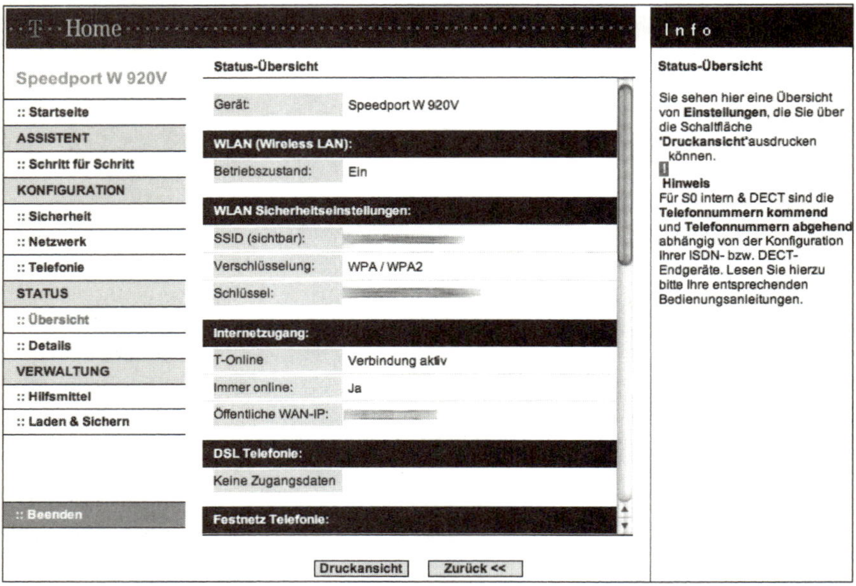

Bild 3.32: Grundlegende Übersicht aller Einstellungen.

Angeschlossene Computer checken

Checken Sie nun die am Router angeschlossenen Computer. In der Regel sind die IP-Adresse, der Gerätename, den Sie unter Windows vergeben haben, und die MAC-Adresse für jeden eingeschalteten Computer zu sehen, der mit dem Router verbunden ist. Dies ist besonders praktisch, wenn Sie vermuten, dass sich ein Fremdling in Ihrem Netz befindet. In diesem Fall sollten Sie die Sicherheitseinstellungen des Routers nochmals überprüfen.

Schalten Sie all Ihre Computer, die über das Funknetz zugreifen, aus. Jetzt sollte nur noch ein Rechner mit seiner MAC-Adresse (unbedingt notieren) zu sehen sein. Gibt es weitere, müssen Sie sich Gedanken machen.

Bild 3.33: Schnellüberblick: Hier sehen Sie jeden Client, der im Moment mit dem WLAN-Router verbunden ist.

Bei der FRITZ!Box können Sie die Verbindungen direkt unterbrechen. Sie sollten aber sofort die SSID wechseln, sie unsichtbar machen und die Verschlüsselung mit einem neuen Schlüssel aktualisieren. Danach gilt es, die Protokolle anzusehen, um zu ermitteln, was alles aufgerufen wurde. Rechtlich sieht es so aus, dass die Nutzung unzureichend gesicherter Funknetze eine Grauzone ist, denn für Sicherheit hat jeder selbst zu sorgen.

Bei einer FRITZ!Box sorgen Sie für mehr Sicherheit, wenn Sie die Option *Keine neuen WLAN-Netzwerkgeräte zulassen* aktivieren, nachdem der PC mit WLAN-Karte erstmalig Verbindung mit dem WLAN-Router aufgenommen hat. In diesem Fall merkt sich die FRITZ!Box die MAC-Adresse des PCs und verweigert anderen Geräten die Zusammenarbeit.

Standardmäßig wird jedem drahtlosen Gerät, das mit einer korrekten SSID und dem passenden Schlüssel ausgestattet ist, Zugang zu dem drahtlosen Netzwerk gewährt. Jeder Router bietet jedoch eine MAC-Adressfilterung, bei der Geräte basierend auf ihren MAC-Adressen eine Verbindung zum Router aufbauen dürfen oder nicht.

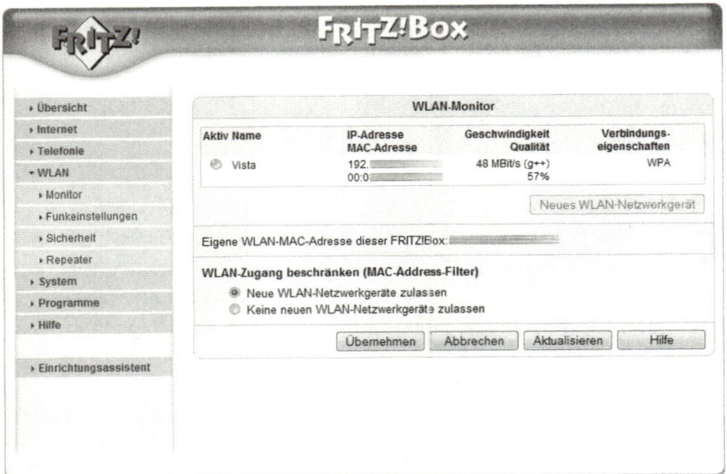

Bild 3.34: Standardmäßig erhält jede WLAN-Karte, die mit einer passenden SSID konfiguriert ist, Zugriff auf das drahtlose Netzwerk. Für mehr Sicherheit sorgt dieser Dialog der FRITZ!Box: Hier können Sie den Zugang ins WLAN auf der Grundlage einer MAC-Adresse beschränken.

3.9 Sichern der WLAN-Router-Einstellungen

Ist der WLAN-Router ordnungsgemäß und sicher konfiguriert, sollten Sie die gemachten Einstellungen sichern. Bessere Geräte bieten dafür eine Möglichkeit, die Einstellungen in einer Konfigurationsdatei zu speichern. Beinhaltet Ihr Modell diese Option nicht, sollten Sie die gemachten Einstellungen per Bildschirm-Screenshot speichern und ausdrucken.

Dafür drücken Sie einfach die `Druck`-Taste, um diesen Bildschirm in die Zwischenablage zu kopieren. Danach öffnen Sie beispielsweise Word und fügen mit der Tastenkombination `Strg`+`V` den Inhalt der Zwischenablage ein. Anschließend speichern Sie das Dokument oder drucken es wie gewohnt aus.

Netgear-Router-Einstellungen sichern

Bei einem Netgear-Modell gehen Sie folgendermaßen vor:

Nach dem Klick öffnet der Browser das Dialogfeld für das Herunterladen einer Datei. Wählen Sie das Verzeichnis aus, in dem Sie die Datei speichern wollen.

Anschließend klicken Sie auf *Speichern.* Die Sicherungsdatei wird auf der Festplatte mit dem Namen *netgear.cfg* gespeichert.

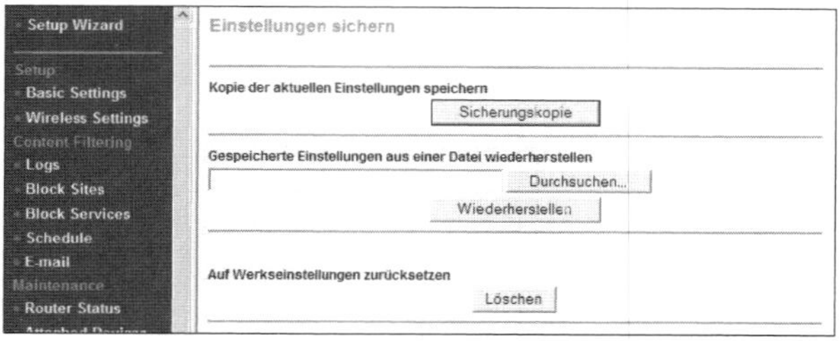

Bild 3.35: Einfach per Mausklick sichern Sie die Router-Einstellungen in eine Sicherungsdatei.

FRITZ!Box-Router-Einstellungen sichern

Über den Webbrowser erreichen Sie per *System/Einstellungen sichern* den entsprechenden Dialog. Arbeiten mehrere Anwender mit dem heimischen Rechner, ist es unter Umständen sinnvoll, die FRITZ!Box-Konfiguration passwortgeschützt auf der Festplatte abzulegen, damit kein Unbefugter die Konfigurationsparameter einsehen oder gar ändern kann.

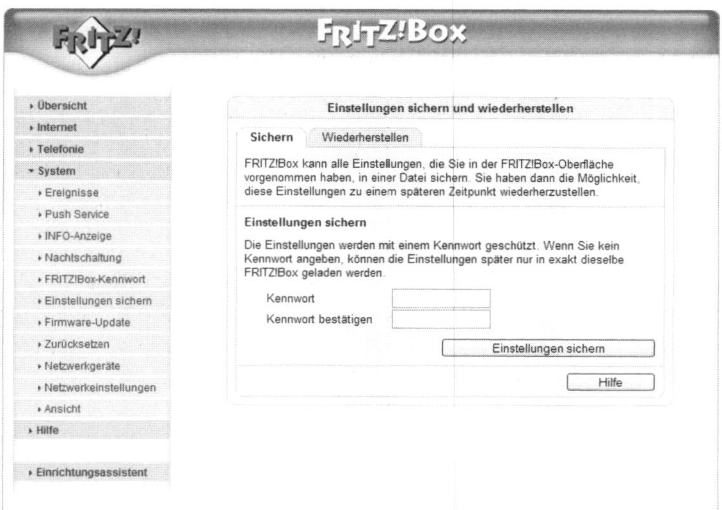

Bild 3.36: Übersichtlich gelöst: Das Sichern und Wiederherstellen der FRITZ!Box-Konfiguration erfolgt in ein und demselben Dialog.

In diesem Fall geben Sie im Bereich *Kennwort* sowie *Kennwort bestätigen* ein Passwort ein. Um die Einstellungen auf die Festplatte herunterzuladen, genügt der Klick auf die Schaltfläche *Einstellungen sichern.*

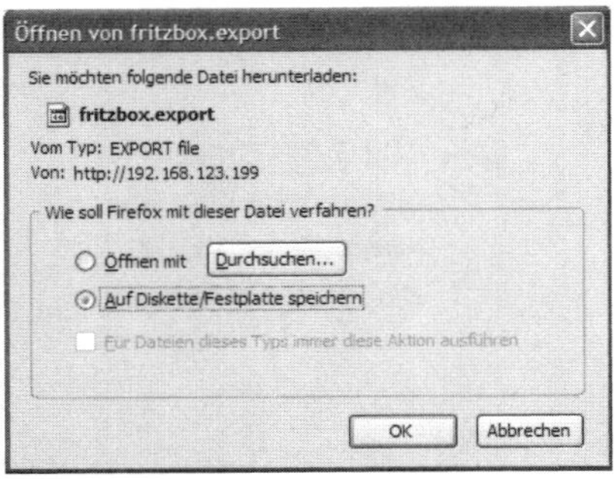

Bild 3.37: Die FRITZ!Box exportiert die Konfiguration in eine Datei mit der Bezeichnung *fritzbox.export*.

Sie können die Router-Einstellungen aus dieser Datei wiederherstellen. In der Regel sollten Sie darauf achten, dass Sie beim Wiederherstellen oder Löschen der Router-Einstellungen nicht online sind. Vorsichtshalber stecken Sie am besten das Internetkabel aus.

Speedport-Router Einstellungen sichern

Auch die auf dem T-Home Speedport W 920V festgelegten Einstellungen können Sie auf dem Compter sichern. Öffnen Sie dazu die Router-Konfiguration und wählen Sie in der Seitenleiste die Funktion *Laden & Sichern.*

Im Bereich *Laden & Sichern* klicken Sie auf die Funktion *Konfiguration sichern.*

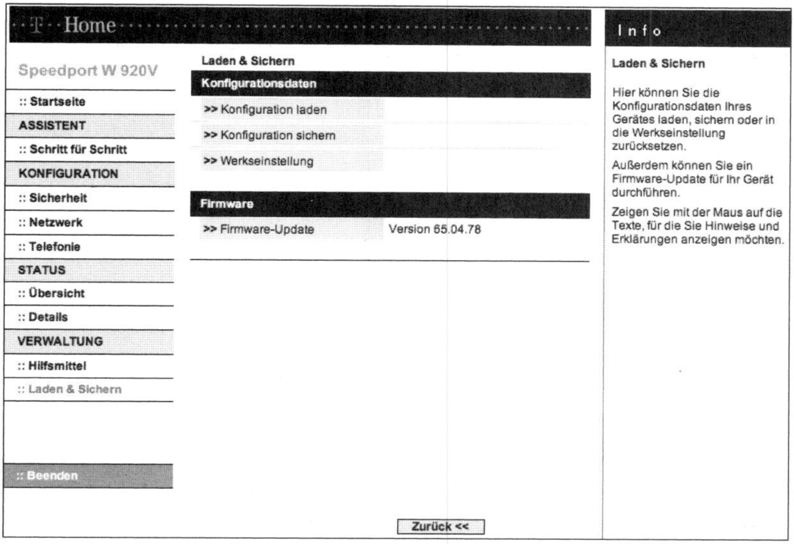

Bild 3.38: Mit *Konfiguration sichern* werden die Router-Einstelllungen auf die Festplatte kopiert.

Es erscheint ein zweites Fenster, in dem Sie nochmals das Router-Passwort eingeben müssen, und die Einstellungen werden nach der Passwort-Eingabe automatisch als Datei auf Ihre Festplatte gespeichert.

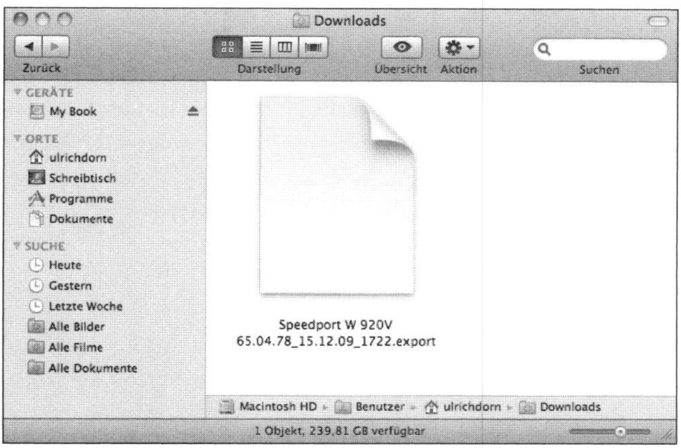

Bild 3.39: Arbeiten sie mit einem Mac oder Windows 7, wird die Sicherungsdatei im Ordner *Downloads* gespeichert.

Mit der Funktion *Konfiguration laden* können Sie die gesicherten Einstellungen wieder auf den Router zurückspielen.

3.10 Ein neues Router-Passwort festlegen

Nach der Konfiguration lautet Regel Nr. 1: Ändern Sie das voreingestellte Router-Passwort. Denn es wäre schon ärgerlich, wenn all Ihre Mühe umsonst wäre, weil man von außen über ein Standardpasswort auf Ihren Router zugreifen und die Einstellungen verändern kann. Im Zweifel kämen Sie selbst nicht mehr darauf. Abhängig vom Hersteller ist im Konfigurationsdialog ein entsprechendes Menü zur Passwortänderung vorhanden.

Bei einem Netgear-Router können Sie auf der Seite *Kennwort einstellen* aus Sicherheitsgründen das Kennwort ändern, das für den Zugriff auf die Konfigurationsseiten des WLAN-Routers notwendig ist. Am besten notieren Sie sich das Kennwort und bewahren es an einem sicheren Ort auf.

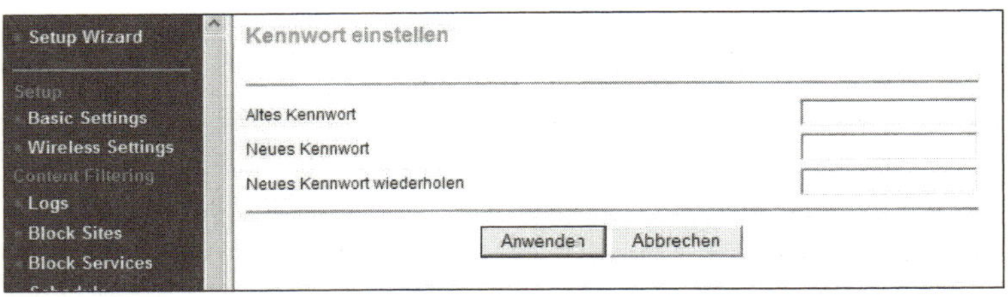

Bild 3.40: Haben Sie die Router-Einstellungen zuvor gesichert, sollten Sie eine neue Sicherung durchführen, damit die Einstellungsdatei das neue Kennwort enthält.

Auch die FRITZ!Box lässt sich nach Abschluss der Konfiguration mit einem Passwort absichern. Über den Webbrowser erreichen Sie per *Übersicht/Einstellungen/System/FRITZ!Box-Kennwort* den entsprechenden Dialog.

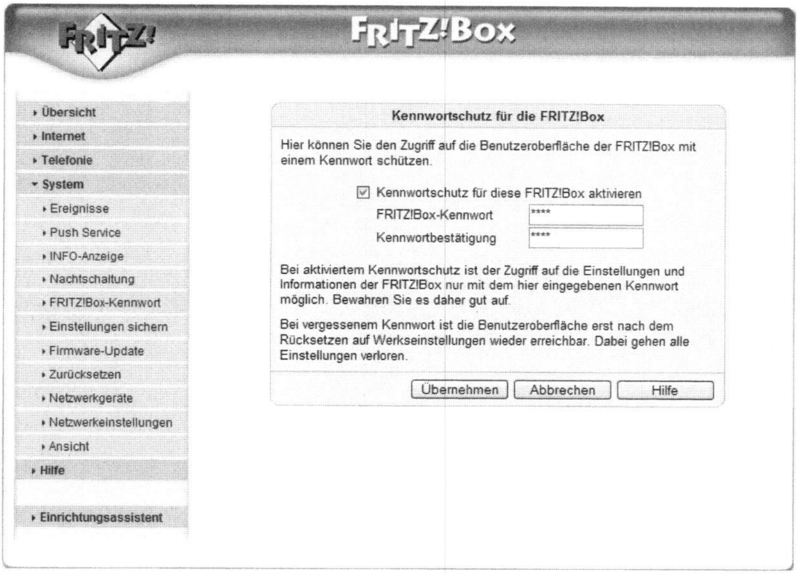

Bild 3.41: Damit der Kennwortschutz aktiviert werden kann, setzen Sie das Häkchen bei *Kennwortschutz für diese FRITZ!Box aktivieren.*

3.11 Router per Firmware-Update frisch halten

Kein Hersteller ist perfekt: Täglich gibt es neue Veröffentlichungen über Sicherheitslücken und Angriffsmöglichkeiten verschiedenster Router-Modelle. Meist wird mit verschiedenen Hackertools versucht, den Router zu kompromittieren oder ihn per Buffer-Overflow-Mechanismen in einen nicht betriebsfähigen Zustand zu versetzen.

Deshalb sollten Sie regelmäßig auf den Supportseiten des Herstellers nach einer neuen Firmware Ausschau halten. Oft gehen Verbesserungen der Sicherheit auch mit Erweiterungen der Funktionalität oder sogar der Implementierung neuer Standards (WPA2-Verschlüsselung) einher.

Ist die Internetverbindung eingerichtet, bieten manche Geräte auch eine Aktualisierung der Firmware ohne Umwege an. So auch der T-Home Speedport und die FRITZ!Box. Beim Speedport finden Sie die Funktion zur Aktualisierung der Firmware im Bereich *Laden & Sichern.* Mit Klick auf die Schaltfläche *Zur Internetseite* rufen Sie die Support-Seite des Providers auf, hier T-Home.

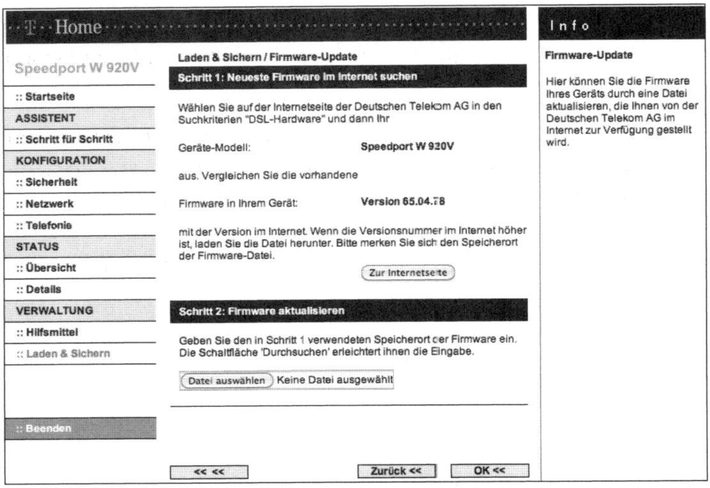

Bild 3.42: Firmware-Update beim T-Home Speedport.

Auf der Internetseite der Providers wählen Sie die für Ihre Routermodell infrage kommende Firmware-Version, im Beispiel die *Firmware Speedport W 920V. Version: 65.04.78.* Ein Klick auf den Download-Link startet das Firmware-Update.

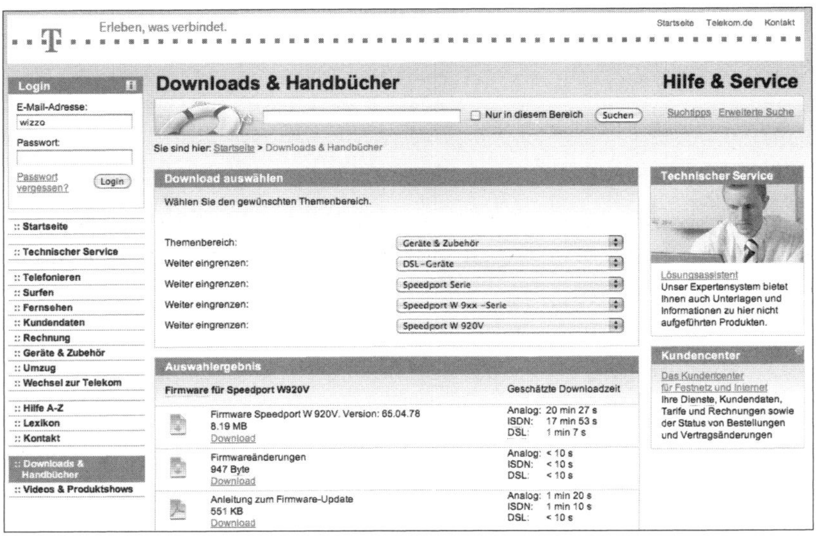

Bild 3.43: Auswahl der passenden Firmware-Version.

Nahezu identisch ist die Vorgehensweise bei der FRITZ!Box. Im Bereich *System* klicken Sie auf *Firmware-Update.* Im Register *Automatisches Update* klicken Sie auf die Schaltfläche *Neue Firmware suchen.*

Auf der AVM-Supportseite können Sie nun prüfen, ob eine neue Firmware zur Verfügung steht. Abhängig vom Router-Hersteller müssen Sie nach dem Herunterladen diese Datei entpacken, bevor Sie den Router aufrüsten können.

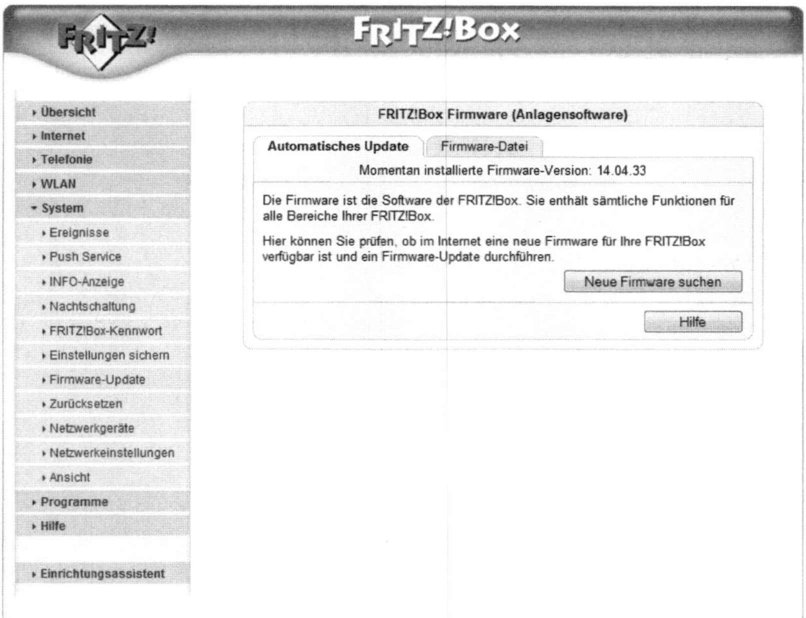

Bild 3.44: Freie Auswahl: Bei der FRITZ!Box können Sie entweder die Firmware über die AVM-Supportseite oder über eine Firmwaredatei, die sich auf der Festplatte befindet, aktualisieren.

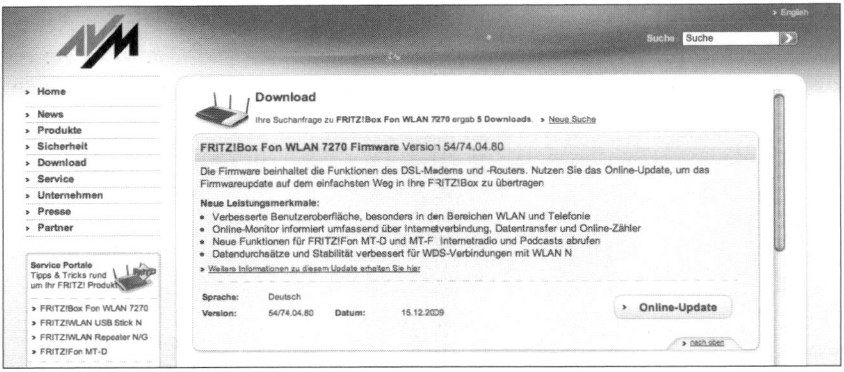

Bild 3.45: Im Supportbereich des Router-Herstellers suchen Sie das passende Router-Modell heraus und laden anschließend die entsprechende Firmware herunter.

In einigen Fällen kann es sein, dass der Router nach dem Einspielen der Firmware neu konfiguriert werden muss. Deshalb ist es sinnvoll, vor dem Einspielen der neuen Firmware die Router-Einstellungen zu sichern. Mit Klick auf *Hochladen* oder *Firmware aktualisieren* spielt der Router die neue Firmware selbstständig ein.

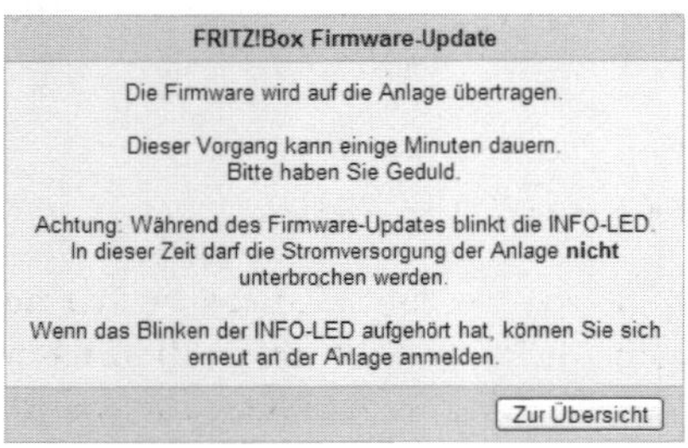

Bild 3.46: Bitte warten: Während der Übertragung der Firmware auf den Router darf die Stromversorgung nicht unterbrochen werden.

Während dieses Vorgangs darf der Router weder ausgeschaltet werden noch online (also im Internet) sein. Ist der Vorgang abgeschlossen, rufen Sie den *Routerstatus* auf und prüfen die Firmwareversion, um sicherzustellen, dass auf dem Router nach dem Update die neueste Software installiert ist.

Windows zickt beim FRITZ!Box-Firmware-Update

Setzen Sie als Betriebssystem Windows Vista oder Windows 7 ein, ist ein Firmware-Update nicht auf Anhieb möglich. Der Grund: Die Sicherheitseinstellungen des standardmäßig installierten Internet Explorers oder auch der Firewall lassen das

Ausführen des Firmware-Updates nicht zu. Haben Sie sich aus dem Internet eine aktuelle Firmwaredatei besorgt, erscheint beim eigentlichen Firmware-Update die Meldung *Bitte den vollständigen Pfadnamen angeben*, und die Installation ist nicht möglich.

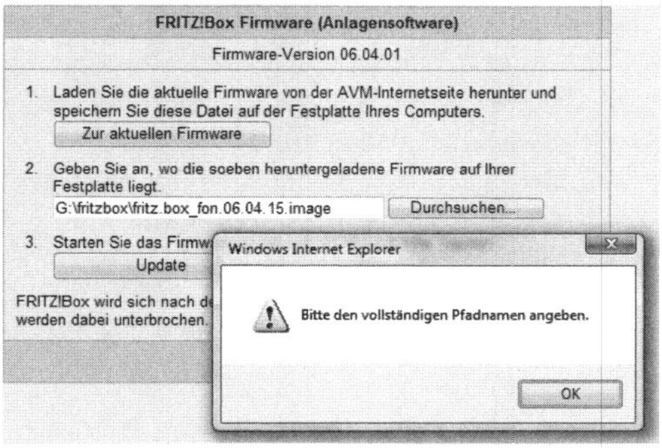

Bild 3.47: Erhalten Sie bei einem Firmware-Update die Fehlermeldung *Bitte den vollständigen Pfadnamen angeben*, ist das Firmware-Update mit diesem Browser nicht möglich.

Abhilfe schafft hier das Ändern der Sicherheitseinstellungen des Internet Explorers oder das temporäre Deaktivieren der aktiven Schutzprogramme wie der PC-Firewall und des aktiven Virenscanners. Nach dem Update sind diese wieder einzuschalten. Empfehlenswerter ist jedoch der Browserumstieg auf Mozilla Firefox. Dieser Browser kennt die beschriebenen Update-Probleme nicht.

3.12 Drahtloseinstellungen richtig konfigurieren

Viele WLAN-Router bieten neben den Standard-Drahtloseinstellungen auch eine Option an, mit der Sie erweiterte Einstellungen für das Funknetz konfigurieren können. Durch einen geschickten Eingriff machen Sie das WLAN-Netz für andere fast unsichtbar und beschränken den Zugriff auf das Netzwerk auf Clients, die sich anhand ihrer MAC-Adresse authentifizieren.

Netgear-Drahtloseinstellungen einrichten

Hier kann WLAN auch grundsätzlich deaktiviert werden. Dies ist zu empfehlen, wenn keine WLAN-Geräte zum Einsatz kommen und der WLAN-Router ausschließlich für kabelgebundene Clients zuständig sein soll. Dafür deaktivieren Sie bei Netgear-Modellen die Option *Wireless-Router-Radio* – damit haben Wireless-Stationen keinen Zugang zum Internet. Abhängig vom Router-Modell stehen verschiedene Optionen für den Wireless-Router zur Verfügung. Bei den DSL-WLAN-Routern von Netgear sind folgende Optionen relevant:

Wireless-Router-Einstellungen	Beschreibung
SSID-Broadcast aktivieren	Ist diese Option aktiviert, sendet der Wireless-Router seinen Netzwerknamen (SSID, Service Set Identifier) an alle Wireless-Stationen. Stationen, die keine SSID (oder den Wert null) haben, können dann die korrekte SSID für Verbindungen zu diesem Access Point annehmen.
Fragmentierungsschwelle, CTS/RTS-Schwelle, Präambel-Modus	Diese Einstellungen sind Wireless-Tests und der erweiterten Konfiguration vorbehalten. Ändern Sie diese Einstellungen nicht.
108 MBit/s-Einstellungen/Erweiterte 108 MBit/s-Einstellungen deaktivieren	Wenn diese Option markiert ist, deaktiviert der Wireless-Router die Datenkomprimierung, das Packet-Bursting und die Unterstützung großer Frames. Diese Option ist bei Netgear-Routern mit 108-MBit/s-Funktionalität zu finden.

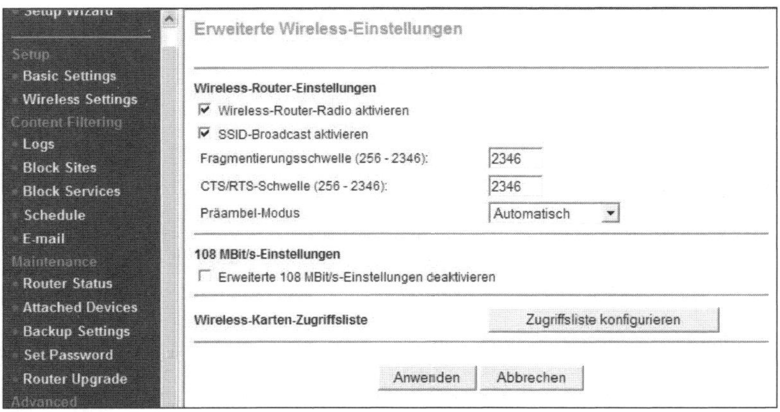

Bild 3.48: Der SSID-Broadcast macht den WLAN-Router in der näheren Umgebung bekannt.

Standardmäßig erhält jede WLAN-Karte, die mit einer passenden SSID und dem korrekten Schlüssel sowie dem passenden Verschlüsselungsstandard konfiguriert ist, Zugriff auf das drahtlose Netzwerk.

FRITZ!Box-Drahtloseinstellungen einrichten

Bei der FRITZ!Box hängt es von der eingesetzten Firmwareversion sowie vom FRITZ!Box-Modell ab, welche Optionen im Bereich *Übersicht/WLAN/Funkeinstellungen* zur Verfügung stehen. Mit der Auswahl der Option *WLAN aktivieren* können Sie auf die anderen Funktionen zugreifen. Benutzen Sie kein WLAN, schalten Sie es über diese Option am Router aus.

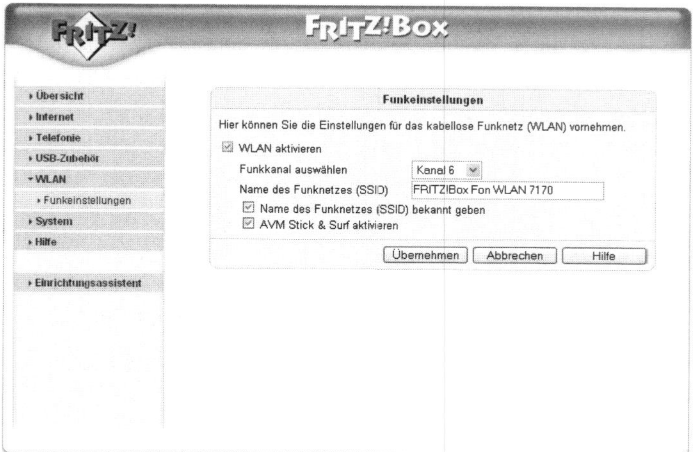

Bild 3.49: Nur wer einen AVM-USB-Stick im Einsatz hat, muss das Häkchen bei *AVM Stick & Surf aktivieren* setzen.

Funkeinstellungen	Beschreibung
Name des Funknetzes (SSID)	Hier lässt sich der Name des WLAN-Netzes konfigurieren. Ist das Häkchen bei *WLAN aktivieren* gesetzt, sendet die FRITZ!Box ihren Netzwerknamen (SSID, Service Set Identifier) an alle Wireless-Stationen.
Funkkanal auswählen	Dieser Schalter legt fest, welche Betriebsfrequenz der Router nutzen soll. Hier können Sie die Werkeinstellung beibehalten, es sei denn, es sind Störstrahlungen von einem anderen WLAN-Router in der Umgebung bemerkbar. Dies macht sich vor allem durch Schwierigkeiten beim Verbindungsaufbau und in der Geschwindigkeit bemerkbar. Hängen in der Nachbarschaft einige andere WLAN-Router an der Steckdose, kann das Umkonfigurieren des Kanals einen Geschwindigkeitsschub bringen.

Funkeinstellungen	Beschreibung
Name des Funknetzes (SSID) bekannt geben	Ist diese Option aktiviert, sendet der Wireless-Router seinen Netzwerknamen (SSID, Service Set Identifier) an alle Wireless-Stationen. Stationen, die keine SSID (oder den Wert null) haben, können dann die korrekte SSID für Verbindungen zu diesem Access Point annehmen.
AVM Stick & Surf aktivieren	Diese Option ist für USB-Adapter aus dem Hause AVM gedacht. Setzen Sie einen AVM-USB-Adapter ein, sollte hier das Häkchen gesetzt werden.

Zusätzlich können bei manchen FRITZ!Box-Modellen noch verschiedene Einstellungen zum Übertragungsmodus vorgenommen werden, die Einfluss auf die Sendeleistung und Übertragungsqualität haben. Details zu diesen Einstellungen sowie zu den unterschiedlichen Übertragungsmodi finden Sie in Kapitel 2.3 »Norm, Frequenz, Geschwindigkeit«.

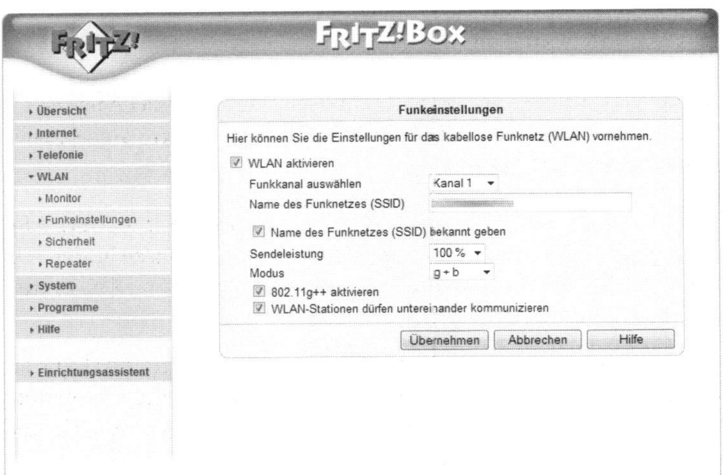

Bild 3.50: Abhängig von den verwendeten WLAN-Komponenten konfigurieren Sie den Übertragungsmodus.

Für mehr Sicherheit ist die Option *Sicherheit* in der FRITZ!Box bzw. *Wireless-Karten-Zugriffsliste* bei Netgear-Modellen ideal: Hier können Sie den Zugang auf das WLAN auf Grundlage der MAC-Adresse des PCs beschränken.

Wireless-Karten-Zugriffsliste einrichten

Standardmäßig wird jedem drahtlosen PC, der mit einer korrekten SSID, dem richtigen Verschlüsselungsstandard sowie dem passenden Schlüssel ausgestattet ist, Zugang zum drahtlosen Netzwerk gewährt. Jeder Router bietet jedoch eine MAC-Adressfilterung, bei der PCs basierend auf ihren MAC-Adressen eine Verbindung zum Router aufbauen dürfen oder nicht.

Wird beim Eintragen des Geräts der Gerätename nicht angezeigt, können Sie selbst einen beschreibenden Namen für den PC eingeben, den Sie der MAC-Adresse hinzufügen.

Bild 3.51: Bei aktivierter Zugriffskontrolle kann – wie hier im Beispiel beim Computer *vaiokiste* mit der MAC-Adresse *000e350528e7* – das WLAN nur von berechtigten PCs mit der passenden MAC-Adresse genutzt werden.

Mit einer FRITZ!Box sorgen Sie für mehr Sicherheit, wenn Sie per *Übersicht/ WLAN/Monitor* die Option *Keine neuen WLAN-Netzwerkgeräte zulassen* aktivieren, nachdem der PC mit WLAN-Karte erstmalig Verbindung mit dem WLAN-Router aufgenommen hat.

Diese Option aktivieren Sie erst dann, wenn der DSL-Router fertig konfiguriert und erstmals erfolgreich eine Verbindung zwischen PC und DSL-Router hergestellt worden ist. In diesem Fall merkt sich die FRITZ!Box die MAC-Adresse des PCs und verweigert anderen Geräten die Zusammenarbeit.

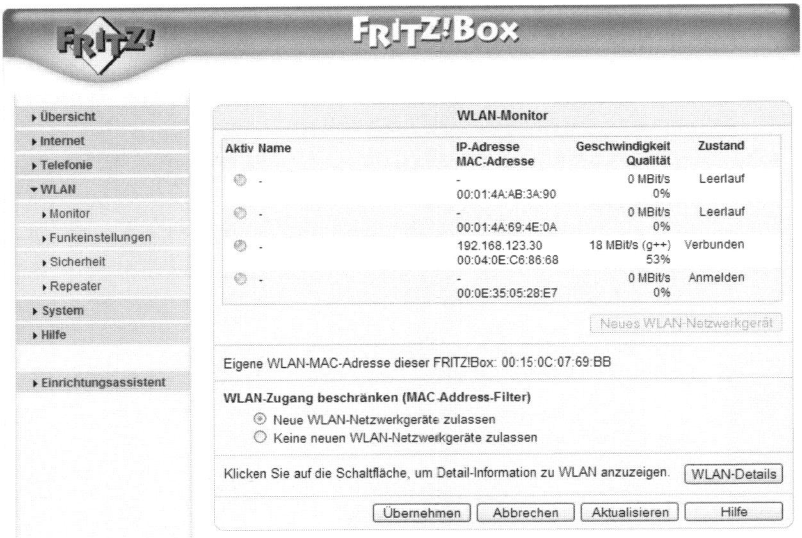

Bild 3.52: Nur bei der erstmaligen Konfiguration des WLAN-Netzwerks braucht der Schalter *Neue WLAN-Netzwerkgeräte zulassen* aktiviert zu sein. Wurden die gewünschten Geräte einmal mit der FRITZ!Box verbunden, »merkt« sich die FRITZ!Box deren MAC-Adresse.

Wie alle anderen wichtigen Ereignisse dokumentiert die FRITZ!Box auch die An- und Abmeldevorgänge der WLAN-Stationen. Über die Weboberfläche unter *Übersicht/System/Ereignisse* im Register *WLAN* können Sie das Protokoll einsehen. Hier finden Sie auch die abgelehnten Zugriffe. Diese können ein Hinweis darauf sein, dass von außen jemand versucht, auf Ihr WLAN zuzugreifen.

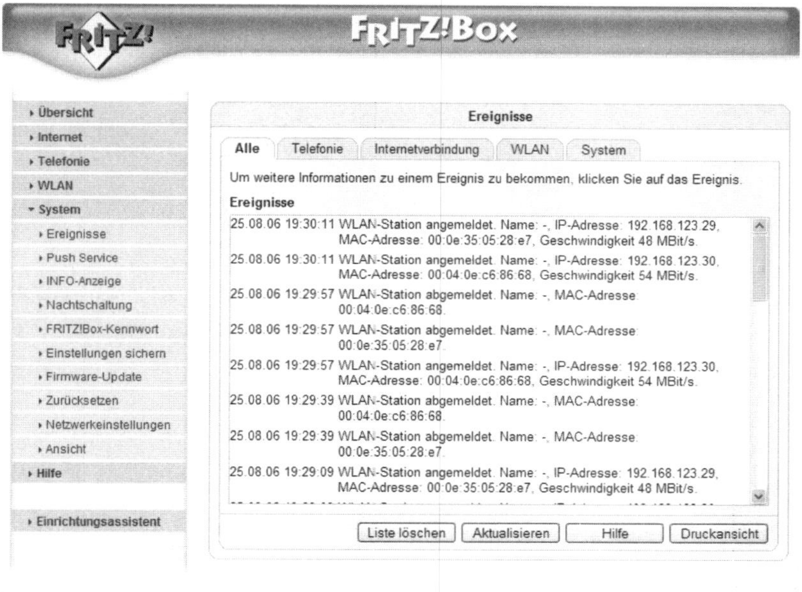

Bild 3.53: Sämtliche An- und Abmeldungen an der FRITZ!Box sowie die zugewiesene IP-Adresse und die dazugehörige Verbindungsgeschwindigkeit werden in dem Protokoll erfasst.

3.13 Port-Triggering und Portweiterleitung

Mit Port-Triggering und Portweiterleitung bekommt der WLAN-Router eine zusätzliche Funktionalität, mit der Sie weiter oben im Bereich der Firewall-Einstellungen des Routers bereits Bekanntschaft gemacht haben. Hier können Sie lokale Computer oder Server in Ihrem Heimnetz für unterschiedliche Dienste nach außen, also für das Internet, verfügbar machen, um beispielsweise FTP- oder Webserverdienste zu nutzen oder Multiuser-taugliche Spiele zu spielen.

Wichtig ist die Portweiterleitung auch für die Internettelefonie: Hier müssen abhängig vom eingesetzten Softphone bzw. VoIP-Telefon sowie vom VoIP-Provider die passenden Ports freigegeben werden.

Bemerkt der Router am angegebenen Ausgangsport, dass dort Daten versendet werden, merkt er sich die IP-Adresse des Rechners, der die Daten gesendet hat, und den Eingangsport bzw. aktiviert diesen. Der darauffolgend eingehende Datenfluss wird über den aktivierten Port an den auslösenden Client in Ihrem Netz weitergeleitet.

Die Technik der Portweiterleitung ist statisch und vor allem für FTP, Webserver oder andere serverbasierte Dienste gedacht, bei denen immer das Gleiche passiert und immer die gleichen Ports benötigt werden. Sobald die Portweiterleitung konfiguriert ist, werden Aufforderungen aus dem Internet stets zum richtigen Server weitergeleitet.

Port-Triggering hingegen arbeitet dynamisch und lässt nur Anfragen aus dem Internet zu, nachdem ein bestimmter Port aktiviert wurde. Chatten, Videokonferenzsoftware oder Internetspiele nutzen diese Technik. Nach Beendigung des Programms ist der Port wieder zu.

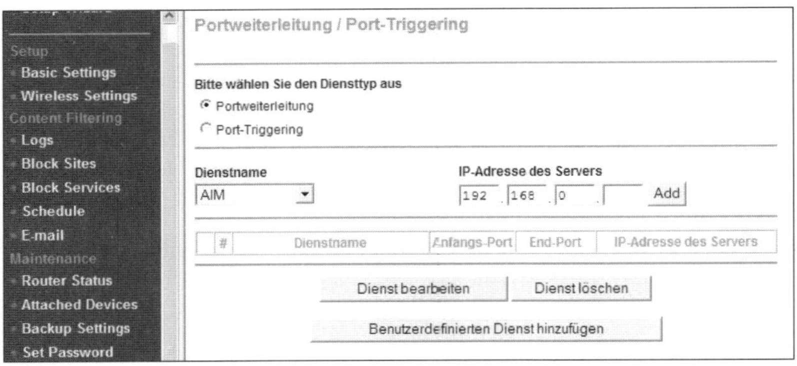

Bild 3.54: Sind Dienste nach außen konfiguriert, kann ein fremder Rechner über den WLAN-Router auf einen angeschlossenen Client zugreifen.

Für die Portweiterleitung sind bei Netgear-Routern im Drop-down-Menü bei *Dienstname* bereits verschiedene Dienste vorab eingetragen und müssen nur den entsprechenden Rechnern zugewiesen werden. Dies erfolgt über die IP-Adresse des Computers. Bevor Sie beginnen, müssen Sie ermitteln, welche Art Dienste Sie bereitstellen wollen und wie die IP-Adresse des Computers lautet, der diese Dienste bereitstellen soll.

Die gängigsten Dienste sind Webserver (HTTP, Port 80) oder FTP-Server (FTP, Port 21/22). In anderen Fällen tragen Sie Portnummer sowie IP-Adresse des Computers für den gewünschten Dienst manuell über die Schaltfläche *Benutzerdefinierten Dienst hinzufügen* ein. Sinnvollerweise vergeben Sie die IP-Adresse für den Serverdienst manuell, damit die Weiterleitung immer richtig ist.

Bei der FRITZ!Box von AVM ist die Portweiterleitung auf der Weboberfläche unter *Übersicht/Einstellungen/Internet/Portfreigabe* zu finden.

3.14 DSL-Router für VoIP konfigurieren

Für das Telefonieren über das Internet gibt es verschiedene Standards. Neben SIP (Session Initiation Protocol) ist auch RTP (Realtime Transport Protocol) eine tragende Säule. Während SIP dafür sorgt, dass der Anruf auch beim Gegenüber ankommt, ist RTP im Fall eines aktiven Gesprächs für die Audiodatenübertragung zuständig. Skype nutzt im Gegensatz zu den klassischen VoIP-Programmen eine andere Übertragungstechnik und ist bei der Auswahl der Ports deutlich flexibler. Skype gehört jedoch nicht zu den klassischen VoIP-Telefonieprogrammen – hier spielen SIP und RTP keine Rolle.

Internettelefonie über den PC

Wer über seinen PC via Internet telefonieren möchte, sollte darauf achten, dass die Konfiguration der Firewall bzw. des DSL-WLAN-Routers vornehmlich von der eingesetzten SIP-Software auf dem Rechner abhängig ist. Da eine NAT-Firewall (Network Address Translation) nach außen eine IP-Adresse und nach innen mehrere IP-Adressen zu versorgen hat, kann es beim Telefonieren hier anfänglich zu Problemen kommen, falls NAT, also die Portweiterleitung, falsch konfiguriert ist.

NAT macht nichts anderes, als eine IP-Adresse in einem Datenpaket durch eine andere zu ersetzen. Bei einem Router bzw. einer Firewall sorgt NAT dafür, private IP-Adressen auf öffentliche IP-Adressen abzubilden.

Bei NAT kennt der Telefonieclient die aktuelle Internet-IP-Adresse nicht. Er besitzt ja eine lokale nach dem Muster *192.168.X.X*. Deshalb nutzen die SIP-Gateways die Absender-IP-Adresse, also die Internetadresse des DSL-WLAN-Routers. Dafür ist der STUN-Server (Simple Traversal of UDP through NAT) des VoIP-Anbieters zuständig. Dieser versorgt den Telefonieclient mit den nötigen Informationen, damit es mit dem Telefonieren auch funktioniert.

Eine Firewall bzw. ein DSL-WLAN-Router kann nur Daten von außen zu einem bestimmten Client transportieren, wenn bekannt ist, wohin diese weitergeleitet werden müssen. Dafür sorgt der interne Initialisierungsvorgang der SIP-Software bzw. des IP-Telefons. Damit das Telefonieren mit einer NAT-Firewall auch erfolgreich verläuft, müssen in der Regel folgende Ports konfiguriert sein:

Benötigte Ports*	Programm/Protokoll
80 (TCP)	Freigabe, Registrierung
3478–3479 (UDP)	NAT/STUN (STUN-Service nur notwendig, wenn NAT benutzt wird)
5004 (UDP)	RTP
5060 (UDP)	SIP-Signal-Telefon
5062 (UDP)	SIP-Signal-Anrufbeantworter
5069 (UDP)	iPhone Freenet
5070, 5072 (UDP)	1&1 SoftPhone, Nero SIPPS
8000–8006 (UDP)	X-Lite
8000–8012 (UDP)	X-Pro
10000–10012 (UDP)	Datenverkehr Nikotel-Telefon
16384–16390 (UDP)	Datenverkehr Freenet iPhone
30000–30012 (UDP)	Datenverkehr Nikotel-Anrufbeantworter
* Alle ein- und ausgehenden UDP- und TCP-Ports	

Für SIP wird in der Regel immer der UDP-Port 5060 benötigt. Meist überwacht eine Firewall nur den eingehenden Datenverkehr, teure und restriktive Produkte sorgen jedoch auch bei ausgehendem Datenverkehr für Sicherheit.

Für VoIP sind in der Firewall bzw. Portfreigabe meist zusätzlich die Ports 5062, 5070, 5072, 3478 sowie 30000 bis 30005 freizugeben, damit das Telefonieren auch möglich ist. Hier aktivieren Sie *port forwarding* für die oben angegebenen Ports und leiten diese auf den Rechner um, von dem aus ins Internet telefoniert wird.

Durch die Umleitung der Daten, die auf Port 5060 auf dem Router bzw. der Firewall eintreffen, sorgt dieser Mechanismus dafür, dass die Daten an den vorgesehenen Rechner im Netzwerk weitergeleitet werden. Dieser ist nach außen von der Firewall geschützt und außerhalb des Routers bzw. der Firewall nicht direkt erreichbar.

Bild 3.55: Bei der FRITZ!Box ist für die Internettelefonie via PC unter *Portfreigabe* jeder notwendige Port einzutragen.

Abhängig davon, welches SIP-Programm verwendet wird, können hier noch zusätzliche oder andere Ports maßgeblich sein. Kommt es zu Problemen, hilft die Suche in den Foren bzw. auf der Webseite des jeweiligen Herstellers weiter.

Internettelefonie über ein am Router angeschlossenes Telefon

Internettelefonie ist nicht gleich Internettelefonie. Der wesentliche Unterschied gegenüber dem Telefonieren über das Festnetz liegt in der Auswahl der Endgeräte. Neuere Internettelefone sehen aus wie konventionelle Telefone. Eingesteckt werden sie am Festnetzanschluss. Auch ein bereits vorhandenes analoges Telefon kann für Voice over IP genutzt werden. Dafür ist manchmal ein SIP-Adapter nötig, der direkt am Router angesteckt wird. Anschließend wird das analoge Telefon mit diesem SIP-Adapter verbunden, und nun kann wie gewohnt telefoniert werden.

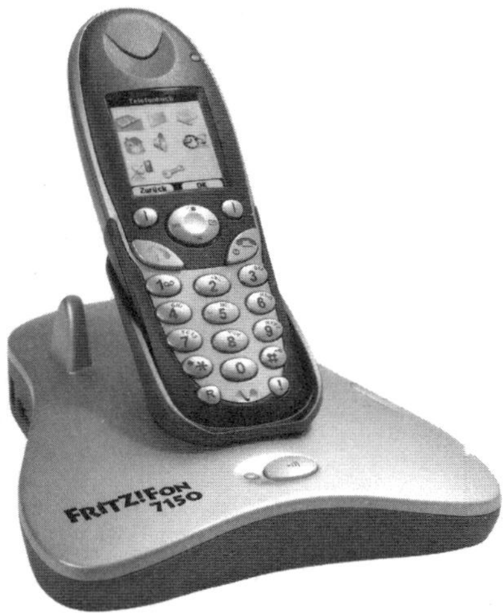

Bild 3.56: Besonders praktisch sind Geräte wie das FRITZ!Fon 7150, die Router-Funktionalität, Analogadapter für Telefone und Fax, WLAN-Access-Point sowie verschiedene Komfortkomponenten zum Telefonieren bieten. (Foto: AVM)

Diese Box ist bei verschiedenen DSL-Providern beim Neuanschluss oder Wechsel zu Vorzugskonditionen erhältlich, aber auch Alternativgeräte von Siemens oder anderen Anbietern ermöglichen die weitere Nutzung analoger Telefone.

Noch ein Vorteil: Im Gegensatz zur PC-basierten Internettelefonie ist das Telefonieren via SIP- oder Analog-/ISDN-Telefon bei einem DSL-WLAN-Router einfacher einzurichten. Der Grund: Nahezu die meisten Geräte sind bereits vorkonfiguriert und auf den entsprechenden Anbieter angepasst. Hier handelt es sich in der Regel um DSL-Router aus dem Hause AVM, deren FRITZ!Box unter verschiedenen Labels wie GMX, 1&1, web.de und anderen vertrieben wird.

Gang und gäbe sind heutzutage schnurlose Telefone. Auch solche lassen sich an einem SIP-Adapter betreiben. Ebenfalls zu haben sind WiFi-Internettelefone. Diese sind ebenso wie die schnurlosen Telefone leicht zu handhaben. Dafür ist jedoch ein WLAN-Access-Point im Heimnetz notwendig. Wer also einen DSL-WLAN-Router sein Eigen nennt, kann auch diese Möglichkeit zum Telefonieren nutzen.

Wer viel unterwegs ist, kann mit einem WiFi-Telefon überall mit ein und derselben Nummer bzw. demselben Benutzernamen erreichbar sein. Egal ob zu Hause, im Büro oder an öffentlichen Hotspots im Internetcafé, im Hotel, am Flughafen, überall lässt es sich einsetzen. So eine Lösung steckt beispielsweise im Arcor Twintel, das als Mobiltelefon und als WLAN-VoIP-Telefon fungieren kann.

3.15 Internet: Verbindungseinstellungen konfigurieren

Internetverbindung ist nicht gleich Internetverbindung. Obwohl die meisten Komplettangebote eine Flatrate bieten, kann es sein, dass sich für manche Zwecke der Stundentarif lohnt, der nach einem bestimmten Zeittakt und Tarif zu bezahlen ist. Abhängig vom Vertrag (Flat/Stundentarif etc.) mit Ihrem ISP kann die falsche Konfiguration des DSL-Routers dann richtig Geld kosten: Ist er falsch eingestellt, hält der Router die Internetverbindung rund um die Uhr aufrecht, auch wenn kein Rechner angeschaltet ist.

Haben Sie eine Flatrate, kann diese Option normalerweise aktiviert bleiben. So wird die Internetverbindung nach jedem Timeout automatisch hergestellt, wenn der Router aus dem Heimnetz Verbindungswünsche mit dem Internet feststellt.

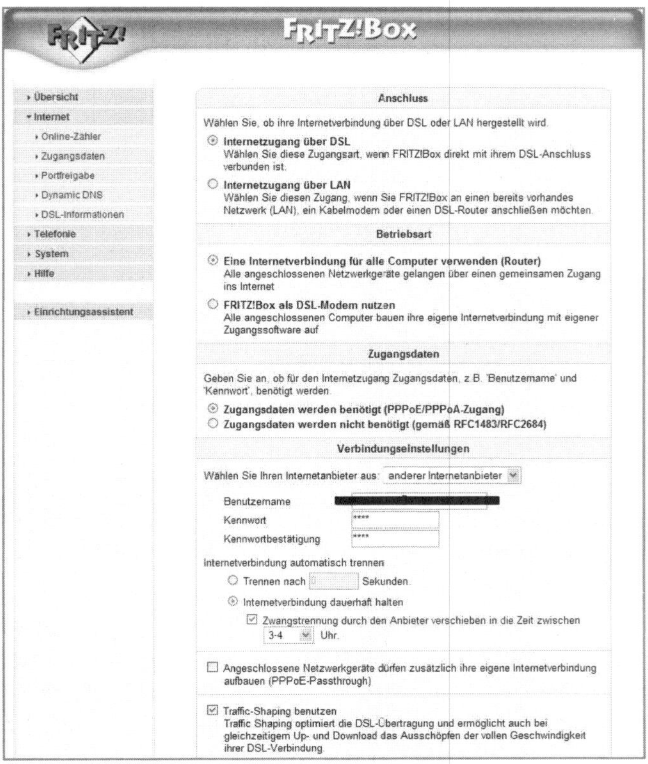

Bild 3.57: Über die Weboberfläche unter *Einstellungen/Internet/ Zugangsdaten* prüfen Sie im Bereich *Internetverbindung automatisch trennen* die Verbindungseinstellungen der FRITZ!Box.

Bei einem Netgear-Modell ist die Einstellung im Bereich *WAN-Konfiguration* untergebracht. Ist hier die automatische Einwahloption deaktiviert, müssen Sie die Verbindung manuell herstellen, indem Sie auf der Seite *Routerstatus* auf die Schaltfläche *Verbindungsstatus* klicken.

Bild 3.58: Automatischer Verbindungsaufbau durch Aktivieren von *Bei Bedarf automatisch verbinden* – der Standard für Flatrate-Kunden.

Die Firewall immer einschalten

Beim Surfen im Internet sollte die Firewall zwingend eingeschaltet sein. Die SPI-Firewall (Stateful Port Inspection) schützt das Netzwerk gegen DoS-Attacken (Denial of Service, Überlastung des Systems durch eine Unzahl von Anfragen) und andere Übeltäter. Die Firewall ist in der Regel standardmäßig bei den meisten Herstellern ab Werk aktiviert. Das Ausschalten der Firewall oder das Einschalten der Option *SPI-Firewall deaktivieren* bei Netgear-Modellen sollte nur aus guten Gründen und in speziellen Fällen geschehen.

Ping am Internet-Port ignorieren

Das Suchen von potenziellen Opfern für DoS-Angriffe etc. wird über den *ping*-Befehl realisiert. Auf diese Weise kann ein anderer Rechner feststellen, ob die angepingte Maschine noch läuft und für Anfragen aus dem Netz erreichbar ist. Manche Router lassen sich so konfigurieren, dass sie nicht auf einen Ping aus dem Internet reagieren.

Finden Sie eine Option ähnlich wie *Auf Ping am Internet-Port reagieren*, sollten Sie diese Option deaktivieren, es sei denn, Sie haben einen guten Grund dafür, das nicht zu tun. Das hat übrigens nichts mit der Möglichkeit des »Anpingens« im heimischen Netzwerk, die Sie weiter unten kennenlernen werden, zu tun. Der netzinterne Ping wird anders interpretiert als einer über den Internetport.

MTU-Größe richtig einstellen

Das Konfigurieren der MTU-Größe (Maximum Transmission Unit, maximale Übertragungseinheit) hat weniger mit Sicherheit, sondern mehr mit Feintuning und Totaloptimierung des DSL-Routers zu tun.

Bei einigen Routern wie auch der FRITZ!Box kann kein MTU-Wert eingestellt werden. Lässt der DSL-Router hier einen Eingriff zu, lohnt es sich, die Einstellungen zu überprüfen. Der passende MTU-Wert für die meisten Ethernet-Netzwerke beträgt 1.500 Byte oder 1.492 Byte für PPPoE-Verbindungen sowie 1.436 Byte für PPTP-Verbindungen.

Bei einigen ISPs ist möglicherweise das Reduzieren der maximalen Übertragungseinheit notwendig. Wenn der MTU-Wert nicht passt, kann es passieren, dass manche Seiten nicht aufgerufen werden können. Um zu prüfen, ob der konfigurierte MTU-Wert passt oder nicht, verwenden Sie einfach den *ping*-Befehl:

```
C:\WINDOWS\system32>ping -f -l 1464 www.franzis.de

Ping www.franzis.de [217.64.171.171] mit 1464 Bytes Daten:

Antwort von 192.168.123.254: Paket müsste fragmentiert werden, DF-Flag ist jedoc
h gesetzt.
Paket müsste fragmentiert werden, DF-Flag ist jedoch gesetzt.
Paket müsste fragmentiert werden, DF-Flag ist jedoch gesetzt.
Paket müsste fragmentiert werden, DF-Flag ist jedoch gesetzt.

Ping-Statistik für 217.64.171.171:
    Pakete: Gesendet = 4, Empfangen = 1, Verloren = 3 (75% Verlust),
Ca. Zeitangaben in Millisek.:
    Minimum = 0ms, Maximum = 0ms, Mittelwert = 0ms

C:\WINDOWS\system32>
```

Bild 3.59: Mit dem *ping*-Befehl überprüfen Sie die eingestellte MTU-Größe. Erscheint die Meldung *Paket müsste fragmentiert werden. DF-Flag ist jedoch gesetzt*, ist die MTU-Konfiguration in Ordnung.

Mit dem Befehl:

```
ping -f -l 1464 www.franzis.de
```

auf der Kommandozeile prüfen Sie die MTU-Einstellungen für die TCP/IP-Verbindung. Geben Sie beispielsweise einen anderen MTU-Wert mit dem Befehl

```
ping -f -l 1460 www.franzis.de
```

ein, erscheint folgende Rückmeldung:

```
Antwort von 80.237.218.241: Bytes=1460 Zeit=64ms TTL=47
Antwort von 80.237.218.241: Bytes=1460 Zeit=61ms TTL=47
Antwort von 80.237.218.241: Bytes=1460 Zeit=61ms TTL=47
Antwort von 80.237.218.241: Bytes=1460 Zeit=61ms TTL=47
```

Der Ping geht also durch den DSL-Router zum Zielserver mit der IP-Adresse *80.237.218.241*, der anschließend fehlerfreie Pakete zurücksendet. Addieren Sie nun 28 Byte für den notwendigen IP/ICMP-Header zu den 1.460 Byte hinzu, beträgt der ideale Wert 1488. Abhängig von der Verbindung stellen Sie die passende MTU ein.

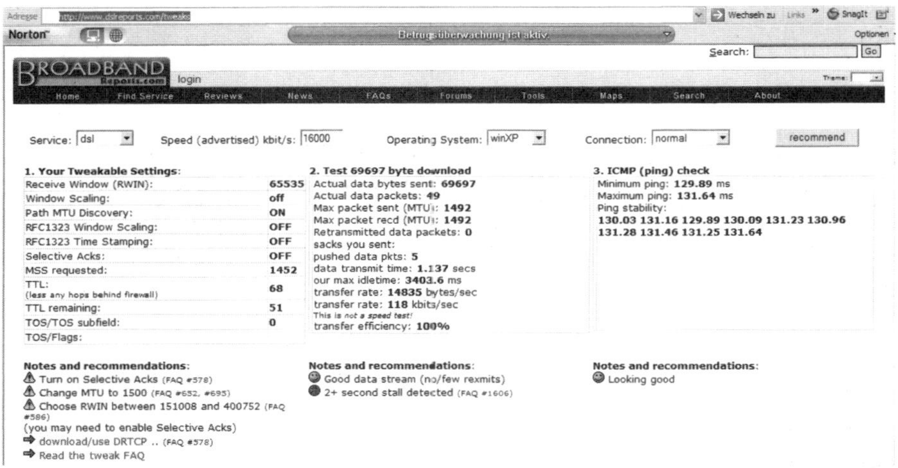

Bild 3.60: ***www.dslreports.com/tweaks*****: Dort finden Sie einen Geschwindigkeitstest, um die MTU-Einstellungen zu überprüfen.**

Bei manchen Anbietern ist dieser Wert mit 1492 angegeben. Sind einige Webseiten nicht zu erreichen oder treten Probleme beim Upload von Dateien oder E-Mails auf, prüfen Sie den MTU-Wert des Routers. Testen Sie Werte wie 1488, 1492 oder 1500 – der ideale Wert hängt vom Provider ab.

Im Zweifelsfall erkundigen Sie sich im Supportbereich auf der Webseite Ihres Internetproviders nach dem idealen MTU-Wert. Diese Maßnahme sorgt ebenfalls für bessere Qualität beim Telefonieren über das Internet. Also unbedingt testen!

4 VDSL: Highspeed-Internet

Das »neue« DSL, wie VDSL (*Very High Speed Digital Subscriber Line*) auch manchmal umgangssprachlich genannt wird, ermöglicht deutlich höhere Datenübertragungsraten als die älteren und demnach weiter verbreiteten ADSL- und ADSL2+-Standards. Derzeit sind zwei VDSL-Standards verabschiedet, von denen der aktuellere VDSL-2-Standard in Deutschland zum Einsatz kommt. Dank der Abwärtskompatibilität zum älteren ADSL2+-Standard halten sich hier die Kosten für die Endgeräte sowie die Leitungen in Grenzen – sofern der Abstand zwischen dem Anschluss des Endgeräts und der Vermittlungsstelle nicht zu groß wird.

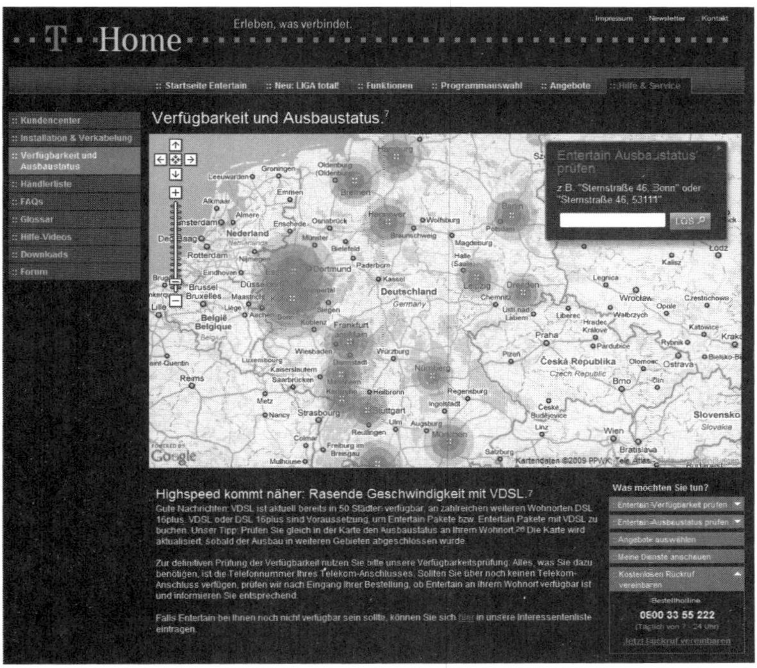

Bild 4.1: Verfügbarkeit prüfen – *http://entertain.eki.t-home.de/service/dslcheck/*: Vor allem in Ballungszentren stehen die Chancen gut, in den Genuss des schnellen VDSL zu kommen.

VDSL ist bei der Telekom ein sogenanntes Hybridnetz, da es aus einer Kombination aus Glasfaser- und Kupferleitungen aufgebaut ist. Hier sind die Glasfaserkabel von der Vermittlungsstelle bis zu den großen, nahezu überdimensionalen Schaltkästen auf dem Gehsteig verlegt. Die Gesamtkapazität eines VDSL-Kastens auf dem Gehweg beträgt derzeit nach Aussage eines Telekom-Technikers in der Regel 100 bis 200 Haushalte. Von dort aus geht es dann mit der gewöhnlichen Kupferleitung zum VDSL-Kunden.

Durch die kürzere Strecke der Kupferleitung kann diese nun eine höhere Geschwindigkeit aufnehmen, da die Leitungsverluste niedriger sind. Mit der VDSL-Technik ist nicht nur ein schnelleres Internet, sondern auch das in manch anderen europäischen Ländern bereits eingeführte Triple-Play aus Telefon, Internet und IPTV möglich. Mit der schnelleren VDSL-50-Variante kommt sogar hochauflösendes IPTV in HD-Qualität mit dem Telekom-Produkt T-Home-Entertain in das heimische Wohnzimmer.

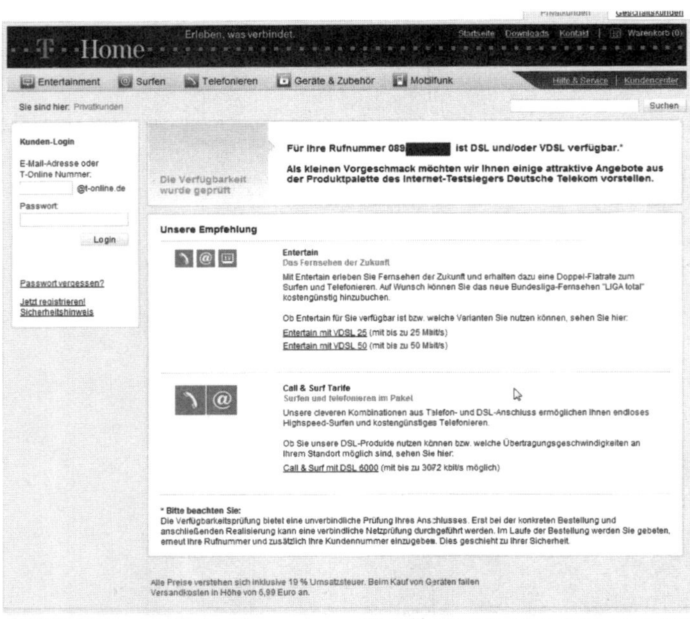

Bild 4.2: War der erste Test über die T-Home-Website erfolgreich, ist das jedoch noch keine Garantie dafür, dass VDSL auch wirklich zur Verfügung gestellt werden kann.

Doch allein mit der Bestellung über das Internet oder dem Besuch in einem T-Punkt-Laden ist es nicht getan: Ob VDSL und Entertain im Endeffekt auch wirklich geschaltet werden kann, hängt davon ab, ob in dem großen grauen VDSL-Kasten in Ihrer näheren Umgebung auch ein entsprechender Port frei ist oder nicht. Wenn nicht, nimmt die Telekom in der Regel trotzdem die Bestellung entgegen und schaltet den Anschluss einfach auf ADSL2+ mit dem Produkt DSL16+. In der Praxis ist DSL16+ für HD-Fernsehen jedoch deutlich zu langsam, Sie haben dann aber die Möglichkeit, vom Vertrag zurückzutreten, falls die zugesagte Leistung (hier: VDSL) nicht erbracht werden kann.

4.1 Komponenten auspacken und loslegen

Um mit VDSL ins Internet zu kommen, sind wie beim herkömmlichen DSL nur wenige Komponenten notwendig. Haben Sie ein Komplettpaket vom derzeit einzigen VDSL-Anbieter, der Telekom, erworben, ist alles schon dabei:

Splitter

Wenn Sie bereits DSL nutzen, verfügen Sie bereits über einen Splitter, steigen Sie erst jetzt auf DSL um, gehört der Splitter zum Lieferumfang des DSL-Providers. Der Splitter wird an die TAE-Telefonbuchse angeschlossen und trennt das Telefon- vom DSL-Signal.

Bild 4.3: Egal ob ADSL oder VDSL: Mit dem Splitter werden die Datenströme von den Telefonsignalen getrennt.

Es ist sinnvoll, zunächst den Splitter und den Router anzuschließen, um die Reichweite der Kabel rund um Ihren Telefonanschluss festzustellen. Der Standort des VDSL-Routers spielt eine entscheidende Rolle für die WLAN-Übertragungsleistung. Je freier die Antenne oder das Gerätselbst (manche Router haben die Antenne im Gehäuse verbaut) senden und empfangen kann, desto besser.

(V)DSL-WLAN-Router

Der Router hat die Funktion, das Netzwerk zu realisieren, indem er die nötigen Anschlüsse per Funk und eventuell für Netzwerkkabel bereitstellt. Außerdem stellen neue Modelle die Verbindung sowohl zur ADSL- als auch zur VDSL-Leitung her, fungieren also auch als DSL-Modem. Im Sinne des Funknetzes ist er der sogenannte Access Point, der Zugriffspunkt, der die teilnehmenden Computer verbindet.

Kabel Splitter – Router

Dieses Kabel wird normalerweise mit dem Router mitgeliefert und verbindet den Splitter mit dem Router. Ob WLAN oder nicht, auf dieses Kabel können Sie nicht verzichten. Alles andere kann kabellos funktionieren, aber an dieser Stelle wird noch auf absehbare Zeit eine sichtbare Kabelverbindung benötigt.

Netzwerkkabel

Weitere PCs können bei vielen VDSL-Routern auch kabelgebunden angeschlossen werden. Die meisten Router von der Telekom bieten vier Netzwerkanschlüsse, sodass zusätzlich zum WLAN auch ein kleines Kabelnetzwerk aufgebaut werden kann. Je nach Einsatzzweck ist das sehr praktisch, denn Sie können zwei stationäre PCs im Arbeitszimmer per Kabel vernetzen und Daten austauschen, während Sie sich mit dem Notebook per WLAN ins Internet begeben. Sollen mehrere PCs per Kabel angeschlossen werden, benötigen Sie die entsprechende Anzahl Kabel.

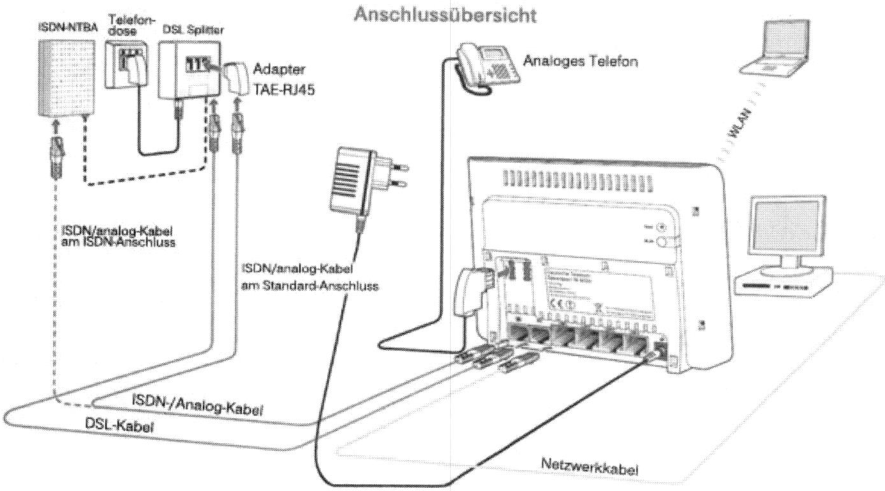

Bild 4.4: Übersichtlich: In der Bedienungsanleitung des Speedports wird das Anschließen des Routers sehr gut grafisch dargestellt. (Grafik: Deutsche Telekom)

Im Karton des Speedports sind sämtliche Kabel, aber auch die Anschlüsse des Routers entsprechend farbig ausgeführt, sodass ein fehlerhaftes Anschließen der Kabel nahezu unmöglich ist. Wichtig für den Internetzugriff ist das angeschlossene DSL-Kabel sowie das Netzwerkkabel zum PC/Mac.

4.2 Die T-Home Speedport-VDSL-Router

Abhängig von Geldbeutel, Vertrag und persönlichen Wünschen, wird im Herbst 2009 vonseiten der Telekom entweder der Speedport W 721V oder der Speedport W 920V mit dem Etikett »VDSL-tauglich« verkauft. Während der größere W 920V auf den ersten Blick zunächst als überdimensioniert und zu teuer erscheint und auch die Telekom selbst das »kleinere« Modell W 721V als völlig ausreichend klassifiziert, sorgt bereits ein Blick in das Datenblatt der Geräte für Aufklärung:

Während der Speedport W 721V nur Fast-Ethernet oder WLAN gemäß 802.11g mitbringt, ist erst beim W 920V das Turbo-WLAN (802.11n) standardmäßig mit dabei. Nachstehend sehen Sie die wichtigsten Unterschiede zwischen den beiden derzeit beliebtesten VDSL-Routern:

Speedport	W 721V	W 920V
WLAN (bis zu ...)	802.11g	802.11n
USB-Anschluss	nein	ja
DHCP-Server frei konfigurierbar	nein	ja
Interner ISDN-Bus	nein	ja
DECT-Basis für bis zu fünf Mobilteile	nein	ja

Gerade wer in Verbindung mit VDSL 50 auch das IPTV-Angebot nutzt, sollte das Bandbreitennadelöhr ebenfalls beachten, das auch in den Telekom-Foren schon häufig zur Sprache kam:

Der Speedport W 721V hat mit älteren Firmwareversionen noch eine Bremse eingebaut – statt den versprochenen 50 MBit/s lässt das Gerät nur 30 bis 35 MBit/s durch das Kabel. Mit der aktuellen Firmware liefert der Speedport W 721V bis zu 50 MBit/s auch nur dann, wenn IPTV und das »normale« Internet genutzt werden.

Diese Bandbreitenprobleme treten mit dem großen Bruder Speedport W 920V nicht auf. Wer die hohen Kosten für den W 920V im Telekom-Shop scheut, sollte komplett auf den Telekom-VDSL-Router verzichten und sich anderweitig umschauen. Auf Auktionsplattformen im Internet sind oftmals neue, originalverpackte Speedport W 920V-Geräte für einen Preis um die 100 Euro zu finden.

Speedport W 721V: der Standard

Wenn Sie beim Wechsel auf VDSL/Entertain mit dem Standardpaket (Splitter, Router, Media-Receiver) von T-Home beschenkt werden, finden Sie mit dem Speedport W 721V die kleine Lösung im Karton.

1. Sind die Geräte angeschlossen und ist das Netzwerkkabel zum PC/Mac gesteckt, geht es zunächst an die Konfiguration des VDSL-Routers; die Konfigurationsadresse dafür ist *http://speedport.ip*.

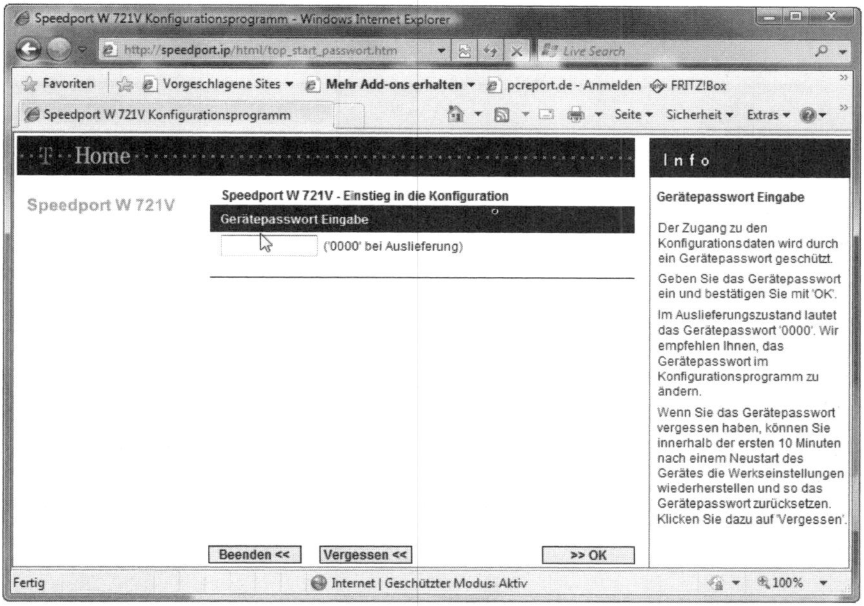

Bild 4.5: Einfacher Schutz: Bei Auslieferung ist das Gerätekennwort beim Speedport W 721V per Default auf 0000 gesetzt – beim großen Bruder W 900V ist das individuelle Gerätekennwort hingegen auf dem Aufkleber auf der Geräterückseite zu finden.

2 Ist das Gerätekennwort eingegeben, wird zunächst eine bebilderte Übersichtsseite angezeigt. Zunächst prüft der Speedport-Router, ob er ordnungsgemäß an einem DSL-Splitter angeschlossen ist. Ist das der Fall, leitet ein Assistent durch die Erstinstallation. Alternativ brechen Sie den Assistenten ab und nehmen das Einrichten manuell über den Menüpunkt *Konfiguration* vor.

An dieser Stelle ist nicht viel Hirn nötig, da sich die Einstellungsmöglichkeiten auf die einfachsten Dinge beschränken. Wichtigere, aber für den Einsteiger »gefährlichere« Einstellungen werden erst gar nicht angeboten – auch eine sogenannte Expertenansicht lässt sich nicht aktivieren.

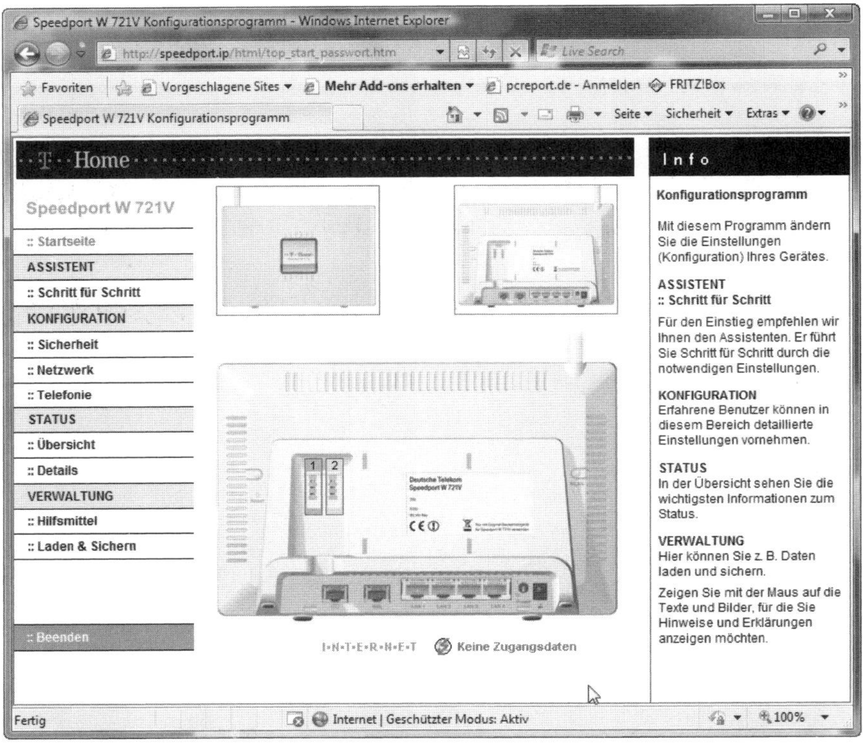

Bild 4.6: Übersichtlich: Mit dem Konfigurationsprogramm ändern Sie die Einstellungen des Speedport-Routers.

Wer also seinen Speedport in sein heimisches Netzwerk mit eigenem IP-Nummernkreis integrieren möchte oder aber die Kontrolle darüber haben möchte, welches Netzwerkgerät welche IP-Adresse haben soll, der steht hier zunächst auf verlorenem Posten – spätestens zu diesem Zeitpunkt wünscht man sich ein Originalgerät.

3 Doch bevor der Speedport-Router zu einem AVM-Gerät »umgefritzt« wird, prüfen Sie zunächst, ob er grundsätzlich funktioniert. Dafür nutzen Sie das automatisierte Einrichten via *http://speedport.ip*, da die aktuellen Speedport-Modelle mit einer sogenannten TR-069-Schnittstelle ausgerüstet sind. Hier ist eine vom Anwender losgelöste Fernwartung bis hin zur Konfiguration des Geräts möglich.

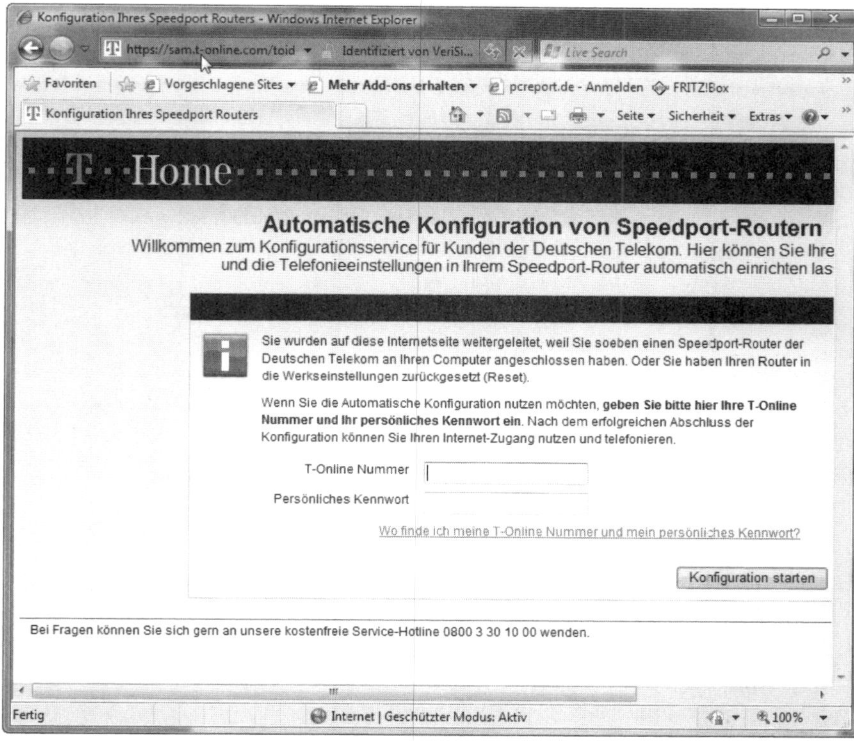

Bild 4.7: Zunächst tragen Sie die T-Online-Nummer und anschließend das persönliche Kennwort ein. Die Anschlusskennung wird hingegen automatisch ausgelesen und im Router eingetragen.

4 Über die Adresse *http://speedport.ip* bietet die Telekom einen automatischen Einrichtungsservice des DSL-Anschlusses an. Ist der Speedport-Router ordnungsgemäß angeschlossen und der DSL-Anschluss aktiv, benötigen Sie nur die T-Online-Nummer sowie das dazugehörige Kennwort. Beide Informationen befinden sich in einem vertraulichen Telekom-Schreiben, in dem Sie die persönlichen Zugangsdaten für den Internetzugang mitgeteilt bekommen.

Haben Sie die T-Online-Nummer sowie das Kennwort ordnungsgemäß eingetragen, klicken Sie auf die Schaltfläche *Konfiguration starten*. Dieser Vorgang dauert einen Moment – laut Konfigurationsseite bis zu vier Minuten, in der Praxis jedoch nicht mal zwei Minuten. Werden diese überschritten, können Sie davon ausgehen, dass irgendwo ein Problem aufgetreten ist.

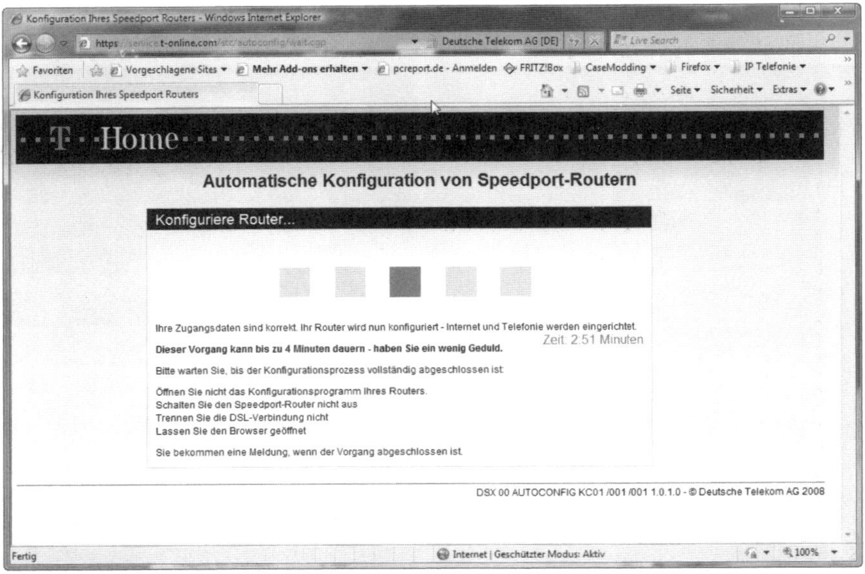

Bild 4.8: Sind die Zugangsdaten geprüft, wird die Konfiguration auf den Router gesichert. Steht gegebenenfalls eine aktuellere Firmware zur Verfügung, wird auch diese übertragen und installiert.

Wie im nachfolgenden Dialog zu sehen, ist die automatische Konfiguration nicht frei von Fehlern, und der Konfigurationsversuch kann schon mal fehlschlagen. Die Gründe dafür können vielfältiger Art sein: Angefangen von Leitungsproblemen oder einem Verbindungsabbruch bis hin zu Serverproblemen beim Provider, können unterschiedliche Ursachen das automatische Einrichten scheitern lassen.

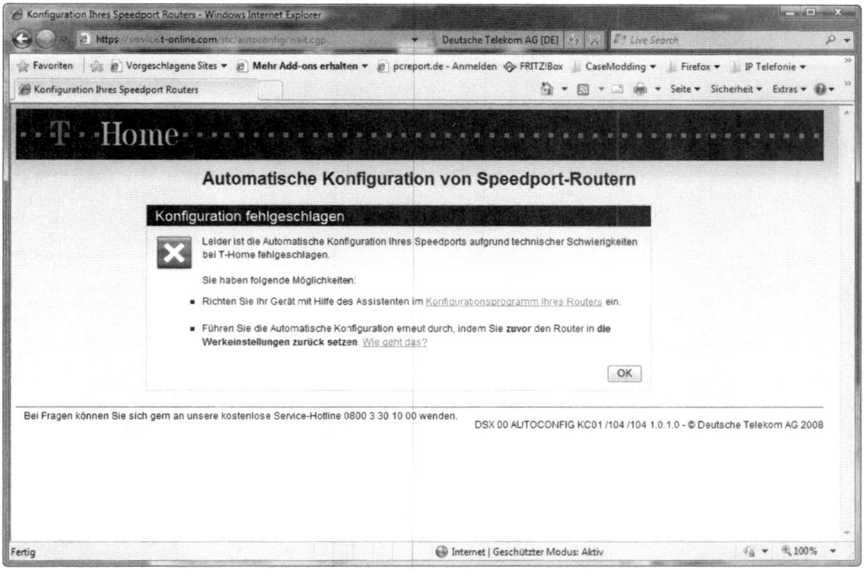

Bild 4.9: Schlägt die automatische Einrichtung des Speedport-Routers fehl, prüfen Sie erneut die Anschlüsse des Speedport-Routers und des DSL-Splitter sowie die Verkabelung.

Bei der erfolgreichen automatischen Konfiguration meldet sich hingegen der in der folgenden Abbildung gezeigte Dialog. Unmittelbar danach können Sie mit VDSL-Geschwindigkeit im Internet surfen.

Alternativ können Sie auch die Zugangsdaten manuell über das Konfigurationsmenü eintragen. Wie auch immer – Ziel ist es, mit dem Speedport zunächst einmal ins Internet zu kommen, um sicherzugehen, dass die Anschlussdaten funktionieren und der Anschluss korrekt arbeitet. Doch allzu viel ist beim Speedport W 721V nicht zu konfigurieren, was an der reduzierten Firmware liegt.

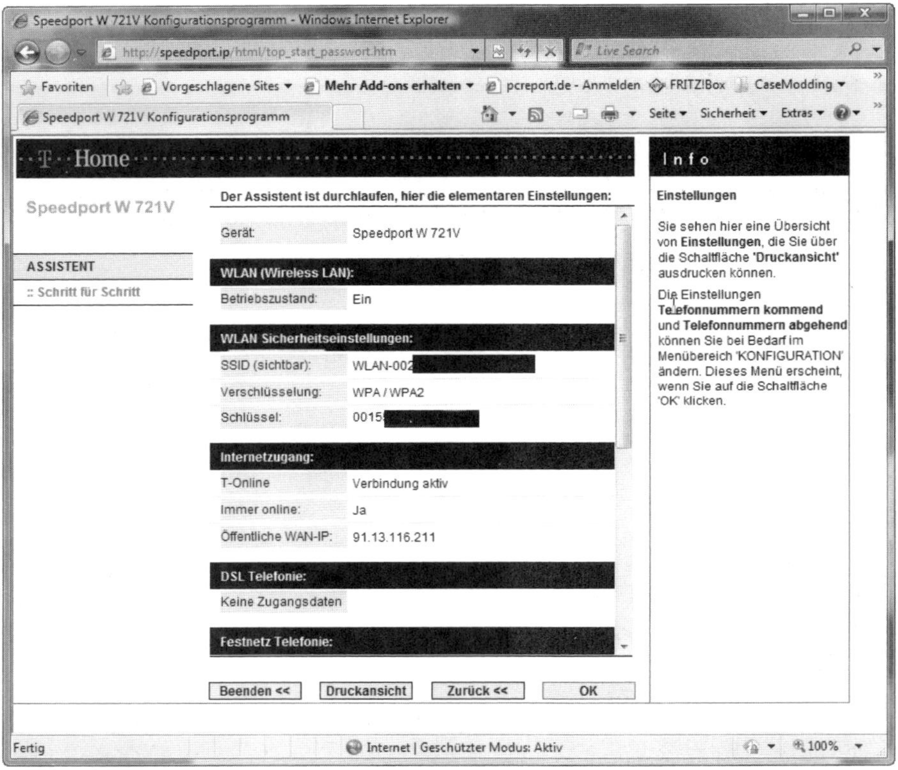

Bild 4.10: Ist der Konfigurationsassistent durchlaufen, werden die Einstellungen auf einer Übersichtsseite zusammengefasst.

Besitzer des Speedport W 920V gehen bei der Ersteinrichtung ähnlich wie beim W 721V vor. Bedingt durch den größeren Funktionsumfang sind die Einstellungsmöglichkeiten aber umfangreicher. Für den ersten Start reicht hier jedoch zunächst die automatische Konfiguration.

Speedport W 920V: das Flaggschiff

Wie beim kleinen Bruder W 721V bietet die Telekom beim Speedport W 920V ein automatisches Konfigurationsprogramm, das über *http://speedport.ip* gestartet werden kann.

1 Auch hier muss anschließend das Gerätepasswort eingetragen werden. Dieses individuell vergebene Passwort befindet sich auf dem Typenschild auf der Rückseite des Speedport W 920V.

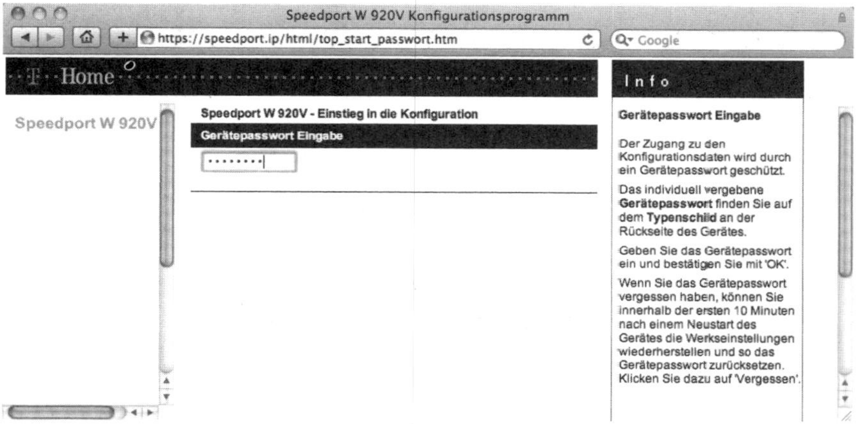

Bild 4.11: Wer das Gerätepasswort vergessen hat, kann per Klick auf die Schaltfläche *Vergessen* den Speedport-Router auf die Werkeinstellungen zurücksetzen. In diesem Fall wird das Passwort auf den Wert zurückgesetzt, der auf dem Aufkleber auf der Rückseite des Speedport W 920V zu finden ist.

2 Nach dem erfolgreichen Login erscheint eine bebilderte Übersichtsseite. Hier können Sie entweder den Konfigurationsassistenten starten, die Konfiguration manuell vornehmen oder einfach den aktuellen Status des Geräts abfragen. Über *Verwaltung/Laden & Sichern* lässt sich auf Wunsch eine aktuellere Firmware einspielen. Bekanntlich wird sich die Gesamtfunktionalität auch mit einer neuen Firmware nicht groß ändern, da hier das Ziel »weniger ist mehr« verfolgt wird.

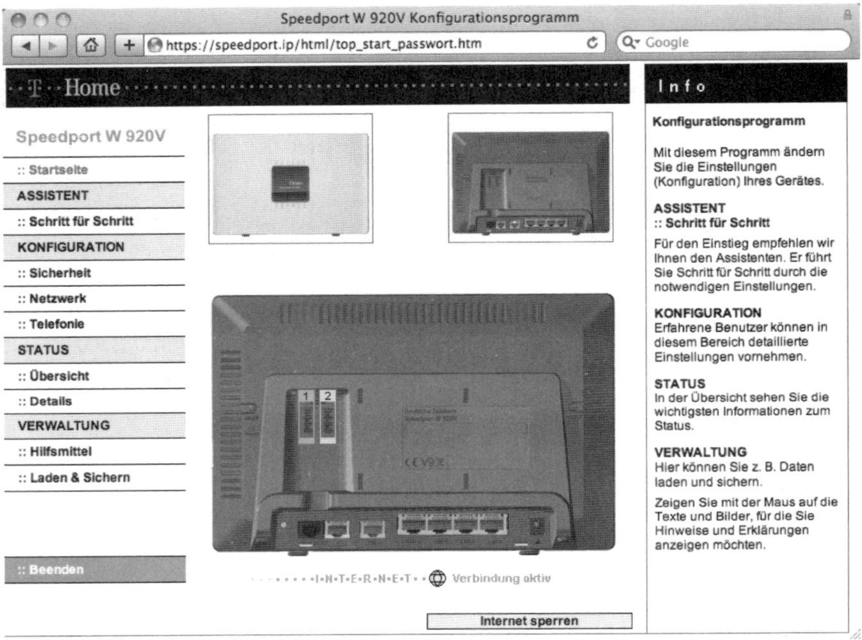

Bild 4.12: Übersichtlich: Dank der bebilderten Anleitung und den farbig hinterlegten Anschlussbuchsen ist das Anschließen der Kabel und die Inbetriebnahme des Speedport-Routers auch für Techniklaien problemlos möglich.

3 Wer umgehend mit dem W 920V loslegen möchte, nutzt über *Assistent/Schritt für Schritt* den eingebauten Assistenten, um den Speedport-Router zu konfigurieren. Sicherer und für Fortgeschrittene empfehlenswert ist jedoch eine manuelle Konfiguration des Geräts. In beiden Fällen brauchen Sie selbstverständlich die passenden Installations- und Konfigurationsparameter sowie den Benutzernamen und das Passwort vom Internet Service Provider aus den Zugangsunterlagen.

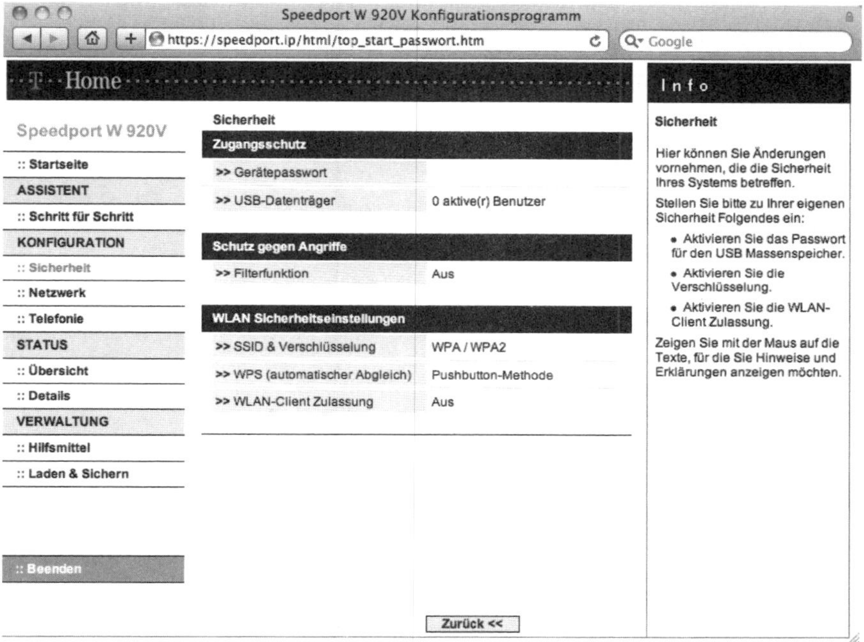

Bild 4.13: Das A und O ist die Konfiguration der Sicherheitsparameter des Speedport-Routers. Besonders die Filterfunktion (Firewall) sollte aus Sicherheitsgründen eingeschaltet werden.

4 Grundsätzlich sollte jeder Router gegen unerwünschte Änderungen mit einem individuellen Passwort abgesichert sein. Über den Eintrag *Konfiguration/Sicherheit/Zugangsschutz/Gerätepasswort* gelangen Sie in den entsprechenden Dialog. Nachdem Sie das neue Passwort festgelegt haben, notieren Sie es auf einem Zettel und bewahren diesen an einem sicheren Ort auf.

Im Gegensatz zum Speedport W 721V besitzt der W 920V einen USB-Anschluss (USB-1.1- und USB-2.0-Standard), an den man z. B. eine externe USB-Festplatte, einen Drucker mit USB-Schnittstelle oder einen USB-Hub anschließen kann. An den USB-Hub können wiederum drei USB-Speicher oder zwei USB-Speicher und ein USB-Drucker angeschlossen werden.

Sobald ein USB-Gerät angeschlossen ist, steht es mit seinen Funktionen im gesamten (Heim-)Netzwerk zur Verfügung. Wird die WLAN-Funktion des Routers genutzt, können Sie über den Eintrag *SSID & Verschlüsselung* den Namen des WLAN-Netzes konfigurieren. Ist das WLAN aktiv, sendet der Router seinen Netzwerknamen (SSID, *Service Set Identifier*) an alle Wireless-Stationen. Nutzen Sie für Ihr drahtloses Heimnetz unbedingt die WPA2-Verschlüsselung. Allerdings müssen alle Geräte diesen Standard unterstützen.

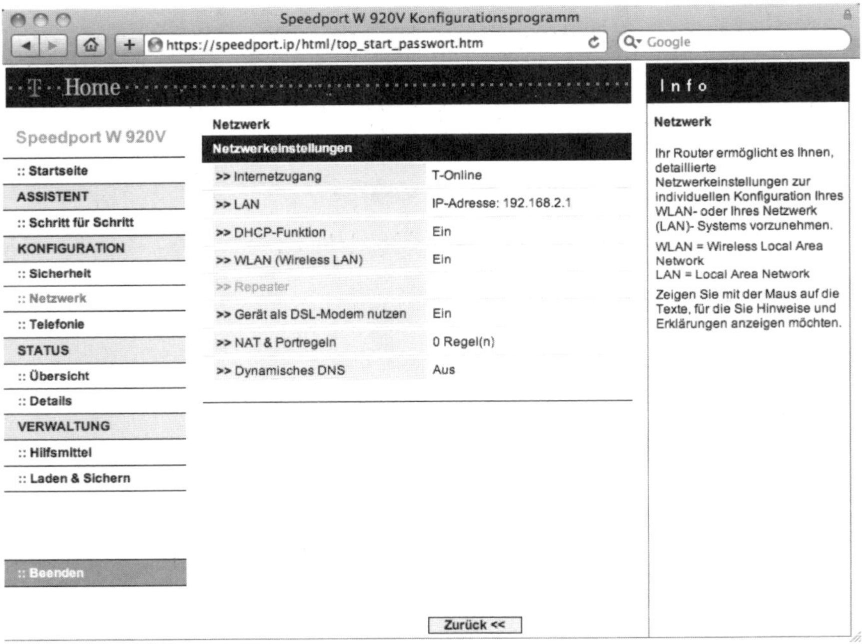

Bild 4.14: Die manuelle Konfiguration des Internetproviders beim W 920V ist im Menü *Konfiguration/Netzwerk/Netzwerkeinstellungen* bei *Internetzugang* versteckt.

5. Über das Menü via *Konfiguration/Netzwerk/Netzwerkeinstellungen/>>LAN* können Sie den Speedport-Router auf den Adressbereich des Heimnetzwerks einstellen.

6. Über den Eintrag *>>DHCP-Funktion* aktivieren bzw. deaktivieren Sie den eingebauten DHCP-Server. Der Speedport hat wie die meisten Router am Markt einen solchen integriert, der für die automatische Vergabe der internen IP-Adressen zuständig ist.

Damit braucht zunächst an den angeschlossenen Computern nichts weiter konfiguriert zu werden, da der DHCP-Server des Speedports alles automatisch erledigt. Im Gegensatz zum W 721V bringt der Speedport W 920V auch eine eingebaute DECT-Basisstation mit, an der sich bis zu acht ISDN-Telefone, zwei Analogtelefone sowie bis zu sechs Mobilteile – sofern sie den DECT-GAP-Standard unterstützen – betreiben lassen.

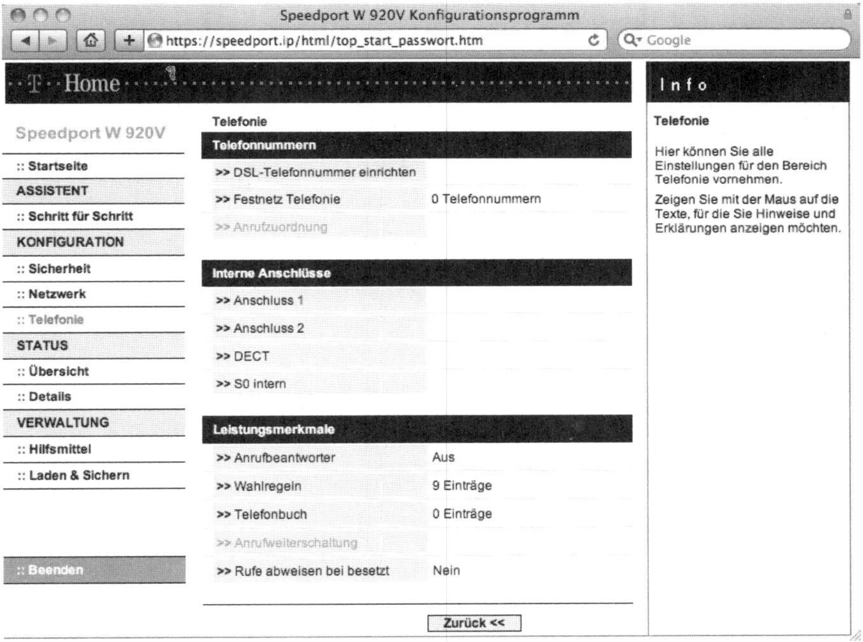

Bild 4.15: Zusätzlich bietet der Speedport einen integrierten Anrufbeantworter, der wahlweise entweder auf alle oder nur auf bestimmte Rufnummern reagieren kann.

7 Im Bereich *STATUS* zeigt der W 920V eine Übersicht über die aktuelle Konfiguration bzw. den Verbindungsstatus. Hier werden beispielsweise die WLAN-Parameter übersichtlich aufbereitet, was beim Einrichten eines WLAN-Geräts hilfreich sein kann.

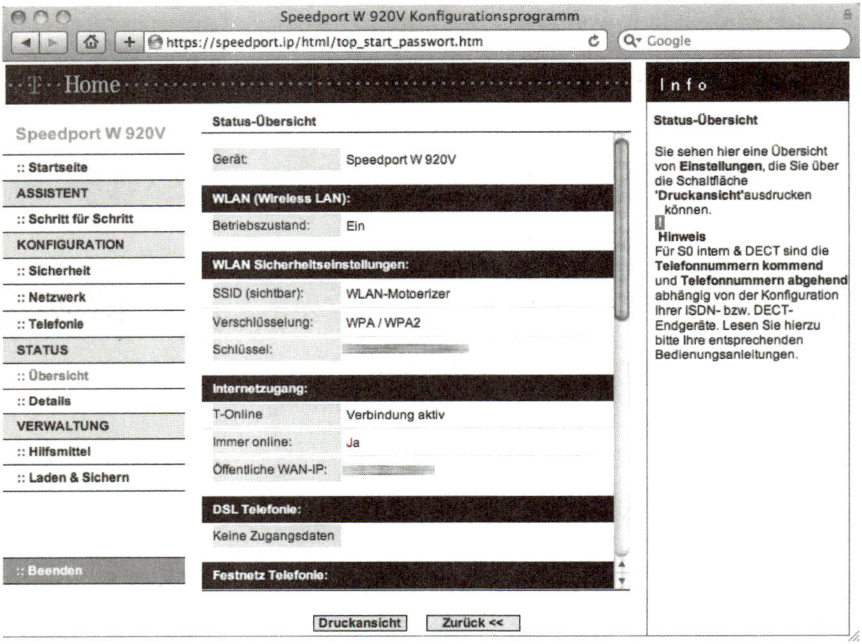

Bild 4.16: Für den Einsteiger empfiehlt es sich, die *Status-Übersicht* auszudrucken, um die wichtigsten Einstellungen auf Papier auf einen Blick parat zu haben.

Wer möchte, kann sich im Bereich *STATUS/Details* zu verschiedenen Themen wie Sicherheit, Netzwerk, Systemmeldungen etc. weitere Informationen anzeigen lassen.

```
Firmwareänderungen von V 64.04.60 -> V 64.04.74

-   Optimierungen an VDSL-Anschlüssen
-   Firmwareanpassungen aufgrund geplanter technischer Umstellungen
    im T-Home Entertain System
-   Im Konfigurationsprogramm wurden einige Verbesserungen umgesetzt
-   Anpassung "Automatische Konfiguration" -> "EasySupport"
```

Ab und zu liefert die Telekom auch für ihre Speedport-Geräte eine frische Firmware aus. Es empfiehlt sich, vor einem Firmware-Update in die mitgelieferte Readme-Datei zu schauen, um sich darüber zu informieren, welche Änderungen die Firmwaredatei mitbringt.

8 Zu guter Letzt können Sie über *VERWALTUNG/Laden & Sichern/Firmware* die Firmware des Routers aktualisieren. In einigen Fällen kann es sein, dass der Router nach dem Firmware-Update neu konfiguriert werden muss. Deshalb ist es sinnvoll, dass Sie vor dem Einspielen der neuen Firmware die Router-Einstellungen über *Konfigurationsdaten/>>Konfiguration sichern* oder, wie im Absatz zuvor beschrieben, über die *Status-Übersicht* ausdrucken.

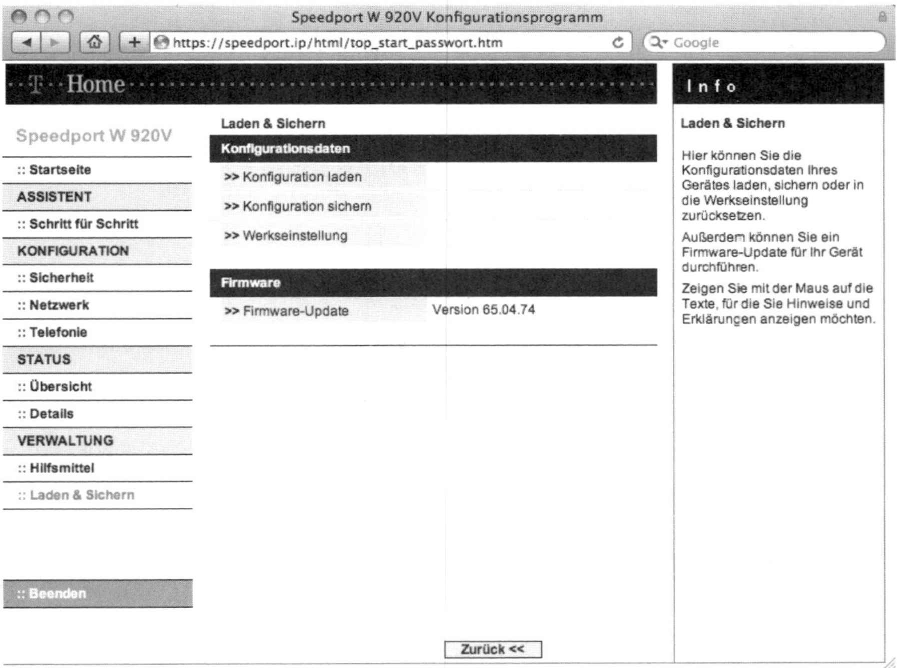

Bild 4.17: Sinnvoll: Über das Menü *Konfigurationsdaten/>>Konfiguration sichern* speichern Sie die Konfiguration des Speedports auf die Festplatte des PCs.

Insgesamt bietet der Speedport W 920V deutlich mehr Funktionen und Komfort als der kleinere Bruder W 721V. Da die Telekom im Kleingedruckten aus dem Hersteller der Speedport-Modelle kein großes Geheimnis macht, liegt es nahe, den Speedport-Routern auf den Zahn zu fühlen.

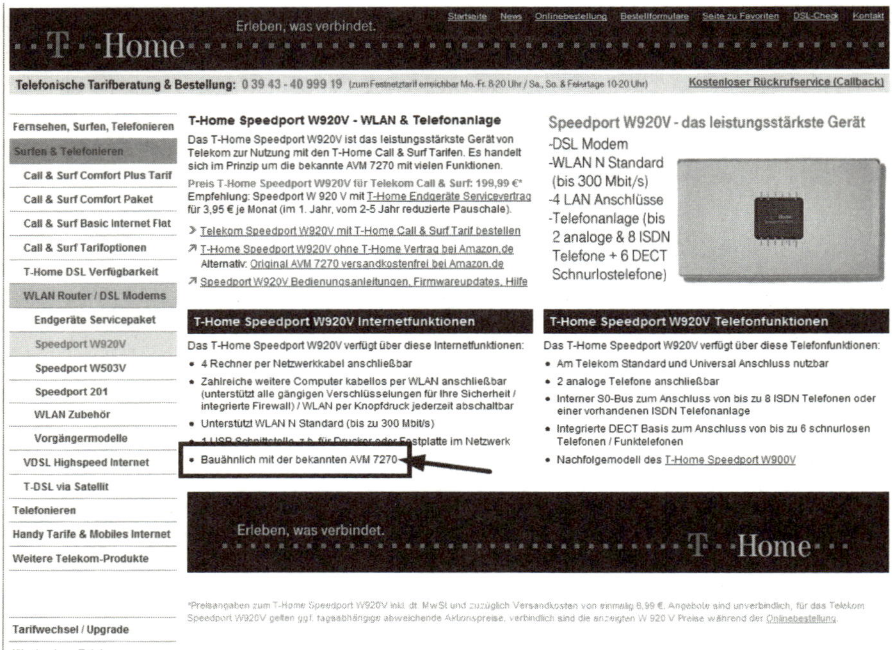

Bild 4.18: Fast zu übersehen: Auf der Website weist T-Home darauf hin, dass der W 920V aus dem Hause AVM stammt.

Wenn Sie wollen, können Sie anschließend die unnötige Zwangskastration rückgängig machen und die softwareseitig beraubten Funktionen wieder nachrüsten, indem Sie statt der Telekom-Firmware, die aufs Allernötigste reduziert wurde, die Original-FRITZ!Box-Firmware auf dem Speedport-Router einsetzen.

4.3 T-Home Speedport als FRITZ!Box nutzen

Um den Speedport-Router um fehlende Funktionen zu erweitern und somit mehr Nutzen und Komfort zu erzielen, ist also eine neue Firmware nötig. Da AVM für die T-Home-Speedport-Router offiziell keine Firmware-Updates zur Verfügung stellt oder das Router-Modell sogar nur für OEM-Partner und nicht für den eigenen Endkundenverkauf produziert (beispielsweise FRITZ!Box 7570), ist hier die Alternative zur Speedport-Telekom-Firmware einfach eine selbst gebaute Firmware, die den gleichen Funktionsumfang bietet wie die baugleiche FRITZ!Box.

Damit stellen Sie neue Funktionen nicht nur für Windows, sondern auch für andere Betriebssysteme wie Linux und Mac OS zur Verfügung und nutzen die an dem Speedport angeschlossene Festplatte nun auch als Netzwerkfreigabe für das gesamte Heimnetz. Oder Sie nutzen das praktische und vor allem sichere VPN für den Zugriff auf das Heimnetz von außen oder nehmen einen alternativen Internettelefonieanbieter, mit dem Sie via SIP-Protokoll verbilligt Telefonate führen können.

Vorbereitungen für den Selbstbau der Firmware

Für den Selbstbau der FRITZ!Box-Firmware benötigen Sie zunächst ein Linux-System, mit dem Sie die zur Verfügung stehenden Quellen zusammenfügen und in eine Imagedatei überführen, die anschließend in den Speedport-Router per Firmware-Update übertragen wird. Für diesen Zweck hat die Entwicklergemeinde im Internet eigens ein bereits fertig konfiguriertes Linux mit allen notwendigen Werkzeugen gebaut. Um dieses auf Ihrem PC oder Mac auszuführen, benötigen Sie:

- den kostenlosen VMware Player,
- den Speedport-Router von der Telekom (o. a.),
- Windows/Mac OS mit mind. 3 GByte Festplattenspeicherplatz für das Linux-Image,
- das Speedport2Fritz-Skript (siehe nachstehende Tabelle).

Die in der Tabelle angegebenen Programme und Quellcodes werden laufend weiterentwickelt und aktualisiert. Im Zweifelsfall sollten Sie vor allem die Speedport2Fritz-Quellen unter *https://freetzlinux.svn.sourceforge.net/svnroot/freetzlinux/* auf Aktualität prüfen.

Tools	Bezugsquelle
VMware Player	*www.vmware.com/products/player/*
VMware-Ubuntu-Image	*http://jars.de/linux/ubuntu-804-vmware-image-download* *http://kill-9.eu/jars/download-page.php?file=Ubuntu_804_VMware.rar*
7-Zip	*www.7-zip.org*

Tools	Bezugsquelle
Speedport2FRITZ-Skript Autor: Jpascher (*www.ip-phone-forum.de*) Derzeit Revision 498, aktuellste Version verwenden!	*https://freetzlinux.svn.sourceforge.net/svnroot/freetzlinux/download_speed-to-fritz.sh.tar.gz*

Laden Sie die in der Tabelle angegebenen Programme sowie das Speedport2Fritz-Skript auf Ihre lokale Festplatte. Anschließend installieren Sie zunächst den VMware Player. Die Installation läuft in der Regel problemlos ab und kann sozusagen »durchgeklickt« werden.

Für das Herunterladen des fertigen Ubuntu-ISO- bzw. VMware-Images empfiehlt sich aus Zeitgründen natürlich eine »dicke« DSL-Leitung. Speichern Sie die Archivdatei auf die Festplatte.

Anschließend installieren Sie den Freeware-Packer 7-Zip, um das in der Datei *Ubuntu_804_VMware.rar* enthaltene Ubuntu-Linux im VMware-Format auf die Festplatte entpacken zu können. Wer bereits eine aktuelle Version des Packers WinRAR unter Windows bzw. UnRarX unter Mac OS im Einsatz hat, benötigt die Installation von 7-Zip nicht.

Folgende Schritte müssen danach durchgeführt werden, um die selbst gebaute AVM-Firmware für den Speedport-Router auf die lokale Festplatte zu bringen:

- Ubuntu-Linux auf den aktuellen Stand bringen.
- Gegebenenfalls Speedport-Einstellungen sichern.
- Persönliche FRITZ!Box-Firmware für den Speedport-Router erstellen.
- FRITZ!Box-Firmware auf den Speedport-Router übertragen.
- Speedport-Router konfigurieren.

Diese Schritte werden im Folgenden ausführlich beschrieben, damit Sie einen perfekt konfigurierten Speedport-Router mit sämtlichem Nutzen und Komfort dank AVM-Firmware nutzen können.

Ubuntu auf dem Computer in Betrieb nehmen

1. Ist VMware Player bzw. VMware Workstation (PC) oder VMware Fusion (Mac) installiert, entpacken Sie zunächst das heruntergeladene Ubuntu-Linux in den

entsprechenden Ordner, in dem die virtuellen Maschinen auf der Festplatte abgelegt sind.

Standardmäßig ist dieser Pfad bei Windows Vista/Windows 7 mit *C:\Users\Ihr Benutzername\Documents\Virtual Machines* bzw. bei Windows XP mit *C:\Dokumente und Einstellungen\Ihr Benutzername\Dokumente\Virtuelle Maschinen* festgelegt.

Bei Mac OS X ist dies der Ordner *Dokumente/Virtuelle Maschinen* im Benutzerverzeichnis. Der Ordner *Virtuelle Maschinen* kann sowohl unter Windows als auch unter Mac OS X auch auf einen anderen Speicherort umgeleitet werden.

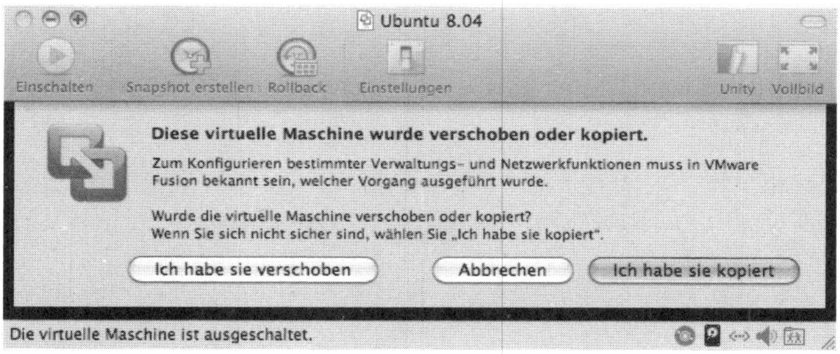

Bild 4.19: Unter *Diese virtuelle Maschine wurde verschoben oder kopiert.* klicken Sie auf die Schaltfläche *Ich habe sie kopiert*, damit die virtuelle Netzwerkkarte der VM eine neue MAC-Adresse bekommt, die weltweit eindeutig sein muss.

2. Ist die RAR-Datei entpackt, starten Sie in der neuen virtuellen Maschine erstmalig Ubuntu-Linux. Da VMware die Konfigurationsparameter der Ubuntu-Installation verwendet, klicken Sie beim Start auf die Schaltfläche *Ich habe sie kopiert*, damit die Netzwerkkonfiguration der virtuellen Maschine auf Ihrer VMware Player/Workstation/Fusion-Installation auch funktioniert.

3. Nach dem Start loggen Sie sich mit dem Benutzernamen *jars* und dem Passwort *jars* ein und bringen zunächst die Ubuntu-Installation über *System/Systemverwaltung/Aktualisierungsverwaltung* auf den aktuellen Stand. Dieser Vorgang dauert eine Weile. Mit einem Neustart des Systems wird die Aktualisierung abgeschlossen.

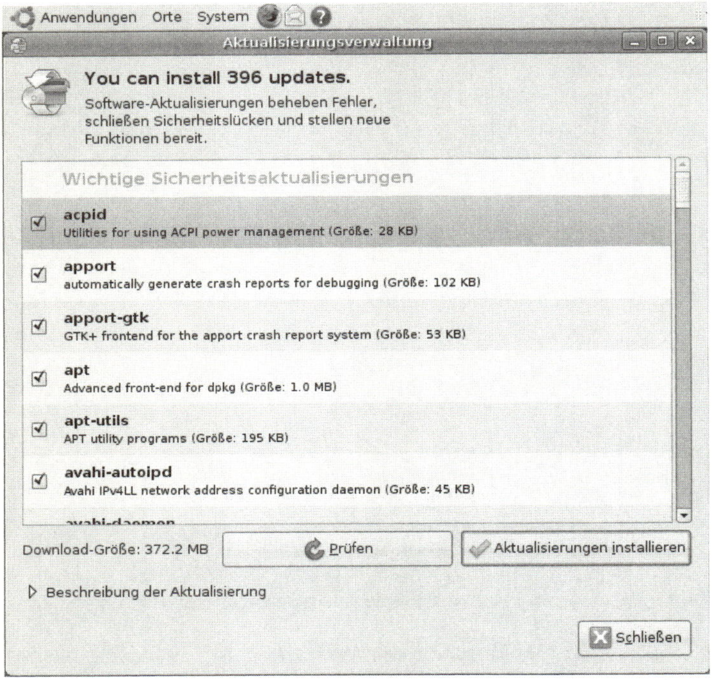

Bild 4.20: Nach dem Start der Aktualisierungsverwaltung klicken Sie zunächst auf die *Prüfen*-Schaltfläche. Stehen Updates bereit, starten Sie die Installation per Klick auf *Aktualisierungen installieren*.

4 Im nächsten Schritt laden Sie das Speedport2FRITZ-Skript in die virtuelle Maschine. Das passiert entweder über den Linux-Dateibrowser via Samba-Freigabe mit dem Wirtssystem oder ganz banal per Download in der virtuellen Maschine.

5 Klicken Sie in der oberen Menüleiste von Ubuntu neben dem Eintrag *System* auf das Firefox-Symbol und starten Sie Firefox. Hier suchen Sie entweder über eine Suchmaschine nach dem Skript *download_speed-to-fritz.sh*, oder Sie nutzen den Link *https://freetzlinux.svn.sourceforge.net/svnroot/freetzlinux/download_speed-to-fritz.sh.tar.gz*.

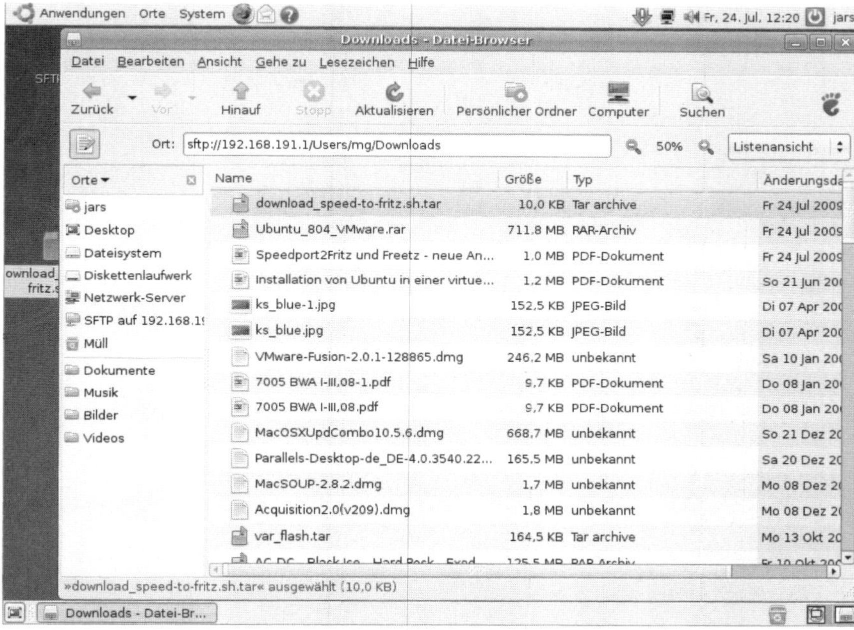

Bild 4.21: Ist die Archivdatei mit dem *download_speed-to-fritz.sh.tar.gz*-Skript heruntergeladen, kopieren Sie diese auf den Desktop.

6 Im nächsten Schritt öffnen Sie über *Zubehör/Terminal* ein Konsolenfenster und wechseln mit dem Befehl:

```
cd Desktop
```

in den Ordner *Desktop*, in dem sich die heruntergeladene Archivdatei mit dem Skript befindet. Zum Entpacken des Skripts nutzen Sie diesen Befehl:

```
tar - xfvz download_speed-to-fritz.sh.tar.gz
```

Bild 4.22: Ist die Archivdatei ausgepackt, können Sie das Shell-Skript erstmalig starten.

Wie unter Linux üblich, werden Shell-Skripten mit dem Befehl:

```
./SKRIPTNAME.sh
```

gestartet. In diesem Fall geben Sie also folgenden Befehl in das Terminal ein:

```
./download_speed-to-fritz.sh
```

7 Gegebenenfalls werden Sie nach einem Passwort gefragt. Im Fall des oben beschriebenen *Ubuntu_804_VMware*-Images verwenden Sie das Passwort *jars*, ansonsten nutzen Sie das Root-Passwort Ihrer Linux/Ubuntu-Installation.

8 Nach dem Erststart legt das Skript automatisch eine Ordnerstruktur auf dem Desktop an und überprüft, ob eine neue Version des Skripts vorliegt. Danach steht Ihnen eine leicht zu bedienende Benutzeroberfläche zur Verfügung, in der Sie mit den Pfeiltasten der Tastatur navigieren können. Mit der Leertaste wählen Sie gewünschte Optionen an oder ab. Eine Erklärung zu den einzelnen Einträgen erhalten Sie, wenn Sie mithilfe der Pfeiltasten eine Funktion auswählen und dann die H-Taste drücken oder mit den Pfeiltasten auf den *Help*-Eintrag gehen.

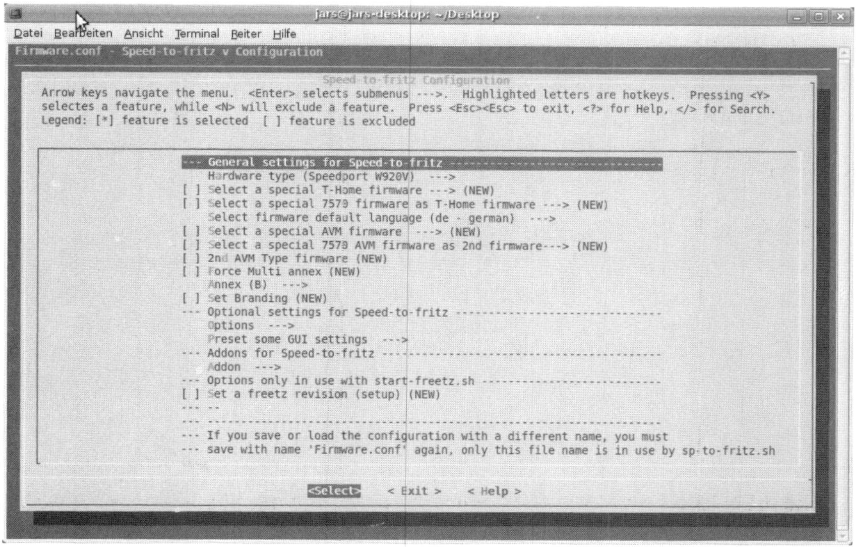

Bild 4.23: Übersichtlich: Nach dem Start bietet das Skript ein mit den Pfeiltasten steuerbares Menü.

9 Zunächst wählen Sie im Bereich *Hardware type* das gewünschte Hardwaremodell des Speedport-Routers aus. Um beispielsweise einen frischen T-Home Speedport W 920V mit einer FRITZ!Box-Firmware zu bestücken, wählen Sie im Bereich *Hardware type* den Eintrag *Speedport W920V* aus, indem Sie mit den Pfeiltasten zu *Hardware type* gehen, mit der [Enter]-Taste in das Untermenü wechseln und dort wiederum mit den Pfeiltasten zum Eintrag *Speedport W920V* navigieren.

Mit der [Leertaste] aktivieren Sie das gewünschte Modell. Für den Firmwarebau wurden hier weitere Einstellungen vorgenommen, wie in nachstehender Abbildung zu sehen:

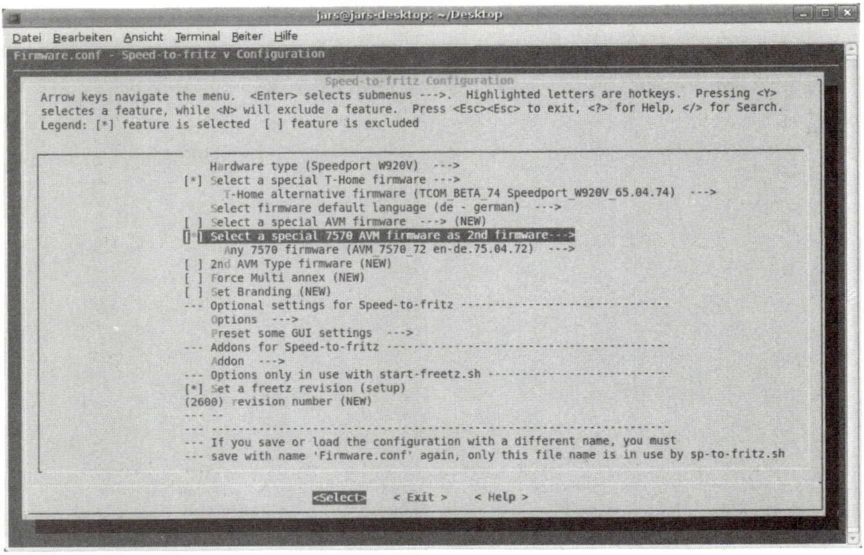

Bild 4.24: Weniger ist mehr: In den Grundeinstellungen reichen die vorgenommenen Einstellungen völlig aus.

10 Zumindest beim ersten Flashvorgang von T-Com nach AVM sollte im Bereich *Optional settings for Speed-to-fritz->Options* darauf geachtet werden, dass der Schalter *Clear mtd3 and mtd4* gesetzt ist. Wer den Speedport in einem anderen Adressbereich als dem AVM-eigenen Bereich *192.168.178.X* betreibt, kann bei dieser Gelegenheit auch das Häkchen vor dem Eintrag *Push firmware to box via ftp* entfernen, das standardmäßig aktiviert ist.

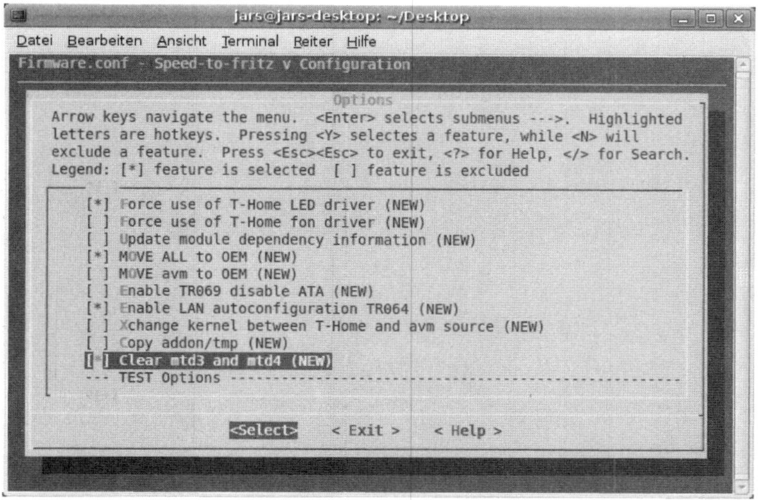

Bild 4.25: Vorsichtshalber sollte die Option *Clear mtd3 and mtd4 (NEW)* zumindest beim erstmaligen Erstellen der AVM-Firmware für den Speedport aktiviert sein. In diesem Fall werden die Speicherbänke vor der Übertragung des Images in den Router gelöscht.

⑪ Über *Exit* gelangen Sie wieder in das Hauptmenü zurück. Wer möchte, kann im Hauptmenü die gemachten Einstellungen über *Save an Alternate Configuration File* sichern. Wählen Sie im Hauptmenü wieder *Exit* aus, und der Assistent fragt nach, ob die aktuelle Konfiguration gespeichert werden soll. Mit *Yes* geschieht das, und der Kompiliervorgang wird gestartet.

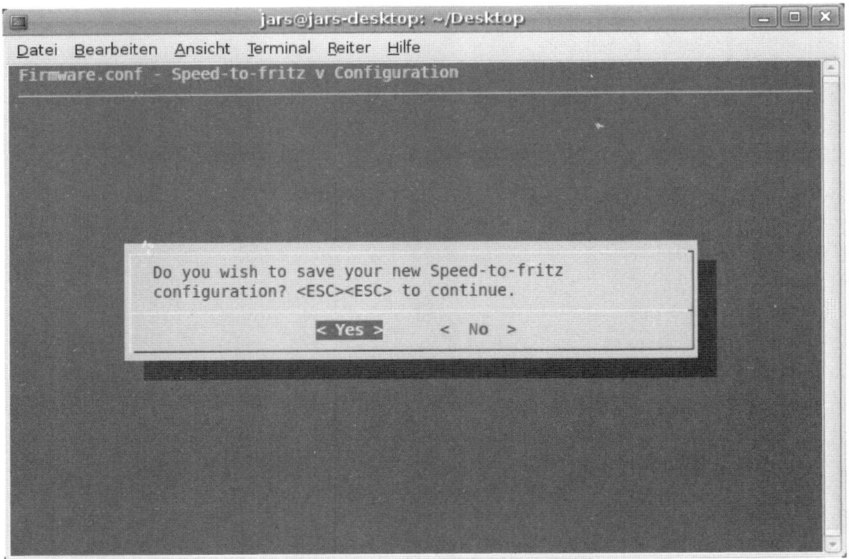

Bild 4.26: Bestätigen Sie diesen Dialog mit *Yes*, und Linux baut die persönliche FRITZ!Box-Firmwaredatei zusammen.

Beim erstmaligen Kompilieren dauert das Ganze etwas länger, da verschiedene Quellen noch aus dem Internet nachgeladen werden müssen. Bei späteren Änderungen an der Firmware läuft dann das Erzeugen der Imagedatei schneller ab, da sich die Quellen schon auf dem Linux-System befinden.

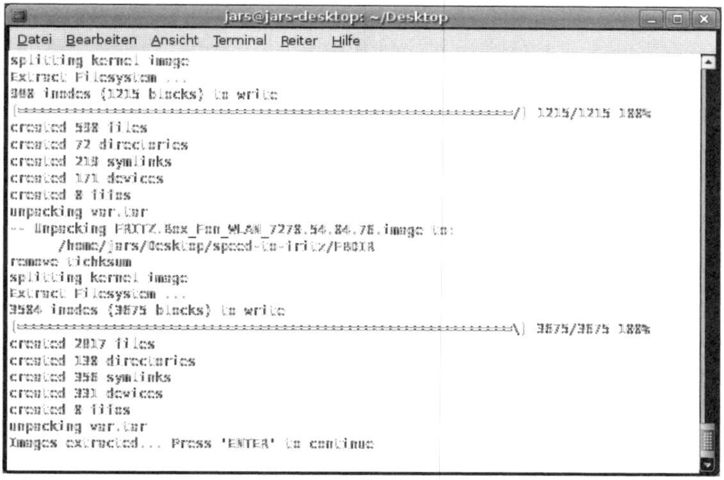

Bild 4.27: Das Skript fordert noch einige Male eine Bestätigung ein, die Sie per `Enter`-Taste erteilen.

Nach wenigen Minuten liegt im Desktopordner *speed-to-fritz/Firmware.new* die maßgeschneiderte Firmwaredatei für den Speedport-Router.

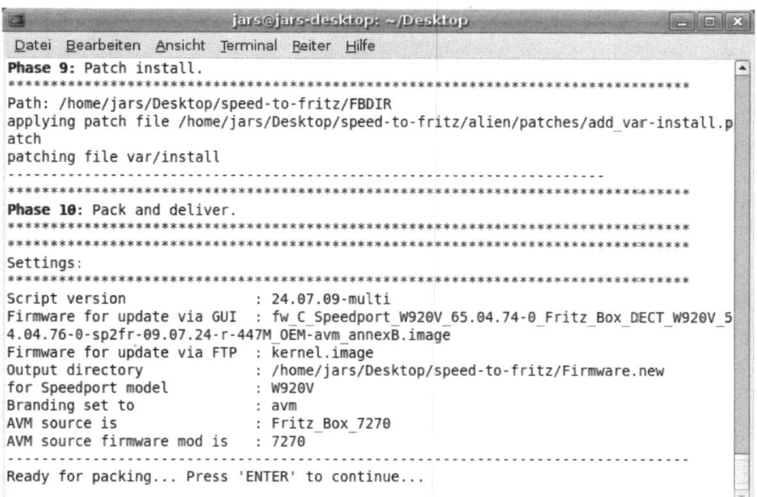

Bild 4.28: Ist das Skript hier angelangt, war das Erzeugen der Firmwaredatei ein voller Erfolg.

12 Im nächsten Schritt wird die frische Firmware auf den Speedport-Router übertragen. Das erfolgt am besten über das Konfigurationsmenü des Speedports. Starten Sie in der virtuellen Maschine den Firefox-Browser und öffnen Sie das Konfigurationsmenü via *http://speedport.ip*.

Hier wählen Sie im Dialog *Verwaltung/Laden & Sichern/Firmware* die Firmwaredatei, die sich im Desktopverzeichnis *speed-to-fritz/Firmware.new* befindet, aus.

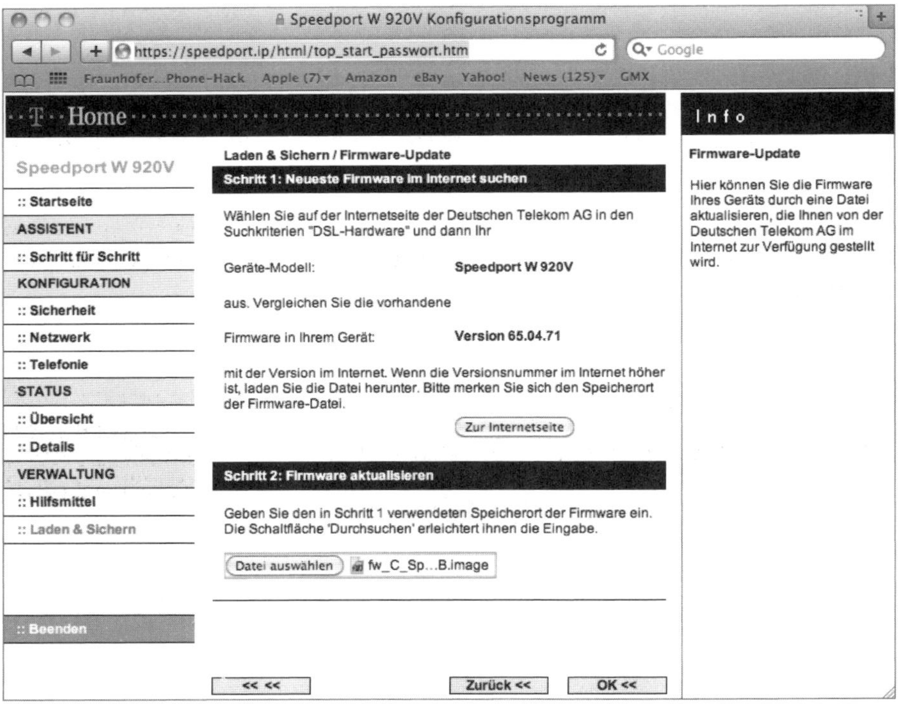

Bild 4.29: Ist die Firmwaredatei ausgewählt, drücken Sie auf die Schaltfläche *OK*, um die neue Firmware auf den Speedport zu bringen.

Nun wird die Firmwaredatei auf den Speedport-Router übertragen. Beachten Sie, dass während des Firmware-Updates der Speedport nicht abgeschaltet werden darf.

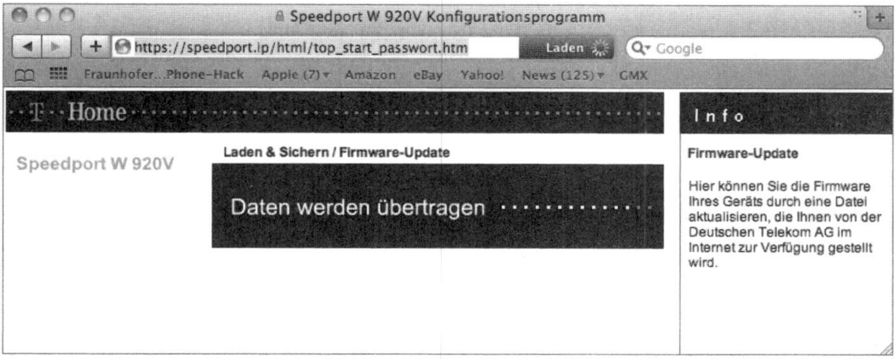

Bild 4.30: Abwarten und Tee trinken: Nur wenige Minuten, und die neue FRITZ!Box-Firmware ist auf dem Speedport.

Nach rund fünf Minuten ist der Speedport mit der neuen Firmware bestückt und führt anschließend selbstständig einen Neustart durch, damit die vorgenommenen Änderungen aktiv werden.

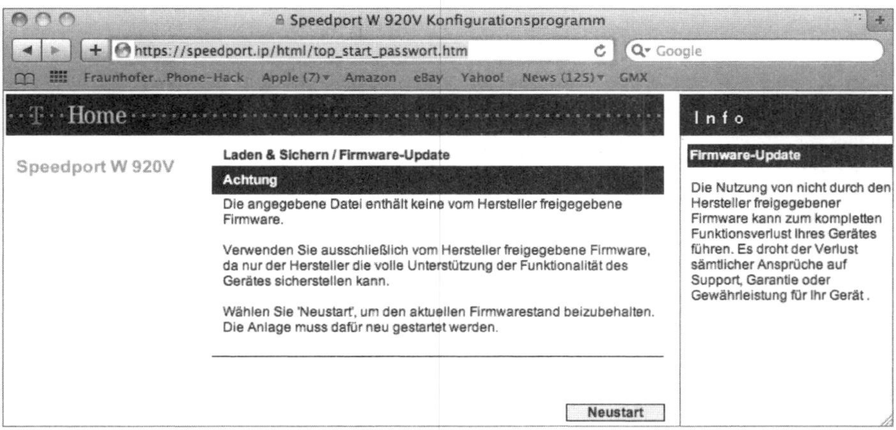

Bild 4.31: Hier erscheint eine Warnung, die darauf hinweist, dass die Firmware keine »Original-Firmware« der Telekom ist – klicken Sie NICHT auf *Neustart*, sondern warten Sie so lange, bis der Speedport einen automatischen Neustart einleitet.

Nach dem Neustart müssen Sie eventuell die Netzwerkeinstellungen des PCs oder Mac anpassen, da der Speedport nun die Werkeinstellungen mit dem Adressbereich *192.168.178.X* verwendet.

Speedport + FRITZ!Box = Speedbox

1 Nach dem Neustart ist die FRITZ!Box über die IP-Adresse *192.168.178.1* erreichbar. Der Speedport verhält sich jetzt wie eine jungfräuliche FRITZ!Box. Fangen Sie also komplett von vorne an, indem Sie als Erstes ein Kennwort für den Zugriff auf die Speedbox festlegen.

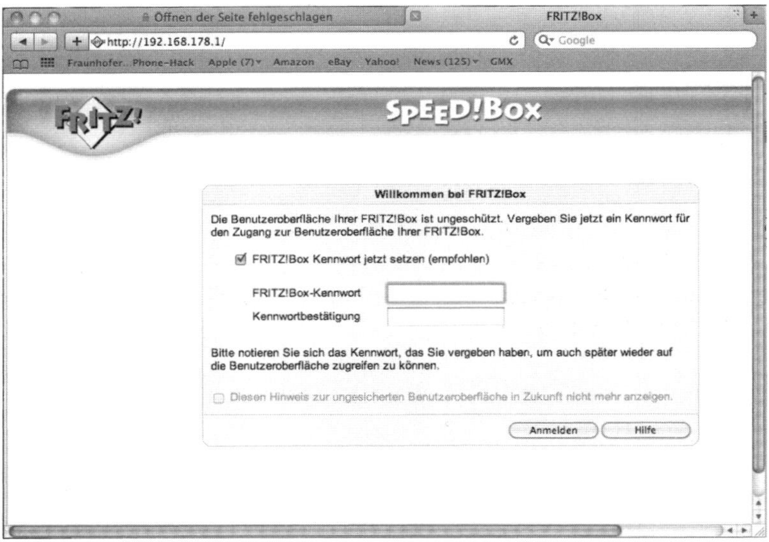

Bild 4.32: Herzlichen Glückwunsch: Erscheint dieser Dialog nach dem Flashen der Firmware, war der Umbau auf die FRITZ!Box-Firmware erfolgreich.

2 Nachdem das Kennwort gesetzt ist, hilft der Assistent bei der Einrichtung des Internetproviders. Klicken Sie dazu einfach auf die *Weiter*-Schaltfläche.

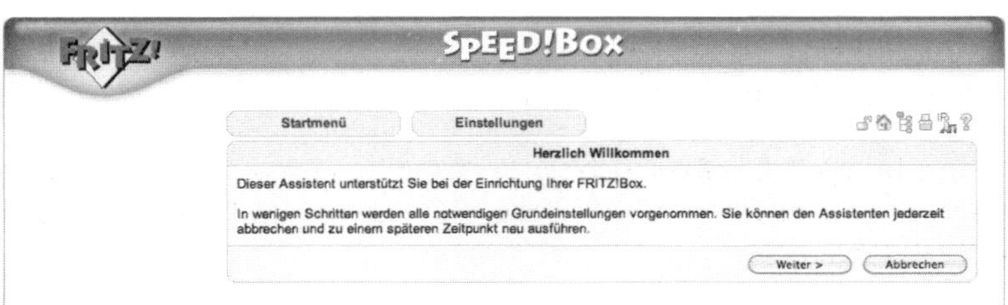

Bild 4.33: Klick für Klick ins Internet: Starten Sie hier den Einrichtungsassistenten.

③ Im nächsten Schritt wählen Sie den Internetanbieter aus. Wer VDSL einsetzt, nutzt hier mit sehr hoher Wahrscheinlichkeit T-Online.

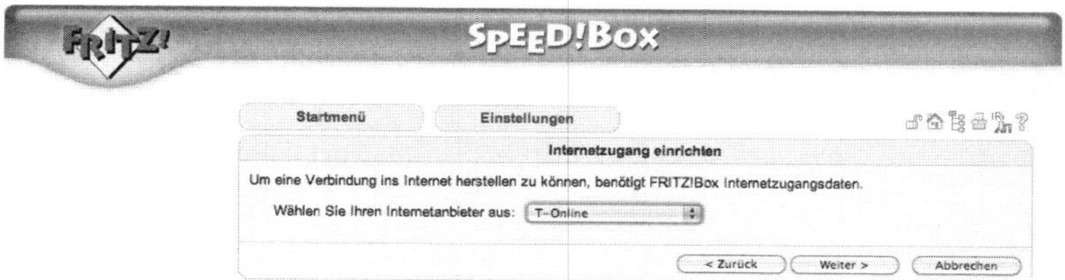

Bild 4.34: Für VDSL sind derzeit die Anbieter rar gesät.

④ Bei T-Online setzt sich der Login-Name aus zwei wesentlichen Komponenten zusammen – der geheimen Anschlusskennung sowie der T-Online-Nummer, die jeweils aus zwölf Stellen bestehen. Achten Sie deshalb bei der Konfiguration auf die Reihenfolge der Anschlusskennung und T-Online-Nummer. Der Mitbenutzersuffix ist in der Regel *0001*.

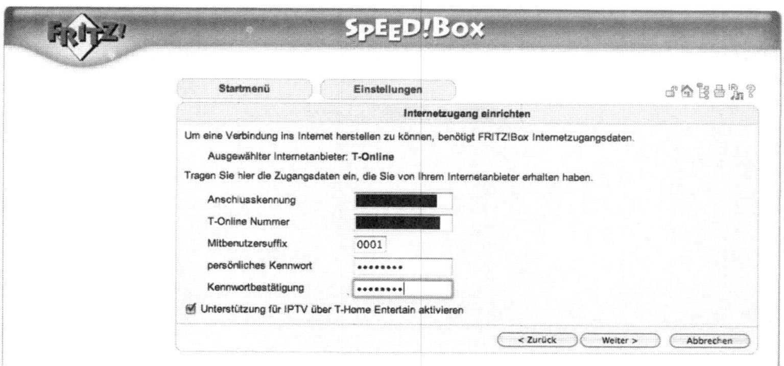

Bild 4.35: Wer T-Home/T-Entertain über VDSL nutzt, setzt hier das Häkchen bei *Unterstützung für IPTV über T-Home Entertain aktivieren*.

⑤ Nach dem Eintragen des Konto- bzw. Benutzernamens sowie des Kennworts klicken Sie auf die *Weiter*-Schaltfläche, um das Tarifmodell für den Internetanschluss festzulegen.

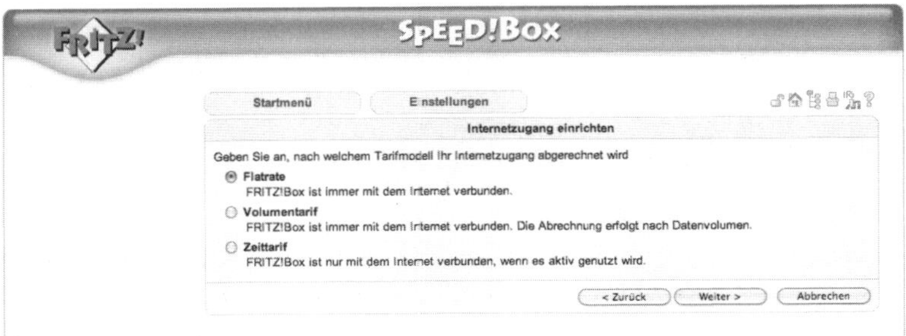

Bild 4.36: VDSL ist derzeit nur mit einer *Flatrate* sinnvoll.

6 Haben Sie alle Konfigurationsparameter eingetragen, führt die FRITZ!Box eine Anschlussüberprüfung durch. In diesem Fall ist das DSL-Kabel nicht gesteckt, was auch prompt vom Assistenten bemängelt wird.

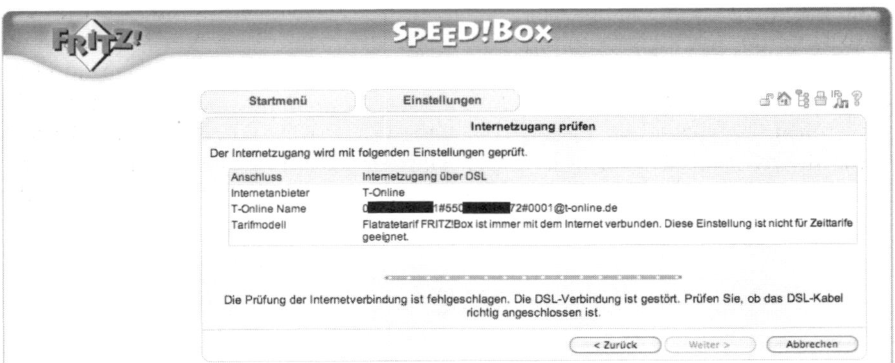

Bild 4.37: Fehlersuche: Hier war das DSL-Kabel der SPEED-/FRITZ!Box nicht eingesteckt.

Herzlichen Glückwunsch – Sie haben die Zwangskastration des Speedport-Routers erfolgreich ausgehebelt und können den Router jetzt als vollwertige FRITZ!Box einsetzen.

5 LAN: IP-Konfiguration im Detail

Werden mehrere Computer in einem räumlich begrenzten Netzwerk zusammengeschlossen, ist von einem »lokalen Netzwerk« (LAN = **L**ocal **A**rea **N**etwork) die Rede. Grundvoraussetzung für den Betrieb eines LAN-Netzwerks ist eine perfekte IP-Konfiguration der einzelnen Rechner. Egal ob Sie eine WLAN-, DLAN- (**D**irect **L**ocal **A**rea **N**etwork, Netzwerkverbindung über die Stromsteckdose) oder eine gewöhnliche Ethernet-Netzwerkkarte für das Netzwerk verwenden, der DSL-Router übernimmt nicht nur die Verbindung in das Internet, sondern steuert auch den Zugriff der Rechner im Heimnetz untereinander.

Damit übernimmt der Router die Aufgaben eines sogenannten Switchs, der je nach Bauweise 4, 5, 6, 8, 16, 24 oder gar mehr RJ45-Anschlüsse (auch Ports genannt) bietet. An diese Anschlüsse werden die Patchkabel für die einzelnen Computer direkt angeschlossen. Bei einem WLAN-Modell sorgt die eingebaute Antenne für eine Verbindung zu den drahtlos vernetzten Computern. Das können deutlich mehr als vier sein, allerdings geht mit jedem weiteren Teilnehmer am Funknetz die Bandbreite ein wenig herunter, denn die Rechner teilen sich die Gesamtleistung des Netzes.

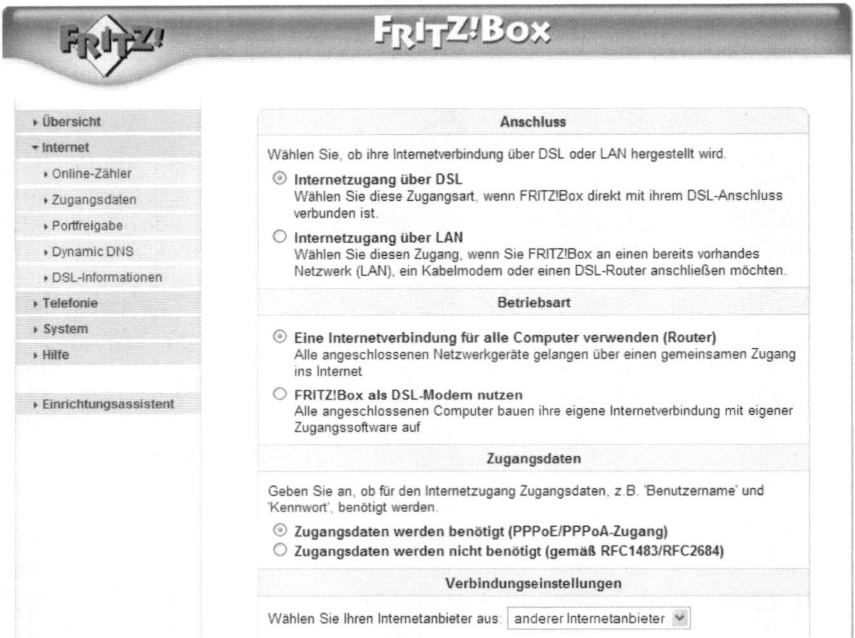

Bild 5.1: Umständlich: Ist die FRITZ!Box nicht als Router, sondern »nur« als DSL-Modem konfiguriert, muss jeder Computer die Internetverbindung selbstständig herstellen.

Ein DSL-Router besitzt neben den LAN-Ports zusätzlich einen sogenannten WAN-Port, über den das ADSL-Modem per Patchkabel angeschlossen ist. Moderne DSL-Router wie die FRITZ!Box besitzen heutzutage bereits ein integriertes ADSL-Modem, das ein zusätzliches überflüssig macht.

Der Vorteil ist neben dem geringeren Stromverbrauch auch der nicht so ausufernde Kabelsalat der All-in-One-Lösung. Solche Geräte haben zusätzlich einen DHCP-Server (Dynamic Host Configuration Protocol) integriert, der für die automatische Vergabe der internen IP-Adressen zuständig ist. Damit braucht zunächst an den angeschlossenen Computern nichts weiter konfiguriert zu werden, da der DSL-Router alles automatisch erledigt.

DHCP: der Router verwaltet IP-Adressen

Ist der Router frisch ausgepackt und konfiguriert, ist er standardmäßig als DHCP-Server (Dynamic Host Configuration Protocol) konfiguriert. DHCP spielt seine

Vorteile vor allem in großen Netzwerken aus. Damit bekommen alle an den Router angeschlossenen Computer – egal ob WLAN oder nicht – automatisch die TCP/IP-Konfiguration zugewiesen. Hersteller empfehlen meist, diese Einstellungen nicht zu ändern und den Router auch als DHCP-Server zu verwenden.

DHCP, die dynamische Vergabe von IP-Adressen im Netz, ist Segen und Fluch zugleich. Zunächst ist es für jeden Netzwerkeinsteiger praktisch, dass er sich um die Vergabe solcher IP-Adressen nicht kümmern muss. Das klappt genau so wie bei der Einwahl ins Internet.

Halten Sie sich jedoch nicht penibel an die Ratschläge zur Absicherung des Netzwerks und nehmen beispielsweise SSID-Broadcasting und Verschlüsselung nicht so ernst, ist die automatische Vergabe kritisch. Ein fremder »Besucher« bekommt automatisch eine IP-Adresse und kann sich im Netz bewegen, surfen und, und, und. Bei festen IP-Adressen haben Sie zwar bei der Einrichtung mehr Aufwand, aber schon aufgrund der Zuordnung zu Ihren Computern besteht eine Grundabsicherung in Sachen Netzwerkzugriff.

Arbeiten Sie mit nur wenigen Computern, die Sie mit Ihrem Router versorgen, ist es oft sinnvoller und sicherer, den DHCP-Server zu deaktivieren und die angeschlossenen Clients manuell zu konfigurieren. So haben Sie nicht nur einen genauen Überblick darüber, welcher PC sich im Netzwerk mit welcher IP-Adresse befindet, sondern machen es einem möglichen Eindringling schwerer, sich eine IP-Adresse in Ihrem Heimnetz zu »besorgen«.

1. Ist auf Ihrem Router DHCP aktiviert, tragen Sie bei der Option *DHCP-Server aktivieren von* die erste Adresse bzw. im Feld *DHCP-Server aktivieren bis* die letzte Adresse im zusammenhängenden IP-Adressbereich ein. Trotz DHCP können Sie auch eine IP-Adresse für einen PC im LAN reservieren. Damit erhält dieser PC immer dieselbe IP-Adresse, wenn er auf den DHCP-Server zugreift. Das ist besonders bei Servern der Fall, die oft permanente IP-Einstellungen benötigen, weil die Portweiterleitung aktiv ist.

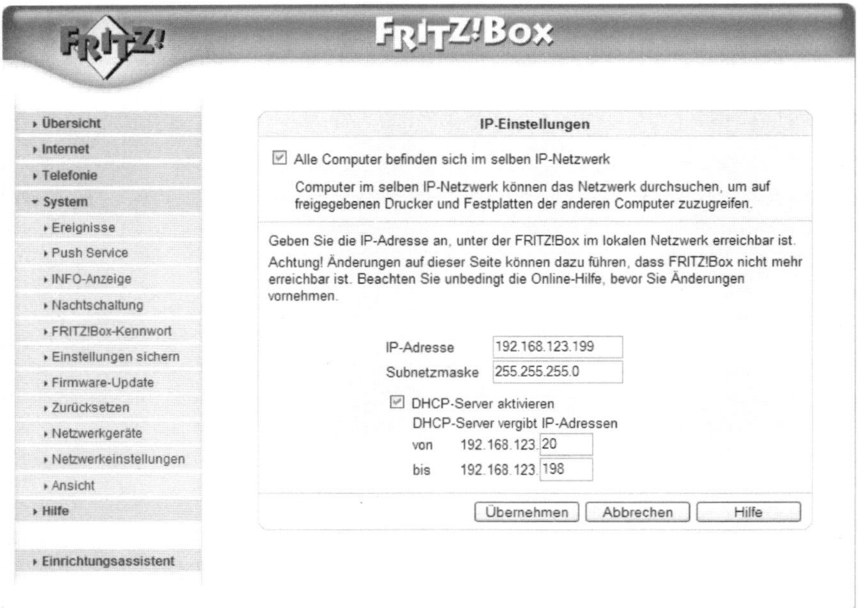

Bild 5.2: Ist das Häkchen bei *Alle Computer befinden sich im selben IP-Netzwerk* gesetzt, ist der Zugriff der Computer untereinander auf die freigegebenen Drucker und Daten der Arbeitsgruppe gewährleistet.

2 Bei der FRITZ!Box ist der DHCP-Server ab Werk bereits eingeschaltet, wer hier Detaileinstellungen vornehmen möchte, öffnet über *Menü/Einstellungen/System/Netzwerkeinstellungen* per Klick auf die Schaltfläche *IP-Adressen* die entsprechende Konfigurationsseite.

Ist diese nicht zu sehen, müssen Sie möglicherweise zunächst die Expertenansicht aktivieren, die Sie über *Menü/Einstellungen/System/Ansicht* erreichen. Hier können Sie anschließend die IP-Adressparameter der FRITZ!Box verändern.

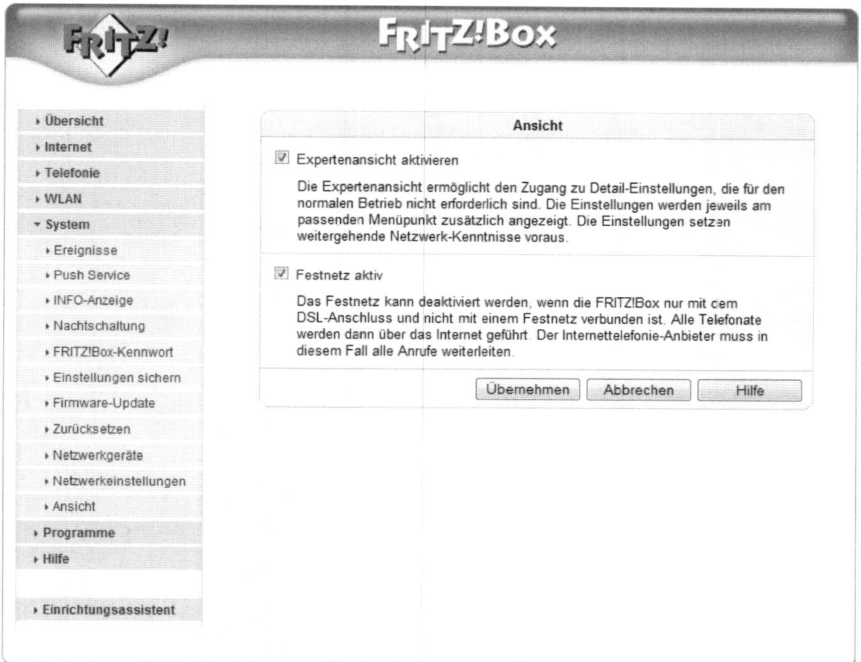

Wird die FRITZ!Box in ein bestehendes Heimnetz integriert, legen Sie im Bereich *IP-Adresse* diese entsprechend für Ihr Heimnetz fest. Nutzt Ihr Heimnetz beispielsweise den Bereich *192.168.123.X*, weisen Sie der FRITZ!Box eine feste IP-Adresse zu.

Bei einem aktivierten DHCP-Server lässt sich zudem noch die Anzahl der möglichen Clients bzw. die zu vergebenden IP-Adressen einstellen. Haben Sie beispielsweise nur fünf Geräte in Ihrem Netzwerk im Betrieb, können Sie die Adressvergabe auf diese fünf Geräte beschränken, indem Sie den Bereich entsprechend (beispielsweise von 20 bis 25) konfigurieren.

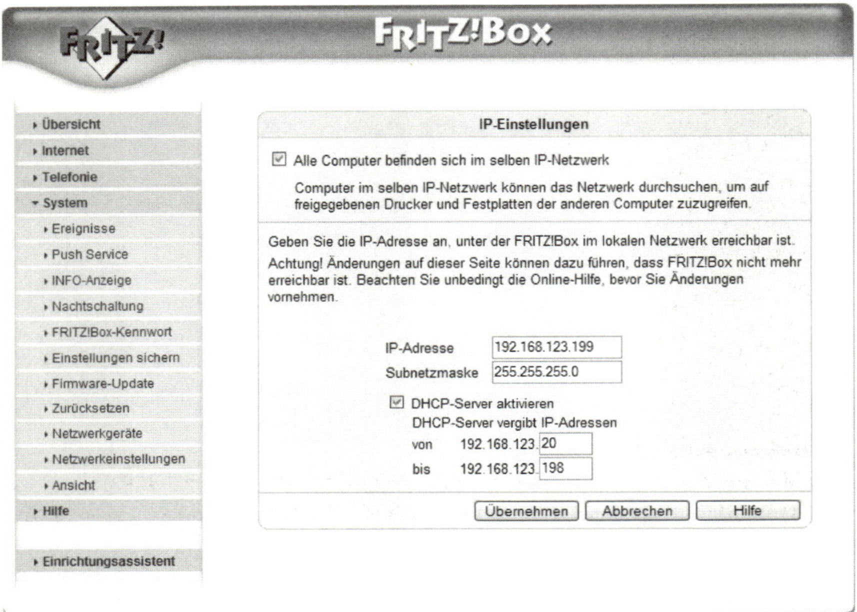

Bild 5.3: In der FRITZ!Box ist der DHCP-Server ab Werk bereits aktiviert. Die entsprechende Konfigurationsseite ist über *Menü/Einstellungen/System/ Netzwerkeinstellungen* per Klick auf die Schaltfläche *IP-Adressen* zu erreichen, vorausgesetzt, zuvor wurde über *Menü/Einstellungen/System/Ansicht* die Expertenansicht aktiviert.

3 Ähnlich wie bei der FRITZ!Box ist die LAN-Konfiguration bei Netgear-Routern übersichtlich auf einer Seite zusammengefasst. Im Bereich *LAN-TCP/IP-Konfiguration* nehmen Sie erweiterte Einstellungen für das Netzwerk vor. Dies ist in der Regel nicht notwendig, es sei denn, es sind mehrere Router im Einsatz. Mit der Option *IP-Adresse* können Sie die IP-Adresse des Routers festlegen.

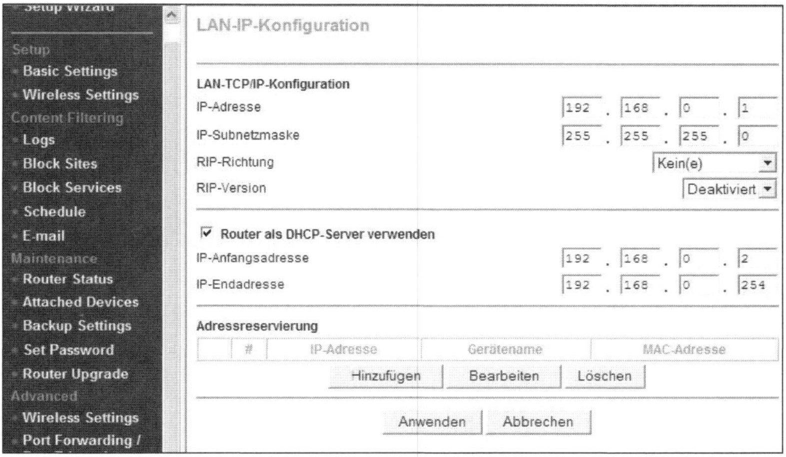

Bild 5.4: Ein unerwünschter Besucher bekommt bei aktiviertem DHCP problemlos eine IP-Adresse für das Netz. Für mehr Sicherheit sorgt die MAC-Adressen-basierte Adressreservierung, die nur bestimmten Geräten eine IP-Adresse zuteilt.

4 Anschließend wird die *IP-Subnetzmaske* eingestellt, die den Netzwerkanteil der IP-Adresse angibt. Der Router berechnet automatisch die Subnetzmaske basierend auf der zugewiesenen IP-Adresse. Sofern keine Subnetze zum Einsatz kommen, verwenden Sie *255.255.255.0* als Subnetzmaske.

Statische Routen: mehrere Router im Netzwerk

Statische Routen geben dem Router Informationen, die er nicht automatisch auf andere Art erhalten kann. Dies kann vorkommen, wenn mehrere Router im Netzwerk aktiv sind und die Option *RIP im LAN* deaktiviert ist. In dieser Übersicht sehen Sie alle definierten statischen Routen. Für ein normales Netzwerk zu Hause spielt dies keine Rolle – bietet der Router hier irgendwelche Optionen an, lassen Sie die Einstellungen unverändert.

Für fortgeschrittene Anwender sind die RIP-Optionen (**R**outing **I**nformation **P**rotocol) gedacht. Diese sind nur interessant und zu ändern, falls das lokale Netzwerk aus mehreren Subnetzen besteht und sich noch andere Router im gleichen Netz befinden. Sollen diese Subnetze bzw. die Rechner in diesen Netzen untereinander Daten austauschen, ist hier ein Eingriff notwendig. Mit RIP kann ein Router Routing-Informationen mit anderen Routern austauschen.

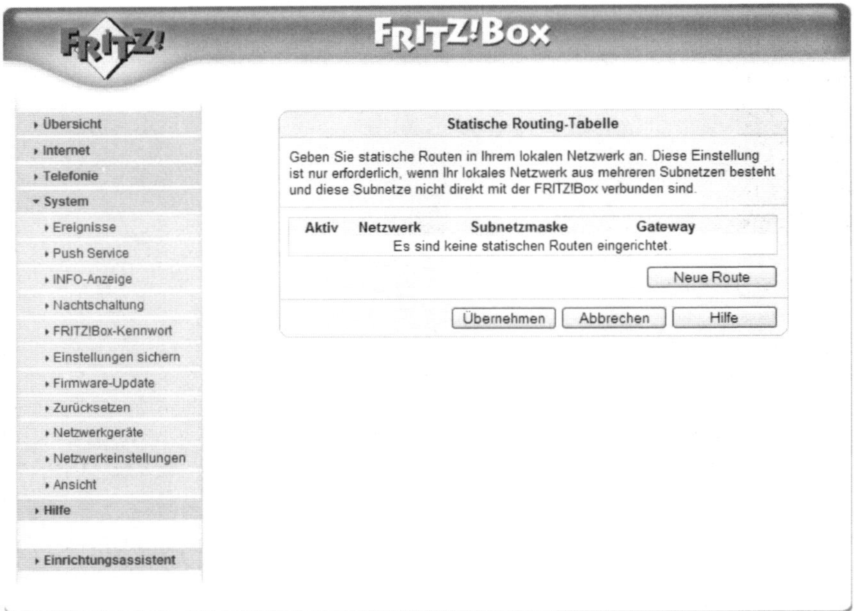

Bild 5.5: Nach dem Klick auf *Neue Route* haben Sie in der FRITZ!Box die Möglichkeit, die Netzwerkparameter des anderen Routers einzutragen. Hier ist anschließend der Zugriff in beide Richtungen möglich.

Bei Routern aus dem Hause Netgear lassen sich statische Routen genauer und damit sicherer einrichten. Dafür steht die Option *RIP-Richtung* zur Verfügung. Damit wird prinzipiell gesteuert, wie der Router RIP-Pakete sendet und empfängt. Wenn die Einstellung auf *Beide* oder *Nur ausgehend* gesetzt ist, sendet der Router seine Routing-Tabelle in regelmäßigen Abständen als Broadcast – er sendet sie quasi irgendwohin.

Ist die Option auf *Beide* oder *Nur eingehend* gesetzt, integriert er die empfangenen RIP-Informationen. Standardmäßig ist die Option *Keine* gesetzt. In diesem Fall sendet der Router keine RIP-Pakete und ignoriert empfangene RIP-Pakete. Das ist der Standard nach der Einrichtung.

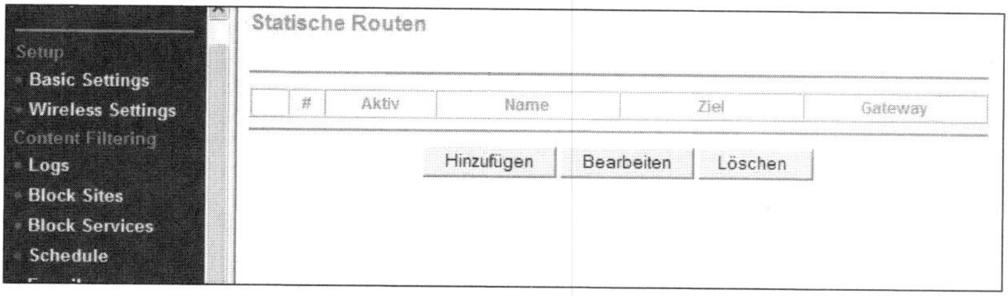

Bild 5.6: Nur für Experten mit mehreren aktiven Komponenten im Netzwerk: Über statische Routen kommen IP-Pakete von einem Router zum anderen.

Die Option *RIP-Version* ist standardmäßig auf *Deaktiviert* gesetzt und steuert das Format und die Broadcast-Methode der RIP-Pakete, die der Router sendet. Hier gibt es Folgendes zu beachten: RIP-1 wird universell unterstützt und ist für die meisten Netzwerke wahrscheinlich ausreichend. RIP-2 überträgt deutlich mehr Informationen. Sowohl RIP-2B als auch RIP-2M senden die Routing-Daten im RIP-2-Format.

Abhängig von der Konfiguration der anderen Router im Netz sollten Sie den Router entweder auf RIP-2B oder RIP-2M einstellen. Während RIP-2B Subnetz-Broadcasting verwendet, nutzt RIP-2M die Multicasting-Technik. Multicasting kann die Belastung von Nicht-Router-Geräten reduzieren, da sie keine RIP-Pakete erhalten. Wenn ein Router in Ihrem Netzwerk Multicasting verwendet, müssen das alle anderen Router in Ihrem Netzwerk ebenfalls tun.

5.1 Dynamic DNS: online immer erreichbar

Der wesentliche Unterschied zwischen Ihrem Internetzugang und dem eines Unternehmens besteht in der Zuweisung der Adresse. Sie bekommen immer nur eine dynamische Adresse aus dem Pool Ihres Providers zugewiesen, die nach spätestens 24 Stunden durch eine kurzzeitige Trennung ausgetauscht wird. Ein Unternehmensserver ist dagegen mit einer festen IP-Adresse und über die Umsetzung des Namens auch durch die Eingabe eines Domain-Namens im Netz erreichbar – sonst könnte man ihn nicht so einfach ansprechen.

Wenn Sie jetzt aber Ihrerseits Serverdienste wie einen Webserver oder einen FTP-Server zum Datenaustausch anbieten möchten, kennt zunächst niemand Ihre aktuelle IP-Adresse, geschweige denn einen Domain-Namen, der damit möglicherweise verbunden ist. Man kann also Ihren Server nicht so leicht erreichen. Sie können die aktuelle Adresse zwar ermitteln, müssten das jedoch nach jeder Zwangstrennung erneut tun – also täglich. Das geht jedoch auch anders.

Für Flatrate-Kunden bietet die Router-DSL-Kombi ein besonderes Schmankerl: die quasi-statische IP-Adresse, also die Einsatzmöglichkeit eines Rechners als Server. Möchte jemand auf Ihren Rechner zugreifen – etwa wenn Sie einem Bekannten Dokumente oder Musik zur Verfügung stellen möchten –, benötigt er die IP-Adresse Ihres Rechners. Diese IP-Adresse ändert sich wie gesagt bei jedem Einloggen ins Internet, wenn Sie keine Standleitung und keine feste IP-Adresse besitzen. Ihre Bekannten müssen bei Ihnen die jeweils aktuelle IP-Adresse erfragen, wenn sie von Ihrer Adresse Musik oder andere Daten herunterladen wollen.

Die Inhalte solcher Server sind auch nicht mit Suchmaschinen auffindbar. Um nun nicht täglich von Ihren Bekannten belästigt zu werden, können Sie mit dem dynamischen DNS Ihrem Rechner einen individuellen, festen Domain-Namen zuweisen, auch wenn dieser keine feste IP-Adresse im Internet besitzt. Ein dynamischer DNS-Dienst (DDNS) ist eine Datenbank, in der bestimmte Informationen (z. B. E-Mail-Adressen, Hostnamen und IP-Adressen) abgelegt sind.

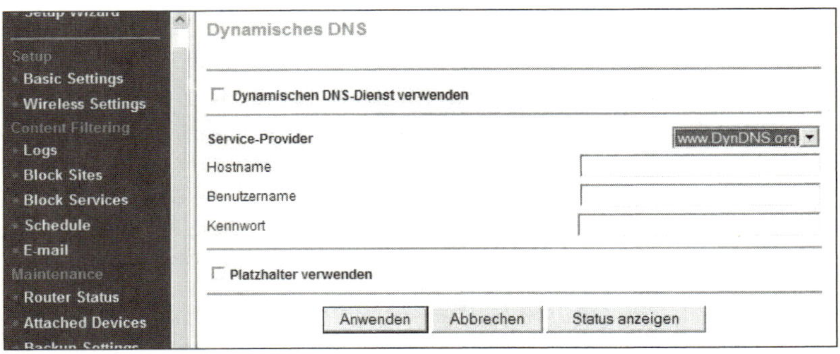

Bild 5.7: Wenn Sie als DDNS-Serviceprovider DynDNS nutzen, tragen Sie in diesem Dialog den Hostnamen, den Benutzernamen sowie das passende Kennwort ein.

Der Vorteil von DNS ist, dass Sie den Computer auch über seinen Namen ansprechen können. Es ist einfacher, statt einer IP-Adresse wie *http://192.168.122.1* die Adresse *http://meinheimserver.homedns.org* einzugeben. Jeder kann sich nämlich Namen leichter merken als Zahlen bzw. IP-Adressen. Für das dynamische DNS gibt es verschiedene Anbieter, die ihre Dienste zum Teil kostenlos anbieten. Manche Hersteller haben hier schon *dyndns.org* als Anbieter im Konfigurationsdialog integriert.

Bild 5.8: Wenn Sie einen DDNS-Dienst verwenden möchten, müssen Sie sich bei ihm anmelden. Sie erhalten dann vom DDNS-Serviceprovider ein Kennwort bzw. einen Schlüssel.

Allerdings sind auch dann die Inhalte nicht über Suchmaschinen abfragbar, denn der DynDNS-Server wird nicht von Suchmaschinen indiziert, und auch die angeschlossenen Heimserver werden nicht durchsucht.

5.2 Remote-Zugriff auf Router ausschalten

Möglich, aber nicht zu empfehlen: Viele Router bieten eine Fernsteuerung, mit der sie einem Benutzer im Internet erlauben, den WLAN-Router zu konfigurieren, aufzurüsten oder seinen Status zu prüfen. Das ist für Privatanwender in der Regel nicht notwendig – also ausschalten!

Wenn Sie die Idee dennoch für gut halten, dass man von außen Ihren Router ansprechen kann, weil Sie das beispielsweise vom Büro aus tun möchten, können Sie diese Funktion trotzdem nutzen. Um etwas mehr Sicherheit zu gewährleisten, können Sie eine sogenannte Fernsteuerungsadresse eintragen. Das ist die Adresse, die von außen beim Zugriff auf Ihren Router vom Internet aus genutzt wird.

Aus Sicherheitsgründen sollten Sie den Zugriff auf so wenige externe IP-Adressen wie möglich beschränken. Mit der Option *Nur diesen Computer* richten Sie den Zugriff nur von einer IP-Adresse ein. Für die Portnummer gilt Folgendes: Webbrowserzugriff verwendet in der Regel den HTTP-Standardport 80.

Für mehr Sicherheit können Sie die Fernsteuerungswebschnittstelle auf einen benutzerdefinierten Port ändern, indem Sie diese Nummer in das entsprechende Feld eingeben. Wählen Sie eine Nummer zwischen 1024 und 65534 aus, verwenden Sie jedoch keine Nummer eines gängigen Dienstports.

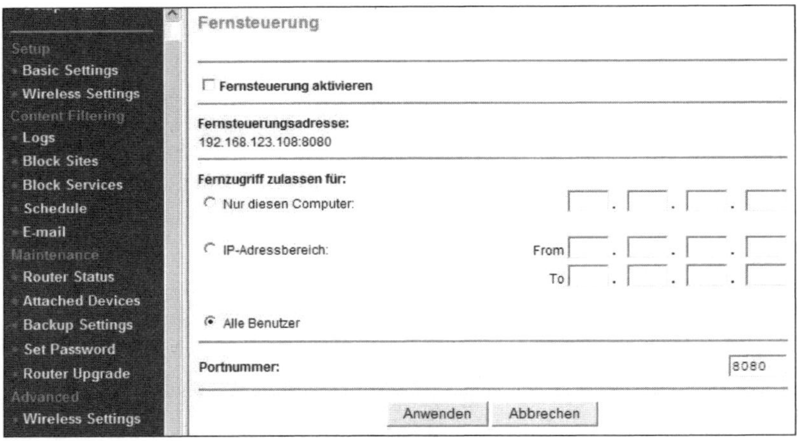

Bild 5.9: Wenn Sie die Fernsteuerung aktivieren, sollten Sie das Kennwort des Routers in ein sehr sicheres Kennwort ändern.

5.3 UPnP: automatisch konfiguriert

UPnP (Universal Plug and Play) unterstützt Geräte beim Zugriff auf das Netzwerk und beim Herstellen von Verbindungen zu anderen Geräten. UPnP-Geräte können automatisch die Dienste von anderen registrierten UPnP-Geräten im Netzwerk erkennen. Standardmäßig ist UPnP deaktiviert. In diesem Fall erlaubt der Router keinem Gerät die automatische Steuerung der Router-Ressourcen, z. B. Portweiterleitung (Zuordnung).

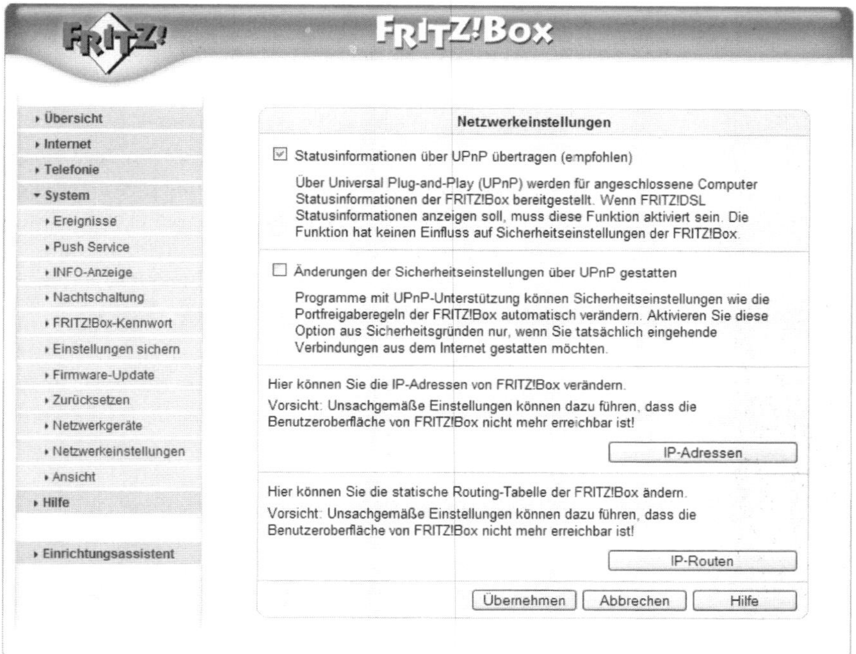

Bild 5.10: Weniger ist mehr: UPnP wird in einem Heimnetz nicht gebraucht. Während die erste Option *Statusinformationen über UPnP übertragen (empfohlen)* keine Änderungen der Router-Konfiguration von außen zulässt, sollte in der FRITZ!Box die Option *Änderungen der Sicherheitseinstellungen über UPnP gestatten* unbedingt deaktiviert sein.

UPnP ist schon kurz nach dem Erscheinen von Windows XP als Sicherheitsproblem ins Gerede gekommen. Seither heißt es konsequent: abschalten. So schlüssig die Idee, dass Geräte einander beeinflussen können, auch scheint – lassen Sie besser die Finger davon.

5.4 WLAN-Router-Sicherheitscheck

Für all jene, die auf die Schnelle eine Checkliste brauchen: Hier finden Sie sämtliche sicherheitsrelevanten Einstellungen für den WLAN-Router im Überblick.

Sicherheitsmerkmal	Beschreibung
MAC-Adresse einrichten	Standardmäßig wird jedem drahtlosen PC, der mit einer korrekten SSID, der passenden Verschlüsselung und dem richtigen Netzwerkschlüssel ausgestattet ist, Zugang zu Ihrem drahtlosen Netzwerk gewährt. Jeder Router bietet jedoch eine MAC-Adressfilterung, bei der PCs basierend auf ihren MAC-Adressen eine Verbindung zum Router aufbauen dürfen oder nicht. Sämtliche drahtlosen Clients müssen zudem über die korrekten SSID- und WEP- bzw. WPA-Einstellungen verfügen, die in den Wireless-Einstellungen konfiguriert werden, um auch das WLAN nutzen zu können.
DHCP ausschalten und feste IP-Adressen zuweisen	Der Router ist standardmäßig als DHCP-Server (Dynamic Host Configuration Protocol) konfiguriert, wodurch die TCP/IP-Konfiguration aller an den Router angeschlossenen Computer festgelegt ist. Schalten Sie DHCP aus und vergeben feste IP-Adressen, muss ein Angreifer mit Mühe und Not per Zufall eine verwendete IP-Adresse herausfinden. Der Nachteil: ein etwas höherer Konfigurationsaufwand beim WLAN-PC.
WEP/WPA-PSK/WPA2-Verschlüsselung nutzen	Das A und O: Nutzen Sie die sicherste Verschlüsselung (derzeit WPA2) über das Funknetz, auch wenn es etwas Zusatzaufwand bei der Installation darstellt. Allerdings müssen alle Geräte diesen Standard unterstützen.
Router bei Nichtgebrauch ausschalten	Nicht nur gut für die Umwelt und den Geldbeutel, sondern auch für die Sicherheit des Heimnetzes. Gehen Sie zu Bett oder außer Haus, schalten Sie den WLAN-Router aus. Wenn Sie den Router auch als Telefonanlage (FRITZ!Box) nutzen, sollten Sie auf die Abschaltung verzichten.
Passwörter und Key regelmäßig ändern	Jede Verschlüsselung ist früher oder später knackbar. Deshalb ändern Sie regelmäßig die Passwörter sowie WEP-Schlüssel sowohl im Router als auch am WLAN-PC. Bei WPA2 können Sie nach dem derzeitigen Stand wohl noch darauf verzichten.
Router-Standard-Passwort ändern	Besonders wichtig: Kennt ein Angreifer das Passwort des WLAN-Routers, kann er machen, was er will. Deswegen sollten Sie umgehend nach der Konfiguration das Router-Passwort ändern.

Sicherheitsmerkmal	Beschreibung
Router-Firmware regelmäßig checken	Kein Produkt ist perfekt, und Sicherheitslücken kommen bei jedem Hersteller vor. Bessere Hersteller bieten neue Firmware an, um Sicherheitslöcher zu stopfen und dem Router neue Funktionalitäten einzuhauchen.
Protokollierung aktivieren und Protokolle auswerten	Zum Nachschauen; zwar lästig und zeitraubend, aber unheimlich hilfreich bei der Suche nach Fehlern und Problemlösungen. Hier spüren Sie Rechner im Netzwerk auf, die mit fremder MAC-Adresse unterwegs sind.
Nicht benötigte Dienste und Webseiten aktivieren	Weniger ist mehr: Je mehr Dienste und Ports nach außen – also im Internet – zur Verfügung stehen, desto größer ist die Angriffsfläche. Aktivieren Sie also nur Dienste wie HTTP, FTP, Mail etc., die wirklich notwendig sind.
Firewall und Portsecurity aktivieren	Ohne aktivierte Firewall sollte niemand mehr in das Internet gehen. Zu groß ist die Gefahr, Opfer eines Angriffs zu werden. Jeder vernünftige DSL-WLAN-Router bringt eine mit – aktivieren Sie diese auch!
Wireless-Zugriffsliste einrichten	Standardmäßig wird jedem drahtlosen PC, der mit einem korrekten Service Set Identifier (SSID), dem passenden Verschlüsselungsstandard sowie dem richtigen Schlüssel konfiguriert ist, Zugang zu Ihrem drahtlosen Netzwerk gewährt. Erhöhte Sicherheit können Sie erzielen, indem Sie den Zugang zum drahtlosen Netzwerk auf bestimmte PCs auf Grundlage ihrer MAC-Adressen beschränken. Klicken Sie im Menü *Wireless-Konfiguration* auf *Zugriffsliste konfigurieren*, um das Menü *Wireless-Zugriffsliste* anzuzeigen.
SSID-Rundumsendung ausschalten (SSID-Broadcast deaktivieren)	Wenn diese Option aktiviert ist, sendet der Wireless-Router seinen Netzwerknamen (SSID, Service Set Identifier) an alle Wireless-Stationen.
Ping am Internet-Port ausschalten	Wenn Sie wollen, dass der Router auf einen Ping aus dem Internet reagiert, deaktivieren Sie, falls vorhanden, diese Option. Dies kann als Diagnosewerkzeug verwendet werden. Sie sollten diese Option deshalb nur aktivieren, wenn Sie einen Grund dazu haben.

Sicherheitsmerkmal	Beschreibung
Sichere LAN-IP-Adresse verwenden	Für die IP-Adresse des WLAN-Routers nutzen Sie eine IP-Adresse aus dem privaten Netzwerkbereich: *192.168.X.X*. Beim Einsatz einer öffentlichen IP-Adresse kommt es sonst zu Problemen bei der Netzwerkverbindung.
Remote-Zugriff ausschalten	Die Router-Fernsteuerung ist nur in Unternehmen und dergleichen sinnvoll. Der Router kommt zu Hause zum Einsatz und sollte auch dort konfiguriert werden. Deshalb, falls vorhanden, ausschalten!
SSID ändern	Ein sicherer SSID-Name besteht aus Zahlen und Buchstaben in zufälliger Reihenfolge, Groß- und Kleinbuchstaben gemischt.
Passenden Wireless-Modus wählen	Zufallsprinzip sorgt für Sicherheit: Abhängig von der genutzten WLAN-Karte können Sie den Router so konfigurieren, dass er nur ein ganz bestimmtes Übertragungsprotokoll nutzt, was natürlich zu Ihren WLAN-Netzwerkkarte(n) passt. So können Sie abhängig vom Router-Modell beispielsweise den WLAN-Zugriff auf 802.11g-konforme WLAN-Geräte beschränken. Aufgrund der Kartenvielfalt muss der potenzielle Angreifer schon zufällig eine ähnliche Karte einsetzen.

Ist der WLAN-Router konfiguriert, können Sie die WLAN-Karte für das Notebook oder den PC installieren.

6 WLAN mit Notebook und PC

In dieser Installationsanleitung für ein sicheres WLAN wird davon ausgegangen, dass Sie den WLAN-Netzwerkadapter für eine Verbindung zu einem WLAN-Access-Point, also einem WLAN-Router, verwenden wollen. Eine Konfiguration für eine direkte Verbindung zu einem anderen WLAN-Gerät im sogenannten Ad-hoc-Modus läuft ähnlich ab. Hier ist nicht der Router, sondern ein anderer PC mit WLAN-Karte der Kommunikationspartner.

Nach dem Einbau der WLAN-Steckkarte bzw. dem Einstecken des PCMCIA-WLAN-Adapters oder des USB-WLAN-Sticks ist zunächst die korrekte Installation des Netzwerkkartentreibers das A und O, damit der WLAN-Zugriff funktioniert.

6.1 Schnellen USB-WLAN-Stick nachrüsten

Wer sein Notebook ohne Centrino-Chipsatz oder mit einem älteren WLAN-Chip schnell und einfach per WLAN mit dem Netzwerk verbinden will, kann mit einem USB-WLAN-Stick ganz einfach nachrüsten. Die gängigsten Geräte sind nur so groß wie ein USB-Speicherstick und 802.11g-kompatibel. Mit den gebräuchlichsten ist ein Datendurchsatz bis zu 54 MBit möglich, was für fast alles auch ausreicht.

Moderne USB-Sticks unterstützen herstellerspezifische Standards, mit denen noch höhere Datenübertragungsraten möglich sind – hier muss allerdings der WLAN-Router dieselbe Technologie mitbringen. Der USB-WLAN-Stick ist auch ideal, um einen Desktop-PC in ein WLAN zu integrieren. Der Stick ist zwar etwas teurer als eine Steckkarte, erspart aber das Öffnen samt Einbau und ist viel flexibler nutzbar.

Bild 6.1: Alternativ kann der USB-Stick auch an ein USB-Kabel angeschlossen werden, um mit dem Notebook besser hantieren zu können. (Foto: AVM)

Der WLAN-Stick kann wie eine WLAN-Karte eine Reichweite von bis zu 100 Metern erreichen. Auf der Oberseite des Sticks sind zwei LEDs untergebracht, die über die Spannungsversorgung und eine funktionierende WLAN-Verbindung informieren. Egal ob WLAN-Stick, PCMCIA-Karte oder WLAN-PCI-Steckkarte – bevor eine Netzwerkverbindung hergestellt werden kann, muss der Treiber ordnungsgemäß installiert sein.

6.2 WLAN-Treiberinstallation ohne Konflikte

Abhängig vom Hersteller und von der WLAN-Karte ist die Herangehensweise für die Treiberinstallation unterschiedlich: Entweder wird zunächst der Treiber mit der dazugehörigen Software installiert und anschließend erst der WLAN-Adapter eingebaut bzw. eingesteckt oder umgekehrt. Diese Information finden Sie in der Dokumentation des Herstellers.

In der Regel ist zunächst der Treiber zu installieren und erst dann die Hardware einzubauen. Nachstehend wird dieses Verfahren unter Windows XP anhand der WLAN-Karte Netgear WG511T erklärt. Wer eine Karte eines anderen Herstellers besitzt, geht prinzipiell analog vor. Die meisten gängigen WLAN-Adapter, die für Windows 7 zertifiziert sind, brauchen keine explizite Treiberinstallation. Andernfalls geht die Treiberinstallation unter Windows 7 im Wesentlichen wie unter Windows XP vonstatten.

1. Zunächst legen Sie die Treiber-CD ein, die der WLAN-Karte beiliegt. Bei aktivierter Autorun-Funktion erscheint der Startdialog der CD, in dem Sie dann weitere Hinweise und Treiberinformationen erhalten

2. Klicken Sie auf den Link *Treiber installieren* – oft wird dieser Bereich auch *Dienstprogramme installieren* genannt. Im Fall der Netgear-Karte klicken Sie im englischsprachigen Dialog auf *Install Driver & Utility*.

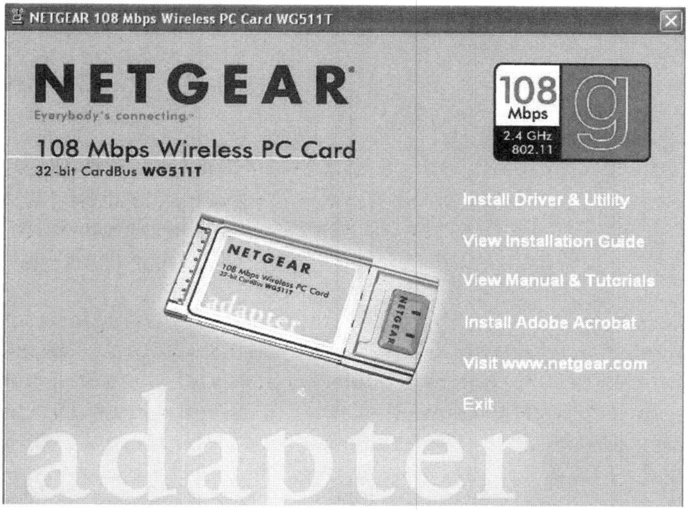

Bild 6.2: Nach dem Start der Installationsroutine erscheint der Begrüßungsdialog.

3. Nun erscheint die Lizenzvereinbarung. Dort sichert sich der Hersteller gegen etwaige Schäden und Schadensersatzansprüche ab. Für die Installation der Treiber müssen Sie sich damit einverstanden erklären. Dafür klicken Sie auf die Schaltfläche *Ja*, *Yes* oder *I agree*.

4. Anschließend legen Sie den Speicherpfad der Zusatzprogramme und Treibererweiterungsdateien fest. Die Installationsroutine bietet hier automatisch den *Programme*-Ordner des Systemlaufwerks an. Mit Klick auf *Durchsuchen* können Sie selbst einen Ablagepfad auswählen.

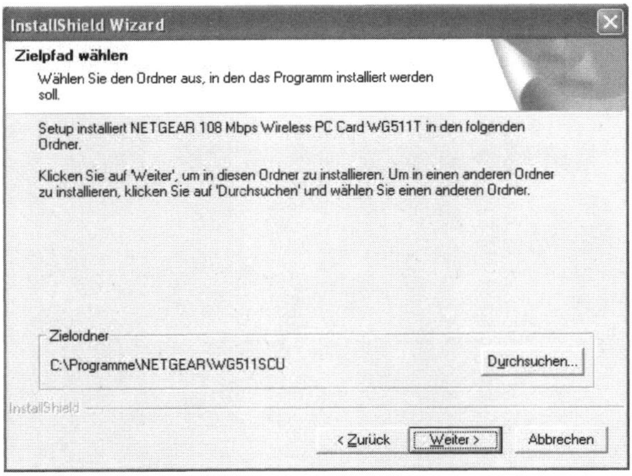

Bild 6.3: Der Standardprogrammordner ist meist auch der richtige: Klicken Sie hier auf *Weiter*, um mit der Installation fortzufahren.

5 Nun kann es losgehen. Der Windows XP-Hardware-Assistent meckert wegen der mangelnden Windows XP-Kompatibilität – bei Vista und Windows 7 kommt es darauf an, ob der Treiber schon Vista-tauglich ist oder nicht. Eine nach Beginn der Installation erscheinende Fehlermeldung *Die Software, die für diese Hardware installiert wird, hat den Windows-Logo-Test nicht bestanden, der die Kompatibilität mit Windows XP überprüft* kann mit der Schaltfläche *Installation fortsetzen* geschlossen werden.

6 Das ist nichts Außergewöhnliches: Hersteller von Hardware können ihre Treiber bei Microsoft auf Fehlerfreiheit und Kompatibilität prüfen und zertifizieren lassen. Bei erfolgreichem Test erhält dieser Treiber das Zertifikat. Für den Hersteller ist dieses Verfahren sehr teuer und wird gern vermieden, deshalb ist der Anwender gezwungen, dieses Hinweisfenster wegzuklicken. Jetzt wählen Sie *Installation fortsetzen*, damit der Treiber in der Windows-Umgebung eingepflanzt werden kann.

Bild 6.4: Microsoft warnt: Ist ein Treiber nicht von Microsoft zertifiziert, erscheint diese Meldung des Hardware-Assistenten.

7 Nun wird der Treiber installiert. Manche Hersteller wie auch Netgear setzen eine eigene WLAN-Access-Point-Konfigurationssoftware ein. Sie setzt voraus, dass der Windows-eigene WLAN-Konfigurationsassistent deaktiviert wird. Der Hersteller empfiehlt also, die Windows-Lösung zu deaktivieren.

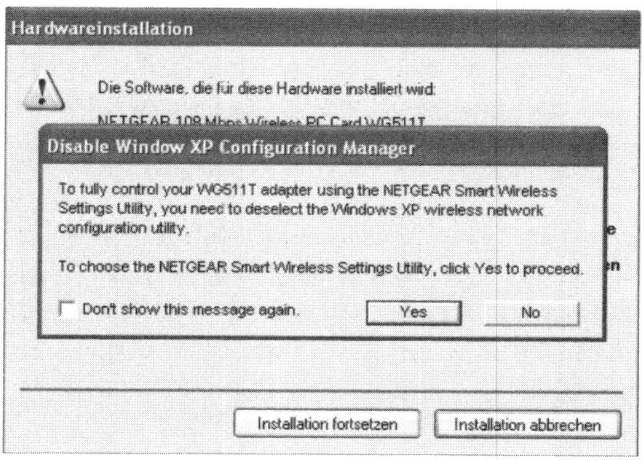

Bild 6.5: Per Mausklick schalten Sie den Windows-Konfigurationsmanager für das WLAN aus.

8 Anschließend müssen Sie möglicherweise die Region auswählen, in der das WLAN zum Einsatz kommt. Dies kommt bei manchen Herstellern vor, die ihre Geräte weltweit vertreiben, und ist besonders wichtig, da abhängig von dem Standort die Funkfrequenz unterschiedlich ist. Ist die falsche WLAN-Region eingestellt, kommt keine Verbindung zu Ihrem DSL-WLAN-Router zustande.

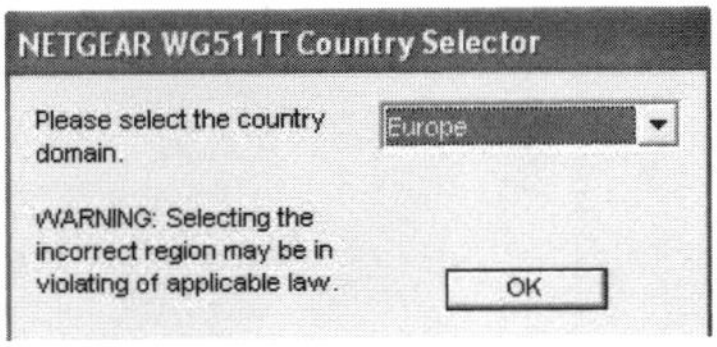

Bild 6.6: Vereintes Europa: Für Deutschland wählen Sie die Region *Europe* aus.

9 Nach dem Auswählen der Region erscheint bei der Netgear-Installation ein weiterer Hinweis, der besagt, dass das Einstellen einer falschen Region möglicherweise geltendes Recht verletzen könnte. Sind Sie sicher, dass die richtige Region ausgewählt worden ist, bestätigen Sie diesen Dialog mit einem Klick auf *Ja*.

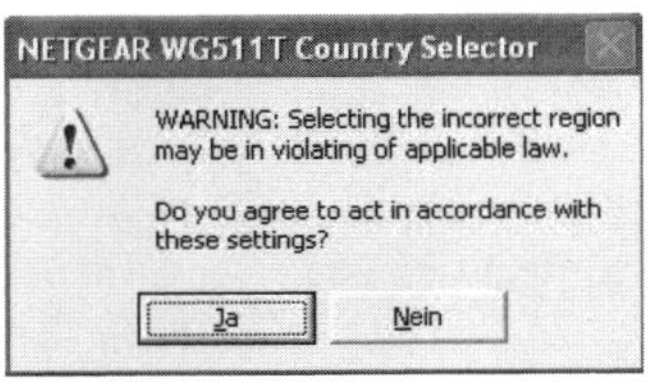

Bild 6.7: Warnung: Nur mit den richtigen Regionseinstellungen lässt sich eine WLAN-Karte zum ordnungsgemäßen Betrieb überreden.

10 Sind alle Grundeinstellungen vorgenommen und ist der Treiber installiert, schalten Sie den Rechner aus und bauen die WLAN-Karte bzw. stecken die PCMCIA-Karte ein. Nach dem Windows-Neustart steht die WLAN-Karte im *Geräte-Manager* der *Systemsteuerung* zur Verfügung.

11 Danach öffnen Sie die *Systemsteuerung* und klicken auf das Symbol *Netzwerkverbindungen*. Dort finden Sie nun eine *Drahtlose Netzwerkverbindung*, die Sie als neue WLAN-Verbindung einrichten können.

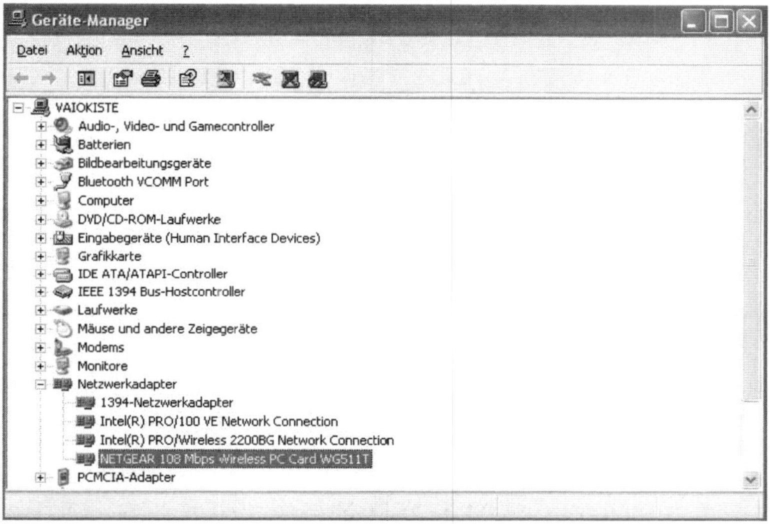

Bild 6.8: Eine perfekt installierte WLAN-Karte ist in der *Systemsteuerung* im *Geräte-Manager* im Bereich *Netzwerkadapter* untergebracht.

6.3 Drahtlose Netzwerkeigenschaften einrichten

1. Klicken Sie mit der rechten Maustaste auf das Symbol *Drahtlose Netzwerkverbindung* und wählen Sie im Kontextmenü *Eigenschaften* aus. Im *Eigenschaften*-Fenster wechseln Sie in das Register *Drahtlose Netzwerke.*

2. Nutzen Sie die Windows-eigene WLAN-Unterstützung, aktivieren Sie den Eintrag *Windows zum Konfigurieren der Einstellungen verwenden,* indem Sie ein Häkchen setzen. Andernfalls verwenden Sie die herstellerspezifische Software. Im Fall der Windows-WLAN-Lösung klicken Sie auf die Schaltfläche *Hinzufügen,* und ein neuer Dialog erscheint.

Bild 6.9: Die Standardeinstellungen für die SSID müssen angepasst werden. Die Eingabe muss zwingend mit der SSID des WLAN-Routers übereinstimmen.

3 Dort geben Sie den Namen des drahtlosen Netzwerks ein. Diese SSID (Service Set Identifier) haben Sie bereits bei der Konfiguration des WLAN-Routers festgelegt. Haben Sie die SSID-Rundumsendung deaktiviert, muss die Schreibweise exakt mit diesem konfigurierten SSID-Namen übereinstimmen, da sonst die WLAN-Karte den DSL-WLAN-Router nicht finden kann.

Klappt es nicht auf Anhieb, können Sie auch testweise die SSID-Rundumsendung für die Erstinstallation der WLAN-Karte einschalten, um zu testen, ob das eingerichtete WLAN überhaupt in ihrer Umgebung sichtbar ist.

4 Aus Sicherheitsgründen haben Sie bereits bei der WLAN-Router-Konfiguration einen persönlichen, möglichst komplizierten Namen festgelegt. Den Standardnamen des Hardwareherstellers (FRITZ!Box, WLAN, NETGEAR, ROUTER o. Ä.) haben Sie ja bei der Router-Konfiguration bereits geändert.

Bei aktivierter Verschlüsselung müssen Sie zudem die richtige Verschlüsselungstechnik samt passendem Netzwerkschlüssel eingeben. Haben Sie in Ihrem DSL-WLAN-Router keine Verschlüsselung und keine Sicherheitsmechanismen aktiviert, können Sie das verfügbare Netzwerk sofort nutzen – das ist jedoch aus Sicherheitsgründen nicht zu empfehlen.

Deshalb noch mal in aller Deutlichkeit: Ein heimisches WLAN sollte immer mit aktivierter Verschlüsselung betrieben werden. Klicken Sie auf *OK*, wenn Sie die Eintragungen vorgenommen haben.

5. Hat die WLAN-Karte Ihr verborgenes Netzwerk gefunden – in der Taskleiste erhalten Sie die Meldung *Verbindung zum [Ihr SSID-Name] hergestellt* –, müssen Sie nichts weiter tun. Wird Ihr Netzwerk angezeigt (keine SSID-Unterdrückung), klicken Sie es an und danach auf *Hinzufügen*. Anschließend ist dieses unter *Bevorzugte Netzwerke* abgespeichert.

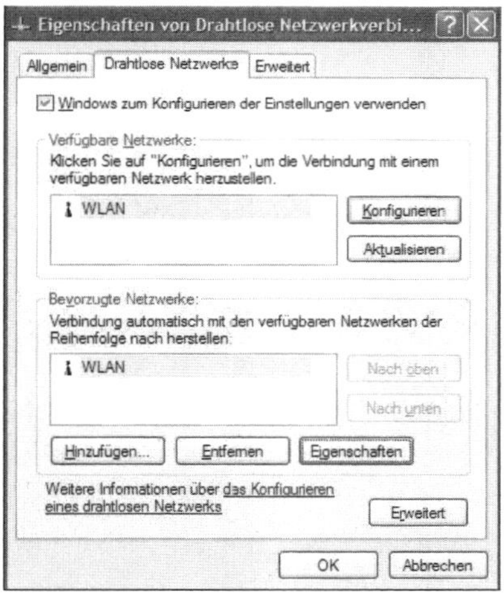

Bild 6.10: Im Bereich *Verfügbare Netzwerke* werden sämtliche WLAN-Router in der näheren Umgebung angezeigt. In diesem Beispiel steht nur das Netzwerk mit dem SSID-Namen *WLAN* zur Verfügung.

6. In der Taskleiste erscheint nach dem Klick auf *OK* die Bestätigung, dass der Rechner nun mit dem WLAN-Router in Kontakt steht. Bei aktivierter Verschlüsselung geben Sie zusätzlich das konfigurierte Passwort für den Zugriff auf den WLAN-Router ein.

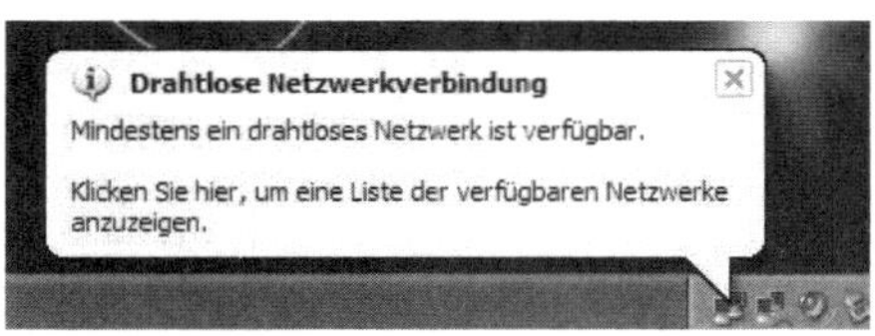

Bild 6.11: Wird von Windows eine drahtlose Netzwerkverbindung gefunden, wird sie in der Taskleiste gemeldet.

Herstellerspezifische Software als Windows-Alternative

Beim Einsatz der herstellerspezifischen Software nutzen Sie den Konfigurationsassistenten des Herstellers. Nach dem Start werden die Einstellungen der Netzwerkkarte angezeigt. Dort werden, ähnlich wie bei der Windows-eigenen Lösung, die verfügbaren WLAN-Netzwerke aufgeführt.

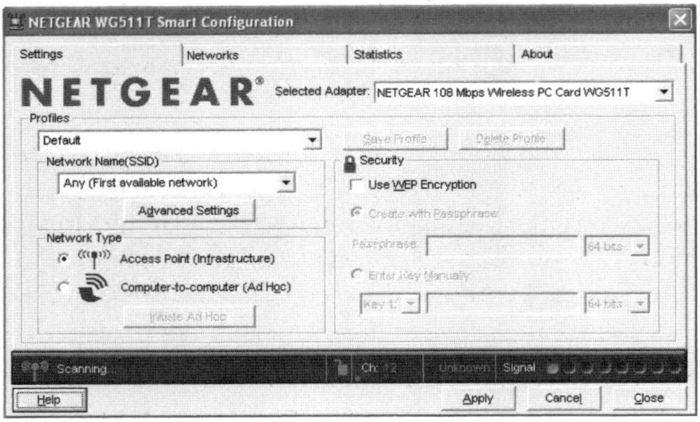

Bild 6.12: Bei einer Netgear-Karte werden im Bereich *Network Name (SSID)* die verfügbaren WLAN-Netzwerke angezeigt. Haben Sie die SSID-Rundumsendung eingeschaltet, wählen Sie Ihren WLAN-Router aus. Ansonsten ist die SSID über die *Advanced Settings* einzutragen.

Im Register *Networks* finden Sie zu den verfügbaren WLAN-Netzwerken die entsprechenden Netzwerkparameter. So ist beispielsweise in der Spalte *Security* zu sehen, ob eine Verschlüsselung aktiv ist oder nicht. Aus Sicherheitsgründen und zum Schutz vor Schwarzsurfern sollten Sie unbedingt sämtliche Sicherheitsmechanismen nutzen, die verfügbar sind.

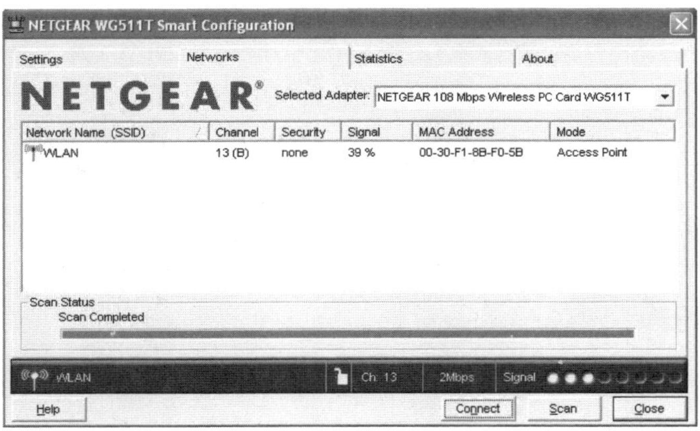

Bild 6.13: Alles im grünen Bereich: Im unteren Teil des Fensters wird die Signalstärke der WLAN-Verbindung angezeigt.

Sicherheitseinstellungen scharf machen

Nutzen Sie sämtliche Sicherheitsmechanismen, die der WLAN-Router und die WLAN-Karte bieten. Besonders wichtig ist das beim erstmaligen Einrichten des WLAN-Routers. Hier haben Sie nicht den WLAN-Anschluss, sondern das normale Netzwerkkabel, wie im Abschnitt zur WLAN-Router-Konfiguration beschrieben, verwendet.

War die erste Verbindung mit dem WLAN-Router erfolgreich, sollten Sie die Sicherheitsmechanismen beim WLAN-Router scharf machen. Ist die Verschlüsselung (am besten WPA2, sonst WPA-PSK und im schlechtesten Fall WEP) im WLAN-Router aktiviert, müssen Sie die WLAN-Karte entsprechend konfigurieren. Dann verlangt der WLAN-Router eine Authentifizierung des angemeldeten Clientrechners.

Selbst wenn Sie die Rundsendung der SSID nicht deaktivieren, ist zwar zu sehen, dass ein WLAN zur Verfügung steht, es muss jedoch ein Passwort angegeben werden, um sich mit dem WLAN-Router verbinden zu können. Ohne Rundsendung sehen Sie das Netz nicht einmal. Ist die Verschlüsselung aktiviert, ist der Grundstein dafür gelegt, dass keine Fremden über Ihren WLAN-Router Unfug anstellen können.

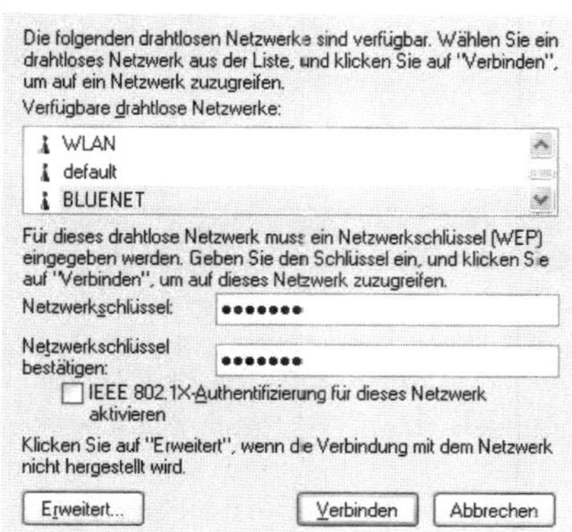

Bild 6.14: Beim Herstellen der Verbindung mit Ihrem WLAN-Router wird bei aktiver WEP-Verschlüsselung der Netzwerkschlüssel, also das WEP-Passwort, benötigt. Hier aktivieren Sie Ihr WLAN und tragen die Zeichenfolge des Schlüssels in die beiden Eingabefelder *Netzwerkschlüssel* und *Netzwerkschlüssel bestätigen* ein.

Wählen Sie die *Eigenschaften* der drahtlosen Netzwerkverbindung aus, werden sämtliche verfügbaren Netzwerke in der näheren Umgebung gefunden. Diese werden durch ihren SSID-Namen angezeigt und sind anschließend in der Auswahlliste zu finden.

Hier wählen Sie Ihren WLAN-Router aus, den Sie zuvor mit einer persönlichen SSID konfiguriert haben – wird die SSID vom Router nicht übertragen, geben Sie diese über die Schaltfläche *Erweitert* an. Anschließend klicken Sie auf die Schaltfläche *Verbinden.*

Nun dauert es einen kurzen Augenblick, bis sich Windows XP ins WLAN eingeloggt hat. Ist die WLAN-Karte korrekt installiert, wird im Windows-Statusbereich ein Netzwerkverbindungssymbol angezeigt. Dort ist ein Hinweisfenster zu sehen, das Sie darüber informiert, dass ein neues Funknetz gefunden wurde.

Wenn Sie mit der Maus über diesen Hinweis fahren, öffnet sich ein Dialogfenster, in dem die verfügbaren Funknetze angezeigt werden. Mit einem Klick auf *Eigenschaften* können die Einstellungen nochmals überprüft werden:

Bild 6.15: So ist es richtig: Ist die Datenverschlüsselung aktiv, haben Sie lästige Mitsurfer ausgesperrt. In diesem Dialog ist als Datenverschlüsselung *WEP* ausgewählt – das ist die »Mindest-Verschlüsselung«, die sowohl WLAN-Karte als auch DSL-Router unterstützen müssen.

Die Konfiguration des Netzwerks ist abgeschlossen und steht auch nach einem Neustart wieder zur Verfügung.

7 Firewall, Virenschutz & Co.

Egal ob Modem, ISDN, LAN oder WLAN & Co. – sobald Sie mit Ihrem Computer online sind, sind Ihr PC und die Daten auf der Festplatte gefährdet. Aktuell liegt die durchschnittliche Zeitspanne, bis ein frisch installierter PC ohne Schutz infiziert ist, bei ca. 20 Minuten. Viren, Angriffe aus dem Internet via Hackertools oder eingeschleust per E-Mail sorgen nicht nur für Ärger, sondern auch für Gefahr. Das ist aber nur die eine Seite der Medaille.

Eine Vielzahl von Programmen, die beispielsweise zum Datenaustausch (Filesharing) eingesetzt werden, bringen Spionageprogramme mit. Die Themen Browsersicherheit und aktuelles Windows Update oder Service Pack sind daher besonders wichtig. Gerade mit älteren Internet Explorer-Versionen handeln Sie sich jede Menge unschöner Begleiterscheinungen ein: Pop-up-Fenster sind trotz Browsern mit aktivierter Pop-up-Blockierfunktion ein typisches Beispiel.

7.1 Maßnahmen für mehr Sicherheit

Wie schützen Sie sich vor Phishing, Datenklau, Viren, Trojanern und Würmern? Möchten Sie im Internet surfen, ohne Spuren zu hinterlassen, dann finden Sie in diesem Kapitel etliche Tipps und Tricks für die Konfiguration, die zeigen, wie Sie sich mit Hausmittelchen relativ unerkannt und gut geschützt im Internet bewegen können. Lesen Sie, worauf es im Internet ankommt, wo Sie beim Surfen auf einer Webseite welche Informationen hinterlassen und wann es sich lohnt, dieses Übel abzuschalten.

Damit der Rechner dauerhaft und sicher im Internet betrieben werden kann, sind folgende Voraussetzungen zu erfüllen:

- Aktuelle Virensignaturen und Virenscanner installieren.
- Antispy-Programm installieren und aktivieren.
- Personal Firewall aktivieren und konfigurieren.

- Windows-Administratorprivilegien deaktivieren.
- Windows-UAC-Mechanismen (User Access Control) einschalten.
- Windows-Netzwerkeinstellungen konfigurieren.
- Keine Attachments (Anhänge) von unbekannten Absendern öffnen.
- Webbrowser (Internet Explorer, Firefox Mozilla etc.) sicher konfigurieren.
- ActiveX-, JavaScript-Lücken in Webbrowser schließen.
- Leistungsfähigen Pop-up-Blocker installieren, falls nicht vom Browser unterstützt.
- DSL-WLAN-Router sicher konfigurieren (Datei-/Druckerfreigabe, Ports nach innen/außen).
- Anti-Phising-Maßnahmen einstellen.

Werden sämtliche genannten Punkte beachtet, sind Sie auf der relativ sicheren Seite. Trotzdem verhindern Tools und Programme nicht allen Ärger – in der Regel hilft ein wenig Misstrauen, um auch die letzten Komplikationen zu minimieren.

So schauen Sie beispielsweise bei verdächtigen und unbekannten E-Mails nicht den Absendernamen, sondern die Absender-E-Mail-Adresse an. Passt diese überhaupt nicht zum Absender, handelt es sich mindestens um Spam und im gefährlichsten Fall um einen Virus oder Trojaner.

Wie finden Sie die gefährlichen Dateianhänge und Programme? Wie entfernen Sie diese Schädlinge?

Bevor Sie mit Ihrem PC online ins Internet gehen, sollten Sie sich die in der Tabelle genannten Programme von den angegebenen Adressen besorgen und installieren. Sämtliche ausgewählten Programme sind für den Privatanwender kostenlos und unbeschränkt einsetzbar und kommen ohne Spyware und dergleichen aus.

Programm/ Gefahren	Viren-, Trojaner-, E-Mail-Schutz	Schutz vor Werbung auf dem PC und in Programmen	Windows-System-schnüffeleien	Phishing	Firewall-Funktionalität
AntiVir Personal Edition (www.free-av.de)	Ja	Nein	Nein	Teilweise	Nein
Ad-Aware (www.lavasoft.de/)	Nein	Ja	Teilweise	Teilweise	Nein
xp-AntiSpy (www.xp-antispy.de)	Nein	Teilweise	Ja	Nein	Nein
Windows -Firewall	Nein	Teilweise	Nein	Teilweise	Ja
Windows UAC	Teilweise	Nein	Ja	Nein	Nein

In jedem Fall sollten Sie folgende Download- und Installations-/Konfigurationsreihenfolge einhalten, um das Risiko etwaiger Angriffe und Gefahren zu minimieren.

Windows-eigene Firewall aktivieren

Die in Windows integrierte Firewall bietet im Vergleich zu einem System mit separater, vollwertiger Firewall nur Basisschutz. Die Windows-Firewall ist eine sogenannte Stateful Inspection Firewall, die auch die Applikationsebene abdeckt und damit deutlich besser als gar kein Schutz ist. Deshalb sollten Nutzer, die nicht Windows XP ab Service Pack 2, Vista oder Windows 7 verwenden, diesen Schalter aktivieren, bevor sie sich erstmals in das Internet einloggen.

Die eingebaute Firewall können Sie mit der Eingangstür eines Hauses vergleichen. Ist sie abgeschlossen, können Einbrecher noch über Fenster, Balkontüren oder Kellerfenster in das Haus gelangen – der Zugang ist aber zumindest erschwert. Erst eine richtige Firewall macht auch den Zugang ins Haus über andere einfache Zugänge wie Fenster etc. dicht. Bei Windows Vista ist die Firewall standardmäßig nach der Installation des Betriebssystems aktiv. Beim Vorgänger Windows XP muss das empfohlene SP2 installiert sein – erst dann ist auch hier die Firewall vom Start weg eingeschaltet.

Die Internetverbindungsfirewall wird in Microsoft-Deutsch auch ICF (Internet Connection Firewall) genannt. Die Technik, die hier verwendet wird, ist prinzipiell recht simpel: Die Firewall verwaltet eine Tabelle, in der die gesamte Kommunikation des PCs aufgezeichnet wird, darunter auch ausgehende Anfragen. Der eingehende Datenverkehr aus dem Internet wird mit den Einträgen in der Tabelle abgeglichen und darf nur dann den Computer erreichen, wenn ein entsprechender Anforderungseintrag in der Tabelle vorhanden ist.

Dies ist der Fall, wenn der Kommunikationsaustausch von Ihrem Computer ausgegangen ist. Datenverkehr, der von Quellen außerhalb des Firewall-Computers kommt, wie z. B. aus dem Internet, wird ignoriert. Stellen Sie sich einfach vor, Sie möchten eine Datei herunterladen: Wenn Sie den Download-Link anklicken, bekommt die Firewall die Anfrage mit und lässt die Daten, die Sie angefordert haben, passieren. Versucht dagegen jemand von außen, Ihren Rechner anzusprechen, macht die Firewall dicht, da Sie ja vorher nichts angefordert haben. Im Register *Allgemein* in den *Windows-Firewalleinstellungen* aktivieren Sie den Basisschutz von Windows.

Bei Programmen, die nicht aus dem Hause Microsoft stammen, ist die Firewall durchaus restriktiv, sie verweigert gern die Kontaktaufnahme ins Internet, die sie bei MS-Produkten grundsätzlich zulässt. Hier sind auch Programme betroffen, die regelmäßig nach Aktualisierungen suchen. Da hilft nur eins: Geben Sie das Programm explizit frei.

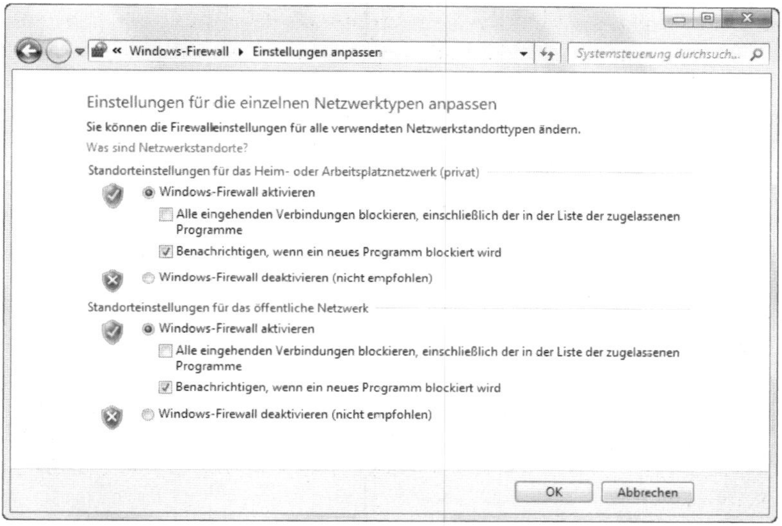

Bild 7.1: Mit der Einstellung *Windows-Firewall aktivieren* will Windows vor unbefugten Zugriffen aus dem Internet schützen.

Bemerkt die Windows 7-Firewall, dass ein neues Programm Daten aus dem Internet empfängt, wird dieser Datenverkehr automatisch blockiert und eine Meldung angezeigt. Microsoft-Programme und alle gängigen Webbrowser (Firefox, Mozilla oder Opera) sind automatisch für Internetzugriffe freigegeben. Alle anderen Programme bleiben standardmäßig so lange gesperrt, bis man sie manuell für die Internetnutzung freigibt.

Wenn ein Programm versucht, Daten aus dem Internet zu holen, erscheint eine Sicherheitswarnung. In diesem Dialog können Sie das angezeigte Programm für private Netzwerke oder auch öffentliche Netzwerke zulassen, ohne dass bei jedem neuen Kommunikationsversuch wieder diese Meldung eingeblendet wird.

Auch wenn Windows seit Windows XP SP2 und jetzt mit Windows 7 deutlich sicherer geworden ist, sollten Sie über eine echte Firewall nachdenken, denn die geht mit dem Thema Verbindungen nach außen rigoroser um. Das macht zwar etwas mehr Mühe, kostet vielleicht auch ein wenig Komfort, lässt aber auch ruhiger surfen.

Zusätzlich passieren noch andere Dinge bei einer Internetverbindung – welche, das weiß nur Microsoft. Dieser Mechanismus ist leider nicht vollständig dokumentiert, und es gibt keine Garantie dafür, dass keine Schnüffelprogramme mit installiert sind.

Systemschnüffeleien mit xp-AntiSpy ausschalten

Eine echte Firewall sorgt nicht nur für Schutz bei Angriffen aus dem Internet, sondern überprüft auch den Zugang nach außen. Leider sind auf einem neuen, frisch installierten Windows-PC Programme installiert, die eigenmächtig mit externen Servern Kontakt aufnehmen. So werden beispielsweise automatisierte Updates für den Windows Media Player, den Internet Explorer und vieles mehr ausgeführt, wenn der PC online ist.

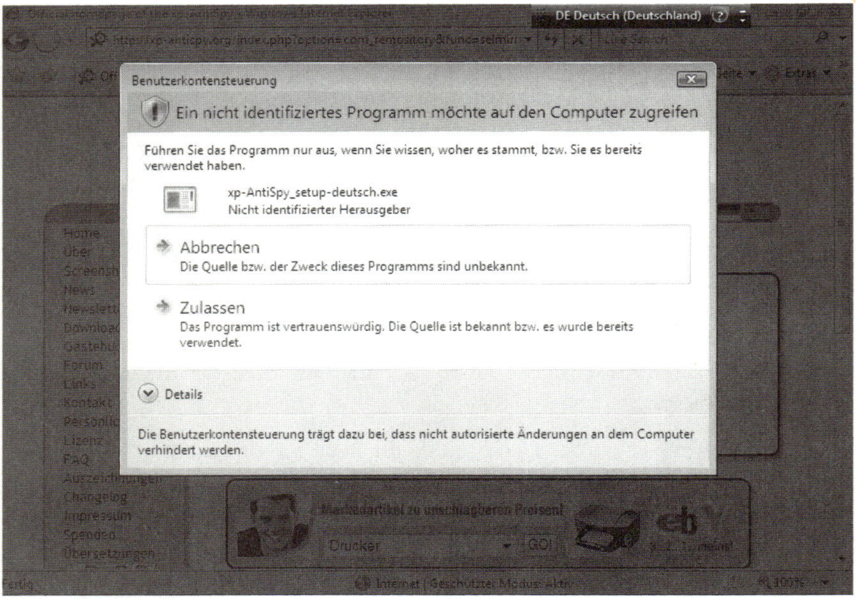

Bild 7.2: Alarm: Die Windows Benutzerkontensteuerung schlägt Alarm. Nach dem Klick auf *Zulassen* lässt sich die XP-Version von xp-AntiSpy installieren.

Antivirenprogramm – Basisschutz selbst gemacht

Neben Hackerangriffen auf den heimischen PC sind Viren, Trojaner & Co. weitere Ärgernisse, vor denen Schutz unbedingt notwendig ist. Dies ist gerade dann der

Fall, wenn Sie Dateien und Musik aus dem Internet herunterladen möchten. Für Abhilfe sorgt ein Virenscanner. Kommerzielle Produkte wie Sophos Antivirus, Symantec Norton AntiVirus und andere schlagen mit einigen Euro zu Buche.

Kostenlos für den Privatanwender ist AntiVir Personal Edition (*www.free-av.de/*) oder auch die Free-Edition der BitDefender-Tools (*www.bitdefender.de*). Gleich nach der Installation prüft AntiVir den kompletten Rechner auf Gefahren und hält sich anschließend im Hintergrund bereit. So werden Dateianhänge bei E-Mails vollautomatisch auf Viren geprüft, ebenso Dateien, die aus dem Internet heruntergeladen werden.

Wird die Option *Start Internet Update* angewählt, holt sich das Programm vollautomatisch die neuesten Virenbeschreibungsdateien, um auf dem aktuellsten Stand zu bleiben. Abhängig vom eingesetzten Betriebssystem und den Benutzerrechten, mit denen Sie im Internet unterwegs sind, ist das Installieren der neuen Virenscannerversion durchführbar oder auch nicht.

Da es sich bei Windows XP empfiehlt, nicht mit Administratorrechten zu surfen, laden Sie im Zweifelsfall die Update-Dateien herunter, wechseln anschließend in das Administratorkonto und installieren dann das Virenscanner-Update. Bei Windows Vista und Windows 7 sind Sie deutlich besser geschützt, da der UAC-Mechanismus bei Installationen explizit eine Erlaubnis von Ihnen einfordert.

Windows-Tool zum Entfernen bösartiger Software

Microsoft machte bereits mehrfach Ankündigungen, einen eigenen Virenscanner für Windows zu liefern. Der erste Schritt dazu ist bereits getan: Einmal im Monat, immer am zweiten Dienstag, wird über das Windows Update ein sogenanntes *Windows-Tool zum Entfernen bösartiger Software* heruntergeladen und automatisch ausgeführt.

Bild 7.3: Das *Windows-Tool zum Entfernen bösartiger Software* von der Microsoft Webseite herunterladen.

Download des Windows-Tools zum Entfernen bösartiger Software
Auch ohne automatisches Windows Update können Sie das Windows-Tool zum Entfernen bösartiger Software nutzen. Sie finden die aktuellste Version jederzeit unter *www.microsoft.com/germany/sicherheit/tools/malwareremove.mspx*. Das Tool steht zurzeit nur für 32-Bit-Windows-Versionen zur Verfügung.

Das Programm findet aktuelle Viren und Würmer und beseitigt sie, ersetzt aber keinen vollwertigen Virenscanner. Trotzdem kann es nicht schaden, es regelmäßig laufen zu lassen.

7.2 Verbindungen nach außen kontrollieren

Ins Internet zu kommen ist heutzutage dank diverser Netzwerkassistenten und Konfigurationshilfen kein Problem mehr. Doch der Internetzugriff beschränkt sich nicht auf Webbrowser wie Internet Explorer oder Firefox, denn viele Anwender haben noch weitere Programme wie P2P-Programme, z. B. Bittorrent und Emule, Messenger- sowie Telefonieprogramme und vieles mehr im Einsatz.

Je nachdem, ob und inwieweit der Rechner von Schädlingen befallen ist oder nicht, kommen hier zusätzlich noch unerwünschte Programme hinzu, die im Fall einer aktiven Internetverbindung Kontakt zu anderen Computern herstellen. Doch welches Programm welchen Port verwendet, lässt sich relativ schnell und einfach herausfinden, ebenso die Zieladresse des Programms im Internet.

Anhand dieser IP-Adresse können Sie sogar oft den aktuellen Eigentümer der Adresse samt postalischer Adresse und Telefonnummer ermitteln. Wie das funktioniert und welche Hilfsmittel dazu notwendig sind, lesen Sie auf den folgenden Seiten.

Grundvoraussetzung für viele Kniffe ist die DOS-Eingabeaufforderung. Diese ist unter Windows XP über *Start/Ausführen* durch die Eingabe von *cmd* und einen anschließenden Klick auf *OK* zu öffnen.

Bei Windows 7 ist die *Ausführen*-Option im Startmenü verschwunden. Hier müssen Sie diese über *Eigenschaften von Taskleiste und Startmenü* nachrüsten. Im Register *Startmenü* klicken Sie auf die Schaltfläche *Anpassen* und setzen im folgenden Dialogfeld ein Häkchen in das Kontrollkästchen *Befehl »Ausführen«*. Per Klick auf *OK* steht nun die Option *Ausführen* im Startmenü zur Verfügung.

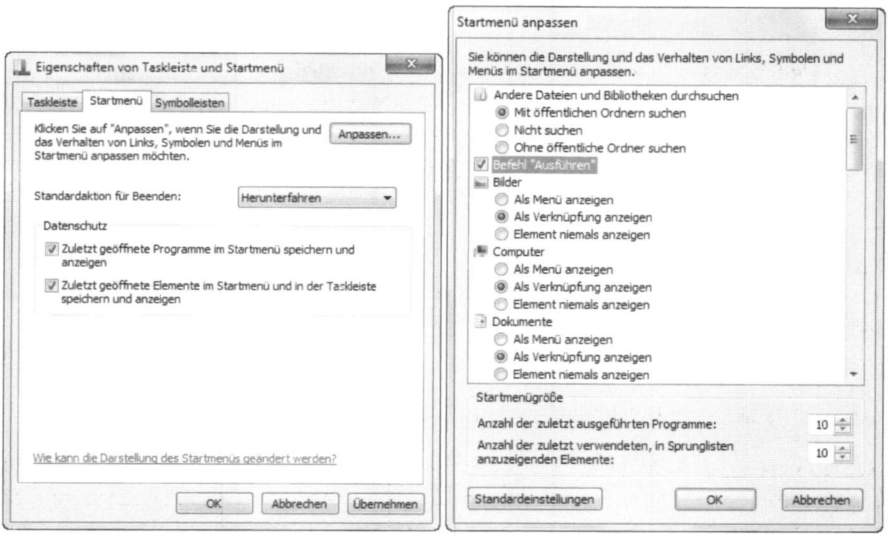

Bild 7.4: Erst wenn der *Ausführen*-Befehl über das Startmenü erreichbar ist, lässt sich problemlos das DOS-Fenster öffnen.

Bestehende TCP/IP-Verbindungen auflisten

Der Befehl *netstat –n* listet die zum Zeitpunkt der Ausführung bestehenden TCP/IP-Verbindungen auf. Damit das Internet Protocol weiß, welche Netzwerkschnittstelle (Netzwerkkarte, Modem, Loopback [Localhost mit der IP-Adresse *127.0.0.1*] etc.) es zu verwenden hat, benötigt es eine Routing-Tabelle. Der Schlüssel, mit dem in dieser Tabelle gesucht wird, wird aus der IP-Adresse des Zielcomputers gewonnen, in deren ersten 3 Bytes die Adresse des Netzwerks steckt.

```
C:\>netstat -n

Aktive Verbindungen

  Proto  Lokale Adresse          Remoteadresse          Status
  TCP    127.0.0.1:2350          127.0.0.1:2351         HERGESTELLT
  TCP    127.0.0.1:2351          127.0.0.1:2350         HERGESTELLT
  TCP    127.0.0.1:2362          127.0.0.1:2363         HERGESTELLT
  TCP    127.0.0.1:2363          127.0.0.1:2362         HERGESTELLT
  TCP    192.168.123.174:2233    207.46.108.64:1863     HERGESTELLT
  TCP    192.168.123.174:2289    72.14.217.91:80        HERGESTELLT
  TCP    192.168.123.174:2370    212.34.172.55:80       HERGESTELLT
  TCP    192.168.123.174:3034    192.168.123.23:139     HERGESTELLT

C:\>
```

Bild 7.5: Geschwätzig: Mit dem Befehl *netstat –n* verschaffen Sie sich erst mal richtig Überblick im Netzwerk.

Die Routing-Tabelle (siehe folgende Abbildung) enthält für jede Verbindung eine Zeile. In den einzelnen Spalten sind die IP-Netzwerknummern, die IP-Adresse des Routers sowie die Nummer der zu verwendenden Schnittstelle aufgelistet. Bevor ein IP-Paket weggeschickt wird, wird diese Tabelle abgefragt. Sie können die Tabelle mit dem Befehl *route add [ADRESSE]* verändern. So kann der Administrator per Hand eine zu vergebende IP-Adresse eintragen.

```
C:\>route print 192.168*
===========================================================================
Schnittstellenliste
0x1 ........................... MS TCP Loopback interface
0x2 ...00 50 56 c0 00 08 ...... VMware Virtual Ethernet Adapter for VMnet8
0x3 ...00 50 56 c0 00 01 ...... VMware Virtual Ethernet Adapter for VMnet1
0x4 ...00 01 02 da ba 9a ...... 3Com EtherLink XL 10/100 PCI f³r vollstÖndige PC-Verwaltung-NIC (3C905C-TX) - Paketplane
r-Miniport
===========================================================================
===========================================================================
Aktive Routen:
     Netzwerkziel    Netzwerkmaske          Gateway    Schnittstelle  Anzahl
    192.168.123.0    255.255.255.0  192.168.123.174  192.168.123.174      20
  192.168.123.174  255.255.255.255        127.0.0.1        127.0.0.1      20
  192.168.123.255  255.255.255.255  192.168.123.174  192.168.123.174      20
    192.168.172.0    255.255.255.0    192.168.172.1    192.168.172.1      20
    192.168.172.1  255.255.255.255        127.0.0.1        127.0.0.1      20
  192.168.172.255  255.255.255.255    192.168.172.1    192.168.172.1      20
    192.168.233.0    255.255.255.0    192.168.233.1    192.168.233.1      20
    192.168.233.1  255.255.255.255        127.0.0.1        127.0.0.1      20
  192.168.233.255  255.255.255.255    192.168.233.1    192.168.233.1      20
Standardgateway:   192.168.123.199
===========================================================================
Ständige Routen:
  Keine

C:\>
```

Bild 7.6: Mit *route print [ADRESSE]* können Sie bereits vergebene Adressen in der Routing-Tabelle ausgeben.

Nachgeschaut: Welches Programm nutzt welche Ports?

Spion oder nicht? Möchten Sie mit einfachen Bordmitteln herausfinden, welches Programm über welche Ports in das Internet geht, nutzen Sie erneut den Befehl *netstat* mit verschiedenen Parametern. Damit können Sie sich eine übersichtliche Liste ausgeben lassen, in der alle verwendeten Ports sowie die dazugehörigen Protokolle und eine sogenannte PID-Nummer gezeigt werden. Öffnen Sie über *Start/Ausführen/cmd* die MS-DOS-Eingabeaufforderung. Mit

```
netstat -ano -p TCP -r 10
```

lassen Sie sämtliche Verbindungen, die über das TCP-Protokoll zustande gekommen sind, auflisten. Der Parameter *-r 10* aktualisiert alle 10 Sekunden die Ansicht.

```
C:\>netstat -ano -p TCP -r 10

Aktive Verbindungen

  Proto  Lokale Adresse          Remoteadresse          Status          PID
  TCP    0.0.0.0:135             0.0.0.0:0              ABHÖREN         940
  TCP    0.0.0.0:445             0.0.0.0:0              ABHÖREN         4
  TCP    0.0.0.0:1039            0.0.0.0:0              ABHÖREN         4
  TCP    0.0.0.0:3551            0.0.0.0:0              ABHÖREN         3020
  TCP    0.0.0.0:3703            0.0.0.0:0              ABHÖREN         3020
  TCP    0.0.0.0:5000            0.0.0.0:0              ABHÖREN         1136
  TCP    0.0.0.0:5679            0.0.0.0:0              ABHÖREN         1612
  TCP    0.0.0.0:40019           0.0.0.0:0              ABHÖREN         1448
  TCP    127.0.0.1:110           0.0.0.0:0              ABHÖREN         2056
  TCP    127.0.0.1:1034          0.0.0.0:0              ABHÖREN         672
  TCP    127.0.0.1:1034          127.0.0.1:3742         WARTEND         0
  TCP    127.0.0.1:3741          127.0.0.1:110          WARTEND         0
  TCP    192.168.46.21:139       0.0.0.0:0              ABHÖREN         4
  TCP    192.168.123.137:139     0.0.0.0:0              ABHÖREN         4
  TCP    192.168.123.137:3551    213.128.133.197:8002   HERGESTELLT     3020
  TCP    192.168.123.137:3703    213.128.133.197:80     HERGESTELLT     3020
  TCP    192.168.123.137:3737    194.77.231.39:110      WARTEND         0
  TCP    192.168.123.137:3739    194.25.134.91:110      WARTEND         0
  TCP    192.168.123.137:3743    80.237.238.9:110       WARTEND         0
  TCP    192.168.123.137:3745    194.77.231.39:110      WARTEND         0
```

Bild 7.7: *netstat* listet sämtliche Verbindungen über das TCP-Protokoll auf.

Besonders interessant ist die PID (Prozess-ID), mit deren Hilfe Rückschlüsse auf das initiierende Programm gezogen werden können. Bei einer zweifelhaften Verbindung, die Sie anhand der Nutzung eines ungewöhnlichen Ports erkennen können, merken Sie sich die PID-Nummer, bei der die Verbindung den Status *HERGESTELLT* anzeigt. Unter Windows 7 öffnen Sie den *Task-Manager*, am schnellsten über [Strg]+[Alt]+[Entf], und wählen in der Lister die Funktion *Task-Manager starten* aus.

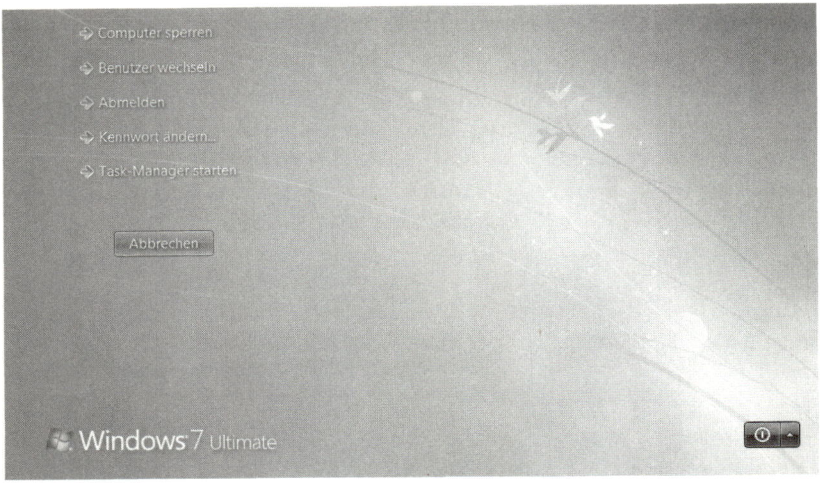

Bild 7.8: Drücken Sie in Windows 7 die Tastenkombination [Strg]+[Alt]+[Entf], dann gelangen Sie per Mausklick zum *Task-Manager*.

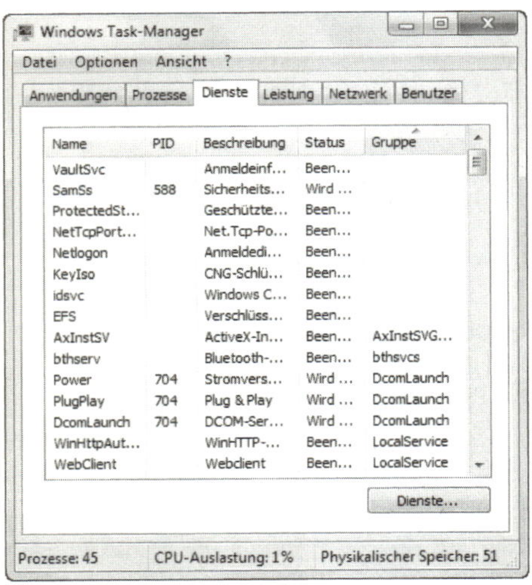

Bild 7.9: Praktisch und übersichtlich: Anders als in Windows XP ist in Windows 7 ein weiteres Register *Dienste* im *Windows Task-Manager* integriert, in dem Sie unter anderem die *PID* der aktiven Netzwerkprogramme ablesen können.

Im Register *Prozesse* ist eine Liste aller aktiven Prozesse zu sehen. Normalerweise wird bei Windows 7 und XP im Gegensatz zu den Vorgängern die PID-Nummer nicht angezeigt. Über die Option *Ansichten/Spalten hinzufügen* (bei XP) bzw. *Ansicht/Spalten auswählen* (bei Windows 7) lässt sich diese mit einem Häkchen auf *PID (Prozess-ID)* hinzufügen. Anschließend wird die entsprechende PID-Nummer gesucht und über die Spalte *Anwendungen* der entsprechenden Applikation zugeordnet. Der *Task-Manager* zeigt die ausführbare Programmdatei an.

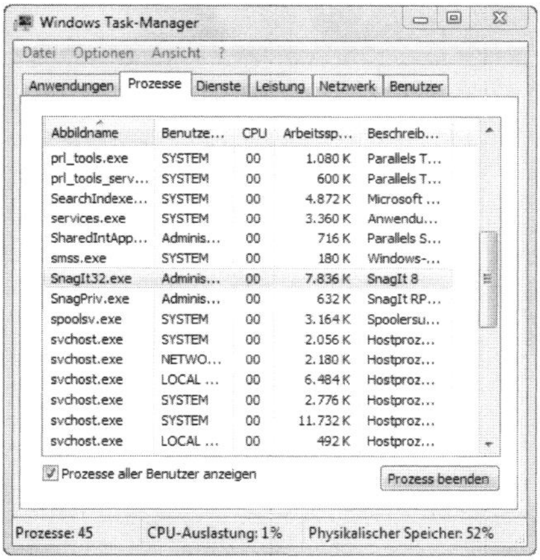

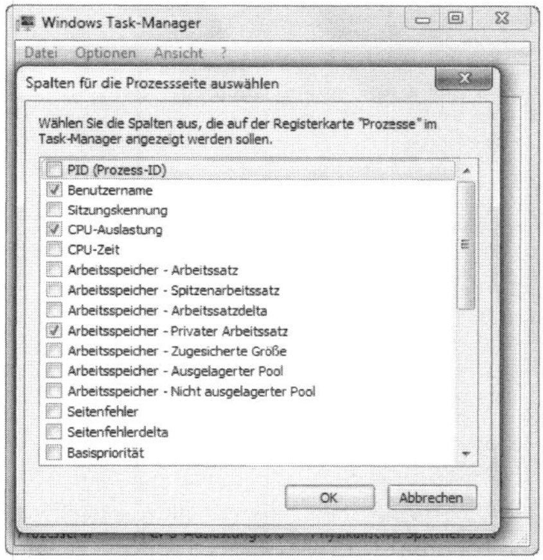

Bild 7.10: Einfach per Klick lassen Sie sich die PIDs für die aktiven Programme ausgeben.

Wie in der obigen *netstat*-Abbildung zu sehen, ist die PID 3020 für zwei TCP-Verbindungen über Port 3551 bzw. 3703 verantwortlich. Über den *Task-Manager* finden Sie nun heraus, dass dafür der Internet Explorer zuständig ist.

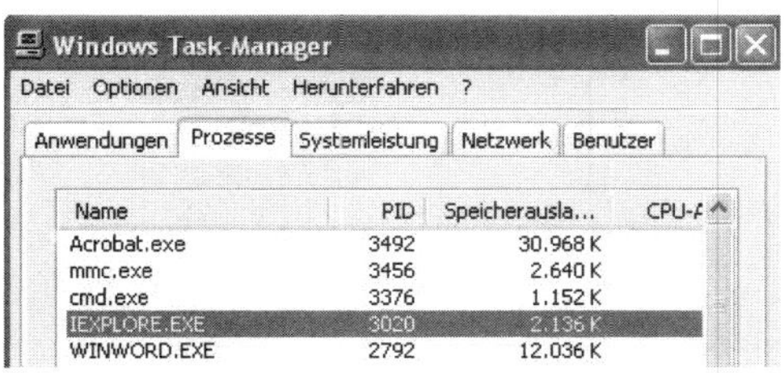

Bild 7.11: Entlarvt: Hinter der PID 3020 verbirgt sich das Programm *IEXPLORE.EXE* – also der Microsoft Internet Explorer.

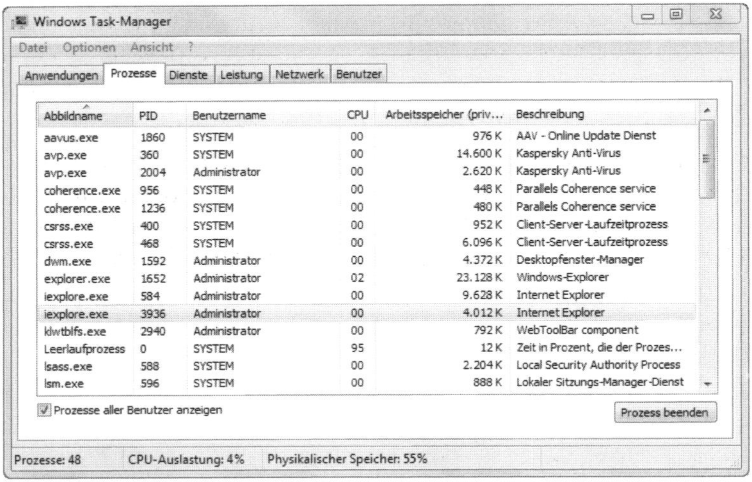

Abbildname	PID	Benutzername	CPU	Arbeitsspeicher (priv...	Beschreibung
aavus.exe	1860	SYSTEM	00	976 K	AAV - Online Update Dienst
avp.exe	360	SYSTEM	00	14.600 K	Kaspersky Anti-Virus
avp.exe	2004	Administrator	00	2.620 K	Kaspersky Anti-Virus
coherence.exe	956	SYSTEM	00	448 K	Parallels Coherence service
coherence.exe	1236	SYSTEM	00	480 K	Parallels Coherence service
csrss.exe	400	SYSTEM	00	952 K	Client-Server-Laufzeitprozess
csrss.exe	468	SYSTEM	00	6.096 K	Client-Server-Laufzeitprozess
dwm.exe	1592	Administrator	00	4.372 K	Desktopfenster-Manager
explorer.exe	1652	Administrator	02	23.128 K	Windows-Explorer
iexplore.exe	584	Administrator	00	9.628 K	Internet Explorer
iexplore.exe	3936	Administrator	00	4.012 K	Internet Explorer
klwtblfs.exe	2940	Administrator	00	792 K	WebToolBar component
Leerlaufprozess	0	SYSTEM	95	12 K	Zeit in Prozent, die der Prozes...
lsass.exe	588	SYSTEM	00	2.204 K	Local Security Authority Process
lsm.exe	596	SYSTEM	00	888 K	Lokaler Sitzungs-Manager-Dienst

Bild 7.12: Erweiterte Ansicht: Auch unter Windows 7 lässt sich die PID prozessbezogen über den *Task-Manager* anzeigen.

Einfacher geht das Herausfinden der Zuordnung PID – Programm mit der Freeware Inzider, die jedoch noch mit Windows 7-Unterstützung auf sich warten lässt. Für Windows XP erfüllt sie jedoch tadellos ihren Zweck.

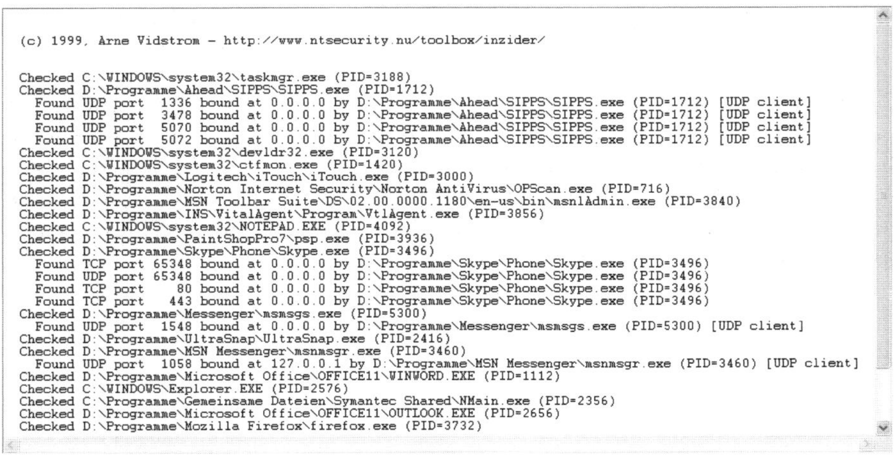

```
(c) 1999, Arne Vidstrom - http://www.ntsecurity.nu/toolbox/inzider/

Checked C:\WINDOWS\system32\taskmgr.exe (PID=3188)
Checked D:\Programme\Ahead\SIPPS\SIPPS.exe (PID=1712)
  Found UDP port  1336 bound at 0.0.0.0 by D:\Programme\Ahead\SIPPS\SIPPS.exe (PID=1712) [UDP client]
  Found UDP port  3478 bound at 0.0.0.0 by D:\Programme\Ahead\SIPPS\SIPPS.exe (PID=1712) [UDP client]
  Found UDP port  5070 bound at 0.0.0.0 by D:\Programme\Ahead\SIPPS\SIPPS.exe (PID=1712) [UDP client]
  Found UDP port  5072 bound at 0.0.0.0 by D:\Programme\Ahead\SIPPS\SIPPS.exe (PID=1712) [UDP client]
Checked C:\WINDOWS\system32\devldr32.exe (PID=3120)
Checked C:\WINDOWS\system32\ctfmon.exe (PID=1420)
Checked D:\Programme\Logitech\iTouch\iTouch.exe (PID=3000)
Checked D:\Programme\Norton Internet Security\Norton AntiVirus\OPScan.exe (PID=716)
Checked D:\Programme\MSN Toolbar Suite\DS\02.00.0000.1180\en-us\bin\msnlAdmin.exe (PID=3840)
Checked D:\Programme\INS\VitalAgent\Program\VtlAgent.exe (PID=3856)
Checked C:\WINDOWS\system32\NOTEPAD.EXE (PID=4092)
Checked D:\Programme\PaintShopPro7\psp.exe (PID=3936)
Checked D:\Programme\Skype\Phone\Skype.exe (PID=3496)
  Found TCP port 65348 bound at 0.0.0.0 by D:\Programme\Skype\Phone\Skype.exe (PID=3496)
  Found UDP port 65348 bound at 0.0.0.0 by D:\Programme\Skype\Phone\Skype.exe (PID=3496)
  Found TCP port    80 bound at 0.0.0.0 by D:\Programme\Skype\Phone\Skype.exe (PID=3496)
  Found TCP port   443 bound at 0.0.0.0 by D:\Programme\Skype\Phone\Skype.exe (PID=3496)
Checked D:\Programme\Messenger\msmsgs.exe (PID=5300)
  Found UDP port  1548 bound at 0.0.0.0 by D:\Programme\Messenger\msmsgs.exe (PID=5300) [UDP client]
Checked D:\Programme\UltraSnap\UltraSnap.exe (PID=2416)
Checked D:\Programme\MSN Messenger\msnmsgr.exe (PID=3460)
  Found UDP port  1058 bound at 127.0.0.1 by D:\Programme\MSN Messenger\msnmsgr.exe (PID=3460) [UDP client]
Checked D:\Programme\Microsoft Office\OFFICE11\WINWORD.EXE (PID=1112)
Checked C:\WINDOWS\Explorer.EXE (PID=2576)
Checked C:\Programme\Gemeinsame Dateien\Symantec Shared\NMain.exe (PID=2356)
Checked D:\Programme\Microsoft Office\OFFICE11\OUTLOOK.EXE (PID=2656)
Checked D:\Programme\Mozilla Firefox\firefox.exe (PID=3732)
```

Bild 7.13: Wer ein einfaches Programm zum Prüfen der Ports einsetzen möchte, holt sich von *http://www.ntsecurity.nu/toolbox/inzider/* die Freeware Inzider.

Um herauszufinden, welche Programminstallation es ist bzw. in welchem Verzeichnis sich diese ausführbare Programmdatei befindet, ist über den Windows Explorer die Dateisuche zu nutzen. Ist das Programm auf Ihrer Festplatte unerwünscht, kann es entweder deinstalliert oder gelöscht werden.

Sehr übersichtlich stellt auch die Freeware TCPView von Sysinternals die offenen Ports und die dazugehörigen Programme bzw. Prozesse dar. Die Firma Sysinternals wurde im Jahr 2006 von Microsoft gekauft. Die Utilities finden Sie auf den Microsoft-Technet-Seiten (www.*microsoft.com/technet/sysinternals/utilities/TcpView.mspx*).

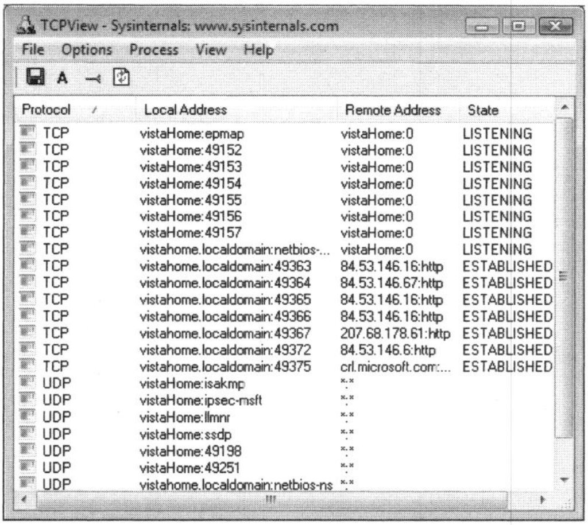

Bild 7.14: Alle aktiven Prozesse und Programme mit Netzwerkverbindung hat TCPView im Griff. Über das Kontextmenü der rechten Maustaste erhalten Sie über *Process Properties* den Namen des Programms. Pfad und Ort des Programms finden Sie mit der Windows-Suchfunktion.

TCPView zeigt alle offenen Ports auf dem Windows-System an. Außerdem beherrscht TCPView das sogenannte Port-to-Process-Mapping, mit dem zu sehen ist, von welchen Programmen welche Ports belegt bzw. benutzt werden. Wer noch ein bisschen ausführlicher hinter die Netzwerkkulissen schauen möchte, muss Geld bezahlen, und zwar für das Programm DiamondCS Port Explorer (*http://diamondcs.com.au/portexplorer/index.php?page=deutsch*).

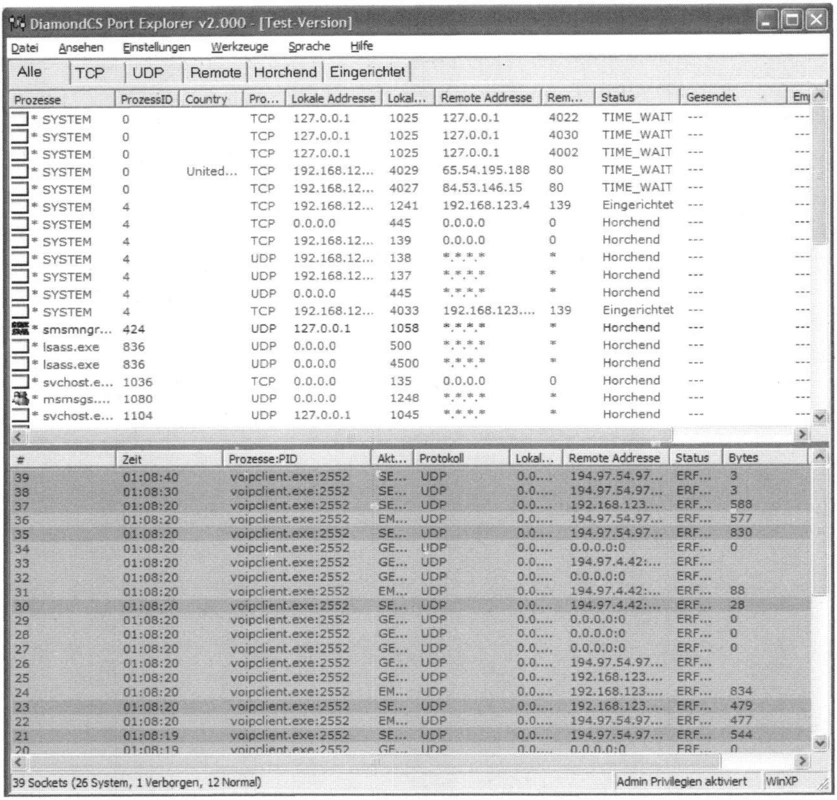

Bild 7.15: Der Port Explorer findet alle offenen und aktiven TCP- und UDP-Ports auf Ihrem System.

Zusätzlich bringt der Port Explorer noch einen sogenannten Packet-Sniffer mit, mit dem zu sehen ist, welche Daten von Ihren Anwendungen gesendet und empfangen werden. Dazu zeigt die *Country Detection* an, in welchen Ländern die Ziel-IP-Adressen der Verbindungen lokalisiert sind. Ähnlich wie eine Firewall lassen sich mit dem Port Explorer offene Ports oder Prozesse blockieren oder schließen.

Doch bevor das gemacht wird, sollte zunächst bekannt sein, welcher Port wofür benötigt wird und wohin welches Programm eine Verbindung aufnimmt. Hier können Sie wieder auf die TCP-Trickkiste zurückgreifen – mit Windows-Bordmitteln erfahren Sie, welchen Weg die entsprechenden Programme zum Zielserver bzw. zur angegebenen IP-Adresse zurücklegen.

Den Pfad zum Zielrechner herausfinden

Wie kommt man zum Rechner X, und über welche Rechner wird der Zielrechner erreicht? Für Pfadfinderaufgaben ist das IP-Werkzeug tracert der richtige Ansprechpartner, starten lässt es sich über die DOS-Eingabeaufforderung (Eingabe von *cmd* im *Ausführen*-Dialog des Startmenüs). Für den Systemadministrator gehört der Befehl *tracert* zu den beliebtesten TCP/IP-Diagnoseprogrammen zur Erkennung und Beseitigung von Problemen.

Gerade bei Netzwerkproblemen bei hoher Netzlast (einfach zu sehen über den *Windows Task-Manager* im Register *Netzwerk*) oder sehr langsamen Antwortzeiten des Zielrechners (häufige Timeouts beim Aufruf einer Webseite) bringt ein *tracert [ADRESSE]* die Lösung. Für *ADRESSE* können Sie entweder den DNS-Namen oder eine IP-Adresse angeben. tracert zeigt den Weg, den ein Datenpaket im Netzwerk zurücklegt, damit der angegebene Rechner erreicht werden kann.

```
C:\>tracert www.franzis.de

Routenverfolgung zu www.franzis.de [80.237.218.241]  über maximal 30 Abschnitte:


  1     <1 ms     <1 ms     <1 ms  fritz.fon.box [192.168.123.199]
  2      9 ms     10 ms     10 ms  ppp-62-245-210-1.mnet-online.de [62.245.210.1]
  3      9 ms     10 ms     10 ms  eth1-3.rs2.muc2.m-online.net [82.135.16.145]
  4     10 ms     10 ms     10 ms  eth1-6.rs1.muc3.m-online.net [82.135.16.198]
  5     11 ms     10 ms     11 ms  ge-1-0-0.rt7.muc3.m-online.net [62.245.197.53]
  6     11 ms     11 ms     10 ms  ge-1-3-0.rt-inxs.m-online.net [82.135.16.154]
  7     10 ms     10 ms     11 ms  fe2-0.er0.cwmuc.de.easynet.net [194.59.190.8]
  8     11 ms     11 ms     11 ms  ge4-0-0-34.br1.cwmuc.de.easynet.net [194.64.253.
122]
  9     18 ms     18 ms     18 ms  so0-0-0-0.br1.ixfra.de.easynet.net [212.224.4.1]

 10     19 ms     19 ms     19 ms  195.180.3.134
 11     22 ms     21 ms     22 ms  so-0-1-0.cr2.Koeln2.pironet-ndh.net [195.94.75.1
7]
 12     21 ms     20 ms     21 ms  ge-0-2-0.her.pironet-ndh.net [195.94.75.58]
 13     20 ms     20 ms     20 ms  ge-0-1-0.j2.cgn.hosteurope.de [80.237.129.34]
 14     22 ms     20 ms     21 ms  80.237.250.22
 15     21 ms     21 ms     20 ms  ds80-237-218-225.dedicated.hosteurope.de [80.237
.218.225]
 16     21 ms     22 ms     21 ms  www.franzis.de [80.237.218.241]

Ablaufverfolgung beendet.

C:\>
```

Bild 7.16: Das Werkzeug tracert zeigt nicht nur Schritt für Schritt den Weg zum Zielrechner, sondern misst auch die dafür benötigte Zeit.

Sie können entweder die volle IP-Adresse oder einen DNS-Namen mit dem Befehl *tracert* verwenden. Für Sicherheitsbewusste ist das Programm ein wertvolles Hilfsmittel, um herauszufinden, ob die IP-Anfragen auch ordnungsgemäß geroutet werden. Alternativ können Sie unter Windows XP und Windows 7 auch den Befehl *pathping* verwenden, der ähnlich wie *tracert* die entsprechenden Wege zum Zielserver anzeigt.

```
C:\>pathping www.franzis.de

Routenverfolgung zu www.franzis.de [80.237.218.241]
über maximal 30 Abschnitte:
  0  kistexp [192.168.123.174]
  1  fritz.fon.box [192.168.123.199]
  2  ppp-62-245-210-1.mnet-online.de [62.245.210.1]
  3  eth1-3.rs2.muc2.m-online.net [82.135.16.145]
  4  eth1-6.rs1.muc3.m-online.net [82.135.16.198]
  5  ge-1-0-0.rt7.muc3.m-online.net [62.245.197.53]
  6  ge-1-3-0.rt-inxs.m-online.net [82.135.16.154]
  7  fe2-0.er0.cwmuc.de.easynet.net [194.59.190.8]
  8  ge4-0-0-34.br1.cwmuc.de.easynet.net [194.64.253.122]
  9  so0-0-0-0.br1.ixfra.de.easynet.net [212.224.4.1]
 10  195.180.3.134
 11  so-0-1-0.cr2.Koeln2.pironet-ndh.net [195.94.75.17]
 12  ge-0-2-0.her.pironet-ndh.net [195.94.75.58]
 13  ge-0-1-0.j2.cgn.hosteurope.de [80.237.129.34]
 14  80.237.250.22
 15  ds80-237-218-225.dedicated.hosteurope.de [80.237.218.225]
 16  www.franzis.de [80.237.218.241]

Berechnung der Statistiken dauert ca. 400 Sekunden...
```

Bild 7.17: *pathping* ist etwas übersichtlicher als *tracert* – er lässt sich jedoch auch etwas länger Zeit, bis die Ergebnisse zur Verfügung stehen.

Liefert *pathping* oder *tracert* beispielsweise eine unbekannte IP-Adresse unmittelbar nach der Heimnetzadresse (hier *192.168.123.199*) in Abschnitt 2 zurück, hat ein bösartiges Programm oder eine ebensolche Webseite die IP-Konfiguration des Rechners verändert.

So überprüfen Sie in diesem Beispiel die IP-Adresse *62.245.210.1* – diese gehört in diesem Fall zu dem lokalen Internetprovider M-Net in München und ist als vertrauenswürdig einzustufen. Wie Sie den Besitzer einer IP-Adresse herausfinden, lesen Sie im folgenden Abschnitt.

```
IPv4-adress:  62.245.210.1
addr-out:    ppp-62-245-210-1.mnet-online.de


inetnum:     62.245.208.0 - 62.245.211.255
netname:     MNET
descr:     dynamic address pool
descr:     M"net Telekommunikations GmbH
country:     DE
admin-c:     JV266-RIPE
tech-c:    MNET1-RIPE
status:    ASSIGNED PA
mnt-by:    MNET-MNT

role:   Hostmaster Role-Account
address:  M"net Telekommunikations GmbH
address:  Muellerstrasse 7
address:  D-80469 Muenchen
address:  Germany
phone:    +49 89 45200 5907
fax-no:   +49 89 45200 3984
e-mail:   hostmaster@m-net.de
admin-c:  JV266-RIPE
tech-c:   EK492-RIPE
tech-c:   ME3753-RIPE
tech-c:   MM611-RIPE
nic-hdl:  MNET1-RIPE
mnt-by:   MNET-MNT

person:   Joerg Vierke
address:  M"net Telekommunikations GmbH
address:  Muellerstr. 7
address:  D-80469 Muenchen
address:  Germany
phone:    +49 89 45200 5943
fax-no:   +49 89 45200 5909
e-mail:   vierke@m-net.de
nic-hdl:  JV266-RIPE
mnt-by:   MNET-MNT
```

Bild 7.18: IP-Adresse aufgespürt: Der IP-Adressbereich *62.245.208.0* bis *62.245.211.255* ist dem Münchner Provider M-Net zugeordnet.

Anhand der IP-Adresse den Besitzer suchen

Meldet die Firewall oder der Virenscanner einen Angriff oder gar einen unberechtigten Zugriff auf Ihren PC, können Sie recht einfach herausfinden, woher der Angreifer kommt.

Auch wenn Sie ein Programm entdeckt haben, das über einen bestimmten Port eine offene Verbindung ins Internet hat, können Sie anhand der IP-Adresse nach dem aktuellen Besitzer suchen. Dafür lösen Sie zunächst die IP-Adresse auf, um den DNS-Namen herauszufinden.

```
C:\>nslookup 194.50.173.16
Server:   fritz.fon.box
Address:  192.168.123.199

Name:     web.casariso.com
Address:  194.50.173.16

C:\>
```

Bild 7.19: Über *Start/Ausführen/cmd* öffnen Sie die DOS-Kommandozeile. Dort geben Sie *nslookup ‹IP-Adresse›* an, anschließend ist der gesuchte DNS-Name der gewünschten IP-Adresse zu sehen.

Hat *nslookup* einen DNS-Namen für die IP-Adresse gefunden, notieren Sie sich einfach den Namensanteil hinter dem vorletzten Punkt des DNS-Namens. In dem Beispiel *web.casariso.com* ist dies *casariso.com*. Die am häufigsten registrierten Domains in Deutschland enden heute auf *.de*, *.com*, *.net* oder *.org*.

Abhängig davon, welche Domain-Erweiterung *nslookup* für die Anfrage ausgibt, ist die Suche nach dem Inhaber bzw. dem derzeitigen Benutzer der IP-Adresse unterschiedlich. Zunächst suchen Sie die Registrierungsstelle für die Top-Level-Domain – eine Übersicht der verfügbaren Domains bzw. Informationen darüber finden Sie in den Whois-Datenbanken wie *www.internic.com*, *www.denic.de* und anderen. Diese sind für jedermann öffentlich zugänglich und lassen sich über einen Suchmechanismus abfragen.

So besteht der Domain-Name *www.franzis.de* neben dem eigentlichen Namen aus der Top-Level-Domain (TLD), also *de*. Hier handelt es sich konkret um eine Country Code Top Level Domain (CCTLD) – jedes Land hat ein Kürzel aus zwei Zeichen. So steht *de* für Deutschland, *at* für Austria (Österreich) und so weiter. Die vollständige Liste der Länderkürzel (CCTLD) ist beispielsweise auf *www.iana.org/cctld/cctld-whois.htm* zu finden, wo Sie einfach per Länderkürzel-Link zu den Registrierungsstellen der jeweiligen Länder gelangen. Diese Registrierungsstellen bieten eigene Whois-Abfragen an.

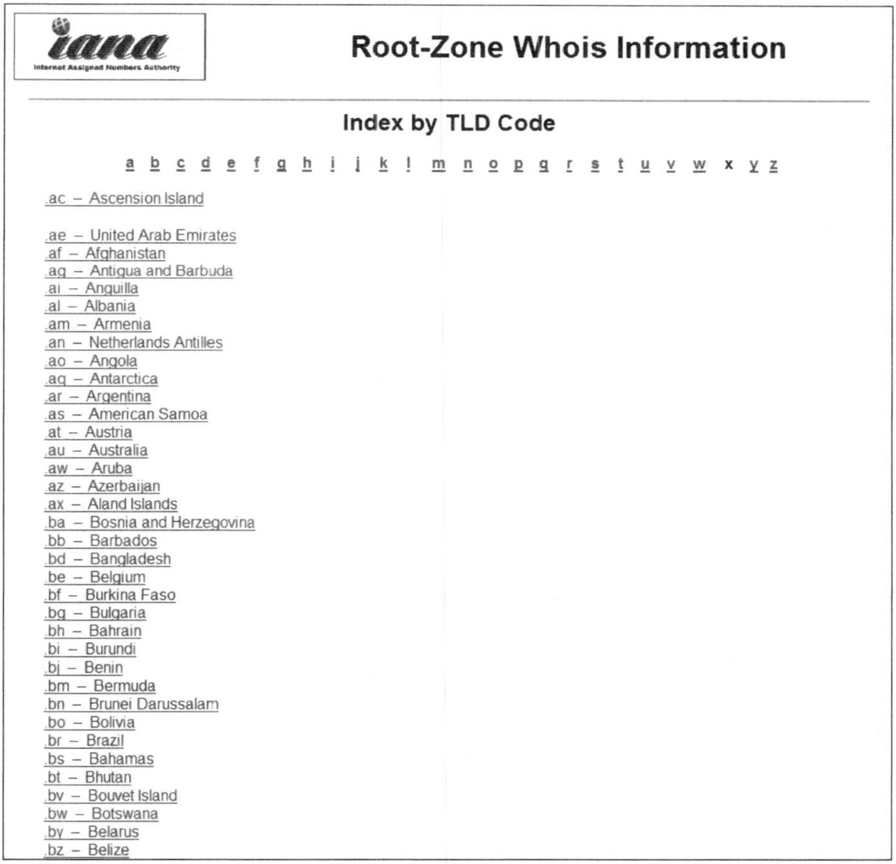

Bild 7.20: ***www.iana.org/cctld/cctld-whois.htm*: Dort finden Sie alle Top-Level-Domains, die im Internet registriert sind.**

Mit einer *whois*-Abfrage bei der entsprechenden Registrierungsstelle erfahren Sie Näheres zu dem Domain-Namen. In dem Beispiel *web.casariso.com* ist dies für die Erweiterung *com* die Registrierungsstelle *www.internic.com*. Klicken Sie hier auf der Startseite auf den Link *Whois* und geben Sie den Domain-Namen ohne etwaige Protokollinformation (*http://* etc.) ein.

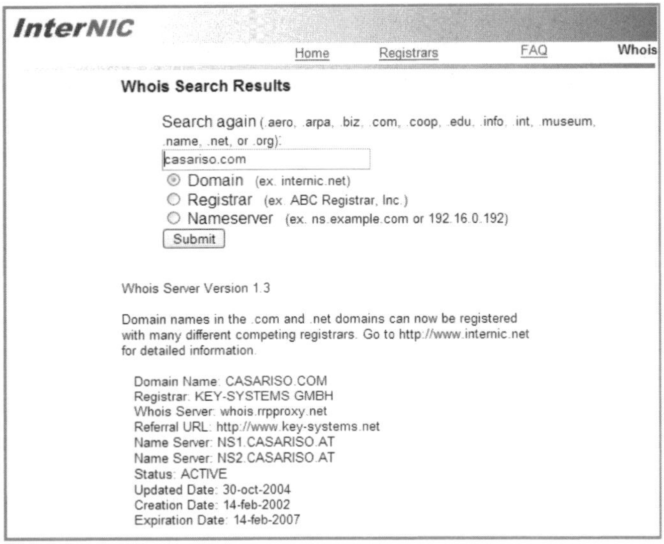

Bild 7.21: Nach der Eingabe des Domain-Namens klicken Sie auf die *Submit*-Schaltfläche, um weitere Informationen zu dem Besitzer der Domain zu erhalten.

In Deutschland nutzen Sie analog die Registrierungsstelle DENIC – auch diese bietet eine eigene Domain-Abfrage an: Geben Sie beispielsweise im rechten Bereich den DNS-Namen *franzis* ein, das *de* für Deutschland ist hier nicht notwendig und wird automatisch ergänzt.

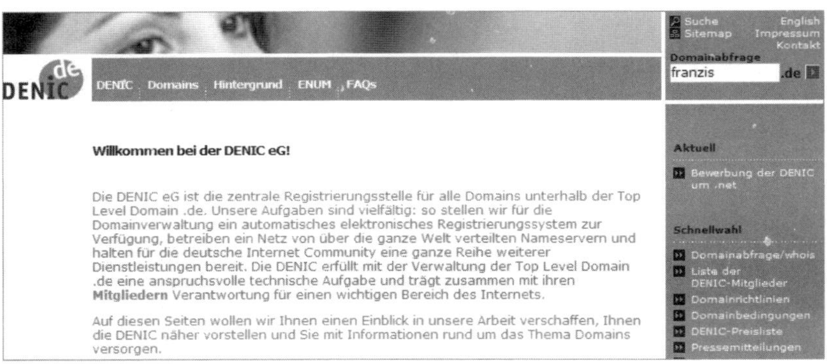

Bild 7.22: Geballte Information rund um DNS: Sämtliche deutschen *de*-Domains können Sie bei der DENIC abfragen.

Anschließend erscheint das *Domainabfrage-Ergebnis.* Aus Datenschutzgründen schränkt die DENIC die Nutzung der Whois-Abfrage ein. Diese Informationen dürfen nicht, etwa für Werbezwecke, an Dritte weitergegeben und weiterverarbeitet werden.

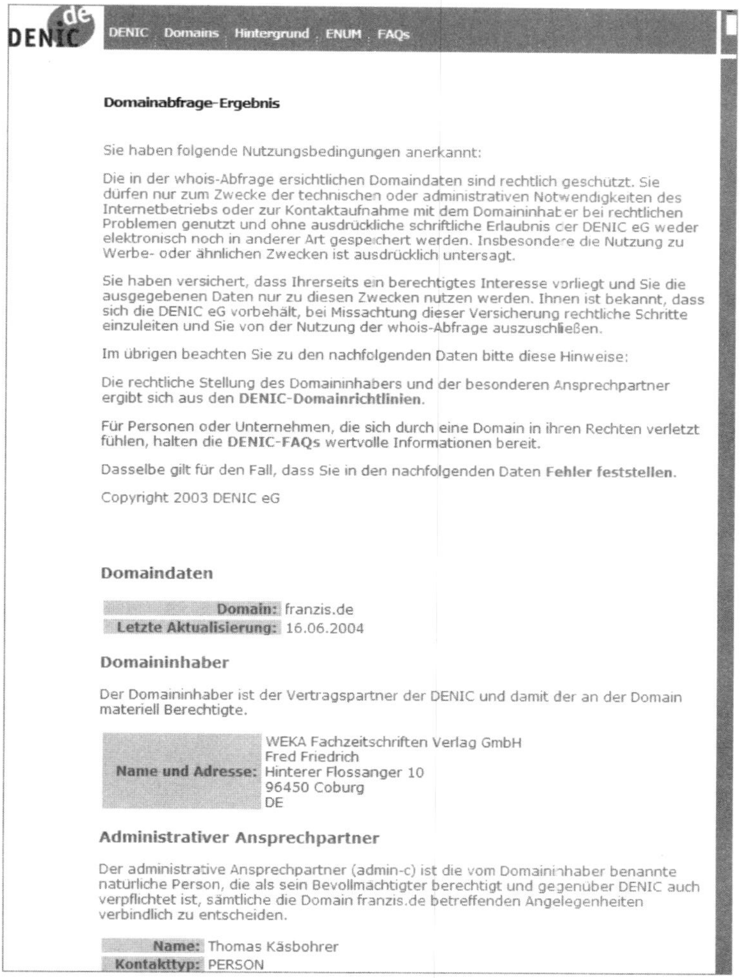
DENIC .de | DENIC | Domains | Hintergrund | ENUM | FAQs

Domainabfrage-Ergebnis

Sie haben folgende Nutzungsbedingungen anerkannt:

Die in der whois-Abfrage ersichtlichen Domaindaten sind rechtlich geschützt. Sie dürfen nur zum Zwecke der technischen oder administrativen Notwendigkeiten des Internetbetriebs oder zur Kontaktaufnahme mit dem Domaininhaber bei rechtlichen Problemen genutzt und ohne ausdrückliche schriftliche Erlaubnis der DENIC eG weder elektronisch noch in anderer Art gespeichert werden. Insbesondere die Nutzung zu Werbe- oder ähnlichen Zwecken ist ausdrücklich untersagt.

Sie haben versichert, dass Ihrerseits ein berechtigtes Interesse vorliegt und Sie die ausgegebenen Daten nur zu diesen Zwecken nutzen werden. Ihnen ist bekannt, dass sich die DENIC eG vorbehält, bei Missachtung dieser Versicherung rechtliche Schritte einzuleiten und Sie von der Nutzung der whois-Abfrage auszuschließen.

Im übrigen beachten Sie zu den nachfolgenden Daten bitte diese Hinweise:

Die rechtliche Stellung des Domaininhabers und der besonderen Ansprechpartner ergibt sich aus den **DENIC-Domainrichtlinien**.

Für Personen oder Unternehmen, die sich durch eine Domain in ihren Rechten verletzt fühlen, halten die **DENIC-FAQs** wertvolle Informationen bereit.

Dasselbe gilt für den Fall, dass Sie in den nachfolgenden Daten **Fehler feststellen**.

Copyright 2003 DENIC eG

Domaindaten

Domain:	franzis.de
Letzte Aktualisierung:	16.06.2004

Domaininhaber

Der Domaininhaber ist der Vertragspartner der DENIC und damit der an der Domain materiell Berechtigte.

Name und Adresse:	WEKA Fachzeitschriften Verlag GmbH Fred Friedrich Hinterer Flossanger 10 96450 Coburg DE

Administrativer Ansprechpartner

Der administrative Ansprechpartner (admin-c) ist die vom Domaininhaber benannte natürliche Person, die als sein Bevollmächtigter berechtigt und gegenüber DENIC auch verpflichtet ist, sämtliche die Domain franzis.de betreffenden Angelegenheiten verbindlich zu entscheiden.

Name:	Thomas Käsbohrer
Kontakttyp:	PERSON

Bild 7.23: Domain-Daten übersichtlich aufbereitet: Nach dem Suchen des DNS-Namens kommen Informationen wie Besitzer, Adresse, Telefonnummer und vieles mehr zum Vorschein.

Die Durchführung sämtlicher beschriebenen Schritte kostet etwas Zeit und Aufwand, ist sonst aber kostenlos. Wer alles in einem Aufwasch erledigen möchte, nutzt dafür spezielle Software, die meist kostenpflichtig ist. So können Sie mit der Shareware DiamondCS Port Explorer ebenfalls den Hostnamen oder die IP-Adresse auflösen. Das Programm zeigt anschließend an, in welchem Land der entsprechende Server zu Hause ist. Für weitere Informationen wie Name, Adresse etc. des Betreibers bzw. Inhaber des DNS-Namens sind noch immer die Registrierungsstellen der entsprechenden Länder erste Anlaufstelle.

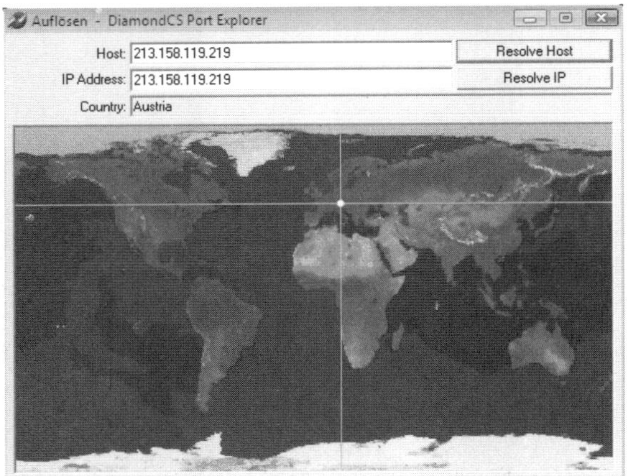

Bild 7.24: Optisch schön aufbereitet: Nach der Eingabe des Domain-Namens oder der IP-Adresse zeigt DiamondCS Port Explorer auf der Weltkarte den Standort des dazugehörigen Rechners an.

In einem Heimnetzwerk fällt die Zuordnung der angeschlossenen Rechner leichter – hat man mehrere Rechner im Betrieb und kommt mit den IP-Adressen durcheinander, kann man auch über die MAC-Adresse der heimischen PCs herausfinden, welche IP-Adresse zu welchem Rechner gehört. Dafür bringt Windows mit ARP ein eigenes Bordmittel mit.

Mit ARP die MAC-Adresse finden

Gerade bei der automatischen IP-Vergabe bei DHCP ist die MAC-Adresse der Netzwerkkarte ein Eckpfeiler. Vor allem wenn Sie den WLAN-Zugriff auf Basis der MAC-Adresse beschränken möchten, finden Sie mit ARP die Zuordnung der IP-Adresse zur entsprechenden MAC-Adresse heraus. ARP (Address Resolution Protocol) löst IP-Adressen in Hardwareadressen (MAC-Adressen) auf. Jede Netzwerkkarte hat angeblich weltweit eine eindeutige MAC-Adresse, mit der sie im Netzwerk identifiziert werden kann.

```
C:\>arp -a

Schnittstelle: 192.168.123.103 --- 0x2
  Internetadresse       Physikal. Adresse     Typ
  192.168.123.222       00-50-da-e0-9e-b4     dynamisch
  192.168.123.250       00-01-03-bd-78-0a     dynamisch
  192.168.123.254       00-50-18-12-4f-d2     dynamisch
```

Bild 7.25: Mit *arp* spüren Sie sämtliche im Netz angeschlossenen Rechner auf.

Damit eine MAC-Adresse eines Rechners im TCP/IP-Netzwerk überhaupt gefunden werden kann, wird zunächst der lokale ARP-Cache daraufhin überprüft, ob die MAC-Adresse bereits aus einer früheren Auflösung bekannt ist. Falls nicht, erfolgt ein Rundumschlag, eine ARP-Rundsendung mit der gesuchten IP-Adresse. Erreicht diese Suchmeldung den gesuchten Computer, sendet dieser seine Hardware-MAC-Adresse zurück. Anschließend wird die Rückmeldung im ARP-Cache für spätere Adressauflösungen gespeichert. Sie können den ARP-Cache mit dem Befehl *arp.exe* manuell verwalten.

7.3 Den PC auf etwaige Schwächen prüfen

Hackerangriffe auf den heimischen PC sind heutzutage nichts Außergewöhnliches mehr. Gerade wenn der PC mit der DSL-Flatrate den ganzen Tag im Internet hängt, ist er für fremde Augen ein beliebtes Objekt der Begierde. In der Regel reicht zum Schutz eine Personal Firewall wie ZoneAlarm aus – vorausgesetzt, diese ist richtig installiert und konfiguriert. Oft hängt der Internet-PC aber nicht direkt an dem ISDN-/DSL-Anschluss, sondern an einem Router.

Dieser versorgt mehrere PCs mit einem Internetanschluss und macht prinzipiell eine Personal Firewall auf dem PC überflüssig, da der Router selbst in der Regel eine eingebaute Firewall besitzt. Dennoch ist eine Personal Firewall auf dem PC eine gute Sache – gerade wenn der DSL-Router bzw. dessen Firewall Bugs oder Sicherheitslücken aufgrund falscher Konfiguration oder mangelnder Updates aufweist.

Doch wie erfahren Sie am besten, wie sicher der eigene Internetanschluss ist? Sie könnten sich beispielsweise einige Hackertools und Portscanner aus dem Internet laden und selbst loslegen. Dies ist jedoch nicht zu empfehlen, da auch diese Werkzeuge unter Umständen böse Absichten hegen mögen. Besser ist es, sich auf offizielles und vertrauenswürdiges Terrain zu begeben.

Browsercheck
So bieten beispielsweise verschiedene öffentliche Ämter Tipps und auch Onlinewerkzeuge im Internet an, damit Sie den Internet-PC in Sachen Datensicherheit auf Herz und Nieren prüfen können. Aber auch diverse Computerfachzeitschriften bieten einen solchen sogenannten Browsercheck an. Sehr gut gelungen ist der Leserservice der Computerzeitschrift c't.
Unter der URL *http://www.heise.de/security/dienste/browsercheck/* lässt sich der Browser auf seine Anfälligkeit für jede Art Einbruch oder Passwortklau prüfen. Zusätzlich ist zu sehen, welche Daten jeder Webserver im Internet über Ihren Rechner in Erfahrung bringen kann. Dazu werden die Sicherheitseinstellungen, offene Ports und mögliche Windows-Freigaben überprüft.
Das Gute daran: Abhängig vom Testergebnis erhalten Sie Tipps und Hinweise zu angemessenen Sicherheitseinstellungen für die entsprechenden Sicherheitslücken Ihres Internet-PCs. Der PC-Selbsttest wird auf einem geschützten Server durchgeführt, und die Eingaben und Ergebnisse werden verschlüsselt übertragen, damit niemand mitlesen kann.

Sicherheit des PCs und der Router-Firewall prüfen

Der Test prüft nicht nur die Sicherheit des PCs, sondern auch die Firewall des DSL-Routers und erfolgt in mehreren Schritten, die einzeln angewählt werden, nachdem Sie die eigene IP-Adresse (die öffentliche IP-Adresse, die für die Internetverbindung sorgt) beim Server bestätigt haben. Der PC-Test ist folgendermaßen aufgebaut:

Browserinformationen prüfen: Hier werden alle verfügbaren Browserinformationen ermittelt. Dies betrifft im Konkreten die Verbindung zum Proxyserver, die Adresse des Proxyservers, Adresse und Name Ihres Rechners, den Browser und dessen Version sowie das installierte Betriebssystem. Zusätzlich werden aktivierte Funktionen wie Cookies, JavaScript, Java, sicheres ActiveX, unsicheres ActiveX sowie VBScript geprüft.

Portscanner und Netzwerktest: Der Portscanner sucht den Internetanschluss nach offenen Ports ab. Da es theoretisch bis zu 65.534 Varianten gibt, können Sie dies aus Zeitgründen auch auf eine kleinere Auswahl beschränken.

Freigaben finden: Der Freigabetest über den empfehlenswerten Symantec-Onlinecheck (*http://security.symantec.com/de*) versucht eine Netzverbindung zum Rechner herzustellen und prüft auf mögliche Windows- bzw. Samba-Freigaben.

Schlupflöcher im Webbrowser finden

Egal welchen Browser Sie verwenden, jeder Browser hat seine Tücken sowie Vor- und Nachteile. In den letzten Jahren erfreute sich der kostenlose Browser Firefox zunehmender Beliebtheit und konnte dem Platzhirschen Internet Explorer Paroli bieten. Mit dem Einsatz eines alternativen Browsers wie Opera oder Firefox haben Sie allerhand Vorteile: Sie haben im Vergleich zum Internet Explorer nicht nur einen kleineren und schnelleren Browser, sondern auch seltener Sicherheitsrisiken. Das liegt vor allem daran, dass der Internet Explorer mit dem Betriebssystem Windows enger verzahnt ist und durch Attacken auf den Internet Explorer auch gleichzeitig die Sicherheit des Betriebssystems auf dem Spiel steht.

Obwohl sich mit der zunehmenden Beliebtheit von Firefox und Opera auch Fehler und Sicherheitslücken offenbaren, werden diese relativ schnell durch die Open-Source-Gemeinde behoben. Die »freien« Browser bieten noch weitere nützliche Eigenschaften, die das Surfen im Netz angenehmer machen. Bis zum Erscheinen des Internet Explorer 7 waren Funktionen wie die Anzeige mehrerer Fenster innerhalb des Browserfensters (Tabbed Browsing), Verhindern der lästigen Werbe-Pop-ups mithilfe eines Pop-up-Blockers sowie bessere Suchfunktionen den kostenlosen Lösungen wie Firefox und Opera vorbehalten.

Firefox und Opera lassen sich parallel zum Internet Explorer installieren und stören diesen nicht – wenn man von der Windows-Abfrage nach dem Standardbrowser absieht. Wer will, kann die beiden Alternativen einfach testen und bei Nichtgefallen unkompliziert wieder deinstallieren. Wer allerdings einmal die Vorteile von Opera oder Firefox kennengelernt hat, der möchte darauf sicherlich nicht mehr verzichten.

Doch neben dem Browser sorgen auch Browserfunktionen wie JavaScript, Java, ActiveX und andere nicht nur für Komfort und schönere Webseiten, sondern auch für bestimmte Sicherheitslücken. Hier gilt es abzuwägen, ob man zugunsten der Sicherheit die eine oder andere Funktion ausgeschaltet lässt oder ob man mit verschiedenen Sicherheitslücken leben möchte. Auf der c't-Browsercheck-Seite werden diese Sicherheitslücken demonstriert – hier können Sie den Browser auf diese Lücken testen und die Sicherheitslücken anschaulich aushebeln. Die Macher der Seite geben jedoch auch Hilfestellung und Tipps dazu, welche Lücken sich beispielsweise durch die Installation aktueller Browseraktualisierungen beseitigen oder durch das Abschalten der zugehörigen Optionen vermeiden lassen.

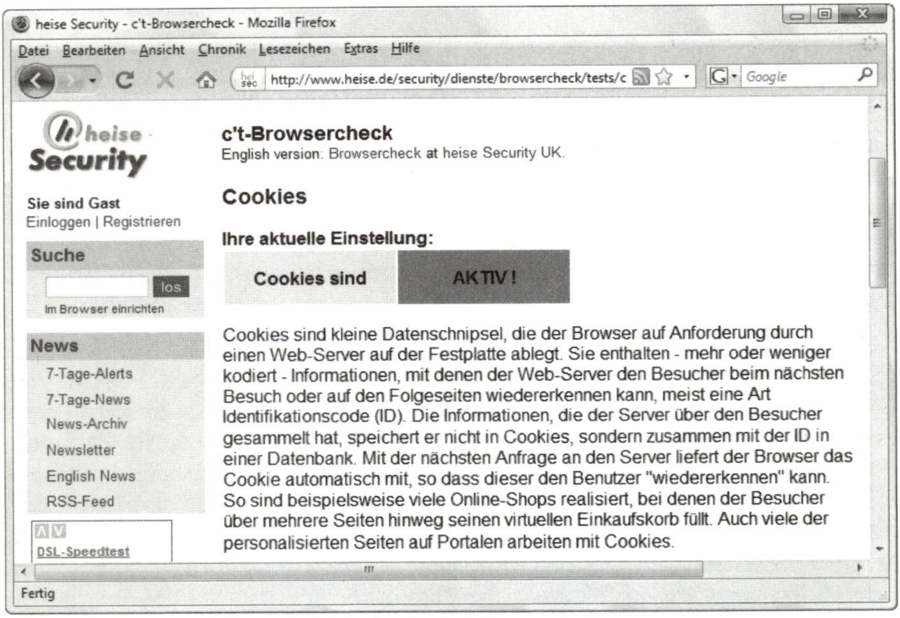

Bild 7.26: Rote Gefahr: Cookies, JavaScript und Java sind heutzutage ein Muss, damit verschiedene Webauftritte überhaupt angeschaut werden können. Leider ist mit diesen Techniken auch das Ausführen von sogenannten aktiven Inhalten möglich, was ein Sicherheitsproblem darstellen kann.

Neben der Cookie-Konfiguration gibt es weitere sicherheitsrelevante Einstellungen in Ihrem Webbrowser. Hier sollten Sie selbst entscheiden und abwägen, ob Sie diese Sicherheitseinstellungen zugunsten der Bequemlichkeit, aber auch manchmal der besseren Funktionalität lockern. Aktive Inhalte stellen meistens ein Sicherheitsproblem dar, da hier Dateien ausgeführt werden können, die auf der Festplatte möglicherweise Unheil anrichten.

Gerade der Internet Explorer ist bei aktiven Inhalten anfällig für Angriffe – erst recht, wenn Windows nicht auf dem aktuellen Stand gehalten wird. Diese aktiven Inhalte werden von JavaScript, Java, ActiveX oder VBScript gesteuert und sorgen auf einer statischen Webseite für Bewegung, erzeugen Menüs, Inhaltsverzeichnisse und vieles mehr. Deshalb sollten Sie gerade bei älteren Betriebssystemen als Vista den Internet Explorer so konfigurieren, dass die Sicherheitsrisiken eingeschränkt werden.

Unnütze Freigaben im Windows-Netzwerk abschalten

Im nächsten Schritt sollten Sie den Rechner auf mögliche Freigaben im Windows-Netzwerk untersuchen. Nach jeder Windows-Installation sind standardmäßig Freigaben eingerichtet, auch wenn diese nicht auf Anhieb zu erkennen sind. Eine Freigabe ist im Prinzip nichts anderes als ein Verzeichnis oder gar ein Laufwerk, das netzwerkweit für andere Anwendungen oder Benutzer zur Verfügung steht. Windows bietet zusätzlich standardmäßig administrative Freigaben, die im schlechtesten Fall auch über das Internet zur Verfügung stehen können, falls die Sicherheitsmechanismen nicht greifen.

Neben diesen administrativen Freigaben gibt es auch benutzerspezifische Freigaben, die Sie selbst in Windows einrichten können. Solche Freigaben werden Sie später für Ihr Netzwerk einrichten, dort geben Sie gezielt Ordner frei oder legen Rechte für den Zugriff fest – also alles von Ihnen selbst gesteuert und mit voller Absicht. Sie wählen einfach bei einem Ordner oder einem Laufwerk das Register *Freigabe* aus und tragen für die Freigabe eine aussagekräftigen Namen ein. Hier sehen Sie auch die bestehenden Freigaben, die für das Verzeichnis oder Laufwerk derzeit bestehen.

Ob bei Ihnen vorhandene Freigaben (administrative oder selbst eingerichtete) Sicherheitslücken darstellen, können Sie mithilfe eines Onlinetests selbst problemlos feststellen. Der Test erfordert Ihre Zustimmung zu den Lizenzbedingungen und dauert ein paar Minuten, bis Sie das Ergebnis haben. Wichtig: Der Test erfordert einen bestimmten Ablauf, den Sie einhalten sollten, wenn Ihnen ein korrektes Ergebnis wichtig ist.

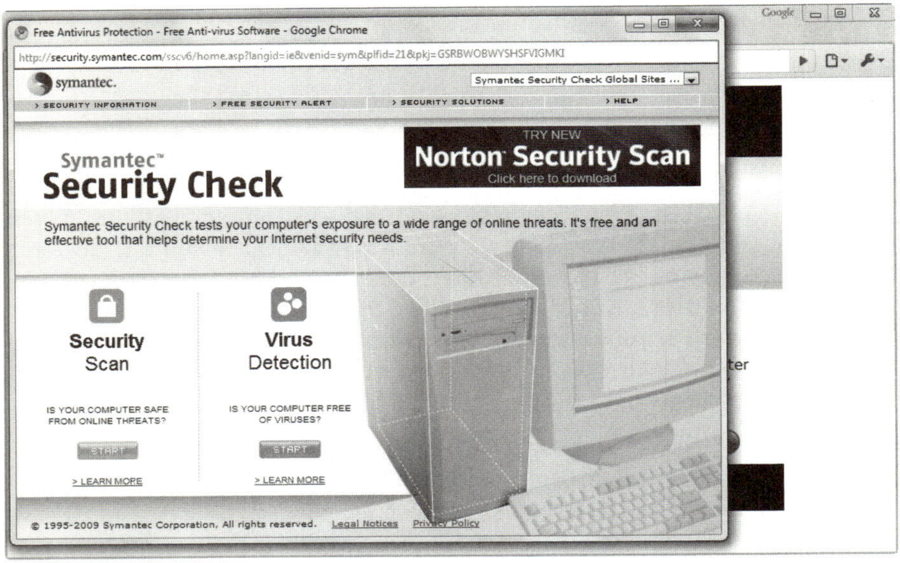

Bild 7.27: *http://security.symantec.com/*: Hier wird vom Symantec-Server eine Netzwerkverbindung zu Ihrem Rechner aufgebaut und dieser auf Schwachstellen überprüft.

Findet der Symantec-Check Windows-Freigaben, die über das Internet sichtbar sind, heißt es, sofort zu handeln: Die Einstellungen *Datei- und Druckerfreigabe für Microsoft-Netzwerke* sowie *Client für Microsoft-Netzwerke* sind möglicherweise an den DFÜ-Adapter bzw. an die Netzwerkkarte gebunden, oder die Firewall des DSL-Routers filtert die Freigaben nicht. Das darf natürlich nicht sein.

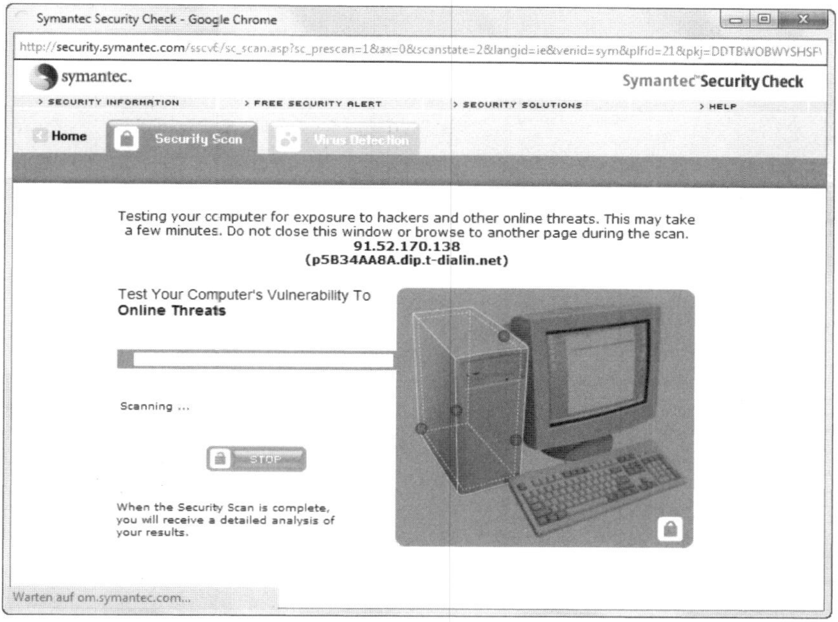

Bild 7.28: Enorm wichtig: Windows-Freigaben haben im Internet nichts verloren. Die Prüfung auf Windows-Schwachstellen sollte mit einem erfolgreichen »Abhaken« abgeschlossen werden.

Selbst bei einem optimal abgesicherten Rechner kann es vorkommen, dass der Sicherheitscheck hier und da eine Warnung auswirft und vor einer Gefahr bzw. einem potenziellen Risiko warnt. In diesem Fall heißt es zunächst, Ruhe zu bewahren und dann der Sache auf den Grund zu gehen. Per Klick auf den Link *Details anzeigen* können Sie das Scanergebnis der Symantec-Onlinelösung näher analysieren:

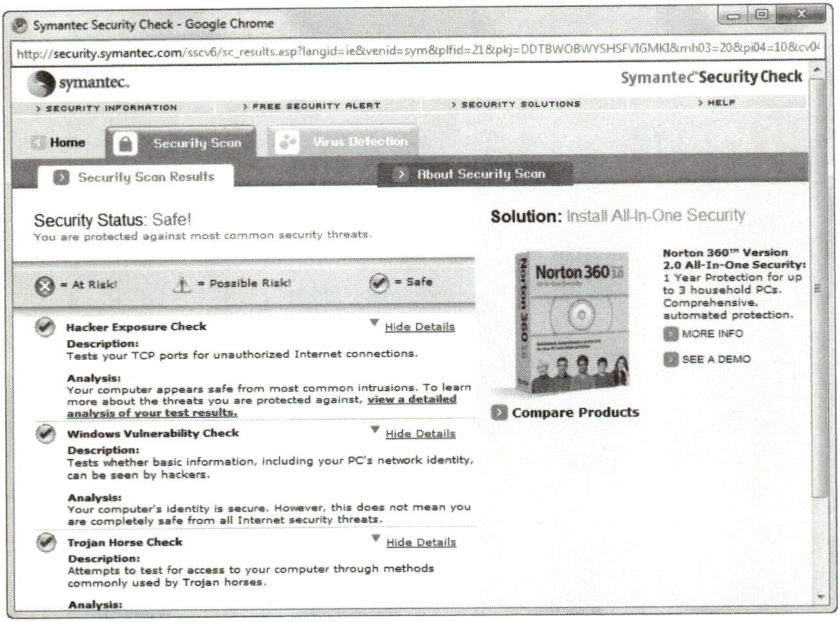

Bild 7.29: Port, Beschreibung und Status: Die Ergebnisseite des Symantec-Onlinesicherheitschecks gibt auf Wunsch detailliert Auskunft über etwaige Sicherheitslücken der Netzwerkverbindung.

Hier bekommen Sie nun die geöffneten Ports angezeigt. Sie brauchen nicht zu verzweifeln, wenn bestimmte Ports geöffnet sind. So sind beispielsweise Port 25 und 110 dafür da, dass Sie E-Mails senden und empfangen können, wer einen Webserver zu Hause betreibt, muss Port 80 freigeben, damit Besucher die Webseiten auch betrachten können, etc. Möchten Sie wissen, welches Programm über welche Ports ins Internet geht, nutzen Sie den Befehl *netstat* mit verschiedenen Parametern.

Offene Ports im Netzwerk finden

Jedes Programm auf Ihrem PC, das mit dem Internet arbeiten möchte, muss einen sogenannten Port (eine Tür) öffnen, damit Daten gesendet und empfangen werden können. Ist die Portnummer bekannt und geöffnet, kann der Port prinzipiell von jedem Programm genutzt werden.

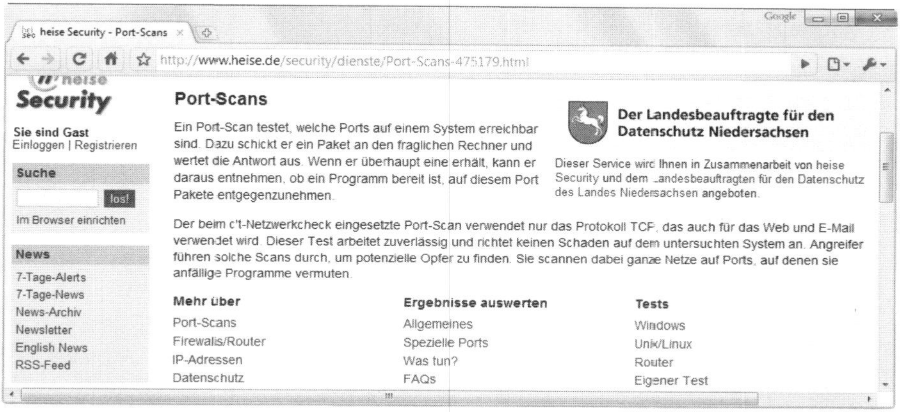

Bild 7.30: Der Online-Portscanner (*www.heise.de/security/dienste/portscan/*) checkt den PC auf alle offenen Ports. Ist eine Firewall aktiv, wird auch sie auf Sicherheitslücken geprüft.

Jedes Programm kann prinzipiell jeden Port nutzen, solange der Port nicht von einem anderen Programm besetzt ist. So kann sich beispielsweise ein Trojanerprogramm hinter Port 80 verstecken, solange auf Ihrem PC kein Webserver (Apache o. a.) in Betrieb ist. Port 80 ist für die HTTP-Übertragung zuständig und ein *Well-known-Port*. Über einen offenen Port kann jedoch nur von außen zugegriffen werden, wenn auf dem Internet-PC ein Programm läuft, das auf dem Port danach lauscht, ob Anfragen hereinkommen.

Der Netzwerkcheck auf den Seiten des Heise-Verlags ermöglicht Ihnen, die Ports gezielt zu prüfen, der Onlinecheck von Symantec leistet aber Ähnliches. Den Netzwerkcheck starten Sie durch Klick auf *Windows* unter *Tests*. Die können auch Linux-Systeme testen lassen.

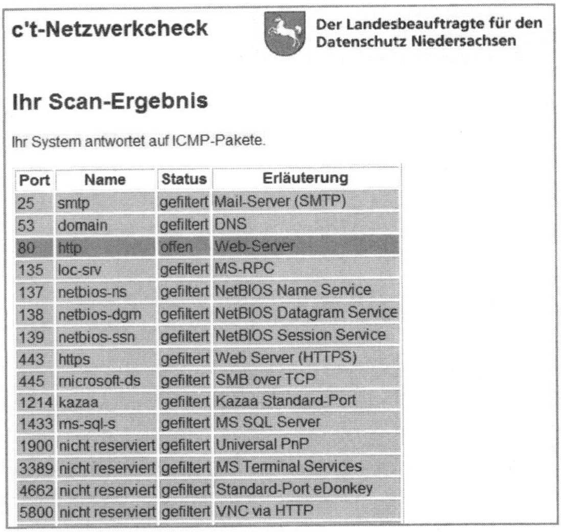

c't-Netzwerkcheck

Der Landesbeauftragte für den Datenschutz Niedersachsen

Ihr Scan-Ergebnis

Ihr System antwortet auf ICMP-Pakete.

Port	Name	Status	Erläuterung
25	smtp	gefiltert	Mail-Server (SMTP)
53	domain	gefiltert	DNS
80	http	offen	Web-Server
135	loc-srv	gefiltert	MS-RPC
137	netbios-ns	gefiltert	NetBIOS Name Service
138	netbios-dgm	gefiltert	NetBIOS Datagram Service
139	netbios-ssn	gefiltert	NetBIOS Session Service
443	https	gefiltert	Web Server (HTTPS)
445	microsoft-ds	gefiltert	SMB over TCP
1214	kazaa	gefiltert	Kazaa Standard-Port
1433	ms-sql-s	gefiltert	MS SQL Server
1900	nicht reserviert	gefiltert	Universal PnP
3389	nicht reserviert	gefiltert	MS Terminal Services
4662	nicht reserviert	gefiltert	Standard-Port eDonkey
5800	nicht reserviert	gefiltert	VNC via HTTP

Bild 7.31: Offener Port gefunden: Über den HTTP-Port 80 ist der gescannte PC aus dem Internet erreichbar. HTTP wird für die Übertragung von Webseiten über das Internet verwendet und sollte nur offen sein, wenn ein Webserver verwendet wird.

Es muss erst ein Programm auf dem PC aktiv sein, damit so etwas möglich ist – und das ist heutzutage schneller passiert, als man denkt. So verteilen Hacker beispielsweise Spiele oder Programme, die – einmal auf dem Rechner installiert – im Hintergrund einen Port öffnen und mit einem fernen, fremden PC des Hackers Kontakt aufnehmen.

Über einen Trojaner kann der Hacker Daten und Programme einsehen und zerstören oder gar Kontonummern, Kennwörter und PINs ausspionieren. Ist Windows auf dem aktuellen Stand und eine Firewall im Einsatz, sind Sie relativ sicher vor solchen Angriffen. Doch bei der Konfiguration der Firewall sollten Sie darauf achten, dass Sie möglichst wenige Programme automatisiert über die Internet-Firewall arbeiten lassen, um den Überblick nicht zu verlieren.

Schutz dagegen bieten ein restriktiver Umgang in Sachen Softwareinstallation und eine Personal Firewall. So sollten Sie nur wirklich nötige Software auf Ihrem PC installieren. Freeware etc. aus dem Internet sollten Sie direkt beim Hersteller und nicht von irgendwelchen Hacker- und Freewareseiten herunterladen. Suchen Sie grundsätzlich zum Download nur vertrauenswürdige Seiten auf. Das sind einmal die Hersteller selbst, aber auch die großen PC-Magazine, die sich keine Verbreitung von Trojanern leisten können.

Wenn ein Programm wirklich nur über eine fragwürdige Seite zu erhalten ist, stellen Sie sich die einfache Frage, wie viel Sie bereit wären, für das Programm zu zahlen. Überlegen Sie sich dann, ob das Programm auch einen Datenverlust rechtfertigen würde. In der Regel fallen solche schwarzen Schafe schnell auf.

Anbieter, die modifizierte, böswillige Software zum Herunterladen zur Verfügung stellen, arbeiten auch mit lästigen Porno- und Sex-Pop-ups und entsprechender Bannerwerbung, um die Serverkosten zu refinanzieren. Absoluten Basisschutz bietet eine sogenannte Personal Firewall wie beispielsweise ZoneAlarm oder die Norton Firewall von Symantec.

7.4 Sicherheitslöcher entdecken mit MS MBSA

In Sachen Sicherheit hat Microsoft in den letzten Jahren, nicht zuletzt mit der Einführung von Windows Vista, enorm aufgeholt. Neben regelmäßigen Patches für die Betriebssysteme steht im Internet auch ein kostenloses Programm, der Microsoft Baseline Security Analyzer, kurz MBSA, zum Download zur Verfügung. Der MBSA prüft Windows-Systeme auf Sicherheitslücken und fehlende Patches, Schwächen des Dateisystems, leicht zu erratende Passwörter und weitere mögliche Schwachstellen. Nach der Prüfung gibt das Programm zu guter Letzt Tipps und Ratschläge.

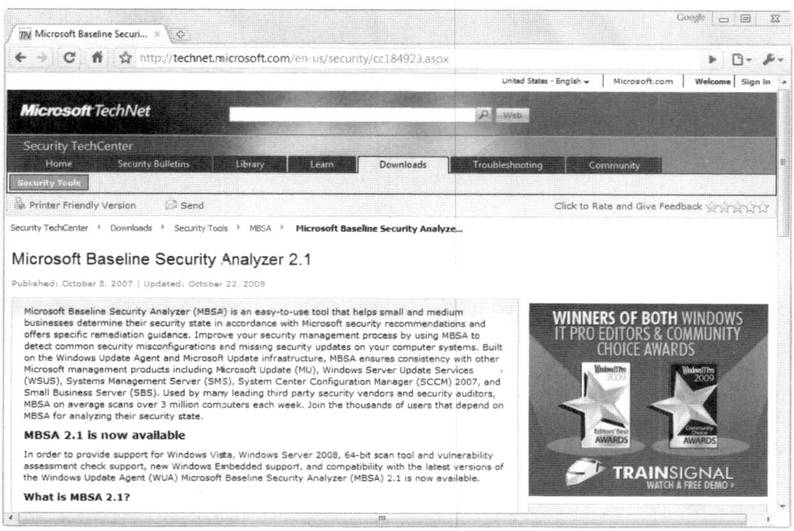

Bild 7.32: Suchen Sie auf der Seite *www.microsoft.com/germany* nach dem Begriff *MBSA* und laden Sie das Programm herunter. Da es häufig aktualisiert und erweitert wird, sollte es regelmäßig neu heruntergeladen und installiert werden.

Die Installation des MBSA ist in wenigen Minuten abgeschlossen. Starten Sie die Installation durch einen Doppelklick auf das mit *mbsasetup-de* benannte Symbol. Nach dem Start der Installation klicken Sie sich durch, bis die Installation abgeschlossen ist. Anschließend starten Sie das MBSA-Tool über *Start/Programme/ Microsoft Baseline Security Analyzer*.

Schwachstellen finden mit Microsofts MBSA

Nach dem Start erscheint der Begrüßungsdialog, der ähnlich wie das Windows XP- und Vista-Sicherheitscenter aufgebaut ist. Einmal installiert, können Sie mit dem MBSA nicht nur den Rechner prüfen lassen, auf dem er installiert ist, sondern auch andere Rechner, die sich im Heimnetzwerk befinden.

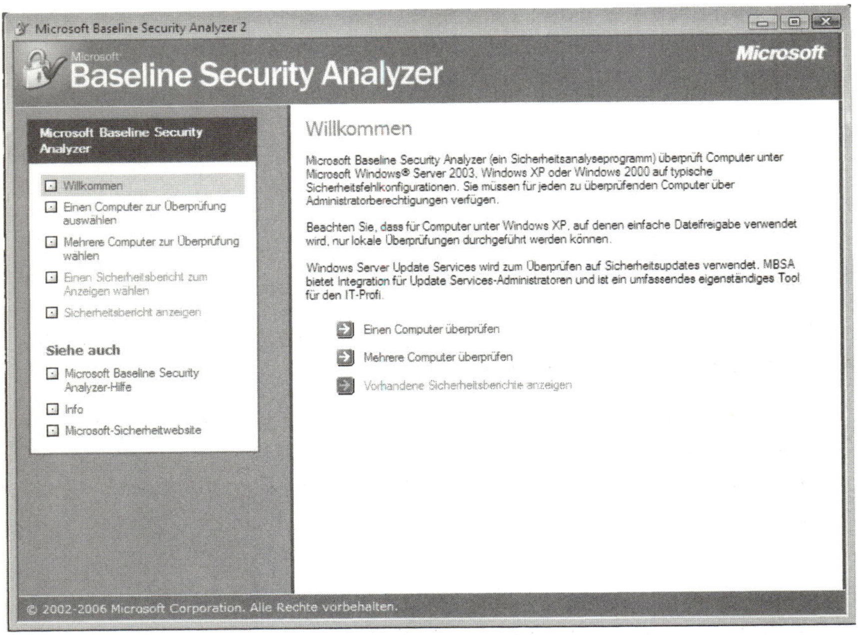

Bild 7.33: Nach dem Klick auf den Link *Einen Computer überprüfen* legt der MBSA mit der Überprüfung des PCs los.

Beim lokalen sowie beim Netzwerkzugriff via MBSA meckert eine aktive Personal Firewall. Nur wenn die Firewall MBSA zulässt, ist ein Zugriff aufs Netz möglich. Im nächsten Schritt können Sie einen Computer zur Überprüfung auswählen. Ist der Computername nicht bekannt, geben Sie einfach die IP-Adresse des Rechners an.

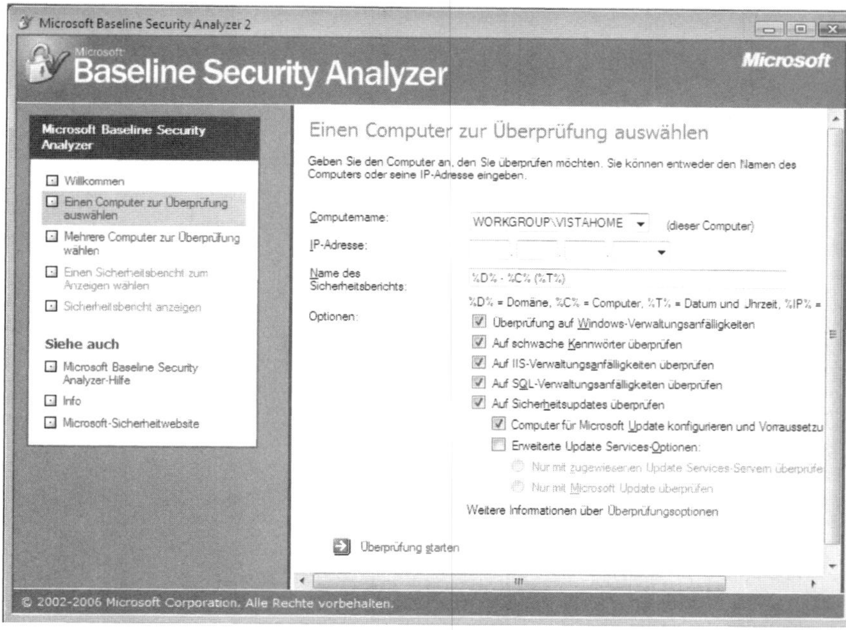

Bild 7.34: Die unter *Optionen* aufgeführten Kontrollkästchen sollten alle eingeschaltet bleiben, damit ein ausführlicher Bericht generiert wird.

Wer die Netzwerküberprüfung nicht starten möchte, kann durch einen Klick auf *Überprüfung starten* den Prüfvorgang des PCs sofort beginnen. Im Fall eines Netzwerks sollten die zu überprüfenden Rechner natürlich erst festgelegt werden. Dafür ist die Option *Mehrere Computer zur Überprüfung wählen* im linken Fensterbereich zuständig.

Danach erstellt der MBSA einen Bericht, in dem die Sicherheitsprobleme des Systems aufgelistet sind. Ein Klick auf *Vorgehensweise zur Behebung* zeigt Hinweise zur Behebung des Problems an. Erscheinen mehrere Hinweise, arbeiten Sie die im Bericht aufgelisteten Probleme in der Reihenfolge ihrer Bedeutung ab. Hier können Sie über das Listenfeld *Sortierreihenfolge* die Grundeinstellung *Wertung (schlechteste zuerst)* belassen.

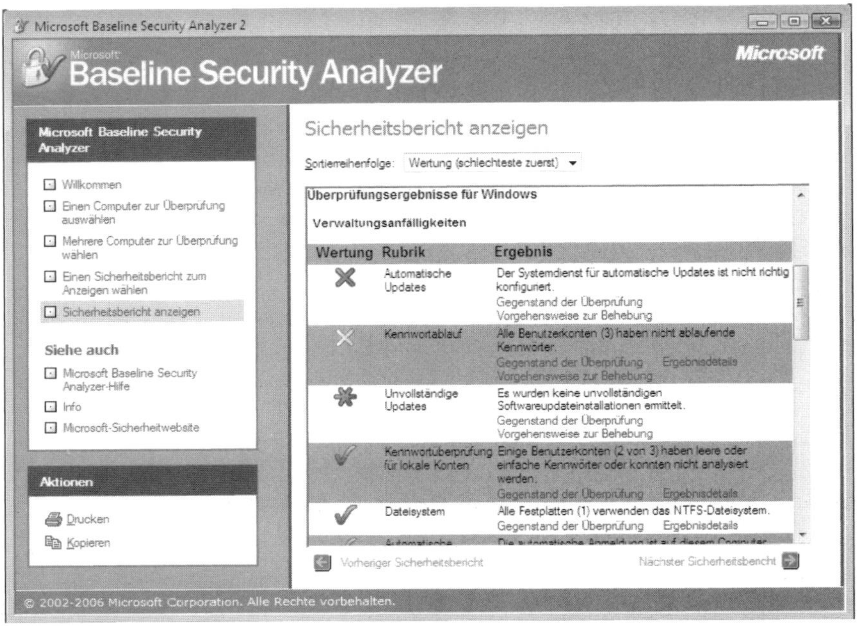

Bild 7.35: Nähere Hinweise zu Prüfergebnissen erhalten Sie per Klick auf den Link *Gegenstand der Überprüfung.*

7.5 Windows anpassen und sicherer machen

Egal ob Windows XP, Windows Vista oder Windows 7, jedes Windows hat seine Schwächen und kann den Rechner im Internet nicht zu 100 % schützen. Aber Sie können es den Angreifern so schwer wie möglich machen, indem Sie Schwachstellen abschalten und mit simplen Konfigurationstricks die größten Scheunentore schließen. Am häufigsten kommt es vor, dass Benutzer mit dem Administratorkonto im Internet unterwegs sind – im Fall eines Angriffs oder Virenbefalls liegen die Daten dann abholbereit vor. Das muss nicht sein: In diesem Abschnitt erfahren Sie, wie mit einfachen Maßnahmen Windows eine gewisse Sicherheit im Netzwerk eingehaucht wird.

Surfen ist für Administratoren tabu

Normalerweise sollte nur ein Benutzerkonto Administratorrechte besitzen – Ihr Konto natürlich. Administratoren genießen besondere Rechte. Für Administratoren zählen keine Zugriffsbeschränkungen auf das System, sie können Software hinzufügen und entfernen, weitere Benutzer anlegen, Systemdienste starten und so weiter. Surfen Sie nun beispielsweise mit Administratorrechten im Internet und erwischen ein böses ActiveX-Control, wird dieses auch im administrativen Kontext ausgeführt.

Überprüfen Sie also vor dem Öffnen solcher Webseiten – oder besser noch vor dem Start des entsprechenden Systems –, welche Konten auf dem Rechner existieren und welche Rechte die entsprechenden User jeweils haben. Am besten ist es, Sie erstellen für solche Zwecke eigens ein Konto mit begrenzten Rechten – also ohne administrative Rechte.

Windows 7: Aktivieren der Benutzerkontensteuerung

In früheren Windows-Versionen gab es häufig Probleme mit eingeschränkten Benutzerkonten. Bestimmte Einstellungen ließen sich nicht vornehmen und Programme nicht starten. Aus diesen Gründen meldeten sich viele Benutzer im Alltag mit Administratorrechten an und machten dadurch ihr System sehr anfällig für Fehlbedienung und bösartige Software. Seit Windows Vista verwendet Windows eine neuartige Benutzerkontensteuerung, einen Administrator mit eingeschränkten Rechten.

Was auf den ersten Blick sinnlos klingt, kann bei der alltäglichen Arbeit sehr nützlich sein. Für alle systemkritischen Vorgänge fragt Windows 7 explizit nach Zustimmung. Alle Funktionen in der Windows-Benutzeroberfläche, die eine solche Zustimmung erfordern können, sind mit einem vierfarbigen Schildsymbol gekennzeichnet. Die meisten davon finden sich in der *Systemsteuerung*.

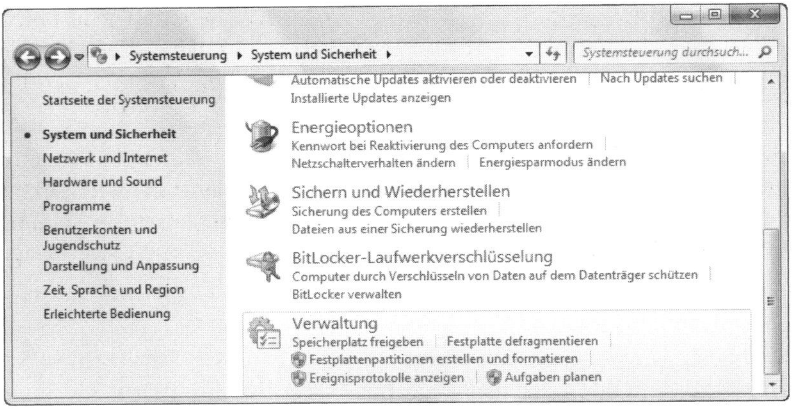

Bild 7.36: Sicherheitskritische Funktionen werden in der *Systemsteuerung/ System und Sicherheit* mit einem Schildsymbol gekennzeichnet.

Beim Anklicken einer geschützten Funktion erscheint das Dialogfeld *Zur Fortsetzung des Vorgangs ist Ihre Zustimmung erforderlich.* Wenn Sie bereits als Benutzer mit Administratorrechten angemeldet sind, können Sie hier einfach auf *Fortsetzen* klicken. Benutzer mit eingeschränkten Rechten können die Daten eines Administrators eingeben und die Funktion so trotzdem ausführen. Man braucht sich also nicht ab- und wieder neu anzumelden. Die Administratorrechte gelten auch nur für diesen einen Dialog und nicht systemweit.

Wenn Sie diesen Dialog nach einer gewissen Zeit nicht beantwortet haben, wird er automatisch wieder abgeschaltet, und die entsprechende Funktion wird nicht ausgeführt. Auf diese Weise soll verhindert werden, dass bösartige Software das System automatisch umgeht.

Ein weiterer Schutz vor automatischem Klicken ohne Nachfrage ist der sichere Desktop. Beim Einblenden einer solchen Zustimmungsabfrage werden alle anderen Elemente der Windows-Benutzeroberfläche vorläufig deaktiviert. So können keine anderen Programme auf den Zustimmungsdialog zugreifen. Auch bei unbekannten Programmen kann die Benutzerkontensteuerung aktiv werden und vor dem Ausführen des Programms nachfragen.

Windows 7: Programme als Administrator starten

Programme, die über das Startmenü aufgerufen werden, haben normalerweise keine Möglichkeit, systemkritische Änderungen vorzunehmen. Möchten Sie ein

Programm mit vollen Administratorrechten starten, sodass Sie damit jede (auch noch so gefährliche) Änderung am System durchführen können, halten Sie die Tasten `Strg`+`Umschalt` gedrückt, während Sie auf das Programmsymbol im Startmenü klicken.

Das funktioniert nur bei Programmen, die direkt in der linken Spalte des Startmenüs angezeigt werden, nicht bei denen unter *Alle Programme*. Dort müssen Sie mit der rechten Maustaste auf ein Programm klicken und im Kontextmenü *Als Administrator ausführen* wählen. Damit verdunkelt sich der Bildschirm, und eine Abfrage der Benutzerkontensteuerung erscheint.

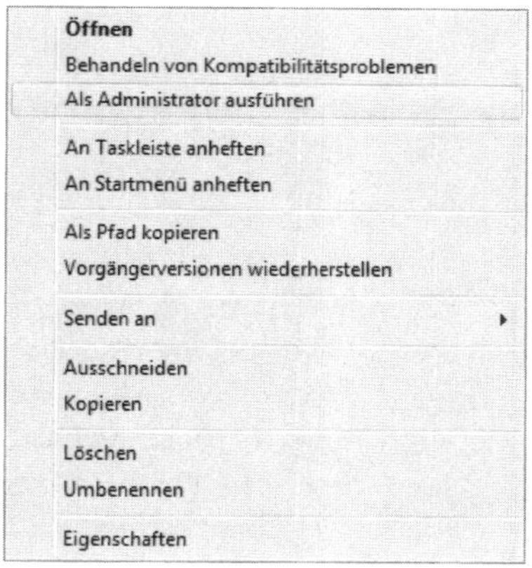

Bild 7.37: Programm mit Administratorrechten starten.

Selbst wenn Sie selbst als Administrator auf dem Computer angemeldet sind, müssen Sie diese Anfrage bestätigen. Als eingeschränkter Benutzer müssen Sie ein Administratorpasswort eingeben, um das Programm in diesem Modus starten zu können.

Windows 7: Anpassen der Benutzerkontensteuerung

Die Benutzerkontensteuerung in Windows Vista wurde von den meisten Benutzern eher als lästig denn als nützlich empfunden, deshalb haben viele Benutzer sie deaktiviert. Windows 7 bietet jetzt eine anpassbare Benutzerkontensteuerung, die sich in der Standardeinstellung nur dann meldet, wenn ein Programm im Hintergrund systemkritische Änderungen an Windows vornehmen will, den Benutzer aber in Ruhe lässt, wenn er selbst Einstellungen verändert.

Nerven Sie die ewigen Nachfragen der Benutzerkontensteuerung trotzdem noch zu sehr oder wollen Sie sich vor eigenen Benutzerfehlern besser schützen, können Sie die Benutzerkontensteuerung ganz deaktivieren oder sich sogar häufiger warnen lassen. Die Einstellungen dazu finden Sie in der *Systemsteuerung* unter *System/ Sicherheit/Wartungscenter/Einstellungen der Benutzerkontensteuerung* ändern.

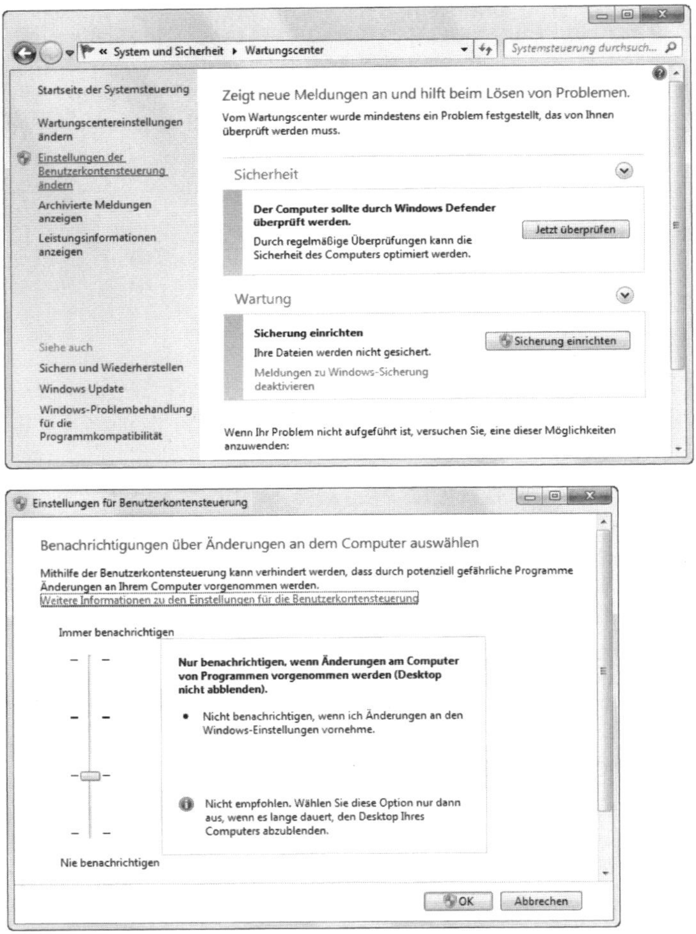

Bild 7.38: Benutzerkontensteuerung anpassen.

Damit diese Änderung wirksam wird, müssen Sie den Computer neu starten.

Windows Vista: Administratorrechte vergeben

Mit der Einführung von Windows Vista präsentierte Microsoft ein neues Sicherheitskonzept unter Windows – UAC (User Access Control) –, was sich mit »Benutzerkontosteuerung« übersetzen lässt. UAC sorgt dafür, dass alle Benutzer – auch die in der Gruppe der lokalen Administratoren – ihre Anwendungen und Aufgaben unter einem Standardbenutzerkonto ausführen. Damit wird der administrative Zugriff auf autorisierte Prozesse eingeschränkt und das System abgesichert.

Auf diese Weise gehören das Ausführen von nicht erlaubten Anwendungen und auch eventuelle versehentliche Änderungen der Systemeinstellungen durch den Benutzer mit Administratorrechten der Vergangenheit an.

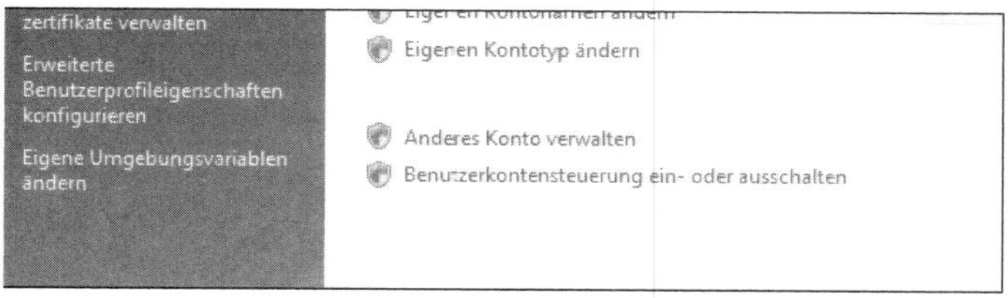

Bild 7.39: Um die Benutzerkontensteuerung ein- oder auszuschalten, wählen Sie das entsprechende Benutzerkonto in der *Systemsteuerung* bei *Benutzerkonten* aus.

Grundsätzlich sind in Windows Vista mit dem Standardbenutzer und dem Administrator zwei Benutzerarten implementiert. Der Standardbenutzer führt Prozesse und Anwendungen unter einem Benutzerkonto aus, das Mitglied in der Gruppe der *lokalen Benutzer* ist.

Der Administrator befindet sich entsprechend in der lokalen Gruppe der *Administratoren.* Startet ein normaler Benutzer eine Anwendung, die administrative Rechte erforderlich macht, werden diese Rechte zur Laufzeit, also nach dem Starten des Programms, angefordert.

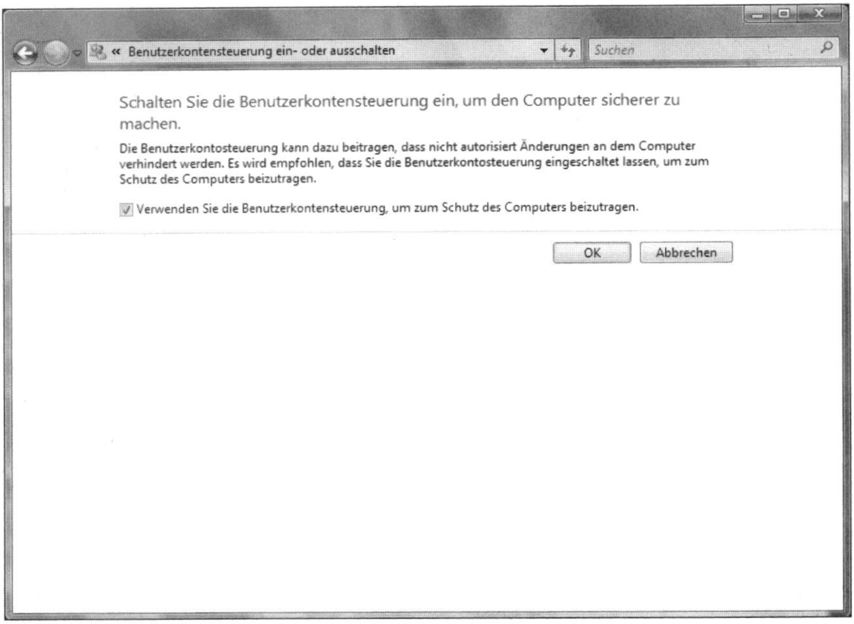

Bild 7.40: Standardmäßig ist die Benutzerkontensteuerung bei jedem angelegten Benutzerkonto aktiv.

Hier blendet Windows Vista dann einen sogenannten Secure Desktop mit darauffolgender Sicherheitsabfrage ein. Arbeitet der angemeldete Benutzer als Standardanwender, wird nach dem Administratorkennwort gefragt. Arbeitet der Benutzer hingegen im Administratormodus, erscheint lediglich ein zusätzliches Fenster, das die Erlaubnis für die Programmausführung einholt.

Bevor eine Anwendung gestartet wird, die administrative Rechte benötigt, fragt Windows Vista den Benutzer, ob die Anwendung mit erweiterten Rechten gestartet werden soll. Dieses UAC-Feature wird auch »Admin Approval Mode« genannt.

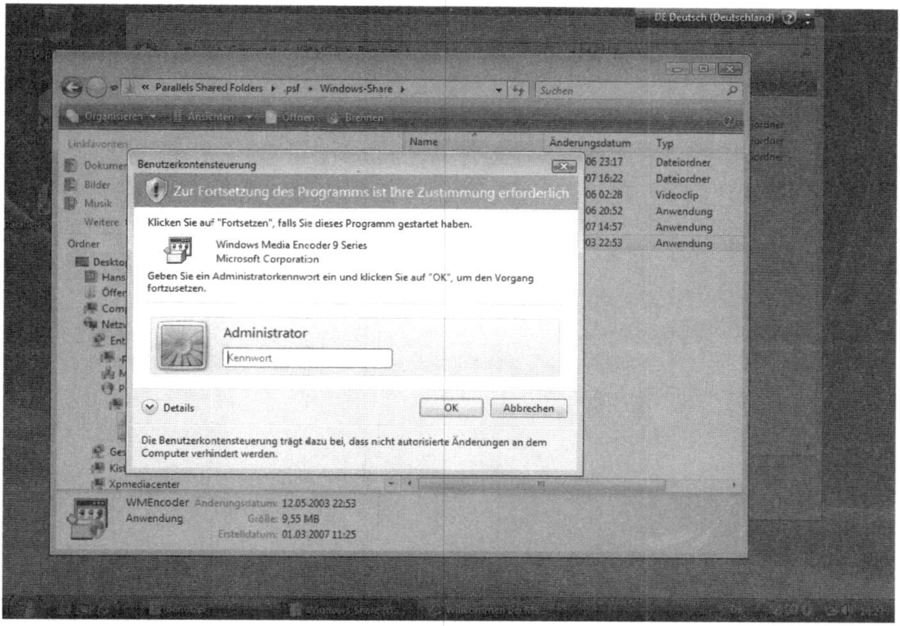

Bild 7.41: UAC in der Praxis: Arbeitet ein Standardbenutzer unter Windows Vista, muss bei Aktionen wie der Installation von Anwendungen oder Gerätetreibern das lokale Administratorpasswort eingegeben werden.

Aus Sicherheitsgründen sollten Windows Vista-Anwender UAC eingeschaltet lassen. Ist aus welchem Grund auch immer UAC deaktiviert, sollte dieser Mechanismus über die Benutzerkontensteuerung eingeschaltet werden.

Windows XP: mehr Sicherheit dank Service Pack 2

Bei Windows XP SP2 ist man etwas besser geschützt als ohne installiertes Service Pack 2: ActiveX-Controls müssen explizit freigegeben werden, sie werden nicht mehr vollautomatisch bei Zugriff auf eine Webseite ausgeführt. Auf diese Weise ist das Installieren von neuen Programmen und damit auch von Webdialern oder das Umkonfigurieren eines DFÜ-Kontos auf dem PC nicht mehr möglich.

Wenn Sie sich den Merkstress sparen möchten, benennen Sie das Konto einfach *Name_Nutzer* oder *Name_surfen.* Dann wissen Sie auch bei familiär genutzten PCs gleich, was Sache ist. Um ein neues Benutzerkonto zu erstellen, öffnen Sie in Windows XP in der *Systemsteuerung* den Dialog *Benutzerkonten.* Mit der Schaltfläche *Neues Konto erstellen* legen Sie ein Konto, also einen Benutzer-Account, an.

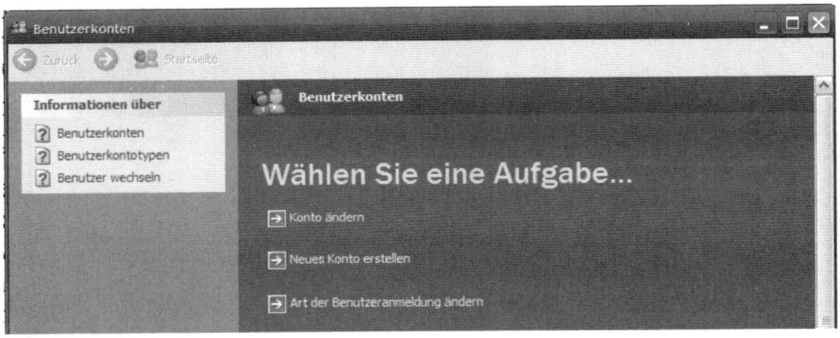

Bild 7.42: Erstellen Sie ein neues Benutzerkonto und vergeben Sie einen aussagekräftigen Namen.

Das Benutzerkonto kann entweder für den Computeradministrator (alle Rechte) oder für normale Benutzer (eingeschränkte Rechte) sein. Wählen Sie für das nicht administrative Konto *Eingeschränkt* aus. Für weitere Benutzerkonten – beispielsweise für Familienmitglieder – gehen Sie analog vor. Damit niemand sonst mit dem neuen Konto arbeiten kann, können Sie dieses mit einem Zugangskennwort versehen. Das erledigen Sie mit einem Klick auf *Kennwort erstellen* und geben das gewünschte Kennwort zweimal ein.

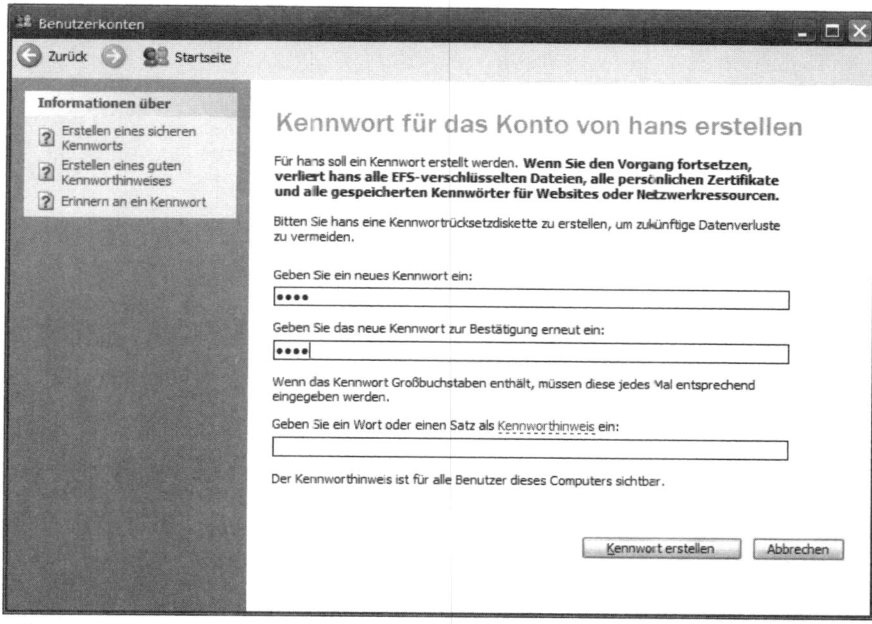

Bild 7.43: Geben Sie das Passwort zweimal ein und klicken Sie auf *Kennwort erstellen*. Windows aktiviert für den neuen Benutzer den Passwortschutz.

Unnötige Netzwerkdienste abschalten

Ist ein Rechner zwar an ein Netzwerk angeschlossen, soll aber nicht an sämtlichen Diensten aktiv teilnehmen, braucht er auch nicht alle Netzwerkdienste. Doch bei Windows XP, Vista und Windows 7 sind viele nicht benötigte Netzwerkdienste standardmäßig aktiviert. Diese sind somit auch von außen erreichbar und angreifbar. Dienste (engl. services) sind nichts anderes als Programme, die beim Start des Betriebssystems mit geladen werden, ohne dass sie explizit gestartet werden müssen.

Die meisten derzeit verbreiteten Würmer nutzen diese bekannten Verwundbarkeiten von Windows-Diensten, die standardmäßig aktiviert sind. Diese lassen sich nicht einfach per *Systemsteuerung* etc. ausschalten – hier sind spezielle Tools wie beispielsweise das Skript von *www.ntsvcfg.de/* nötig.

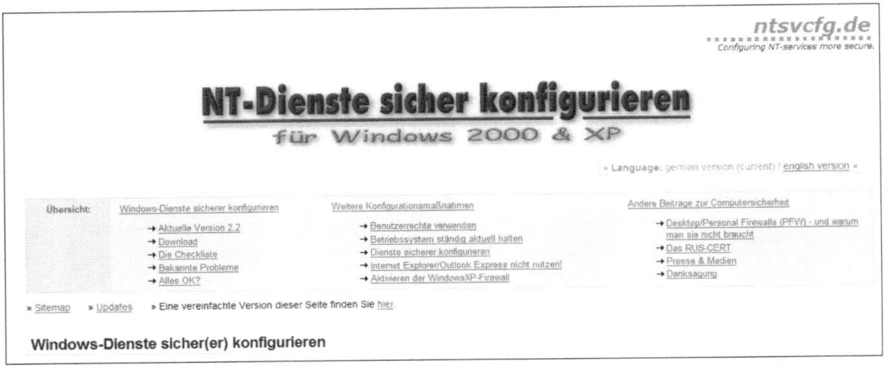

Bild 7.44: *www.ntsvcfg.de*: Hier bekommen Sie alle Informationen zu sinnvollen und nutzlosen Diensten unter Windows XP/2000.

Vorsicht Sicherheitslücke

Manche Dienste stellen zwar eine Sicherheitslücke im Internet dar – wie beispielsweise NetBIOS –, hier ist aber nur *NetBIOS over TCP/IP* zu deaktivieren, falls der Rechner in einem Heimnetz zum Einsatz kommen soll. Dies ist der Schalter *Datei- und Druckerfreigabe über die Netzwerkkarte*, die per TCP/IP angebunden ist. Ist NetBIOS grundsätzlich deaktiviert, ist in der Netzwerkumgebung kein anderer Computer im Heimnetz mehr zu sehen.

Kein Netzwerk, keine Freigaben

Haben Sie kein Heimnetz im Einsatz und wollen keine Daten mit anderen Computern über den Windows Explorer austauschen, ist die Windows-Freigabe witzlos. Schalten Sie sie einfach aus. Dafür melden Sie sich zunächst mit Administratorrechten bei Windows an. Das ist wichtig, weil Sie als eingeschränkter Benutzer keine Veränderungen an den Eigenschaften der Netzwerkverbindungen vornehmen können.

Öffnen Sie nun die Systemsteuerung über *Start/Systemsteuerung*. Bei *Netzwerk und Internet/Netzwerk- und Freigabecenter* finden Sie im Bereich *Netzwerk* unter *Verbindung* den Link *Status anzeigen*. Rufen Sie dort *Eigenschaften* auf.

Im Register *Netzwerk* sehen Sie unter anderem, welche Clients, Dienste und Protokolle an den DFÜ-Adapter bzw. die Netzwerkkarte gebunden sind. Das TCP/IP-Protokoll wird immer benötigt, die anderen Dinge jedoch nicht. Markieren Sie

TCP/IP und klicken Sie auf *Eigenschaften*. Dort sind die Punkte *IP-Adresse automatisch beziehen* und *DNS-Serveradresse automatisch beziehen* zu sehen.

Die scheinbar einfachen Einträge sorgen dafür, dass der PC bei jeder neuen Einwahl in das Internet diese Adressen automatisch vom Provider bekommt. Die IP-Adresse ist bei jeder Einwahl eine andere und wird automatisch aus dem Adresspool des Providers zugeteilt. Die DNS-Serveradressen sind in der Regel immer die gleichen, da sie notwendig sind, um überhaupt im Internet surfen zu können. QoS soll stets eine feste, reservierte Bandbreite garantieren, was gerade bei Echtzeitkommunikation und -anwendungen sinnvoll ist.

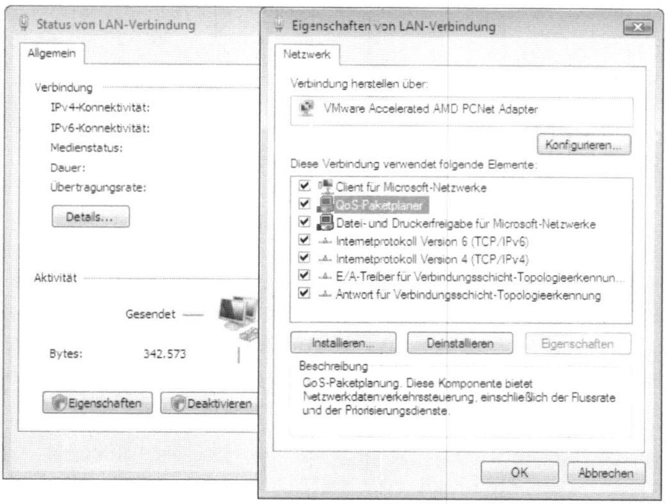

Bild 7.45: Egal ob Modem, ISDN oder Netzwerkkarte: Bei dem Internetgerät stellen die Optionen ***Datei- und Druckerfreigabe für Microsoft-Netzwerke*** sowie ***Client für Microsoft-Netzwerke*** ein großes Sicherheitsloch dar. Deaktivieren Sie deshalb beide Schalter.

Die Einstellungen *Datei- und Druckerfreigabe für Microsoft-Netzwerke* sowie *Client für Microsoft-Netzwerke* sind für die Sicherheit nach außen enorm wichtig: Beide dürfen grundsätzlich niemals direkt an der Netzwerkschnittstelle, die für den Internetzugriff sorgt, aktiviert sein, sonst können Fremde Ihre Daten auf dem Rechner ausspionieren. Die Dateifreigabe schalten Sie nur dann ein, wenn Sie im lokalen Netz Dateien austauschen möchten, nicht aber im Internet.

Gute DSL-Router unterbinden NetBIOS-Verbindungen in das Internet, die für die Drucker- und Dateifreigabe zuständig sind. Natürlich besteht diese Gefahr nur, wenn Sie Freigaben eingerichtet und Zugangsberechtigungen erteilt haben, jedoch funktionieren die sogenannten Administratorfreigaben über *C:\$* etc. bei Windows XP Professional-, Windows 2000- und NT-Anwendern immer! Sie müssen nachträglich deaktiviert werden, da Administratorfreigaben nach einer Standard-Windows-Installation grundsätzlich immer aktiv sind.

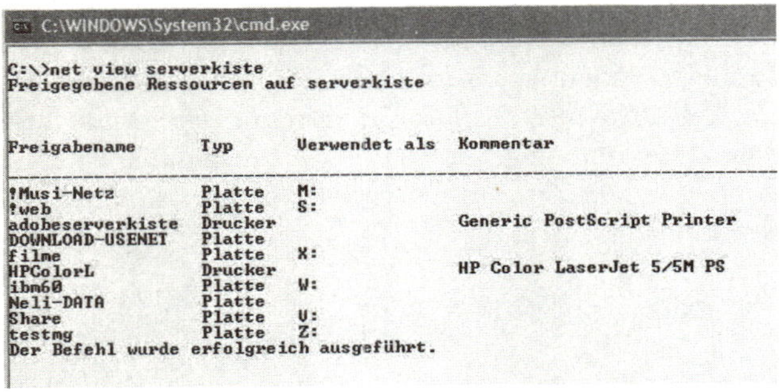

Bild 7.46: Welche Freigaben per NetBIOS im Netzwerk bzw. bei einem Computer existieren, erfahren Sie am schnellsten über die MS-DOS-Eingabeaufforderung: Mit dem Befehl *net view \\RECHNERNAME* (oder IP-Adresse) werden sämtliche Freigaben aufgelistet.

Mit einer administrativen Freigabe können Sie mit dem Administratorkonto über das Netzwerk eine Verbindung einrichten, vorausgesetzt, das Administratorpasswort ist bekannt. Deshalb sollten Sie für das Administratorkonto ein möglichst kompliziertes Passwort verwenden, damit Bruteforce-Hacker-Attacken, bei denen Buchstabenkombinationen und lexikalische Wortlisten ausprobiert werden, relativ wenige Chancen haben.

Auch der Client für Microsoft-Netzwerke ist über das Internet ansprechbar. Er koppelt NetBIOS über TCP/IP (NBT) an den DFÜ-Adapter, und damit läuft NetBIOS über das Internet. Hier gilt in puncto Datensicherheit das Gleiche wie bei der Dateifreigabe.

Also: Wer nur im Internet arbeitet, braucht NetBIOS & Co. nicht – deshalb am besten gar nicht erst installieren und nur TCP/IP verwenden. Wenn Sie dagegen mit mehreren PCs ein kleines Heimnetzwerk aufgebaut haben, werden Sie die Freigaben nicht missen wollen. Dann ist es besonders wichtig, dass der DSL-Router keine Windows-Freigaben nach außen zulässt – und dies ist glücklicherweise in der Regel der Fall.

Freigegebene Ordner vor neugierigen Blicken schützen

Die Namen von freigegebenen Ordnern unter Windows sind beim Erstellen einer Netzwerkbindung für jeden Benutzer sichtbar, auch wenn keine Berechtigung vorhanden ist, diese Ordner zu öffnen. Möchten Sie den Namen eines freigegebenen Ordners vor neugierigen Blicken schützen, fügen Sie dem Freigabenamen ein $ hinzu. Windows erstellt standardmäßig einige versteckte Freigaben wie beispielsweise die für den Windows-Odner (*Admin$*) oder für Laufwerk C:\ (*C$*).

Erstellen Sie beispielsweise einen Ordner mit dem Namen *TESTVERZEICHNIS* und eine Freigabe *Testverzeichnis$*. Möchte sich nun jemand mit diesem Ordner verbinden, muss der Freigabename des Ordners bekannt sein, da dieser in der Netzwerkumgebung nicht mehr angezeigt wird. Geben Sie nun den Namen der Freigabe manuell ein, dürfen Sie beim Erstellen der Netzwerkverbindung das $-Zeichen nicht vergessen.

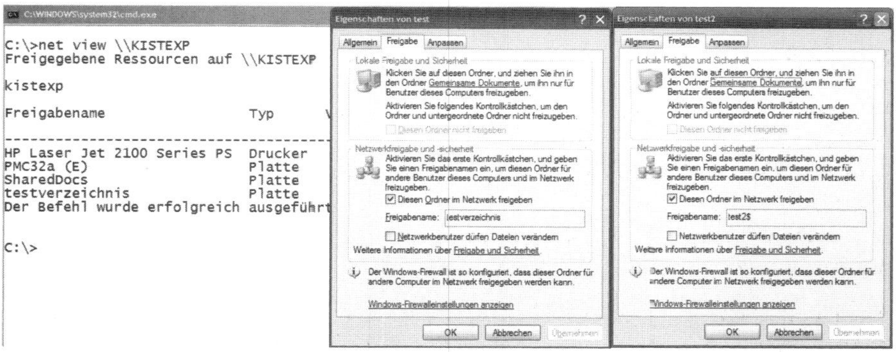

Bild 7.47: Die zweite Freigabe wurde erfolgreich versteckt.

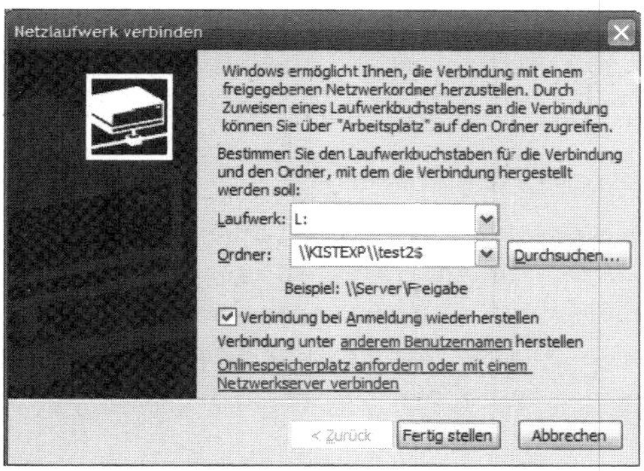

Bild 7.48: So erstellt man ein Netzwerklaufwerk im Explorer mit einer versteckten Freigabe: *Extras/Netzlaufwerk verbinden* und dann den Freigabenamen mit dem $ eintragen (Syntax: */RECHNERNAME\ FREIGABENAME$*).

Windows XP: Nachrichtendienst abschalten

Kaum ein Tag vergeht ohne Spam-E-Mails und unerwünschte Nachrichten, die selbst bei nicht geöffnetem Internetbrowser auf dem Windows-Desktop erscheinen. Da es gerade bei den über den Windows-Nachrichtendienst versendeten Botschaften schwer fällt, den Urheber der unerwünschten Nachrichten zu ermitteln, ist es sinnvoll, dieses Schlupfloch ein für allemal zu schließen.

Gerade bei Windows wird dieser Nachrichtendienst automatisch mitinstalliert und bei jedem Systemstart geladen. Andere Windows-Betriebssysteme sind ebenfalls mit dem Nachrichtendienst ausgestattet – hier wird dieser erst nach der Installation der Netzwerkverbindung aktiv.

Dabei ist der Einsatz des Windows-Nachrichtendiensts im LAN-Netzwerk durchaus sinnvoll: Soll an andere Benutzer im LAN eine kurze Nachricht gesendet werden, geschieht dies in der MS-DOS-Eingabeaufforderung: Mit dem *net*-Befehl können Sie an andere Clients im LAN Kurznachrichten verschicken, indem Sie in einem DOS-Fenster den Befehl *net send* verwenden. Mit dem Kommando:

```
net send tester "Hallo, das ist ein Test"
```

senden Sie an die Login-Kennung *tester* den Text »Hallo, das ist ein Test«. Ist dieser momentan im Netz eingeloggt, wird ihm nun eine kleine Dialogbox mit dem Nachrichtentext angezeigt. Es können auch sämtliche eingeloggten Anwender auf einen Schlag erreicht werden, indem Sie den Login-Namen durch ein * ersetzen.

Alternativ können Sie statt des Login-Namens die IP-Adresse des Rechners verwenden – und genau diesen Mechanismus verwenden die Spam- und Hackertools. So kann bei eingeschaltetem Nachrichtendienst eine Vielzahl von Anwendern mit unerwünschten Nachrichten belästigt werden

Unter Windows Vista und Windows 7 hat Microsoft lobenswerterweise den Parameter *send* für den *net*-Befehl entfernt. Damit sind diese nervigen und zeitraubenden Nachrichten Geschichte – unter Windows XP gehen Sie folgendermaßen vor:

▲ Nachrichtendienst per Systemsteuerung abschalten

Möchten Sie auf Nummer sicher gehen, schalten Sie den Nachrichtendienst einfach aus. Dies geht am einfachsten per *Systemsteuerung*: Über *Verwaltung/Computerverwaltung/Dienste* kommen Sie zu den Diensten – dort ist auch der Nachrichtendienst zu finden. Dieser wird in Windows XP bei jedem Systemstart neu gestartet und ist grundsätzlich aktiv. Deshalb reicht es nicht, den Dienst einfach zu stoppen, sondern auch der Starttyp muss geändert werden.

Zunächst beenden Sie den Nachrichtendienst mit einem Klick auf die *Beenden*-Schaltfläche. Anschließend wählen Sie im Drop-down-Feld für den *Starttyp Deaktiviert* aus und klicken auf die Schaltfläche *Übernehmen*. Nun ist der Nachrichtendienst deaktiviert und bleibt auch nach dem Neustart des PCs ausgeschaltet.

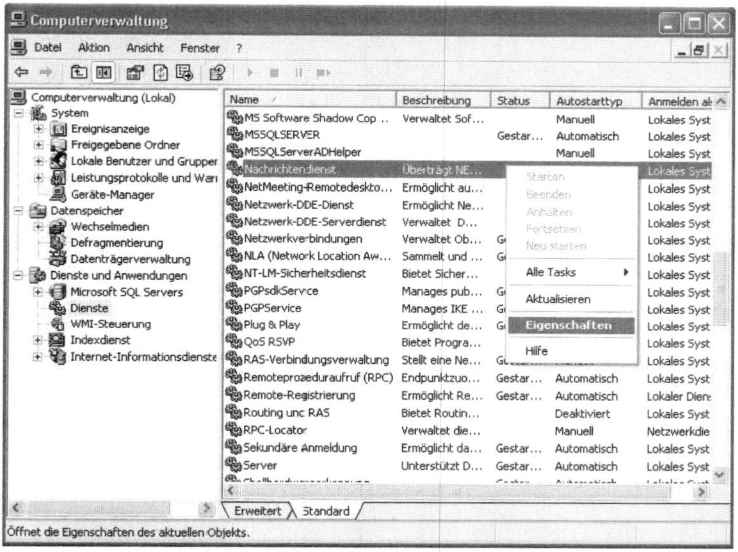

Bild 7.49: Wählen Sie über die *Start* Schaltfläche *Einstellungen/Systemsteuerung/Verwaltung/Computerverwaltung/Dienste* aus. Dort können Sie den Nachrichtendienst konfigurieren bzw. ausschalten.

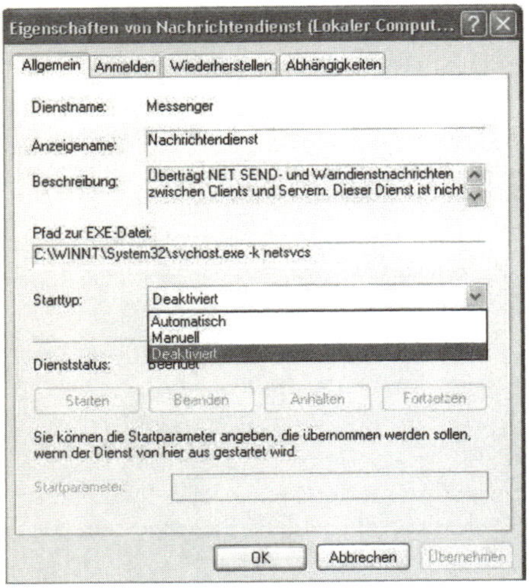

Bild 7.50: Eingriff mit Folgen: Nur wenn der *Starttyp* auf *Deaktiviert* eingestellt ist, unterbleibt der Start des Nachrichtendiensts beim Windows-Systemstart.

▲ Den Nachrichtendiesnt mit xp-AntiSpy abchalten

XP-Nutzer haben's auf Wunsch auch etwas bequemer: Sie können auf das Antispy-Werkzeug xp-AntiSpy zurückgreifen. Um zu testen, ob Sie den Nachrichtendienst erfolgreich deaktiviert haben, nutzen Sie am besten die Testseite *www.mynetwatchman.com/kb/winpopup.asp.*

Erscheint nach dem Selbsttest auf Ihrem Monitor ein Nachrichtendienst-Pop-up, heißt es handeln: Überprüfen Sie nochmals die Einstellungen bei dem Windows-Nachrichtendienst. Erscheint hingegen eine Testseite mit Ihrer IP-Adresse, ist alles in Ordnung – der PC wird von der Firewall geschützt, bzw. der Nachrichtendienst ist deaktiviert.

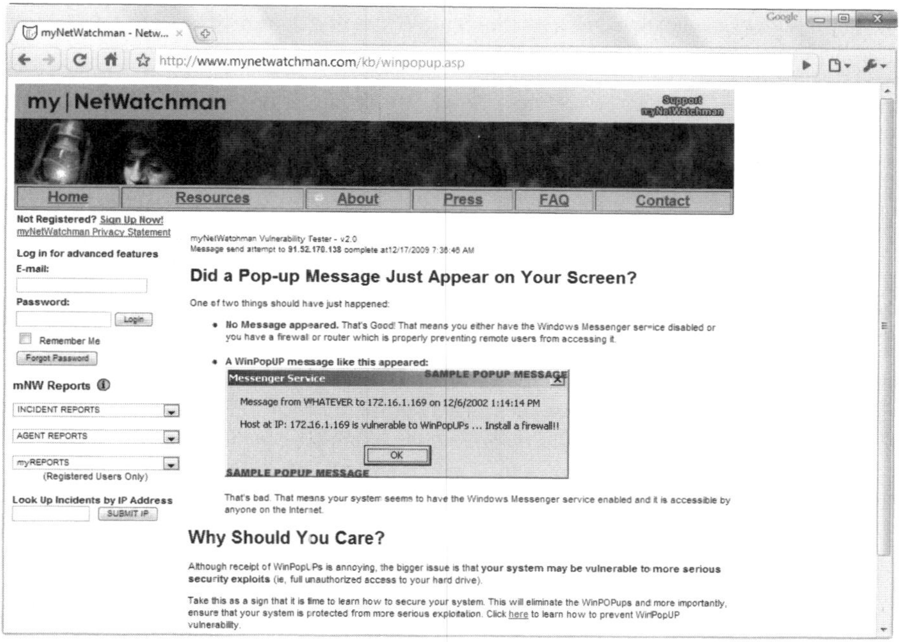

Bild 7.51: Mit einem Klick auf *Send WinPopUPMessage to myself* testen Sie, ob der tückische Windows-Nachrichtendienst auf Ihrem PC aktiv ist oder nicht.

7.6 Mehr Sicherheit für den Internet Explorer

Beim Surfen im Internet ist die ordnungsgemäße und sichere Konfiguration des Browsers das A und O, um die Risiken bei Angriffen und Spionageversuchen über das Internet zu minimieren. Gerade bei aktiven Inhalten ist der Internet Explorer anfällig für Angriffe, da hier Dateien ausgeführt werden können, die das Betriebssystem oder Teile davon lahmlegen können. Aktive Inhalte können über JavaScript, Java, ActiveX, Active Scripting oder VBScript ausgeführt werden – der größte Unsicherheitsfaktor ist ActiveX.

Während JavaScript den Download von Installationsprogrammen steuert, werden die ActiveX-Controls beispielsweise für die Installation gefährlicher Dialer verwendet. Ganz auf der sicheren Seite sind Sie, wenn Sie neben ActiveX auch JavaScript deaktivieren, doch der Praxisnutzen leidet darunter stark: JavaScript wird sehr häufig auch auf Webseiten für die Steuerung und Navigation verwendet. Ist

JavaScript deaktiviert, werden verschiedene Webseiten falsch oder überhaupt nicht dargestellt.

Bei Windows XP samt installiertem SP2 warnt der XP-Sicherheitsmechanismus vor dem Download und dem Ausführen von ActiveX- und JavaScript-Komponenten. Hier muss der Anwender selbst entscheiden, ob er das Skript ausführt oder nicht.

Bild 7.52: **Mit installiertem SP2 werden unter Windows XP ActiveX-Steuerelemente vom Browser geblockt. Nur bei wirklich vertrauenswürdigen Seiten sollten Sie im Kontextmenü den Eintrag *ActiveX-Steuerelement installieren* auswählen.**

Beim Internet Explorer 8 und mit der Einführung von Windows 7 ist die Handhabung von ActiveX-Controls deutlich sicherer geworden – teilweise so sicher, dass genervte Anwender die Sicherheitseinstellungen am liebsten auf das niedrigste Level setzen möchten, um Webseiten ohne unzählige Bestätigungsklicks bzw. in einer kastrierten Form anschauen zu müssen. Hier ist Abwägen angesagt: Einerseits will man keine Funktionalität verlieren, andererseits soll das Surfen so sicher wie möglich vonstatten gehen.

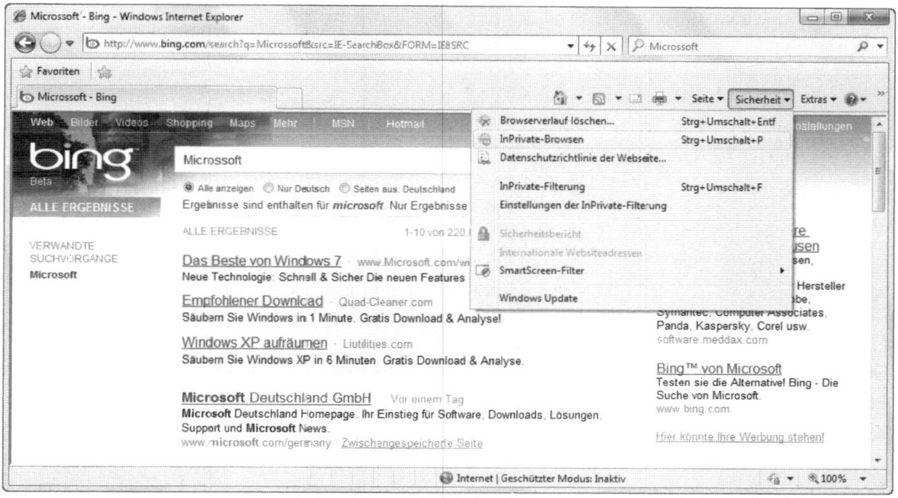

Bild 7.53: Aufruf der Sicherheitseinstellungen im neuen Internet Explorer 8.

Abhängig davon, welchen Internetbrowser Sie einsetzen, sind die Einstellungsmöglichkeiten unterschiedlich. Die in der Tabelle beschriebenen Optionen sind ab Internet Explorer 6 verfügbar und teilweise auch in älteren Versionen implementiert. Benutzer anderer Browser wie Mozilla Firefox oder Apple Safari surfen normalerweise sicherer, da diese Browser das gefährliche ActiveX nicht verarbeiten.

Kritisch wird es nur, wenn Sie ein Plug-in installiert haben, das IE-Tabs ermöglicht. Dann nutzt Firefox die Internet Explorer-Engine zur Darstellung der Webseiteninhalte und konfrontiert Sie plötzlich mit der im Firefox unbekannten Nachfrage in Sachen ActiveX. Auch Pop-ups werden von alternativen Browsern besser verarbeitet und gar nicht erst angezeigt. Sowohl beim Internet Explorer 8 als auch beim Internet Explorer 7 (ab Windows XP SP2) sollten Sie die lästigen Pop-ups deaktivieren – in diesem Fall ist das Installieren eines zusätzlichen Pop-up-Blockers nicht mehr notwendig.

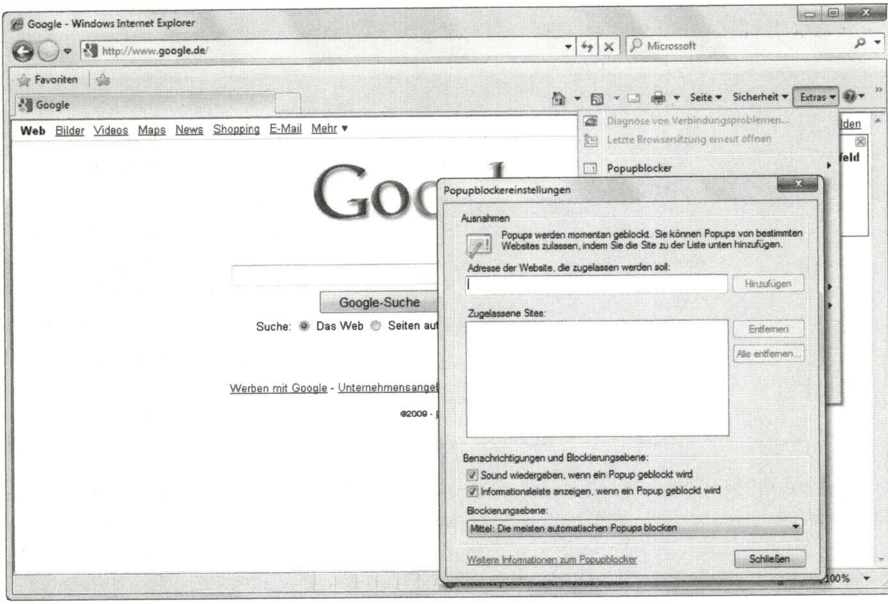

Bild 7.54: Im Menü *Extras/Popupblocker* finden beim Internet Explorer 8 die Popupblockereinstellungen.

Internet Explorer 8: Sicherheitsstufen festlegen

Das Windows- bzw. Internet Explorer-Sicherheitsmodell beruht auf einem Zonenmodell (*Internet, Lokales Intranet, Vertrauenswürdige Sites, Eingeschränkte Sites*). Diese Zonen ermöglichen das Anpassen der Sicherheitseinstellungen an Ihr eigenes Sicherheitsbedürfnis.

▲ Die Sicherheitszonen im Überblick

Sicherheitszone	Standardsicherheitsstufe	Bemerkung
Internet	Mittel	Die Zone *Internet* umfasst alle Webseiten, die in keiner der anderen Zonen enthalten sind.
Lokales Intranet	Niedrig	Alle zugelassenen Webseiten in dieser Zone sollten sich innerhalb des Heimnetzes und in Reichweite der Firewall befinden.

Sicherheitszone	Standardsicherheitsstufe	Bemerkung
Vertrauenswürdige Sites	Niedrig	Webseiten in der Zone *Vertrauenswürdige Sites* dürfen erheblich mehr Vorgänge ausführen und verlangen weniger Klicks – also Sicherheitsentscheidungen. Es sollten nur dann Webseiten dieser Zone hinzugefügt werden, wenn Sie sicher sind, dass diese Webseite keinen Schaden anrichten kann. Gerade bei Mail- oder Onlinebanking-Webseiten sollten Sie auf das verwendete HTTPS-Protokoll (Hypertext Transmission Protocol, Secure) bei der Verbindung achten (erkennbar im Browser als https://-Verbindung).
Eingeschränkte Sites	Hoch	Diese Zone beherbergt Webseiten, die als nicht vertrauenswürdig gelten. Damit werden aktive Inhalte und Skripten nicht ausgeführt – nur der »nackte« Text ist zu sehen.

Für jede sogenannte Webinhaltszone wie *Internet, Lokales Intranet, Vertrauenswürdige Sites* und *Eingeschränkte Sites* können Sie die Einstellungen einzeln festlegen. Die lokale Zone spielt für Webseiten im Allgemeinen keine Rolle, außer es ist eine Intranetseite im Heimnetzwerk.

▲ Bedeutung der vorgegebenen Sicherheitsstufen

Sicherheitsstufe	Bemerkung
Hoch	Für Sicherheitsfetischisten, die maximale Sicherheit benötigen, empfehlenswert: Hier sind die weniger sicheren Browserfunktionen abgeschaltet. Gerade wenn Sie Webseiten besuchen, die zweifelhafte Dateien und Programme beherbergen, laufen Sie Gefahr, dass diese auch schädliche Skripten und Programme ausführen könnten.
Mittelhoch (Standard)	Für den Standardsurfer die empfehlenswerte Einstellung. So werden Skripten und sogenannte unsichere Inhalte über Domain-Grenzen hinweg nicht ausgeführt; bevor es an das Herunterladen geht, kommt eine explizite Nachfrage – die gefährlicheren unsignierten ActiveX-Steuerelemente werden blockiert.

Sicherheitsstufe	Bemerkung
Mittel	Wie bei der Einstellung *Mittelhoch* erscheint hier eine Eingabeaufforderung vor dem Herunterladen möglicherweise unsicherer Inhalte und Steuerelemente. Unsignierte ActiveX-Elemente werden ebenfalls blockiert.

Grundsätzlich sollten Sie aktive Inhalte wie Java-Applets, ActiveX-Controls, JavaScript und VBScript deaktivieren. Hier sollten Sie im Internet Explorer die Standardsicherheitsstufe *Hoch* oder aber mindestens *Mittelhoch* verwenden und gegebenenfalls einzelne aktive Inhalte manuell über die Option *Stufe anpassen* festlegen.

Internet Explorer 8: Sicherheitseinstellungen festlegen

Der Internet Explorer 8 bietet im Vergleich zu seinen Vorgängern deutlich mehr Sicherheitsfunktionen, um den Browser selbst, aber auch den PC vor Angriffen aus dem Internet zu schützen. Doch der Überblick über die vielen Funktionen fehlt – gerade bei der Vielfalt, die der Internet Explorer mitbringt. Hier sorgt der eine oder andere nicht aktivierte Schalter schnell für eine böse Sicherheitslücke, die unter Umständen die Sicherheit des gesamten PCs aushebelt. Ist andererseits der Internet Explorer zu konservativ eingestellt, leidet trotz höchster Sicherheit das Surfvergnügen.

Doch beim Lockern der IE-Fesseln sollten Sie behutsam vorgehen – denn eine Technik, die bösartige Webseiten nutzen, sorgt nach wie vor für Gefahr: Der Datenklau, auch Phishing genannt, ist allgegenwärtig. Hier wird einfach eine Original-Webseite vorgegaukelt, die vertrauliche Informationen wie Usernamen, Passwort, PINs, TANs, Kreditkartennummer etc. abfischen soll. Diese Daten werden anschließend für andere Zwecke missbraucht. Deshalb: Nutzen Sie die neuen Internetfunktionen wie Phishingfilter oder Pop-up-Blocker. Beide sind die Basis für einen sicheren Umgang mit dem Internet.

Gerade wenn Sie im Urlaub sind und im Internetcafé sitzen: Auf öffentlich zugänglichen PCs haben gespeicherte Passwörter für Mailkonten oder Onlinebanking nichts verloren. Geben Sie das Kennwort stattdessen immer neu ein. Klicken Sie auf *Nein*, wenn der Internet Explorer das Kennwort speichern will. Zu Hause kann dies natürlich bequem sein – hier hängt es davon ab, wer sonst noch auf Ihren PC Zugriff hat bzw. haben darf.

Praktisch ist zu Hause die Möglichkeit, vertrauenswürdige Seiten anzulegen (über das Menü *Extras/Internetoptionen/Sicherheit/Vertrauenswürdige Sites/Sites*). Hier können Sie alle Webadressen, denen Sie vertrauen, eintragen. Für diese Gruppe kann dann anschließend die konservative Sicherheitseinstellung gelockert und bequemer gesurft werden.

Für das sichere Surfen im Internet richten Sie über *Extras/Internetoptionen/Sicherheit/Internet/Stufe anpassen* die Zone *Internet* im Internet Explorer ein. Nachstehend werden die wichtigsten Optionen für den Internet Explorer 8 erklärt – in der Spalte ganz rechts finden Sie die empfohlenen Praxiseinstellungen, mit denen Sie den Internet Explorer absichern, ohne gleichzeitig allzu viel an Funktionalität einzubüßen.

▲ .NET Framework

.NET Framework	Bemerkung	Sicherheits-Empfehlung	Praxis-Empfehlung
Loose XAML	Diese Option ist für XML wichtig. Damit eine Webanwendung zur Laufzeit sogenannten XAML-Code nachladen und interpretieren kann, kann der Internet Explorer mithilfe eines Plug-ins einzelne XAML-Dateien laden und anzeigen.	Deaktivieren	Aktivieren
XAML-Browser-anwendungen	Diese werden auch XBAP genannt und erlauben dem Benutzer, eine Anwendung über das Internet auszuwählen und auf dem Computer zu installieren. Hier wird die Anwendung innerhalb des Internet Explorers in einer teilweise vertrauenswürdigen Sandbox ausgeführt. Eine aus dem Internet heruntergeladene XBAP kann keine eigenständigen Fenster erstellen, neue Anwendungsfenster öffnen oder auf das Dateisystem zugreifen.	Deaktivieren	Aktivieren

.NET Framework	Bemerkung	Sicherheits-Empfehlung	Praxis-Empfehlung
XPS-Dokumente	XPS ist ein neues Dokumentformat von Microsoft. Es soll plattformunabhängig sein und wie beim bekannten PDF-Format das Erstellen, die Freigabe, das Drucken und die gemeinsame Nutzung von XPS-Dokumenten zulassen. Das neue Office 2007 und der IE7 bringen bereits XPS-Dokumentunterstützung mit.	Deaktivieren	Aktivieren

▲ .NET Framework Setup aktivieren

.NET Framework	Bemerkung	Sicherheits-Empfehlung	Praxis-Empfehlung
.NET Framework Setup aktivieren	Steht eine neue .NET Framework-Version zur Verfügung oder erfordert eine Anwendung eine bestimmte .NET-Version, lässt sich hier festlegen, ob die Installation gestartet werden darf oder nicht.	Deaktivieren	Aktivieren

▲ ActiveX-Steuerelemente und Plugins

ActiveX-Steuerelemente und Plugins	Bemerkung	Sicherheits-Empfehlung	Praxis-Empfehlung
ActiveX-Steuerelemente ausführen, die für Scripting sicher sind	Hier kann ein in eine Webseite eingebundenes Skript auf dem PC die als »sicher« markierten ActiveX-Controls verwenden.	Deaktivieren	Aktivieren

ActiveX-Steuerelemente und Plugins	Bemerkung	Empfohlen (Hoch)	Praxis-Empfehlung
ActiveX-Steuerelemente initialisieren und ausführen, die nicht als »sicher für Scripting« markiert sind	Ist diese Option aktiviert, haben ActiveX-Controls freien Zugang zum System – also keinesfalls einschalten, wenn Sie im Internet unterwegs sind.	Deaktivieren	Deaktivieren
ActiveX-Steuerelemente und Plugins ausführen	Hier wird grundsätzlich festgelegt, ob ActiveX-Steuerelemente und -Plug-ins aus der angegebenen Zone ausgeführt werden können oder nicht. Das Abschalten dieser Option wirkt global und verhindert die Ausführung aller ActiveX-Steuerelemente und Plug-ins. Damit werden alle anderen ActiveX-Einstellungen ignoriert.	Deaktivieren	Aktivieren
Ausführung von bisher nicht verwendeten ActiveX-Steuerelementen ohne Eingabeaufforderung zulassen	Diese Option ist ebenfalls kritisch – hier werden »frische« ActiveX-Controls gestartet, falls die Option *ActiveX-Steuerelemente und Plugins ausführen* eingeschaltet ist.	Deaktivieren	Deaktivieren
Automatische Eingabeaufforderung für ActiveX-Steuerelemente	Aktivieren nur für Intranet und Vertrauenswürdige Sites, ansonsten abschalten.	Deaktivieren	Deaktivieren
Binär- und Skriptverhalten	Diese Funktion (Binary Behaviors) steuert Funktionen wie beispielsweise die Darstellung von HTML-Elementen oder das Ausführen von .NET-Komponenten. Aus Sicherheitsgründen sollte die Funktion immer deaktiviert sein.	Deaktivieren	Deaktivieren

ActiveX-Steuer-elemente und Plugins	Bemerkung	Sicherheits-Empfehlung	Praxis-Empfehlung
Signierte ActiveX-Steuerelemente herunterladen	Diese Option ist beispielsweise für die Windows-Überprüfung bei Microsoft notwendig, damit die Windows-Kopie validiert werden kann.	Deaktivieren	Aktivieren
Skriptlets zulassen	Skriptlets sind kleine Skriptcode-Schnipsel wie JSP (Java Server Pages), die auf dem angesurften Server ausgeführt werden. Da man meist nicht weiß, ob der Serverbetreiber vertrauenswürdig ist oder nicht, sollte die Option ausgeschaltet bleiben.	Deaktivieren	Deaktivieren
Unsignierte ActiveX-Steuerelemente herunterladen	Signierte ActiveX-Controls sind relativ sicher – unsignierte hingegen sollten Sie tunlichst von Ihrem PC fernhalten. Also immer deaktivieren.	Deaktivieren	Deaktivieren
Videos und Animationen auf einer Webseite anzeigen, die keine externe Medienwiedergabe verwendet	Abhängig von der Internetgeschwindigkeit und Ihren Surfgewohnheiten können Sie diese Funktion ein- oder ausschalten. YouTube-Freunde können die Funktion einschalten.	Deaktivieren	Aktivieren

▲ Benutzerauthentifizierung

Benutzerauthen-tifizierung	Bemerkung	Sicherheits-Empfehlung	Praxis-Empfehlung
Anmeldung	Wenn Sie sich auf einer Internetseite – beispielsweise beim Webmailer – anmelden, sollten Sie prinzipiell Name und Passwort selbst eintippen und nicht vom Internet Explorer eintragen lassen.	Nach Benutzername und Kennwort fragen	Automatisches Anmelden nur in der Intranetzone

▲ Download

Download	Bemerkung	Sicherheits-Empfehlung	Praxis-Empfehlung
Automatische Eingabeaufforderung für Dateidownloads	Wenn Sie die Informationsleiste für Dateidownloads aktivieren möchten, klicken Sie hier auf *Aktivieren*. Anschließend werden Sie von der entsprechenden Website automatisch um Bestätigung des Downloads gebeten.	Aktivieren	Aktivieren
Dateidownload	Lässt mit *Deaktivieren* das Blockieren von Aufforderungen für Dateidownloads zu, die nicht vom Benutzer gestartet wurden.	Deaktivieren	Aktivieren
Schriftart-download	Abhängig von der Ursprungsseite ist eine passende Schriftart notwendig. Hier reicht auch die Standardschriftart, wenn Sie auf das Optische keinen großen Wert legen.	Deaktivieren	Aktivieren

▲ Java VM

Java VM	Bemerkung	Sicherheits-Empfehlung	Praxis-Empfehlung
Java-Einstellungen	Die benutzerspezifischen Sicherheitseinstellungen legen Java-Einstellungen explizit für signierte und nicht signierte Applets fest.	Java deaktivieren	Hohe Sicherheit

▲ Skripting

Skripting	Bemerkung	Sicherheits-Empfehlung	Praxis-Empfehlung
Active Scripting	Treten trotz aktiviertem Pop-up-Blocker immer noch nervtötende Pop-ups auf: am besten ausschalten, um das Öffnen der meisten Pop-up-Fenster zu verhindern. Dies verhindert aber auch, dass in Skripten enthaltene Links funktionieren.	Deaktivieren	Aktivieren
Eingabeaufforderung für Informationen mithilfe von Skriptfenstern für Websites zulassen	Verhindert, dass Skripten Fenster anzeigen, deren Titel- und Statusleisten für den Benutzer nicht sichtbar sind oder andere Titel- und Statusleisten verdecken.	Deaktivieren	Aktivieren
Programmatischen Zugriff auf die Zwischenablage zulassen	Damit wird der Datenaustausch via Zwischenablage möglich, unabhängig davon, um welche Windows-Anwendung es sich handelt. Auch verschiedene Webseiten/Foren benötigen diesen Zugriff. Mit *Deaktivieren* schalten Sie die .NET-Zwischenablage-API aus – bei einer vertrauenswürdigen Webseite oder einem ebensolchen Forum können Sie es aktivieren, da mit der Zeit das Wegklicken des Hinweisfensters nervt.	Deaktivieren	Bestätigen oder Aktivieren
Skripting von Java-Applets	Wer sicher surfen will, kann neben Java auch Java-Applets abschalten. Hier leidet jedoch die Funktionalität, und es erscheinen ständig Fenster, die Sie wegklicken müssen. In der Praxis sind nur wenige Gefahren durch Java-Applets bekannt geworden.	Deaktivieren	Aktivieren oder Eingabeaufforderung

Skripting	Bemerkung	Sicherheits-Empfehlung	Praxis-Empfehlung
Statuszeilenaktualisierung über Skript zulassen	Damit erhält die Statuszeile des Browsers Informationen über ein Skript, ActiveX-Control etc. – hat meist nur optische Gründe und kann deswegen ausgeschaltet bleiben.	Deaktivieren	Deaktivieren

▲ Verschiedenes

Verschiedenes	Bemerkung	Sicherheits-Empfehlung	Praxis-Empfehlung
Anwendungen und unsichere Dateien starten	Diese Option greift nicht nur in den Internet Explorer, sondern auch in das Betriebssystem ein. Ist diese Option auf *Deaktivieren* gesetzt, erscheint auch jedes Mal, wenn Sie eine Datei von einem FAT-/FAT32-Laufwerk oder einem NAS-Speicher im Heimnetzwerk öffnen, eine Sicherheitswarnung, die mit *Ausführen* weggeklickt werden muss.	Deaktivieren	Bestätigen (empfohlen)
Auf Datenquellen über Domänengrenzen hinweg zugreifen	Damit können Sie festlegen, ob Komponenten, die Verbindungen zu Datenquellen herstellen, Verbindungen zu einem anderen Server aufbauen dürfen. Dies sollte aber aus Sicherheitsgründen auf die gleiche Domain wie die des lokalen PCs begrenzt sein. Doch in der Praxis haben gerade private Webseiten Inhalte von unterschiedlichen Domains; Grafiken, Werbebanner und Animationen sind nicht alle auf dem eigenen Webserver gespeichert, sondern werden von verschiedenen Servern zur Verfügung gestellt. Wer häufiger auf solchen Seiten unterwegs ist, sollte zumindest *Bestätigen* auswählen, um die Inhalte betrachten zu können.	Deaktivieren	Bestätigen

Verschiedenes	Bemerkung	Sicherheits-Empfehlung	Praxis-Empfehlung
Dateien basierend auf dem Inhalt und nicht der Dateierweiterung öffnen	Mit dieser Option lässt sich eine Datei trotz falscher Erweiterung anzeigen: Ist beispielsweise ein TIF-codiertes Bild mit der Dateiendung ».txt« auf dem Webserver gespeichert, korrigiert der Internet Explorer diesen Fehler und stellt trotzdem ein Bild im Webbrowser dar.	Deaktivieren	Aktivieren
Dauerhaftigkeit der Benutzerdaten	Sicherheitsbewusste Anwender schalten diese Option auf *Deaktivieren*, damit der Internet Explorer Benutzerdaten aller Art (Usernamen, Passwörter etc.) nicht speichert.	Deaktivieren	Aktivieren
Gemischte Inhalte anzeigen	Die Option *Gemischte Inhalte anzeigen* ist vor allem im Unternehmenseinsatz wichtig, da hier sowohl Inhalte von als vertrauenswürdig eingestuften Webseiten als auch unsicheren, nicht vertrauenswürdigen Webseiten zusammen mithilfe von Frames in einer gemeinsamen Haupt-Webseite angezeigt werden können.	Bestätigen	Bestätigen
Installation von Desktopobjekten	Desktopobjekte sind ActiveX-Objekte und erweitern in diesem Fall den Windows-Desktop mit verschiedenen Funktionen. So können Sie beispielsweise statt des Standardhintergrundbilds eine beliebige Webseite als Hintergrund verwenden.	Deaktivieren	Bestätigen (empfohlen)

Verschiedenes	Bemerkung	Sicherheits-Empfehlung	Praxis-Empfehlung
Keine Aufforderung zur Clientzertifikatauswahl, wenn kein oder nur ein Zertifikat vorhanden ist	In der Praxis kommt dieser Nutzen selten vor, da der Server die Funktion unterstützen muss. Im Klartext bedeutet dies, dass Sie nicht nach einer Zertifikatsauswahl gefragt werden, sondern die Verbindung trotz fehlenden Zertifikats automatisch hergestellt wird.	Deaktivieren	Deaktivieren
Lokalen Verzeichnispfad beim Hochladen von Dateien auf einen Server mit einbeziehen	Ist wenig sinnvoll, da der Webserver bereits seine eigene Verzeichnisstruktur besitzt.	Deaktivieren	Aktivieren
META REFRESH zulassen	Diese Option legt fest, ob eine automatische Weiterleitung von einer Webseite zur anderen möglich ist. So kommt es in der Praxis oft vor, dass eine Webseite umzieht und Inhalte nun in einem anderen Verzeichnis oder auf einem anderen Server liegen. Mithilfe des META REFRESH kann der Webbrowser anschließend die neue Webseite öffnen. Aus Gründen der Funktionalität wird empfohlen, diese Option zu aktivieren.	Deaktivieren	Aktivieren
Öffnen von Fenstern ohne Adress- oder Statusleisten für Websites zulassen	Das ist ein Hauptmerkmal von Werbung und »bösen« Seiten. Diese wollen meist ihre Herkunft und ihren Status verschleiern – also am besten gar nicht erst öffnen.	Deaktivieren	Deaktivieren

Verschiedenes	Bemerkung	Sicherheits-Empfehlung	Praxis-Empfehlung
Popupblocker verwenden	Es gibt kaum einen Grund, diesen Pop-up-Blocker auszuschalten, es sei denn, Sie nutzen ein Produkt von einem Dritthersteller, und die beiden Produkte kommen sich ins Gehege. Ein aktivierter Pop-up-Blocker verhindert etliche Spam- und Werbefenster, die sich beim Surfen im Internet melden.	Aktivieren	Aktivieren
Programme und Dateien in einem IFRAME starten	Mit IFRAMES können Webseitendesigner Inhalte anderer Webseiten in einem Bereich ähnlich wie ein eingebundenes Bild in einer Webseite anzeigen lassen. Da hier jedoch auch in der Vergangenheit diverse Sicherheitslücken zum Vorschein gekommen sind, sollten Sie diese Option sicherheitshalber deaktivieren oder zumindest auf *Bestätigen* setzen, damit Sie selbst entscheiden können, ob die anzuzeigenden IFRAME-Seiten von einem vertrauenswürdigen Server kommen oder nicht.	Deaktivieren	Bestätigen (empfohlen)
Skriptinitiierte Fenster ohne Größen- bzw. Positionseinschränkungen zulassen	Unbedingt abschalten, damit eine Skriptsprache wie VBSkript, JavaScript o. a. keine neuen Browserfenster mit Status- und Symbolleiste öffnen können.	Deaktivieren	Deaktivieren
Skripting des Microsoft-Browsersteuerelements zulassen	Ist diese Option aktiviert, dürfen Webseitenskripten integrierte Steuerelemente des Internet Explorer verwenden. Aus Sicherheitsgründen empfiehlt es sich, diese Option auszuschalten.	Deaktivieren	Deaktivieren

Verschiedenes	Bemerkung	Sicherheits-Empfehlung	Praxis-Empfehlung
Unverschlüsselte Formulardaten übermitteln	Diese Option ist für die Übermittlungen von Daten über eine nicht verschlüsselte Verbindung vorgesehen. Hier sollten Sicherheitsbewusste zumindest die Einstellung *Bestätigen* auswählen. Sie können von Fall zu Fall entscheiden, wie vertraulich die eingegebenen Daten sind und ob diese unverschlüsselt übertragen werden können.	Deaktivieren	Bestätigen
Verwendung eingeschränkter Protokolle mit aktiven Inhalten für Webseiten zulassen	Der Internet Explorer kann Webseiten mit bestimmten Netzwerkprotokollen sperren. So lässt sich beispielsweise das Protokoll Shell, das normalerweise nur im Intranet Anwendung findet, in der Internetzone nicht verwenden. Damit lässt sich die Angriffsfläche des Webbrowsers für Sicherheitsrisiken bei selten verwendeten Protokollen deutlich senken. Protokolle wie local://, file://, shell:// und hcp:// sollten in der Internetzone gesperrt sein – ftp:// ist weit verbreitet und sollte bei Nutzung aktiviert bleiben.	Deaktivieren	Aktivieren
Websites, die sich in Webinhaltzonen niedriger Berechtigung befinden, können in diese Zone navigieren	Diese Option legt fest, ob Websites aus Zonen mit niedrigeren Berechtigungen, wie beispielsweise aus der Zone für eingeschränkte Sites, auf eine »höhere« Zone zugreifen dürfen oder nicht.	Deaktivieren	Aktivieren
Ziehen und Ablegen oder Kopieren und Einfügen von Dateien	Diese Option legt fest, ob Ziehen, Ablegen, Kopieren und Einfügen von Dateien innerhalb der festgelegten Zone möglich sein soll oder nicht.	Bestätigen	Aktivieren

Über das Register *Erweitert* können Sie den Internet Explorer weiter feineinstellen. Hier lassen sich zwar primär optische Details und Darstellungsoptionen, aber auch ein paar Sicherheitsdetails konfigurieren.

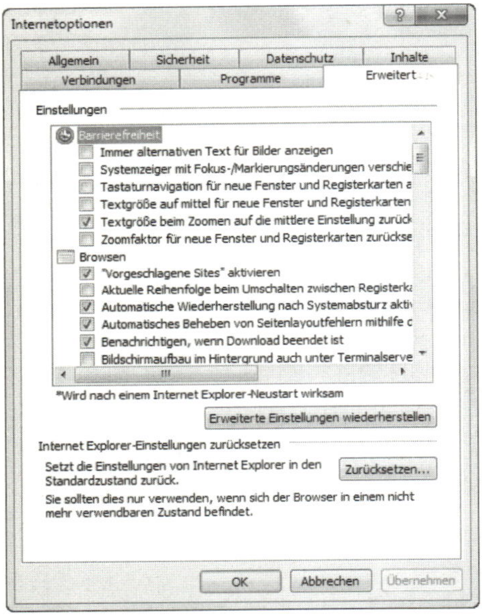

Bild 7.55: Im Register *Erweitert* der *Internetoptionen* nehmen Sie Ihr individuelles Feintuning vor.

Haben Sie den Microsoft-Browser nach Ihren Wünschen angepasst, sind Sie nun sicherer im Netz unterwegs. Mit diesen Einstellungen haben Sie den Internet Explorer gut vor Bedrohungen abgeschottet, doch das ist für die Zukunft keine Garantie. Achten Sie deshalb auf neues Updates und Patches für den Internet Explorer, um das Sicherheitsrisiko beim Surfen zu minimieren.

Windows XP: Internet Explorer sicher konfiguriert

Im Folgenden legen Sie für das Internet durch Anklicken der entsprechenden Auswahlfelder die Sicherheitseinstellungen fest.

▲ Empfehlenswerte Einstellungen

<table>
<tr><th>Beschreibung</th><th>Empfohlene Einstellung</th></tr>
<tr><td>ActiveX-Steuerelemente ausführen, die für Scripting sicher sind</td><td>Deaktivieren
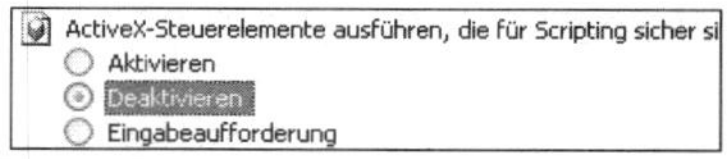
</td></tr>
<tr><td>ActiveX-Steuerelemente initialisieren und ausführen, die nicht sicher sind</td><td>Deaktivieren
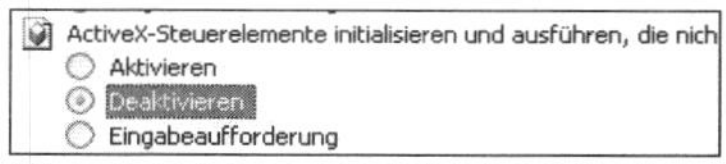
</td></tr>
<tr><td>ActiveX-Steuerelemente und Plugins ausführen</td><td>Deaktivieren
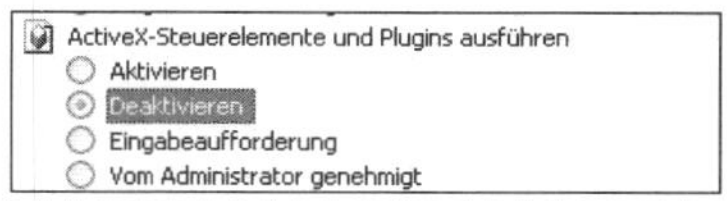
</td></tr>
<tr><td>Download von signierten ActiveX-Steuerelementen</td><td>Deaktivieren
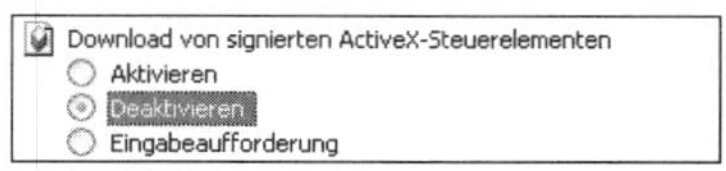
</td></tr>
<tr><td>Download von unsignierten ActiveX-Steuerelementen</td><td>Deaktivieren
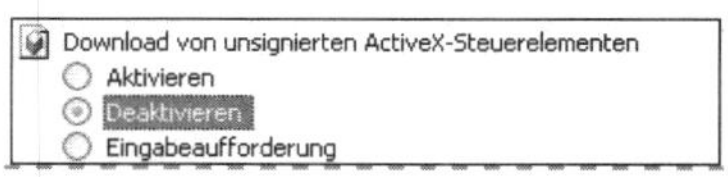
</td></tr>
<tr><td>Active Scripting</td><td>Deaktivieren

</td></tr>
<tr><td>Installation von Desktopobjekten</td><td>Eingabeaufforderung
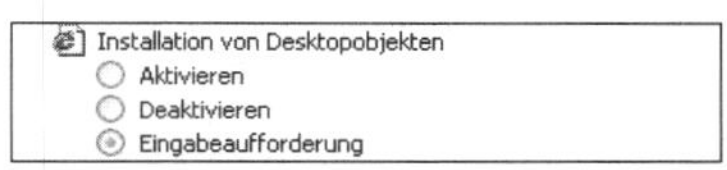
</td></tr>
<tr><td>Einfügeoperationen über ein Skript zulassen</td><td>Eingabeaufforderung
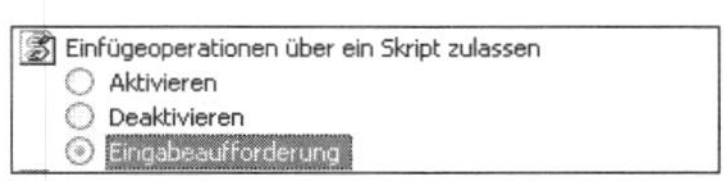
</td></tr>
</table>

Ist der Internet Explorer »sehr sicher« eingestellt, leidet der Komfort beim Surfen. Abhängig davon, wie der Webseitenbetreiber seinen Webauftritt gestaltet, häufen sich Warn- und Fehlermeldungen, die von Ihnen explizit weggeklickt werden müssen.

7.7 Mozilla Firefox: die sichere Alternative zum IE

Der einfachste Trick für mehr Sicherheit ist der Einsatz eines Browsers, der für Angriffe aus dem Netz nicht so anfällig ist. Während der Platzhirsch Internet Explorer wegen seiner sogenannten aktiven Inhalte gern als Angriffsziel herhalten muss, ist die Gefahr bei kleinen, schlanken Browsern grundsätzlich geringer, unbemerkt böse Software oder Gefahren wie Würmer, Trojaner etc. einzufangen.

Bild 7.56: Firefox finden Sie im Internet unter *www.mozilla-europe.org/de/firefox/*.

Gerade ActiveX sorgt für Lücken im System, und was liegt näher als ein Browser, der diese Technik von Haus aus nicht unterstützt? Bei installiertem Windows XP Service Pack 2 oder Windows 7 bietet der Internet Explorer hier deutlich mehr Schutz, doch ein Browser, der ohne ActiveX-Unterstützung kommt, ist deutlich sicherer. Weniger ist also mehr, ein Mehr an Sicherheit. Auch Pop-ups hatte man vor Windows XP SP2-Zeiten mit alternativen Browsern besser im Griff.

Eine Empfehlung für einen alternativen Browser ist Firefox, der auf dem bekannten Mozilla aufbaut und sich schlanker präsentiert, da beispielsweise das integrierte Mail- bzw. Chatprogramm einfach weggelassen wurde. Firefox basiert auf dem Mozilla-Programmcode und ist, wie Mozilla selbst, Open Source.

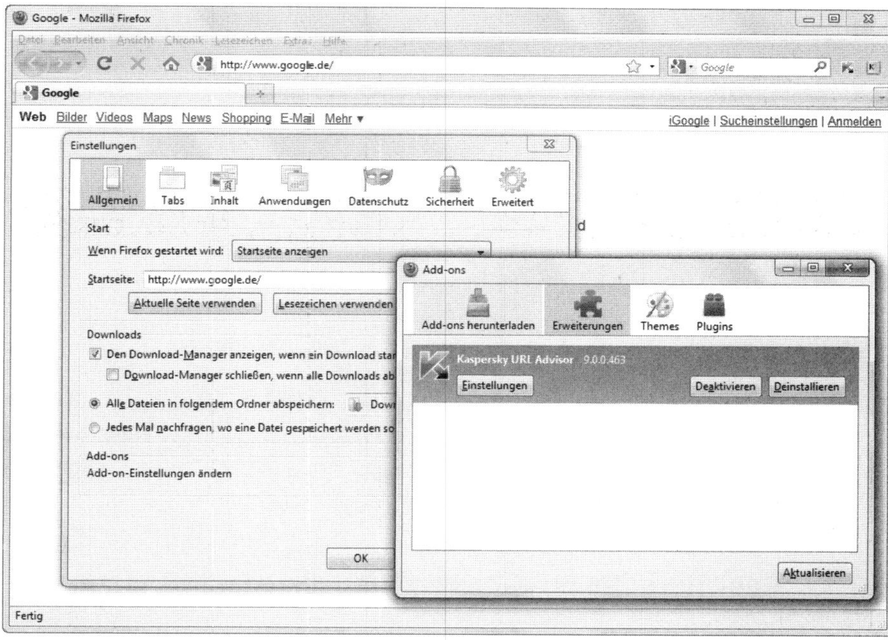

Bild 7.57: Weniger ist mehr: Lediglich Add-ons können installiert werden – das gefährliche ActiveX bleibt außen vor.

Der integrierte Pop-up-Blocker sorgt von Anfang an für Ordnung auf dem Bildschirm. Zusätzlich bietet Firefox das sogenannte Tabbed Browsing, mit dem Sie mehrere Seiten in einem Fenster darstellen können. Die Installation von Firefox ist in wenigen Minuten erledigt.

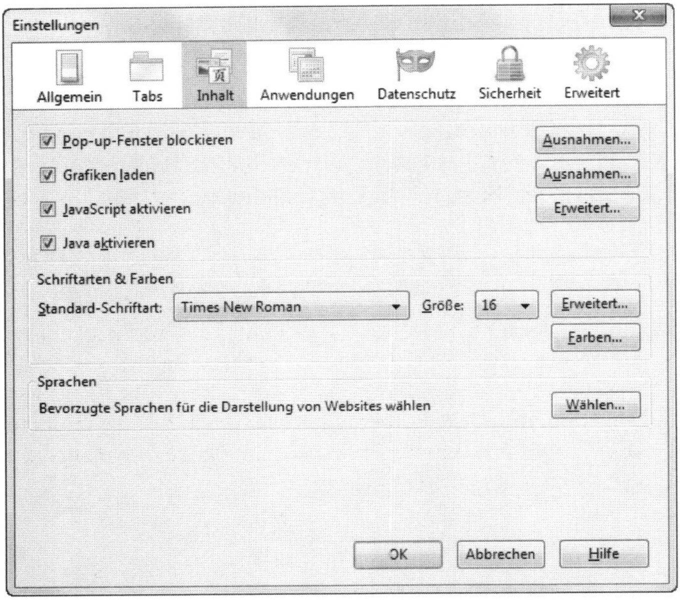

Besonders angenehm: Nach der Installation stehen die Favoriten des Internet Explorers auch in Firefox zur Verfügung, da sie automatisch importiert werden. Ansonsten ist kein Einstellen oder Konfigurieren notwendig: Die Sicherheitseinstellungen beschränken sich auf das Notwendigste:

7.8 Cookies: süße Beigabe vom Webserver

Sicherlich haben Sie den Begriff schon oft gehört, Cookies sind kleine »Plätzchen« in Form einer Textdatei, die ein Internetserver beim Besuch einer Webseite auf Ihrem Rechner ablegt – so ähnlich wie ein kleiner Keks neben der Cappuccino-Tasse liegt. Dies erfolgt entweder über einen Eintrag im Header der HTML-Seite oder per JavaScript. Abhängig von der Webseite und dem Zweck des Webservers wird der Inhalt des Cookies, wenn bestimmte Bedingungen erfüllt sind, wieder zum Server zurückgeschickt und auf dem Webserver gespeichert.

Bei Cookies kann der Server festlegen, wie lange sie gültig sein sollen. Das hat zunächst den Vorteil, dass Kurzzeit-Cookies erstellbar sind, bei denen Sie sich über den Datenschutz nicht so furchtbar viele Gedanken zu machen brauchen. Ist die

»Lebensdauer« der Cookies aber sehr hoch eingestellt (das können durchaus mehrere Jahre sein), kann damit einiges veranstaltet werden.

Mit Cookies kann man allerhand anstellen: So lassen sich beispielsweise automatische Anmeldungen auf Webseiten ebenso realisieren wie auch der Inhalt eines Warenkorbs beim Einkaufen in einem Webshop. So nützlich Cookies auch sein können, mit dem Einsatz sind gewisse Gefahren verbunden: Eingebettete Cookies können ebenfalls zu einem anderen Webserver verlinkt werden. Informationen über die Inhalte der Webseite, mit der beispielsweise ein Werbebanner verlinkt ist, werden zusammen mit den Benutzerinformationen in einem Cookie gespeichert.

Ist dann das Ablaufdatum der Cookies sehr hoch eingestellt, kann damit über einen längeren Zeitraum ein Surfprofil des Benutzers erstellt werden. Auf diese Weise kann der Serverbetreiber beispielsweise schnell herausfinden, wer welche Seiten abgefragt hat und was deren Inhalte sind. Gibt der Anwender zusätzlich noch seine E-Mail-Adresse preis – beispielsweise in einem HTML-Formular auf der Webseite –, kann auch diese in einem Cookie gespeichert werden.

Bild 7.58: Nur wenn Cookies aktiviert sind, lässt sich eBay richtig nutzen. Ansonsten ist ein Login auf dem eBay-Server nicht möglich.

Eine E-Mail-Adresse plus persönliche Interessen und das Surfprofil eines Anwenders sind bares Geld wert. Bei bösen Anbietern werden diese Adressen in einem Verteiler gespeichert, um anschließend mit gezielten Werbe-E-Mails oder Spam die Anwender zu bombardieren. Aus diesem Grund sollten Sie ab und zu die auf Ihrem PC gespeicherten Cookies durchforsten und entrümpeln.

Diese Cookies sind tabu
Tabu sind Cookies, die beispielsweise Passwörter, Kreditkartennummern oder PINs enthalten. Diese sollten Sie sofort löschen, damit niemand Unfug damit treiben kann. Programme wie Ad-aware helfen dabei, den Rechner sauber zu halten.

Über den Browser lassen sich Cookies auch komplett ausschalten, doch wer meint, gänzlich auf Cookies verzichten zu können, muss umdenken. Cookies sind heutzutage keine Besonderheit mehr. Nahezu jeder Internetserver arbeitet damit. Damit Sie nicht immer Bestätigungsmeldungen wegklicken müssen, sollten Sie Cookies eingeschränkt zulassen. Dies stellen Sie in Ihrem Internetbrowser ein:

Im Internet Explorer wählen Sie über *Extras/Internetoptionen* das Register *Datenschutz* aus: Alternativ können Sie gleich eine Firewall verwenden, die auch Cookies filtert. So bietet beispielsweise Computer Associates eine Firewall mit Cookie-Support an.

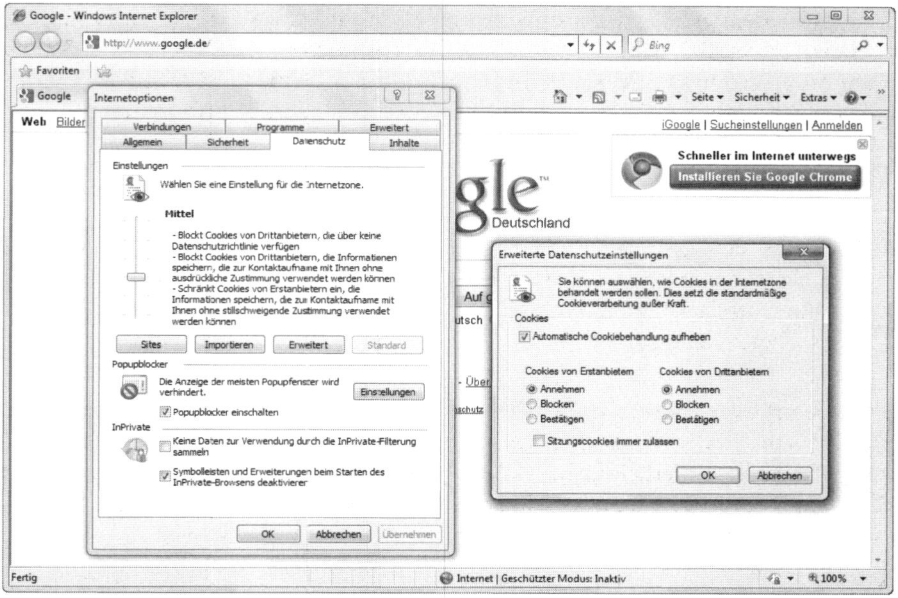

Bild 7.59: Die Einstellung *Mittel* ist für den Standardanwender bei der Cookies-Behandlung empfehlenswert. Hier werden Cookies ausgesperrt, die persönliche Daten speichern. Per Klick auf *Erweitert* lässt sich die Cookie-Behandlung feintunen.

Der Schieberegler im Register *Datenschutz* lässt sich je nach gewünschter Sicherheit verschieben. Es gilt: Je weiter oben der Regler ist, desto konservativer und damit sicherer sind die Datenschutzeinstellungen. Jedoch geht die maximale Sicherheit auf Kosten der Funktionalität.

Ein flüssiges und produktives Arbeiten ist kaum möglich, da verschiedene Features wie die Cookies schon zum Standardrepertoire eines Internetservers gehören. Deshalb ist es sinnvoll, zu differenzieren und Cookies & Co. eingeschränkt zuzulassen.

```
surveyTimestamp
Tue%20Jun%2024%2001%3A58%3A29%20UTC+0200%202003
ebay.com/
1600
1345503360
29577590
1480784720
29571555
*
lucky9
248581
ebay.com/
1600
162835840
29939085
1499064720
29571555
*
nonsession
AQAAAAMAAAAIAAAAYwAAAIUV5T6Fogw/MDEwNTUyMDA2NDV4NzZodHRwOi8vY
ebay.com/
1536
452167936
29642159
3875684032
29568733
*
reg
%5EflagReg%3D1%5E
ebay.com/
1600
162835840
29939085
1499064720
29571555
*
```


Bild 7.60: Viel unlesbares Zahlen- und Buchstaben-Wirrwarr: ein Cookie vom eBay-Server.

Ob und wie viele Cookies auf Ihrem PC gespeichert sind, sehen Sie im Verzeichnis *Cookies*. Suchen Sie einfach mit dem Suchmechanismus von Windows nach dem Begriff *Cookies* – anschließend sollten Sie in einem Ordner der Form *C:\Dokumente und Einstellungen\LOG-INNAME\Cookies* (Windows XP) bzw. *C:\Users\Default\AppData\Roaming\Microsoft\Windows\Cookies* (Vista und Windows 7) viele einzelne Textdateien finden.

Der Aufbau eines sauberen Cookies ist unterschiedlich – und jeder Serveranbieter füllt es unterschiedlich. Grundsätzlich können folgende Daten enthalten sein:

Cookie-Abschnitt	Bemerkung
NAME=wert	Die Option *NAME* und der zugehörige Wert sind frei wählbar. Dieses Datenfeld kann mit beliebigem Inhalt gefüllt werden.
expires=Datum	Mit *expires* wird das Ablaufdatum des Cookies angegeben. Nach diesem Datum wird es nicht mehr beachtet. Fehlt *expires*, ist die Gültigkeit nur auf die aktuelle Sitzung beschränkt, in der das Cookie erzeugt wurde.
path=Pfad	*path* gibt die Pfadangabe des HTTP-Servers an. Greift der Client auf eine HTTP-Seite in diesem Pfad zu, wird das Cookie vom Client zum Server gesendet. Fehlt der *path*-Eintrag, zählt das Cookie nur für die HTML-Seite, mit der das Cookie zum Client gekommen ist.
Secure	Mit der Angabe von *Secure* kann das Cookie nur per SSL-Verbindung übertragen werden.

Eine ideale Browserkonfiguration für alle Internetanwender gibt es aus Anwendungs- und Sicherheitsgründen nicht. Wer beispielsweise seinen Rechner nur für die Kinder, zum Spielen und zum Surfen nutzt, hat geringere Sicherheitsansprüche als jemand, der auf seinem Computer wichtige und persönliche Daten zu schützen hat. So ist es eine sehr persönliche Sache, ob der Internetbrowser Cookies verarbeiten soll oder nicht.

Cookies-Feintuning verstehen

Sind Cookies aktiviert, kann ein WWW-Server Informationen über die von Ihnen ausgewählten Internetseiten verarbeiten, auch manche Onlinebanking-Unternehmen arbeiten damit. Der Einsatz von Cookies muss demnach kein Sicherheitsloch für das System darstellen, sondern nur Informationen über die Nutzung des Browsers werden übertragen.

Damit Sie selbst entscheiden können, welche Cookies was auf Ihrem PC anstellen dürfen, sollten Sie in Ihrem Internetbrowser die Cookie-Verwaltung konfigurieren. Im Fall des Internet Explorers finden Sie unter *Extras/Internetoptionen* im Register *Datenschutzeinstellungen* umfangreiche Möglichkeiten dazu:

Empfohlene Datenschutzeinstellung für Cookies	Beschreibung
Mittelhoch	• Sperrt Cookies von Drittanbietern, die über keine Datenschutzrichtlinie verfügen. Das sind in der Regel nicht kommerzielle Internetserver, die viel mit Cookies arbeiten und auch auf den Seiten auf den Gebrauch von Cookies hinweisen. • Sperrt Cookies von Drittanbietern, die persönlich identifizierbare Informationen ohne ausdrückliche Zustimmung verwenden. In solchen Cookies werden persönliche Informationen wie der Login-Name für die Seite, der Benutzername etc. gespeichert. Hier wird beim Setzen eines Cookies nicht um Erlaubnis gefragt. • Sperrt Cookies von Erstanbietern, die persönlich identifizierbare Informationen ohne stillschweigende Zustimmung verwenden. In solchen Cookies werden persönliche Informationen wie beispielsweise der Login-Name für die Seite, der Benutzername etc. gespeichert. Eine stillschweigende Zustimmung wäre es, wenn der Serverbetreiber in diesen AGBs auf den Cookie-Mechanismus aufmerksam machte und Sie per Mausklick diesen AGBs zustimmten.
Mittel	• Sperrt Cookies von Drittanbietern, die über keine Datenschutzrichtlinie verfügen. • Sperrt Cookies von Drittanbietern, die persönlich identifizierbare Informationen ohne stillschweigende Zustimmung verwenden. • Schränkt Cookies von Erstanbietern ein, die persönlich identifizierbare Informationen ohne stillschweigende Zustimmung verwenden.

Der goldene Mittelweg für sicherheitsbewusste Anwender ist die Datenschutzeinstellung *Mittelhoch* oder *Mittel*. Hier werden Cookies von Drittanbietern, die über keine Datenschutzrichtlinie verfügen, ebenso ausgesperrt wie Cookies von Drittanbietern, die persönlich identifizierbare Informationen ohne stillschweigende bzw. ausdrückliche Zustimmung verwenden. Weiter werden Cookies von Erstanbietern geblockt, die persönlich identifizierbare Informationen ohne stillschweigende Zustimmung verwenden. Erstanbieter ist in diesem Fall die Webseite, die Sie im Internet besuchen. Der Drittanbieter ist mit dieser Webseite verlinkt und nutzt den Erstanbieter als Lockvogel, um seine Informationen zusammenzuklauben.

Die Sicherheitseinstellungen des Internet Explorers passen Sie unter *Extras/Internetoptionen/Sicherheit/Internet/Stufe anpassen* an. Abhängig davon, wie sicher Sie den Browser einstellen, wird die Website ganz, teilweise oder gar nicht angezeigt.

Bild 7.61: Bei Firefox können Sie die Cookies unter *Extras/Einstellungen/Datenschutz/Cookies* konfigurieren. Eine Liste der Ausnahmen (sowohl eine Whitelist als auch eine Blacklist) lässt sich bei *Ausnahmen* einrichten; damit hat jede Webseite andere Richtlinien. Wählen Sie *Cookies anzeigen* aus, werden sämtliche Cookies angezeigt, die gerade auf dem PC gespeichert sind.

Doch nicht nur der Browser, sondern auch Windows selbst bietet Angriffsflächen. Gerade Windows ist besonders gesprächig, wenn der PC Verbindung mit dem Internet aufnimmt. Weniger ist mehr – je weniger Funktionen und Schnittstellen nach außen zur Verfügung stehen, desto sicherer sind Sie vor Angriffen und

Schnüffelsoftware. Calling-Home-Funktionen wie Zeitsynchronisation, Update-Check und andere lassen sich mit xp-AntiSpy betrachten und deaktivieren.

7.9 Windows XP: Schnüffel-Windows kastrieren

Eine Firewall bemerkt im dümmsten Fall nicht alles – gerade wenn bereits auf dem PC installierte Programme oder gar das Betriebssystem selbst Verbindung mit dem Internet aufnimmt. Dabei muss bei einem Betriebssystem wie Windows XP oder Vista nicht mal etwas Böses dahinterstecken – nervig ist es allemal, da der Anwender nicht vorher gefragt wird, welche Daten wann versendet werden.

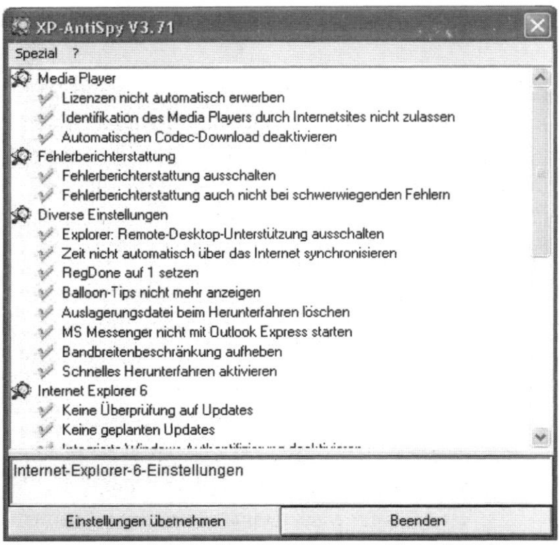

Bild 7.62: Egal ob Vista oder XP: Mit xp-AntiSpy kommen Sie bequem an versteckte Windows-Einstellungen heran.

Für Windows XP gibt es die Freeware xp-AntiSpy, mit der Sie die wichtigsten tückischen Einstellungen deaktivieren können. Sie lässt sich auch unter Windows Vista einsetzen. Sie können das Programm unter *www.xp-antispy.org* herunterladen. Nutzen Sie auf keinen Fall die Adressen *www.antispy.de*, *www.xp-antispy.de* oder *www.xpantispy.de*. Dort versucht jemand, mit dem guten Namen des Programms Dialer unters Volk zu bringen.

Dieses Programm funktioniert zum Teil auch bei anderen Windows-Versionen – je nachdem, welche Versionen des Windows Media Players und des Internet Explorers installiert sind. Nachstehend sehen Sie die Optionen und Einstellungsmöglichkeiten von xp-AntiSpy sowie eine Beschreibung mit Erklärungen zum Programm, damit Sie wissen, was passiert, wenn der eine oder andere Schalter umgelegt wird.

xp-AntiSpy-Gruppe	xp-AntiSpy-Option	Beschreibung
Media Player	*Lizenzen nicht automatisch erwerben*	Damit der Windows Media Player Dateien überhaupt abspielen kann, braucht er einen sogenannten Codec zum Dekodieren der Datei. Manche Codecs benötigen Lizenzen, damit sie überhaupt wiedergegeben werden können. Dieser Schalter bewirkt, dass die Lizenzen nicht mehr ungefragt aus dem Internet heruntergeladen werden.
	Identifikation des Media Players durch Internetsites nicht zulassen	Der Globally Unique Identifier (GUID) wird bei der Installation von Windows erzeugt und ist eine weltweit eindeutige ID. Diese GUID des Computers lässt sich per Media Player über das Internet übertragen. Dies ist in den wenigsten Fällen notwendig, deshalb sollte die Funktion einfach deaktiviert werden.
	Automatischen Codec Download deaktivieren	Lassen sich Multimedia-Dateien nicht auf Anhieb abspielen, bietet der Media Player die Möglichkeit, automatisch mit Microsoft-Servern Verbindung aufzunehmen. Hier werden anschließend die neuen Codecs, die zum Abspielen bestimmter Audio- und Videoformate benötigt werden, aus dem Internet heruntergeladen. Dies gelingt nicht immer – und ist nicht zuverlässig genug. Deshalb sollten Sie diese Option deaktivieren und stattdessen auf eine freie Codec-Sammlung im Netz zurückgreifen, die Sie über eine Suchmaschine mit den Begriffen »Codec Pack Windows Download« finden.

xp-AntiSpy-Gruppe	xp-AntiSpy-Option	Beschreibung
Fehlerberichterstattung	*Fehlerberichterstattung ausschalten*	Kein Programm ist perfekt. Kommt es zum Programmabsturz, klinkt sich Windows ein und möchte Microsoft darüber informieren. Es ist nicht ganz klar, welche Daten hier übertragen werden. Microsoft bietet zwar an, die übertragenen Daten einzusehen, aber ob man dem trauen kann oder soll, muss jeder selbst entscheiden.
	Fehlerberichterstattung auch nicht bei schwerwiegenden Fehlern	Auch bei schwerwiegenden Fehlern wird keine Fehlerberichterstattung erstellt. Hier gilt das eben Gesagte. Wenn Sie mögen, können Sie ja bei besonders schwerwiegenden Fehlern berichten lassen. Glauben Sie aber besser nicht, dass das irgendwelche Auswirkungen auf künftige Windows-Versionen hat. Bisher weiß niemand genau, was Microsoft mit den Infos aus dieser Berichterstattung macht. Es kann allerdings vorkommen, dass Microsoft Ihnen eine sinnvolle Antwort sendet. Das muss nicht immer der Fall sein, in Sachen Datenschutz weniger empfindliche Naturen könnten sich aber über den einen oder anderen Hinweis freuen.
Diverse Einstellungen	*Explorer: Remote-Desktop-Unterstützung ausschalten*	Die Remote-Desktop-Unterstützung ist nur in einer Unternehmensumgebung sinnvoll. Bei einem Privatanwender im Internet ist dies eine Sicherheitslücke.
	Zeit nicht automatisch mit dem Internet synchronisieren	Dieser Schalter deaktiviert die Synchronisierung der Zeit mit einem Microsoft-Server. Wem es nicht auf minutengenaues Arbeiten ankommt, kann dies getrost ausschalten.
	RegDone auf 1 setzen	Dieser Schalter gaukelt dem System eine vorhandene Onlineregistrierung von Windows XP vor.

xp-AntiSpy-Gruppe	xp-AntiSpy-Option	Beschreibung
	Balloon-Tipps nicht anzeigen	Diese Option verhindert die Anzeige der Sprechblasen (Balloons), die auf Ereignisse wie Internetverbindung, Speichermangel auf der Festplatte und dergleichen hinweisen.
	Auslagerungsdatei beim Herunterfahren löschen	Ist dieser Schalter aktiviert, wird die sogenannte Auslagerungsdatei beim Herunterfahren des Rechners gelöscht. Damit dauert das Ausschalten etwas länger – wer nicht warten will, lässt den Schalter, wie er ist.
	MS Messenger mit Outlook Express starten	Wenn dieser Schalter deaktiviert ist, wird der MS-Messenger jedes Mal mit Outlook Express gestartet. Dies ist jedoch in der Praxis wenig sinnvoll – gerade wenn der MS-Messenger nicht eingesetzt wird.
	Bandbreitenbeschränkung deaktivieren	Wer eine DSL- oder Netzwerkverbindung besitzt, kann dem QoS-Dienst (Quality of Service) bis zu 20 % der verfügbaren Bandbreite reservieren. Diese Einstellung setzt die reservierbare Bandbreite auf 0 % – das ist jedoch nur für jene empfehlenswert, die keine VoIP-Telefoniesoftware auf dem PC einsetzen.
	Schnelles Herunterfahren aktivieren	Falls sich der Windows-PC beim Herunterfahren sehr lange Zeit lässt , kann dies damit etwas beschleunigt werden.
Internet Explorer	*Keine Überprüfung auf Updates*	Ist dieser Schalter aktiv, sucht der Internet Explorer 7 nicht automatisch nach Aktualisierungen. Bei installiertem SP2 wird der IE ohnehin als Teil des Betriebssystems bei einem Windows-Update mit aktualisiert.
	Keine geplanten Updates	Automatisch geplante Windows-Updates werden mit dieser Einstellung nicht mehr automatisch gestartet.
	Integrierte Windows Authentifizierung deaktivieren	Einmal aktiv, wird die Benutzung der aktuellen Benutzerkennung zur Autorisierung bei Internetseiten verhindert.

xp-AntiSpy-Gruppe	xp-AntiSpy-Option	Beschreibung
	Maximal mögliche Anzahl gleichzeitiger Verbindungen auf 10 erhöhen	Windows beschränkt von Haus aus die maximale Anzahl an gleichzeitigen Verbindungen zu einem Internetserver auf vier. Das hat zur Folge, dass Sie, wenn Sie vier Dateien gleichzeitig von einem einzigen Server herunterladen, nicht mehr auf ihn zugreifen können. Mit diesem Kniff setzen Sie diesen Wert auf zehn Verbindungen hoch.
	Webformulare und Passwörter nicht mehr autovervollständigen	Der Internet Explorer speichert Usernamen, Passwörter und sonstige Eingaben automatisiert im System, die in Webformulare eingegeben werden. Dies ist meist nicht erwünscht und auch nicht empfehlenswert, gerade wenn mehrere Benutzer an einem System arbeiten. Ist dieser Schalter aktiv, werden diese Informationen nicht mehr im Profil des Benutzers gespeichert. Diese Einstellung ist deshalb für jeden einzelnen Benutzer zu konfigurieren.
	Die Möglichkeit des Löschens beliebiger Daten verhindern	Ganz gefährlich: Dieser Schalter sollte unbedingt aktiviert werden, da sonst bei Windows XP Datenverlust droht. Mit dem Internet Explorer und dem Helpcenter ist es möglich, Dateien in beliebigen Ordnern zu löschen. Wer ein aktuelles Windows XP (mit Service Pack 2) oder Vista/Windows 7 installiert hat, ist von diesem Problem nicht betroffen.
Dienste	*Dienst für Fehlerberichterstattung deaktivieren*	Dieser Schalter stoppt den Fehlerberichterstattungsdienst. Künftig werden keine Fehlerberichte mehr erstellt (empfohlen).
	Dienst für automatische Windows-Updates deaktivieren	Der Dienst für automatische Updates für Windows wird gestoppt. Das Gute dabei: Es sind trotzdem manuelle Windows-Updates möglich.
	Dienst für Zeitsynchronisation deaktivieren	Dieser Schalter stoppt den Dienst, der die Systemzeit Ihres PCs automatisch über das Internet synchronisiert.

xp-AntiSpy-Gruppe	xp-AntiSpy-Option	Beschreibung
	Dienst für den Taskplaner deaktivieren	Mit dem Taskplaner können Sie Programme zu bestimmten Zeitpunkten oder Ereignissen starten (*Systemsteuerung/Geplante Tasks*). So benutzt manches System-Utility oder mancher Virenscanner diesen Task-Manager mit. Wer das nicht braucht, kann diesen Dienst beruhigt deaktivieren.
	Universal Plug and Play Service (UPNP) deaktivieren	Wer kein ICS (Internet Connection Sharing) verwendet, kann diesen Service getrost abschalten.
	Nachrichtendienst deaktivieren	Mit dem Nachrichtendienst können Sie per *net send {empfänger} {"nachricht"}* Nachrichten im Windows-Netzwerk verschicken. Um Missbrauch und Datenmüll zu unterbinden, sollten Sie diesen Dienst abschalten.
Microsoft Messenger	*Keine Aktion/ Nicht mit Windows starten/ Deinstallieren*	Wer den Windows Messenger nicht einsetzt, braucht ihn auch nicht zu aktivieren und installiert zu haben.
Regsvr32' DLLs deregistrieren	*Regwizc.dll*	Dieser Schalter deregistriert die RegistrationWizard-Control, die ausschließlich zur Onlineregistrierung von Windows XP benötigt wird.
	Licdll.dll	Die *Licdll.dll* sollte erst nach dem Aktivieren von Windows XP ausgeschaltet werden.
	Zip-Funktionalität deaktivieren	Hier wird das eingebaute ZIP-Dekompressionsprogramm deaktiviert. Das ist sinnvoll, wenn Sie andere Programme zum Packen und Entpacken verwenden (z. B. WinRAR, WinZip, WinAce o. a.).

Prinzipiell sollten nach dem Konfigurieren via xp-AntiSpy am Ende so viele grüne Häkchen wie möglich gesetzt sein. Lediglich bei der Zip-Funktionalität und beim Windows Messenger kann es sinnvoll sein, die Standardeinstellungen nicht zu verändern. Sind die Änderungen aktiv, ist Windows etwas sicherer im Netz unterwegs.

Das reicht für den täglichen Einsatz jedoch nicht vollends aus, da noch andere Wege für Angreifer zur Verfügung stehen, Ihren PC auszuspähen oder gar lahmzulegen. Gerade E-Mails von fremden Absendern und unbekannte Programme können mit Viren, Trojanern, Würmern und anderem infiziert sein. Ohne installierten aktuellen Virenscanner haben Sie keine Chance.

8 Drucken und Datenaustausch

Nur zum Surfen mit mehreren Rechnern oder vom Sofa aus wäre ein Netzwerk viel zu schade. Schnell werden Sie feststellen, wie praktisch es ist, Daten zwischen mehreren Rechnern auszutauschen, Druckaufträge über einen zentralen Drucker auszugeben, Digitalfotos für alle im Netz bereitzustellen und vieles mehr. Das ist alles mit Bordmitteln machbar, auch Sicherheitsaspekte kommen nicht zu kurz.

Es gibt allerdings ein paar Grundvoraussetzungen für einen reibungslosen Betrieb. Um im Heimnetz mit anderen Rechnern Daten auszutauschen, sind folgende Voraussetzungen notwendig:

- TCP/IP ist installiert.
- Die Arbeitsgruppe ist eingerichtet.
- Rechnernamen sind eingetragen.
- Der Client für MS-Netzwerke ist installiert.
- Die Datei- und Druckerfreigabe ist installiert.
- Auf einem oder mehreren Rechnern ist mindestens ein Ordner oder Laufwerk freigegeben.

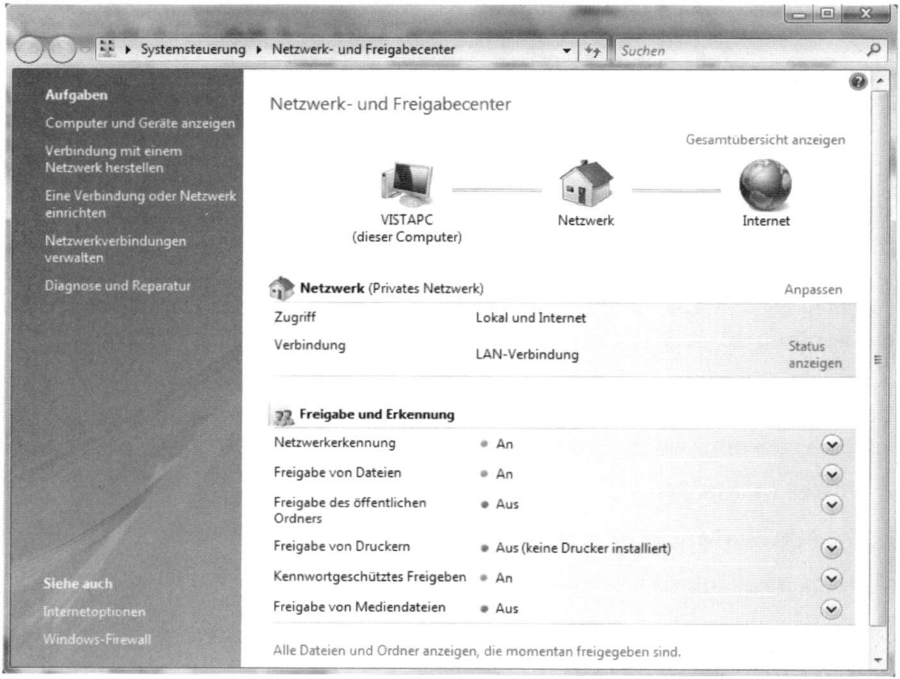

Bild 8.1: Windows Vista: Klicken Sie auf *Status anzeigen*, erscheint die Konfiguration der Netzwerkkarte.

- Freigabenamen haben keine Umlaute, Sonder- und Leerzeichen und sind nicht länger als zwölf Zeichen.
- Name und Kennwort des Benutzers sind auf beiden Rechnern identisch.

Damit das funktioniert, müssen neben der IP-Konfiguration des DSL-Routers auch die Netzwerkparameter auf jedem Rechner richtig installiert sein. Das bedeutet im Klartext, dass auf jedem PC ein Netzwerkadapter (Netzwerkkarte, WLAN-Karte etc.) vorhanden und installiert ist.

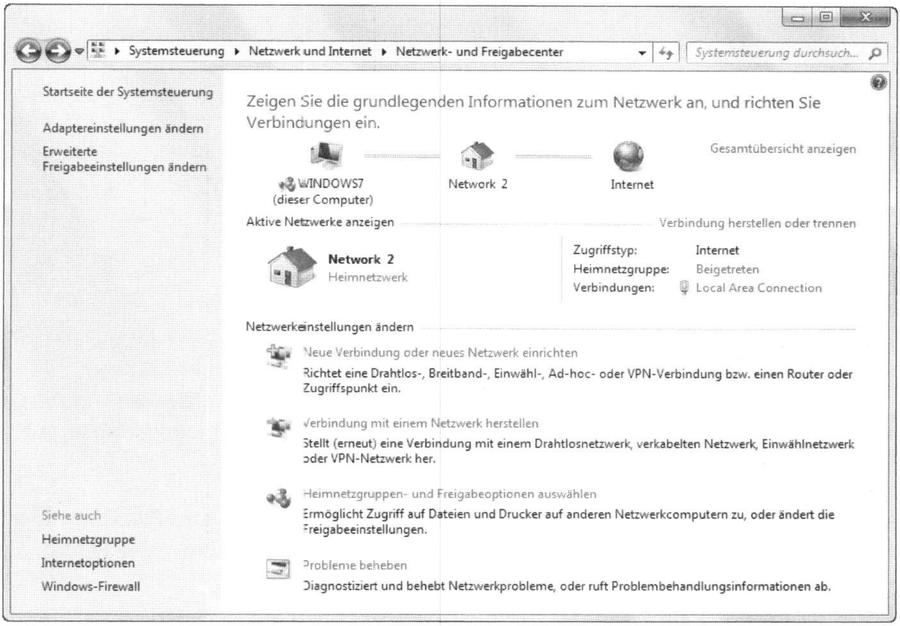

Bild 8.2: Windows 7: Klicken Sie auf *Local Area Connection*, erscheint die Konfiguration der Netzwerkkarte.

8.1 Manuelle Vergabe von IP-Adressen

Ist kein DHCP-Server oder DSL-Router im Netz, der für die automatische Vergabe der IP-Adressen zuständig ist, müssen die IP-Adressen und die Subnetzmasken von Hand auf jedem PC eingetragen werden. Die Wahl der IP-Adresse bleibt jedem selbst überlassen.

Sie sollten für eine besseren Übersicht immer aufsteigend eine Adresse mit *192.168.0.1*, *192.168.0.2* etc. vergeben. Hier wählen Sie über die *Systemsteuerung* bei *Netzwerkverbindungen* die Schnittstelle aus, die für den Internetzugang sorgt, und wählen dort *Eigenschaften* aus. Im Register *Allgemein* ist das TCP/IP-Protokoll zu finden – dort klicken Sie abermals auf *Eigenschaften.*

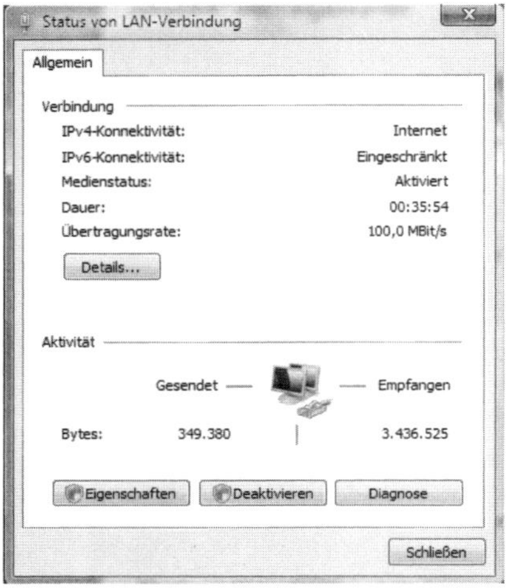

Bild 8.3: Klicken Sie auf *Status von LAN-Verbindung*, erscheint die Konfiguration der Netzwerkkarte.

Zusätzlich ist darauf zu achten, dass die Subnetzmaske bei allen Rechnern im Netz identisch ist. Ist ein DHCP-Server in Betrieb, prüfen Sie mit dem *ping*-Befehl, ob sich die beiden Rechner untereinander im Netzwerk überhaupt »sehen«. Haben Sie die IP-Adressen von Hand vergeben, ist die Subnetzmaske sicherlich identisch, dann wissen Sie aber auch, welche IP-Adresse Sie anpingen müssen.

Test mit dem ping-Befehl

Ist alles richtig eingestellt, sollten Sie den Rechner erfolgreich »anpingen« können. Dies erledigen Sie in der DOS-Eingabeaufforderung bzw. im *Ausführen*-Dialog mit dem Befehl *ping [IP-ADRESSE]*.

1. In diesem Beispiel geben Sie den Befehl *ping 192.168.0.1* ein. Ist bei Windows der *Ausführen*-Befehl im Startmenü ausgeblendet, können Sie ihn per Mausklick aktivieren.

2. Klappt das Anpingen eines PCs trotz richtiger IP-Konfiguration nicht, liegt dies in der Regel an der Windows-Firewall. Diese ignoriert in der Standardeinstellung sämtliche eingehenden Ping-Anfragen.

3. Um der Windows-Firewall die Annahme des *ping*-Befehls im Heimnetz zu erlauben, öffnen Sie die Firewall über die *Systemsteuerung/System und Sicherheit/Windows Firewall* und klicken in der Seitenleiste auf *Erweiterte Einstellungen*.

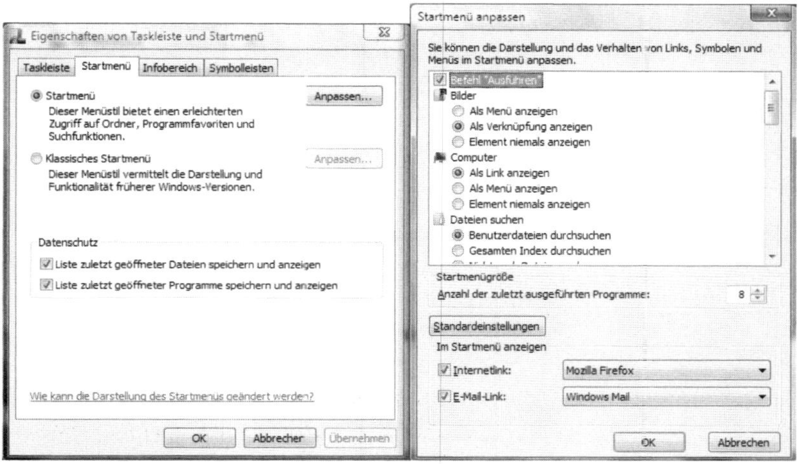

Bild 8.4: Über *Eigenschaften der Taskleiste* und Klick auf die Schaltfläche *Anpassen* aktivieren Sie den *Ausführen*-Befehl bei Windows Vista.

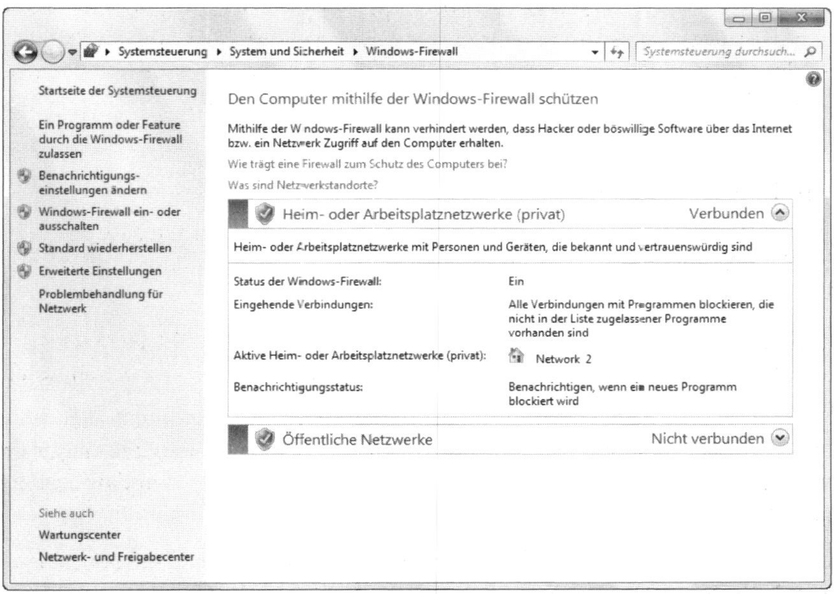

Bild 8.5: An dieser Stelle sei nochmals darauf hingewiesen: Wenn Sie keine andere Firewall einsetzen, z. B. die eines Virenscanners, schalten Sie die Windows-Firewall auf jeden Fall ein.

4 Dort wählen Sie die *Eingehende Regeln* und aktivieren die Regel *Datei- und Druckerfreigabe (Echoanforderung – ICMPv4 eingehend)*. Falls diese Regel mehrmals zu sehen ist, schalten Sie Ping für das gewünschte Netzwerkprofil (im Heimnetz *Domäne, Privat*) frei.

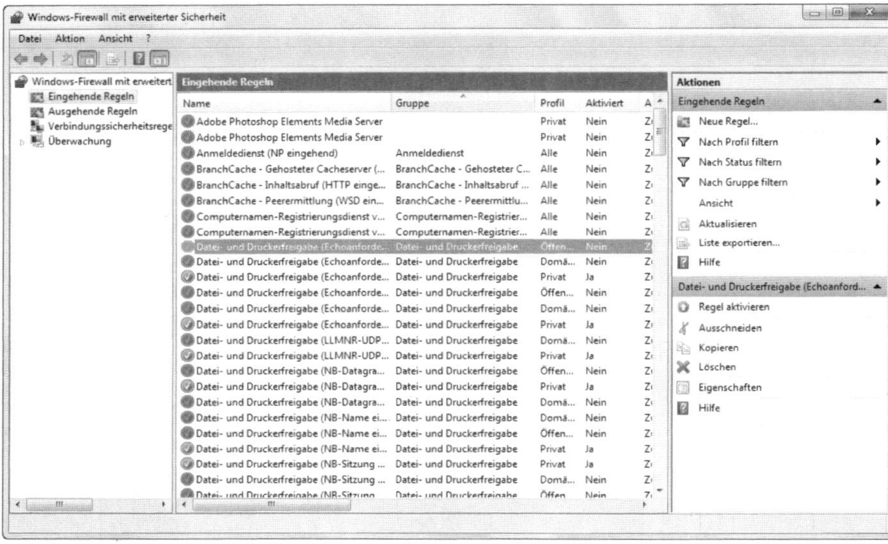

Bild 8.6: Schalten Sie Ping für das gewünschte Netzwerkprofil frei.

Ist das Anpingen nun erfolgreich, sind weitere Voraussetzungen notwendig, um die Rechner im Heimnetz zur Zusammenarbeit zu bewegen.

8.2 Name der Arbeitsgruppe festlegen

Das A und O ist eine gemeinsame Arbeitsgruppe. Standardmäßig nennt sich diese nach einer Windows Vista- oder Windows 7-Installation *WORKGROUP*. Windows XP nennt sie *MSHEIMNETZ* oder *WORKGROUP*, und falls ein Rechner, beispielsweise das Firmen-Notebook, in einem anderen Netz schon unterwegs war, hat die Arbeitsgruppe wieder einen anderen Namen.

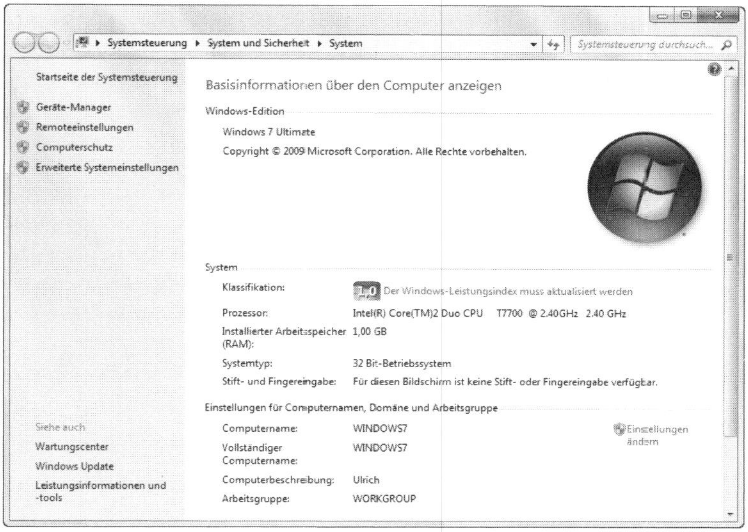

Bild 8.7: In der *Systemsteuerung/System und Sicherheit/System* klicken Sie im Bereich *Einstellungen für Computernamen, Domäne und Arbeitsgruppe* auf den Link *Einstellungen ändern*.

Um den Arbeitsgruppennamen zu ändern bzw. auf Ihr Heimnetz anzupassen, sollten Sie Folgendes beachten: Der Name der Arbeitsgruppe muss auf allen Rechnern im Netz identisch sein, und er sollte so kurz wie möglich sein sowie ohne Umlaute, Sonder- und Leerzeichen auskommen.

Passen Sie nun den Namen an bzw. überprüfen Sie die Einstellungen. Mit dem Assistenten für die Netzwerkanmeldung richten Sie die Arbeitsgruppe für die Rechner im Heimnetz ein.

Im nächsten Schritt tragen Sie sowohl den Namen des Rechners als auch den der Arbeitsgruppe ein. Achten Sie darauf, dass der Name des Computers im Netzwerk eindeutig sein muss sowie möglichst kurz und ohne Umlaute, Sonder- und Leerzeichen. Wenn es mehr als zwei oder drei Rechner sind, bietet sich eine Hersteller- und Typkennung (MacBook, Dell-Desktop o. Ä.) an, diese Bezeichnungen verstehen auch andere Mitglieder der Arbeitsgruppe.

Nach dem Ändern des Computer- und/oder Arbeitsgruppennamens braucht Windows einen Neustart, damit die Änderungen aktiv werden. Erst dann sind andere Rechner in der Netzwerkumgebung sichtbar. Öffnen Sie nun den *Arbeitsplatz* und gehen Sie auf *Netzwerk*. Dort sind verschiedene Netzwerkdienste aufgelistet, für Sie in Ihrem Heimnetz kommt nur das *Microsoft Windows-Netzwerk* infrage.

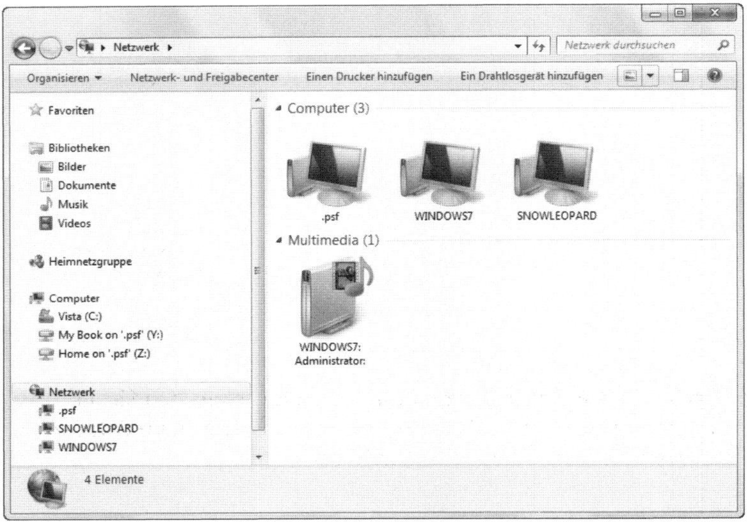

Bild 8.8: Sämtliche Clients in der Arbeitsgruppe sind im *Microsoft Windows-Netzwerk* versteckt.

Ein Microsoft Windows-Netzwerk unterstützt mehrere Netzwerk-Domains und Arbeitsgruppen. So können Sie gleichzeitig auf mehrere unterschiedliche Rechner und Netzwerke zugreifen – in Ihrem Fall ist in dem Microsoft Windows-Netzwerk nur die von Ihnen eingerichtete Arbeitsgruppe zu sehen: *WORKGROUP* beherbergt die Clients im Heimnetz.

Die Microsoft Windows-Netzwerk-eigene Arbeitsgruppe ändern Sie in diesem Dialog – hier ist als Beispiel der Name *WORKGROUP* für die Arbeitsgruppe konfiguriert.

8.3 Freigaben unter Vista und Windows 7

Für das Erstellen einer Datei- oder Ordnerfreigabe unter Windows Vista oder Windows 7 ist die ordnungsgemäße Installation und Konfiguration der Netzwerkschnittstelle Grundvoraussetzung. Anschließend öffnen Sie den Explorer und wählen einen Ordner aus, der für andere Benutzer im Netzwerk freigegeben werden soll.

1 Klicken Sie mit der rechten Maustaste auf diesen Ordner und wählen Sie im Kontextmenü *Freigabe* aus. Nun erscheint ein Dialog, in dem Sie den Zugriff auf den Ordner einrichten können.

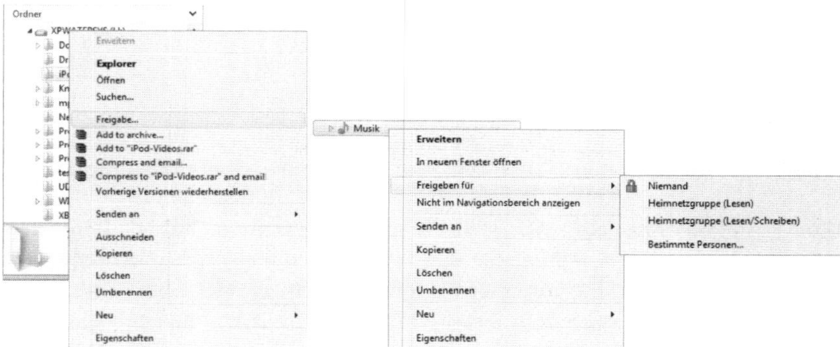

Bild 8.9: Bei Windows Vista (links) und Windows 7 (rechts) bekommen Sie im Kontextmenü der rechten Maustaste *Freigabe* oder *Freigeben für* angezeigt; darüber können Sie Laufwerke für andere Benutzer freischalten.

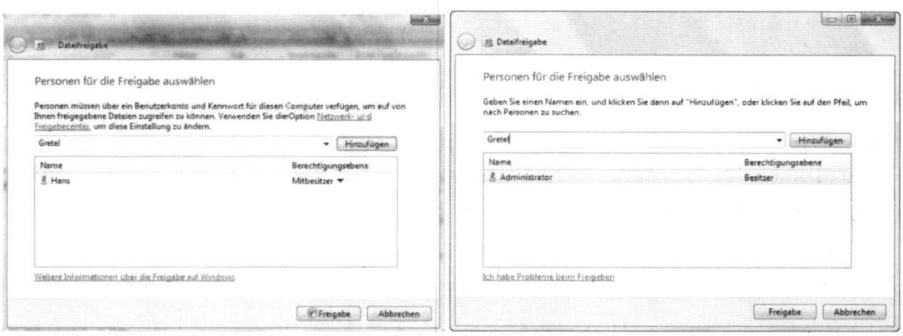

Bild 8.10: Möchten Sie einer weiteren Person (hier *Gretel*) den Zugriff auf eine Freigabe gewähren, tragen Sie den Namen hier ein und klicken auf die Schaltfläche *Hinzufügen* – Window Vista (rechts), Windows 7 (links).

2 Anschließend ist die eingerichtete Ordnerfreigabe aktiv. Der für den Zugriff eingerichtete Benutzer kann nun von einem anderen PC im Netzwerk auf die eingerichtete Freigabe zugreifen – vorausgesetzt, der Name und das Passwort sind in der Benutzerverwaltung eingerichtet.

Bild 8.11: Per Klick auf die Schaltfläche *Fertig* schließen Sie die Ordnerfreigabe ab.

3 Das Entfernen einer eingerichteten Freigabe sowie eine nachträgliche Änderung erfolgen analog. Hier wählen Sie den entsprechenden Ordner im Explorer aus und anschließend im Kontextmenü entweder *Freigabe* oder besser *Eigenschaften.* Im Register *Freigabe* erhalten Sie per Klick auf *Erweiterte Freigabe* einen Überblick darüber, wer auf den Ordner zugreifen darf und welche Rechte bzw. Berechtigungen für die unterschiedlichen Benutzer eingerichtet sind.

Mithilfe passender Rechtevergaben können Sie die Daten im Netz getrost freigeben. Sinnvoll ist dafür aber eine vernünftige Ordnerstruktur, damit Sie gezielt Zugriff auf einzelne Ordner haben.

Wenn Sie beispielsweise alle Ihre Briefe nur in *Eigene Dateien* oder *Dokumente* speichern und dann diesen Ordner freigeben, helfen Ihnen ausgefuchste Rechte kaum noch, denn dann ist alles zugreifbar. Mit entsprechenden Unterordnern können Sie aber Korrespondenz, Bilder o. Ä. perfekt trennen. Der Zugriff sollte so gewählt werden, dass bei Bildern oder Dokumenten grundsätzlich nur Lesezugriff gewährt wird.

8.4 Freigaben unter Windows XP

Unter Windows XP wird die Prozedur der Datei- und Ordnerfreigabe vornehmlich über einen Assistenten abgewickelt, hier sind ein paar Klicks mehr notwendig als bei Windows Vista. Möchten Sie in Windows XP eine Freigabe einrichten (Auswahl *Freigabe und Sicherheit* im Kontextmenü eines Ordners), meldet sich bei der ersten Freigabe der Netzwerkinstallations-Assistent, mit dem Sie Schritt für Schritt eine Freigabe einrichten können.

1 Mit einem Klick auf die Schaltfläche *Weiter* starten Sie den Assistenten. Das funktioniert immer dann reibungslos, wenn Sie als Administrator bzw. mit Administratorrechten in Windows XP arbeiten – mit einem eingeschränkten Konto wird das Erstellen einer Freigabe aus Sicherheitsgründen blockiert.

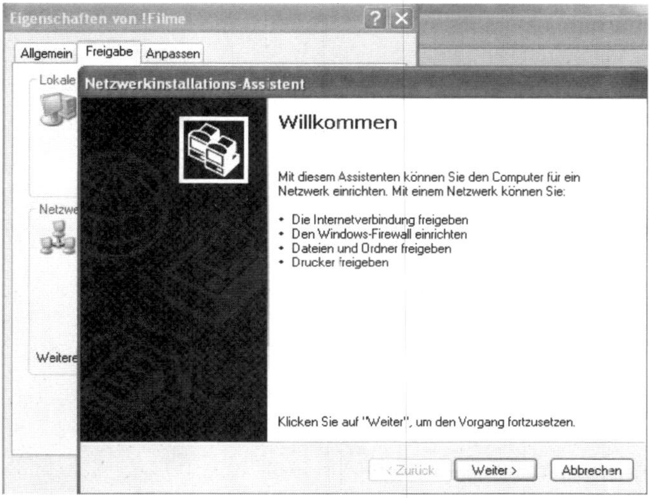

Bild 8.12: Mit dem Netzwerkinstallations-Assistenten geben Sie nicht nur Dateien und Ordner, sondern auch Drucker für andere Benutzer bzw. Rechner im Netzwerk frei.

2 Für das Erstellen einer Freigabe ist die ordnungsgemäße Installation und Konfiguration der Netzwerkschnittstelle, wie bereits beschrieben, Grundvoraussetzung. Der Netzwerkinstallations-Assistent weist in diesem Dialog nochmals darauf hin. Mit dem Klick auf die Schaltfläche *Weiter* kommen Sie zum nächsten Schritt.

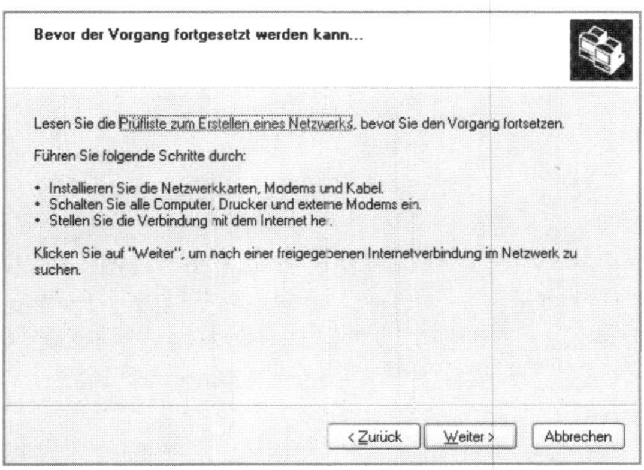

Bild 8.13: Neben der ordnungsgemäßen Verkabelung sind die IP-Parameter das A und O, damit die Freigaben im Heimnetz klappen.

3 Im nächsten Schritt geben Sie die Verbindungsmethode an, über die auf die Freigabe zugegriffen werden soll. Hier wählen Sie den zweiten Punkt *Dieser Computer stellt eine Verbindung mit dem Internet über ein lokales Gateway oder*

einen anderen Computer des eigenen Netzwerks her aus, da Sie ja die Freigabe nur in Ihrem eigenen Netzwerk verwenden wollen.

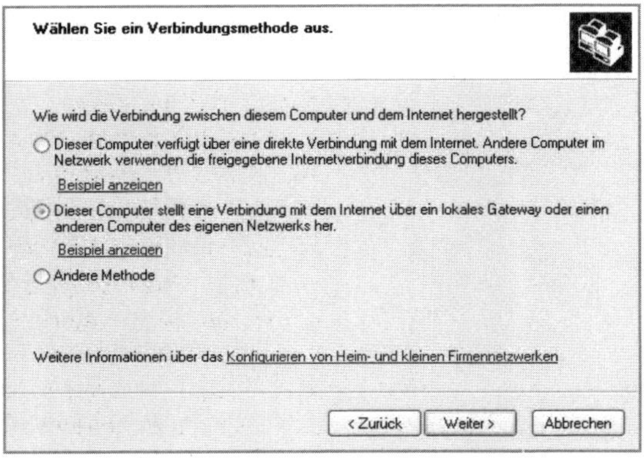

Bild 8.14: Für DSL-Router-Besitzer ist der zweite Punkt der richtige.

4 Nun überprüfen Sie den Computernamen, die Computerbeschreibung braucht nicht ausgefüllt zu werden. Achten Sie darauf, dass der Computername eindeutig ist, damit es keinen Namenskonflikt im Netzwerk gibt.

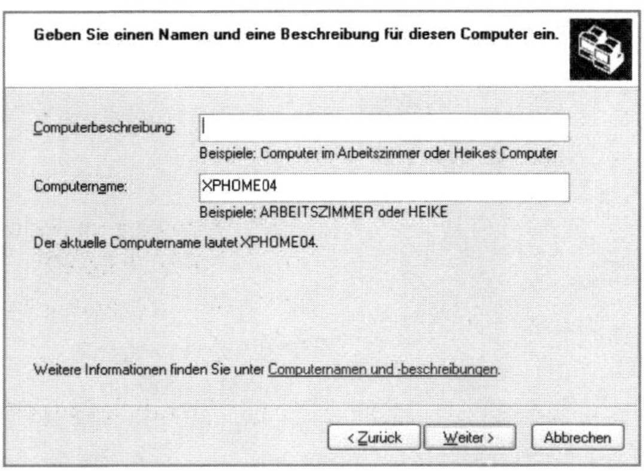

Bild 8.15: Das Feld *Computername* ist bereits mit dem Namen des PCs gefüllt, eine Computerbeschreibung ist nicht notwendig. Klicken Sie wiederum auf *Weiter*.

5 Jetzt geben Sie den Namen der Arbeitsgruppe an, für die die Netzwerkfreigabe eingerichtet werden soll. Nur für diese Arbeitsgruppe ist später die Freigabe auch sichtbar.

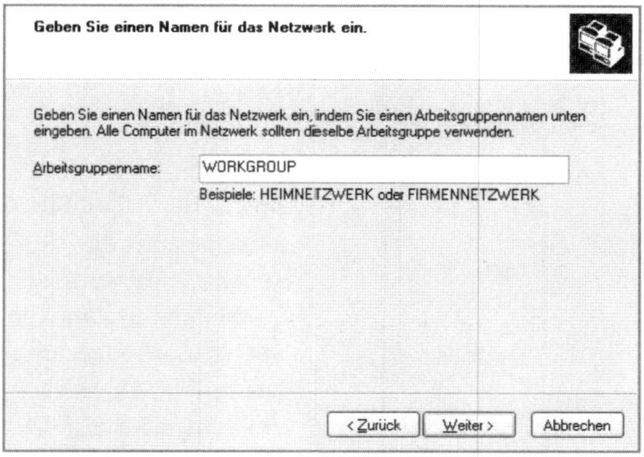

Bild 8.16: Das Feld *Arbeitsgruppenname* ist mit *WORKGROUP* ebenfalls voreingestellt; im Zweifelsfall ändern Sie diesen Eintrag, wie im Schritt *Arbeitsgruppe einrichten* beschrieben.

6. Nun können Sie für diese Freigabe entweder den Zugriff aktivieren oder deaktivieren. Da Sie eine Freigabe für andere Rechner/Personen erstellen wollen, wählen Sie hier natürlich die Option *Datei- und Druckerfreigabe aktivieren* aus.

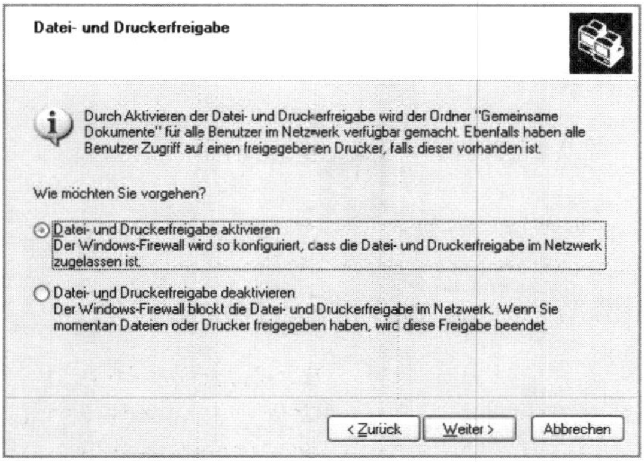

Bild 8.17: In diesem Dialog können Sie auch bereits vorhandene Freigaben wieder entfernen.

7. Die vorgenommenen Einstellungen werden nochmals übersichtlich dargestellt. Mit *Weiter* übernehmen Sie die Änderungen.

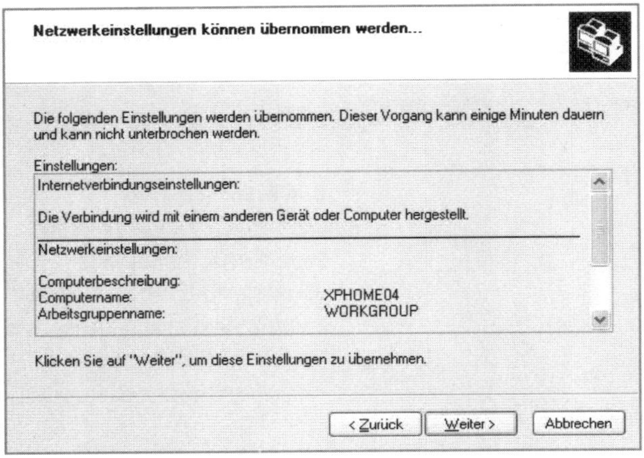

Bild 8.18: Prüfen Sie gewissenhaft die Zusammenfassung der Einstellungen. Sind hier nachträglich Änderungen notwendig, klicken Sie auf die *Zurück*-Schaltfläche, um die Einstellungen anzupassen.

Möchten Sie die gleichen Einstellungen für andere XP-Rechner im Netzwerk verwenden, können Sie diese Konfiguration auf Diskette etc. speichern. Das ist nicht notwendig, denn es ging Ihnen ja nicht um die Netzwerkeinrichtung, sondern um Freigaben. Daher wählen Sie den Punkt *Nur den Assistenten fertig stellen, da er nicht auf anderen Computern ausgeführt wird* aus.

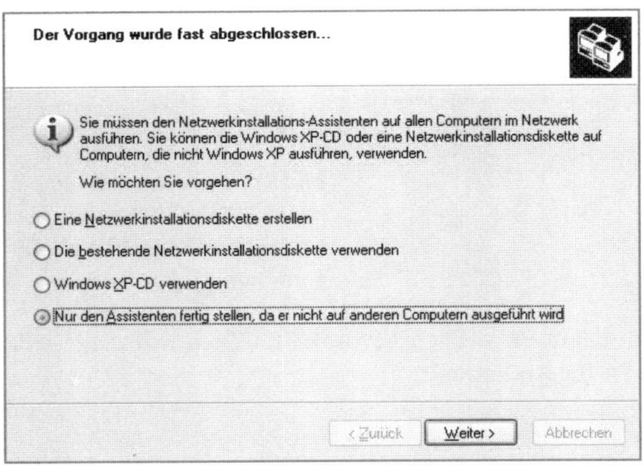

Bild 8.19: Die konfigurierte Freigabe ist nur für diesen Rechner gedacht, deswegen wählen Sie die letzte Option aus.

Schließen Sie den Netzwerkinstallations-Assistenten mit einem Klick auf die Schaltfläche *Fertig stellen* ab. Die gewünschte Freigabe ist nun eingerichtet und für andere Rechner in der Arbeitsgruppe sichtbar.

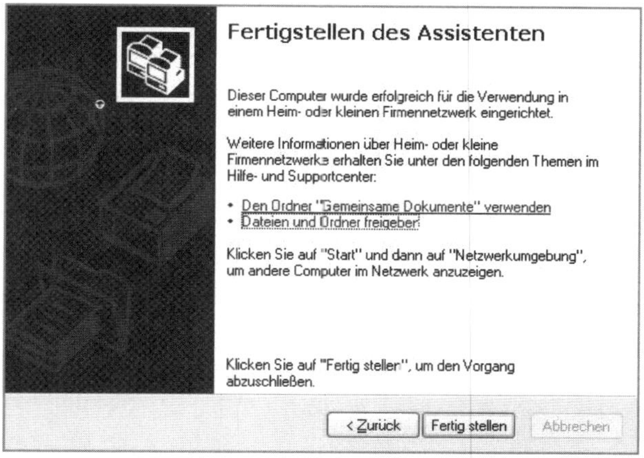

Bild 8.20: Erledigt: Mit Schließen des Netzwerkinstallations-Assistenten sind die Freigaben im Netz für andere Rechner sichtbar.

Was dürfen andere Benutzer?

Nun rufen Sie nochmals mit der rechten Maustaste das Kontextmenü des freizugebenden Ordners auf. Jetzt sollte folgender Dialog erscheinen:

Bild 8.21: Im Bereich *Netzwerkfreigabe und -sicherheit* können Sie mit Setzen eines Häkchens den gewünschten Ordner für andere Mitglieder der Arbeitsgruppe freigeben.

Standardmäßig ist hier nur der lesende Zugriff aktiv. Soll auf der Netzwerkfreigabe auch geschrieben, geändert und gelöscht werden, sollten Sie das Häkchen bei der Option *Netzwerkbenutzer dürfen Dateien verändern* setzen. Lassen Sie das Häkchen weg, ist nur ein lesender Zugriff möglich. Mit dem Klick auf die Schaltfläche *Übernehmen* bzw. *OK* wird die Änderung aktiv. Aus Gründen der Übersicht ist nun der freigegebene Ordner am neuen Symbol im Explorer (blaue Hand unter dem Ordnersymbol) zu erkennen.

8.5 Im Heimnetzwerk drucken

Windows zeigt seit vielen Versionen ausführliche Informationen über jedes Hardwaredetail des Computers an, ein einfacher Überblick über die Geräte, die den Anwender wirklich interessieren, fehlte bisher. Windows 7 bietet, auffällig im Startmenü, eine neue Übersicht *Geräte und Drucker*. Hier sind die wichtigsten Komponenten wie PC und Monitor sowie alle eingerichteten Drucker zu sehen.

Druckerfreigabe unter Windows 7

Neben der Datei- und Druckerfreigabe ist die gemeinsame Nutzung eines Druckers wie geschaffen für ein Heimnetzwerk. Grundvoraussetzung dafür ist bei Windows 7 die Freigabe des Druckers im *Netzwerk- und Freigabecenter*, das sich über die *Systemsteuerung* öffnen lässt.

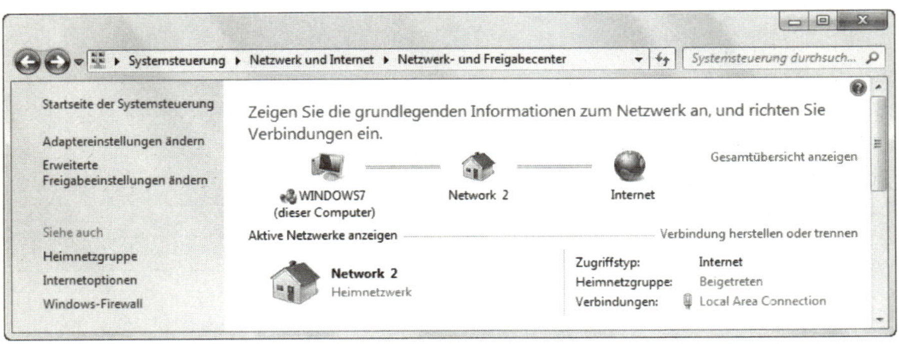

Im *Netzwerk- und Freigabecenter* klicken Sie auf den Link *Erweiterte Freigabeeinstellungen ändern.* Es erscheint das Fenster *Freigabeoptionen für unterschiedliche Netzwerkprofile ändern.* Im Bereich *Datei- und Druckerfreigabe* klicken Sie auf die Option *Datei- und Druckerfreigabe aktivieren.*

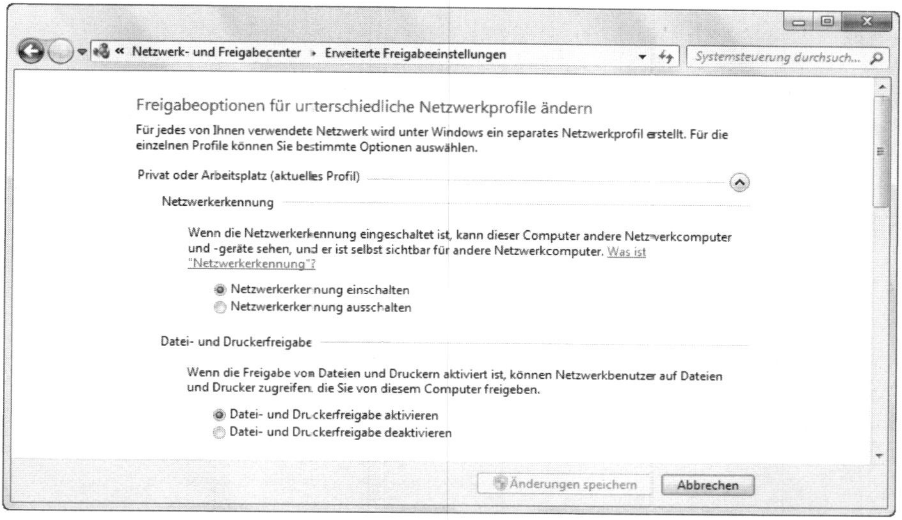

Bild 8.22: In den erweiterten Freigabeeinstellungen schalten Sie die Freigabe von Druckern an. Dafür klicken Sie auf die Option *Datei- und Druckerfreigabe aktivieren.*

Wer seinen am PC lokal angeschlossenen Drucker für andere Rechner im Heimnetzwerk freigeben möchte, der geht an dem Rechner, an dem der Drucker angeschlossen ist, abermals in die *Systemsteuerung*. Dort wählen Sie bei *Drucker* den installierten Standarddrucker aus.

Wählen Sie nun im Kontextmenü des Standarddruckes den Punkt *Druckereigenschaften*. Im folgenden Dialogfeld aktivieren Sie die Registerkarte *Freigabe*. Klicken Sie hier auf die Option *Drucker freigeben* und ändern Sie, falls gewünscht, im Feld *Freigabename* den von Windows 7 vorgeschlagenen Namen für den Netzwerkdrucker, unter dem dieser im Netzwerk verfügbar sein soll. Mit Klick auf die Schaltfläche *OK* machen Sie die Einstellungen scharf.

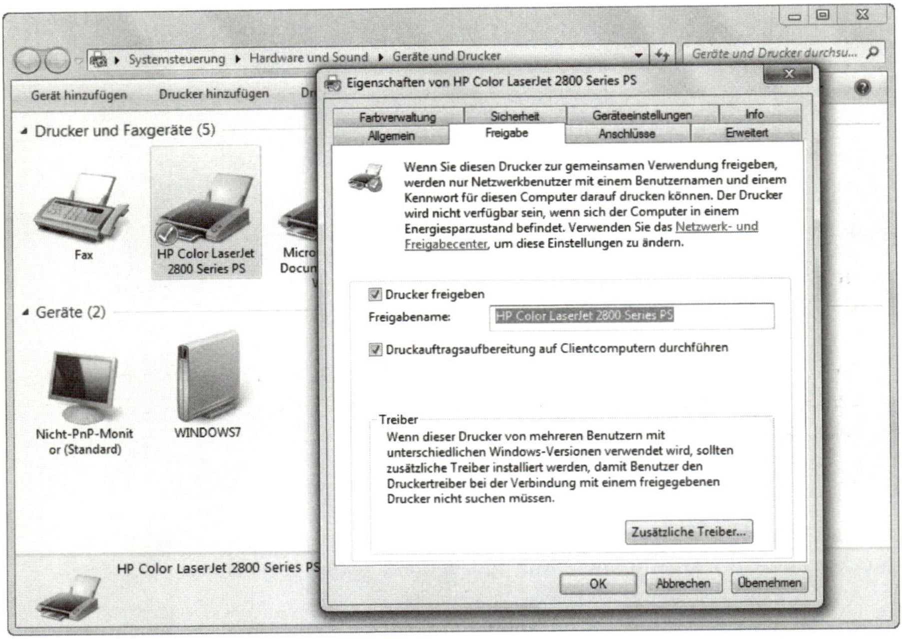

Bild 8.23: Im Register *Freigabe* können Sie den Drucker für andere Benutzer im Netzwerk freigeben. Der *Freigabename* für den Drucker wird von Windows 7 automatisch vorgeschlagen und kann nach Wunsch angepasst werden.

Druckerfreigabe unter Windows Vista

Unter Windows Vista verläuft die Installation des im Netz freigegebenen Druckers auf einem anderen Rechner prinzipiell ähnlich wie bei Windows XP.

1. In der *Systemsteuerung* wählen Sie den Punkt *Drucker* und klicken im Menübereich auf die Option *Drucker hinzufügen*, um den Druckerinstallations-Assistenten zu starten.

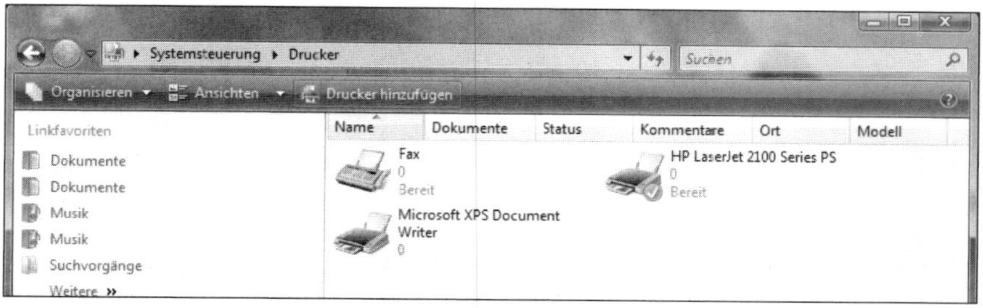

Bild 8.24: In der Menüleiste klicken Sie auf ***Drucker hinzufügen***, um einen Netzwerkdrucker einzurichten.

2 Neben einem normalen, lokalen Drucker steht auch die Option *Einen Netzwerk-, Drahtlos- oder Bluetoothdrucker hinzufügen* zur Verfügung. Wählen Sie diese nun aus.

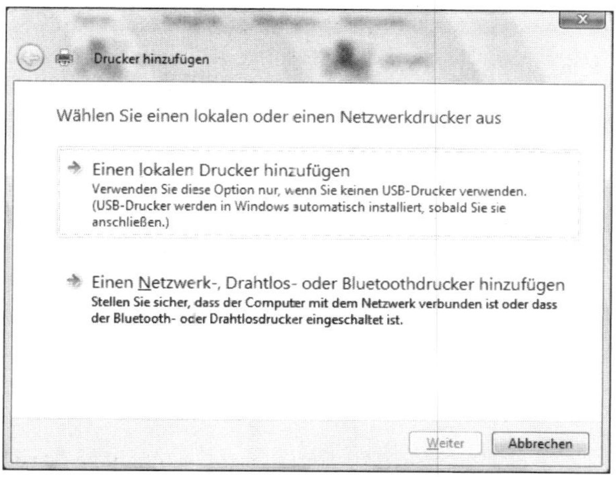

Bild 8.25: Klicken Sie auf die Schaltfläche ***Weiter***, um den Druckertyp zu konfigurieren.

Jetzt wird der Suchmechanismus von Windows Vista aktiv. Es erscheinen alle Rechner im Netzwerk, die einen freigegebenen Drucker zur Verfügung stellen.

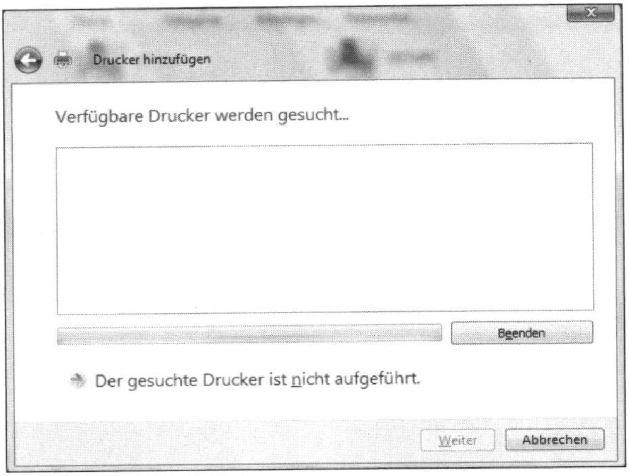

Bild 8.26: Dauert etwas: Bis ein im Netzwerk freigegebener Drucker von Windows Vista gefunden wird, können einige Minuten vergehen.

3 Klicken Sie auf die Windows-Netzwerkfreigaben der angeschlossenen PCs, um die Freigaben bzw. freigegebenen Drucker sehen zu können. Hier erscheint der konfigurierte Drucker mit seinem Freigabenamen. Alternativ können Sie auch auf die Option *Der gesuchte Drucker ist nicht aufgeführt* klicken und über *Durchsuchen* den freigegebenen Drucker von Hand auswählen.

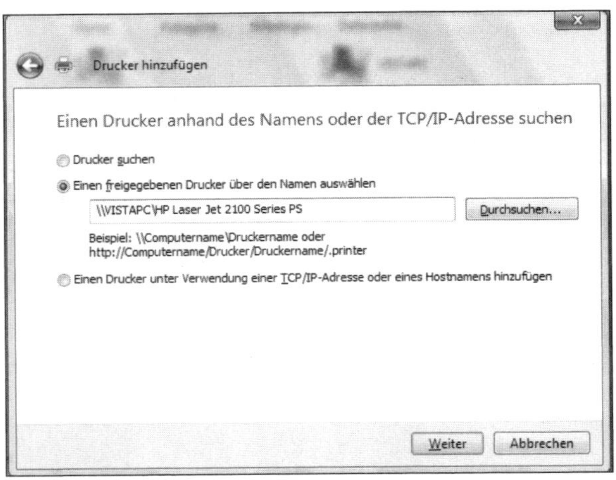

Bild 8.27: Drucker gefunden: Über den Assistenten von Windows Vista binden Sie den Netzwerkdrucker ein.

4 Mit dem Klick auf die Schaltfläche *Weiter* schließen Sie den Vorgang ab, und Windows Vista aktiviert nun die entsprechenden Treiber für den Netzwerkdru-

cker. Im nächsten Schritt verabschiedet sich der Druckerinstallations-Assistent mit einem Zusammenfassungsdialog. Anschließend ist der Drucker unter Windows Vista installiert.

Druckerfreigabe unter Windows XP

Nun können Sie den Drucker bei den anderen Rechnern im Netzwerk installieren. Wer beispielsweise einen Drucker, der an einem Windows Vista-PC angeschlossen ist, auch über das Netz von Rechnern unter Windows XP nutzen möchte, geht folgendermaßen vor.

1. Bei Windows XP wählen Sie in der *Systemsteuerung* die Option *Drucker und Faxgeräte* aus. Im linken Fensterbereich sehen Sie die *Druckeraufgaben*, dort klicken Sie auf *Drucker hinzufügen*, um den Druckerinstallations-Assistenten zu starten.

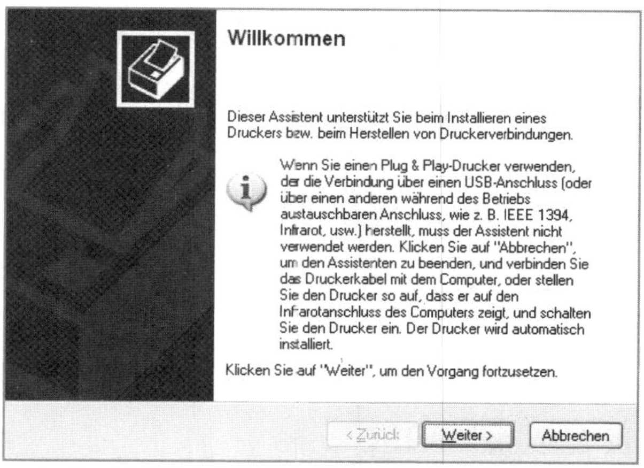

Bild 8.28: Übersichtlich und einfach einzurichten: Mit dem Druckerinstallations-Assistenten wird der Drucker fürs Netzwerk eingerichtet.

2. Klicken Sie nun auf die Schaltfläche *Weiter*, um den Druckertyp zu konfigurieren. Hier steht neben einem normalen, lokalen Drucker auch die Option *Netzwerkdrucker oder Drucker, der an einen anderen Computer angeschlossen ist* zur Verfügung. Wählen Sie diese nun aus.

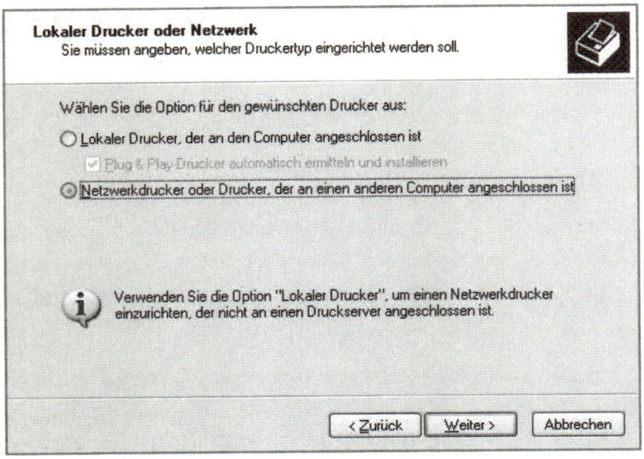

Bild 8.29: Bei einem Netzwerkdrucker ist die zweite Option die richtige Wahl.

3 Lassen Sie jetzt den Druckerinstallations-Assistenten nach einem Drucker im Netz suchen. Ist dieser wie im vorigen Abschnitt beschrieben freigegeben, wird er automatisch gefunden. Alternativ können Sie auch den Namen des Rechners, an dem der Drucker angeschlossen ist, manuell eingeben. Hier ist zusätzlich der konfigurierte Freigabename des Druckers erforderlich.

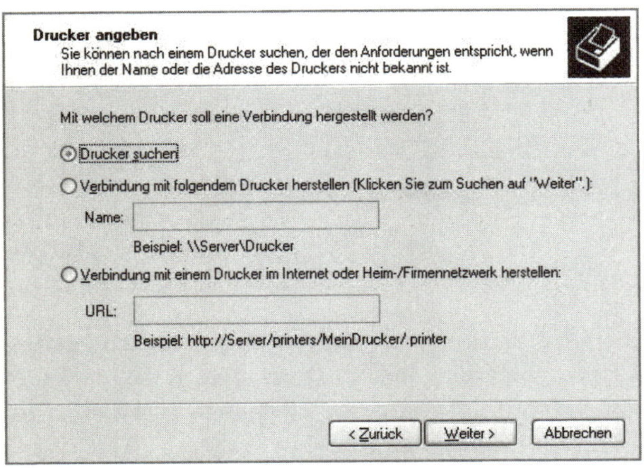

Bild 8.30: Einfache Automatik: Mit dem Klick auf *Drucker suchen* kommen Sie am schnellsten zum Erfolg.

4 Nun erscheinen alle Rechner im Netzwerk, die einen freigegebenen Drucker zur Verfügung stellen. Klicken Sie auf *Microsoft Windows-Netzwerk* und anschließend auf die Domain-Bezeichnung, um sämtliche Freigaben des entsprechen-

den PCs zu sehen. Neben den Dateifreigaben ist auch hier der fürs Netzwerk konfigurierte Drucker mit seinem Freigabenamen zu sehen.

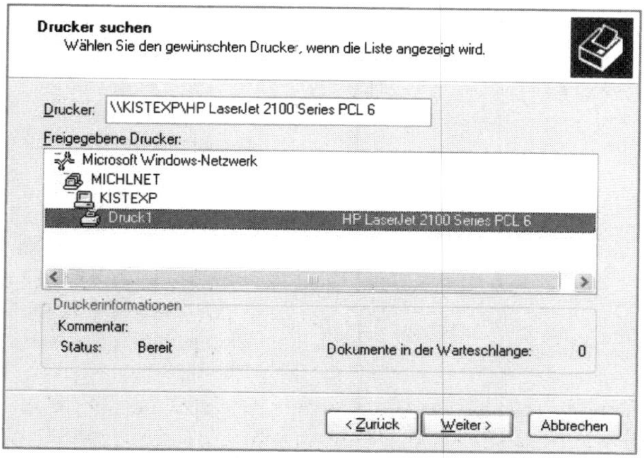

Bild 8.31: Der Drucker ist nur mit seinem konfigurierten Freigabenamen im Netz sichtbar.

5 Danach gibt der Assistent eine Warnmeldung aus: Ein Treiber für den Drucker ist notwendig. In diesem Dialog klicken Sie einfach auf *Ja*, alles Weitere geschieht dann automatisch, und der Treiber steht auch für den Rechner zur Verfügung.

Erst wenn der Treiber für den Netzwerkdrucker übertragen ist, kann der Netzwerkdrucker auch an dem entsprechenden Rechner in Betrieb genommen werden.

6 Das war's: Nun ist der Drucker unter Windows XP installiert und kann verwendet werden. Der Druckerinstallations-Assistent verabschiedet sich mit einem Zusammenfassungsdialog. Mit dem Klick auf die Schaltfläche *Fertig stellen* schließen Sie den Vorgang ab.

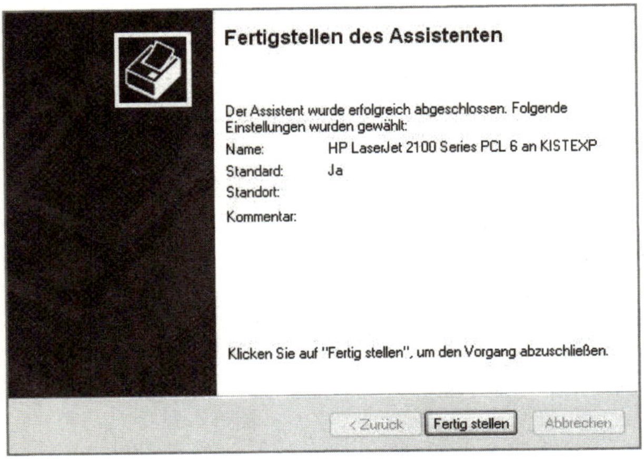

Bild 8.32: Ist der Netzwerkdrucker erfolgreich eingerichtet, fasst der Druckerinstallations-Assistent von Windows XP die Einstellungen nochmals übersichtlich zusammen.

9 Dynamic DNS und FTP-Server

Windows XP, Windows Vista und Windows 7 bieten von Haus aus keine Serverdienste und Programme an, mit denen Sie bequem Daten, Musik, Videos und vieles mehr im heimischen Netz und auch im Internet für Freunde und Bekannte zur Verfügung stellen können. In der Vergangenheit war dafür ein Extrarechner mit installiertem Linux oder ein gemieteter Server notwendig, der permanent im Netz zur Verfügung steht.

Der ganze Aufwand mit zusätzlichem Rechner und Linux muss aber nicht sein. Mithilfe einer dynamischen IP-Adresse machen Sie Ihren Windows-Rechner im Internet bekannt, und mit einem Freeware-FTP-Server stellen Sie die Daten im Netz oder im Internet zu Verfügung.

Das Beste: Mit der integrierten Benutzerverwaltung schränken Sie den Zugriff auf den FTP-Server ein, so können Sie für bestimmte Personen nur lesenden Zugriff erlauben und anderen Schreibrechte für das FTP-Verzeichnis geben, damit Sie auch von anderen schnell Daten empfangen können. Beim Einrichten einer solchen Lösung gehen Sie grundsätzlich folgendermaßen vor:

1. Dynamic DNS-Adresse einrichten.
2. Dynamic DNS-Client installieren und konfigurieren, falls der DSL-Router keinen DynDNS-Mechanismus unterstützt.
3. FTP-Server installieren und konfigurieren.
4. Benutzer und Benutzergruppen einrichten.
5. Verzeichnisse für FTP-Server freigeben.

Lesen Sie nun, was Dynamic DNS ist, wofür es benötigt wird und wie Sie einen kostenlosen Anbieter wie DynDNS installieren und konfigurieren.

9.1 Voraussetzung: Dynamic DNS

Jedes Mal, wenn Sie sich in das Internet einloggen, bekommt Ihr PC automatisch vom Provider eine IP-Adresse zugeteilt. TCP und IP sind die wichtigsten Protokolle, die für die Kommunikation zwischen Rechnern möglich sind. Es gibt jedoch auch weitere Protokolle wie beispielsweise FTP, mit denen Sie beim Lesen dieses Buchs in Berührung kommen. TCP/IP kommt in einem Netzwerk zum Einsatz, und jeder Computer, der in einem Netzwerk TCP/IP nutzen möchte, braucht eine IP-Adresse. Diese IP-Adresse lautet bei jeder Einwahl anders – sie stammt aus einem IP-Adressenpool, den der Provider reserviert hat.

Mit einem Klick mit der rechten Maustaste auf das Symbol *Netzwerkumgebung* rufen Sie das Kontextmenü der Verbindung auf. Im Register *Allgemein* kommen Sie mit einem Klick auf *Eigenschaften* an die TCP/IP-Einstellungen der Netzwerkkarte. Dort steht meistens: *IP-Adresse automatisch beziehen* und *DNS-Serveradresse automatisch beziehen.*

```
Ethernetadapter LAN-Verbindung 8:

        Verbindungsspezifisches DNS-Suffix:
        Beschreibung. . . . . . . . . . . : 3Com EtherLink XL 10/100 PCI-TX-NIC (3C905B-TX) #3
        Physikalische Adresse . . . . . . : 00-01-02-0D-5B-59
        DHCP aktiviert. . . . . . . . . . : Nein
        IP-Adresse. . . . . . . . . . . . : 192.168.123.174
        Subnetzmaske. . . . . . . . . . . : 255.255.255.0
        Standardgateway . . . . . . . . . : 192.168.123.199
        DNS-Server. . . . . . . . . . . . : 192.168.123.199

C:\>ipconfig /all
```

Bild 9.1: Mit dem Befehl *ipconfig /all* können Sie in einem MS-DOS-Eingabefenster unter Windows die vom Provider zugeteilte IP-Adresse erfahren.

Mit dem Befehl *ipconfig /all* erfahren Sie im MS-DOS-Eingabefenster die aktuelle IP- und DNS-Serveradresse Ihres Rechners. Eine DNS-Serveradresse ist notwendig, um überhaupt im Internet surfen zu können. Nur mit DNS weiß der Rechner, welche zugehörige IP-Adresse beispielsweise der Name *www.franzis.de* besitzt. Der DNS-Server des Internetanbieters löst den Namen in einer IP-Adresse auf und leitet die Anfrage an den entsprechenden Rechner weiter. Dank der DNS-Technik funktioniert das alles automatisch, und Sie brauchen sich keine komplizierten IP-Adressen zu merken. Ist die IP-Adresse eines Rechners bekannt, ist dieser eindeutig identifizierbar.

Möchte jemand auf Ihren Rechner zugreifen, etwa weil Sie einem Bekannten Dokumente oder Musik zur Verfügung stellen möchten, benötigt dieser die IP-Adresse Ihres Rechners. Genau diese IP-Adresse ist abhängig von der Internetverbindung und ändert sich bei jedem Einloggen ins Netz, da Sie keine Standleitung und keine feste IP-Adresse haben.

Bei einem DSL-Router schauen Sie einfach in das Statusfenster auf den DSL-Router-Konfigurationsseiten – hier ist die aktuelle Internet-IP-Adresse zu sehen. Der

Anbieter teilt Ihrem PC bei jeder neuen Einwahl eine IP-Adresse aus seinem Adresspool zu, und Ihre Bekannten müssen nochmals bei Ihnen die aktuelle IP-Adresse nachfragen, wenn sie von Ihnen Musik und Daten oder anderes laden wollen. Damit Ihre Bekannten Sie nicht täglich belästigen müssen, können Sie mit dem dynamischen DNS Ihrem Rechner einen individuellen, festen Domain-Namen zuweisen, auch wenn dieser keine feste IP-Adresse im Internet besitzt.

DNS: Namen statt Zahlen

Der Vorteil von DNS ist, dass Sie den Computer auch über seinen Namen ansprechen können. Es ist einfacher, statt einer IP-Adresse wie *http://192.168.123.1* die Adresse *http://IHRDOMAINNAME.dyndns.org* einzutippen. Man kann sich nämlich Namen leichter merken als Zahlen bzw. IP-Adressen. Für das dynamische DNS gibt es verschiedene Anbieter, die ihre Dienste zum Teil kostenlos anbieten.

```
C:\>ping www.franzis.de

Ping www.franzis.de [80.237.189.137] mit 32 Bytes Daten:

Antwort von 80.237.189.137: Bytes=32 Zeit=37ms TTL=54
Antwort von 80.237.189.137: Bytes=32 Zeit=37ms TTL=54
Antwort von 80.237.189.137: Bytes=32 Zeit=37ms TTL=54
Antwort von 80.237.189.137: Bytes=32 Zeit=36ms TTL=54

Ping-Statistik für 80.237.189.137:
    Pakete: Gesendet = 4, Empfangen = 4, Verloren = 0 (0% Verlust),
Ca. Zeitangaben in Millisek.:
    Minimum = 36ms, Maximum = 37ms, Mittelwert = 36ms

C:\>
```

Bild 9.2: Mit dem Befehl *ping -a DNS-Name* finden Sie die IP-Adresse eines DNS-Namens heraus. In diesem Beispiel lautet die IP-Adresse für *www.franzis.de 80.237.189.137*.

Geben Sie beispielsweise *http://IHRDOMAINNAME.dyndns.org* in die Adressleiste des Webbrowsers ein, erkennt dieser am *http*-Kürzel, dass er das HTTP-Protokoll verwenden muss. Der doppelte Schrägstrich // bedeutet, dass es sich um eine absolute URL handelt. Mit der URL *IHRDOMAINNAME.dyndns.org* wird ein Kontakt zu dem DNS-Server Ihres ISP (Internet Service Provider) hergestellt. Damit wird dieser DNS-Name in eine IP-Adresse umgewandelt.

Neben DynDNS gibt es noch weitere Anbieter, die eine solche Funktionalität zur Verfügung stellen. Drei typische, kostenlose sind die in der folgenden Tabelle aufgeführten. Die Vorgehensweise ist im Prinzip immer die gleiche, für welche Sie sich entscheiden, bleibt Ihnen überlassen.

Anbieter (kostenlos)	
no-ip.com	www.no-ip.com
DynDNS	www.dyndns.org
Open DNS Belgien	www.opendns.be

Egal für welchen Anbieter Sie sich entscheiden, die nachstehende Prozedur des Registrierens und Einrichtens sowie die Konfiguration des Clients bleiben Ihnen nicht erspart. Anhand des Anbieters DynDNS finden Sie hier die notwendigen Schritte im Detail, bei anderen Anbietern läuft dies analog ab.

Bei DynDNS können Sie nach der Anmeldung über den Menüpunkt *Dynamic DNS* kostenlos bis zu fünf Subdomain-Adressen anlegen. Als Domain-Erweiterung stehen diverse Namen wie *dyndns.org*, *dnsalias.net*, *homeftp.net* und viele mehr zur Verfügung.

Ihr eigener PC zu Hause wäre dann zum Beispiel unter der Webadresse *IHRDOMAINNAME.dyndns.org* im Internet zu erreichen. Für den privaten Anwender reicht das aus. Wer mehr haben möchte, muss Geld bezahlen. Dafür können Sie einen »echten« Domain-Namen ohne Erweiterung wie *dyndns.org* mit der wechselnden IP-Adresse verbinden.

Dynamische DNS-Adresse einrichten

Egal ob DynDNS, no-ip.com oder andere – das Einrichten einer dynamischen DNS-Adresse erfolgt prinzipiell immer nach folgendem Schema:

1. Account anlegen, Domain reservieren.
2. Domain aktivieren und bestätigen.
3. DNS-Update-Client installieren.
4. DNS-Update-Client einrichten.

▲ DynDNS-Webseite aufrufen

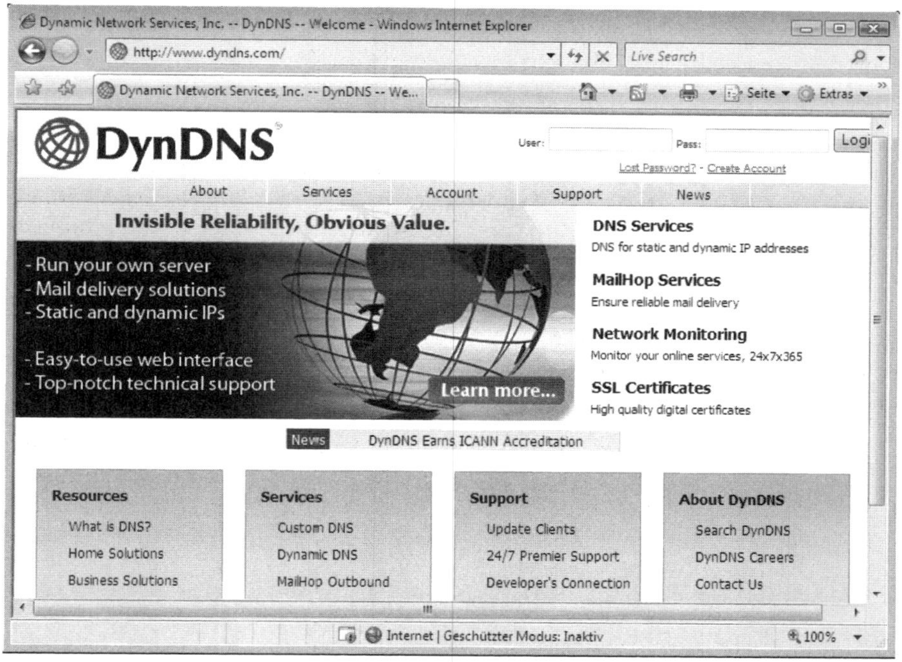

Bild 9.3: Gehen Sie auf *www.dyndns.org* und klicken Sie auf *Account*, um einen neuen Zugang einzurichten.

▲ Account einrichten und Geschäftsbedingungen lesen

Mit dem Klick auf *Create Account* gelangen Sie zum Onlineregistrierungsformular.

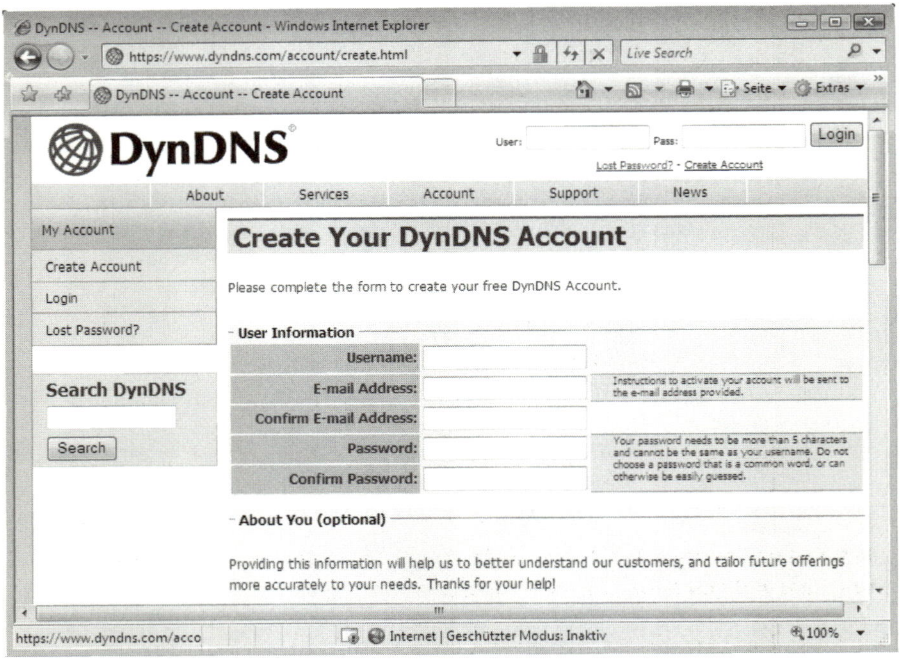

Bild 9.4: Zunächst wählen Sie einen aussagekräftigen Benutzernamen aus und geben sowohl eine Mailadresse als auch ein Passwort an.

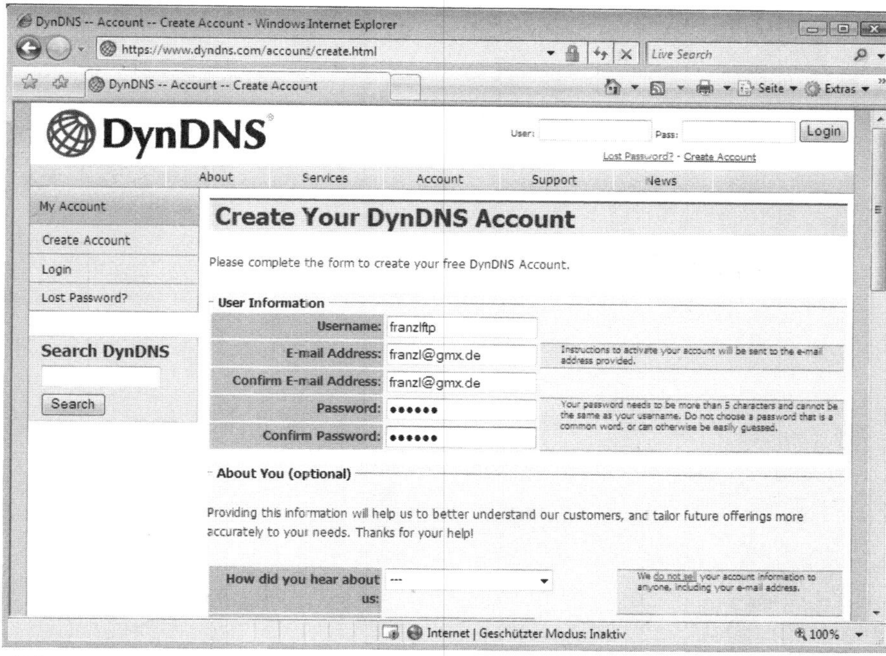

Bild 9.5: Damit niemand mit dem eingerichteten Zugang Unsinn anstellt, ist er mit einem Passwort geschützt. Dieses ist dafür hier festzulegen.

Mit einem Klick auf *Create Account* schließen Sie die Registrierung ab.

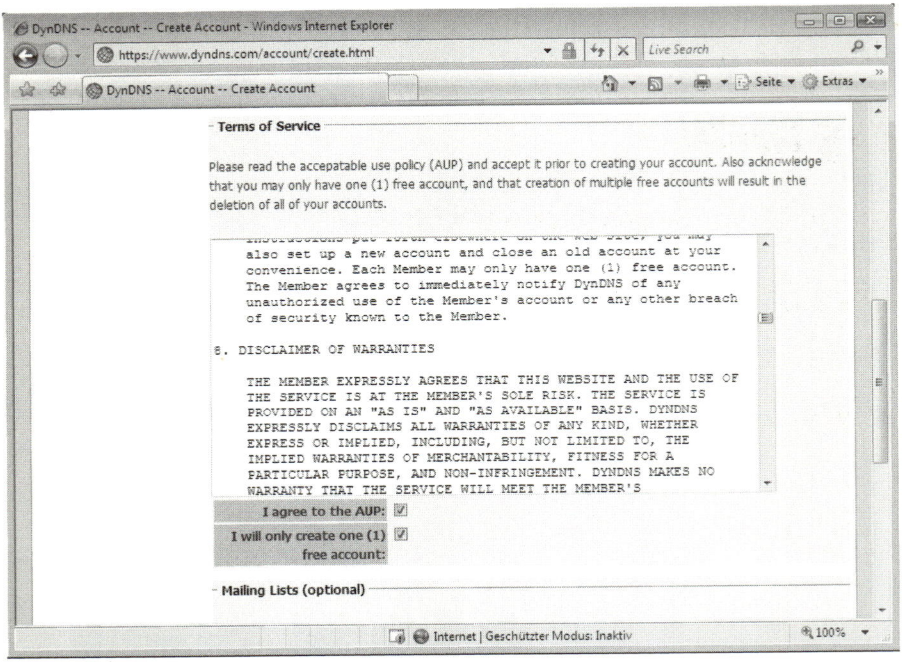

Bild 9.6: Nach dem Lesen willigen Sie mit dem Setzen des Häkchens in die Geschäftsbedingungen ein. Hier schließt der Anbieter Haftungsansprüche bezüglich der Inhalte, die Sie zur Verfügung stellen, aus. Sie sind selbst für die Inhalte Ihrer Internetseiten verantwortlich.

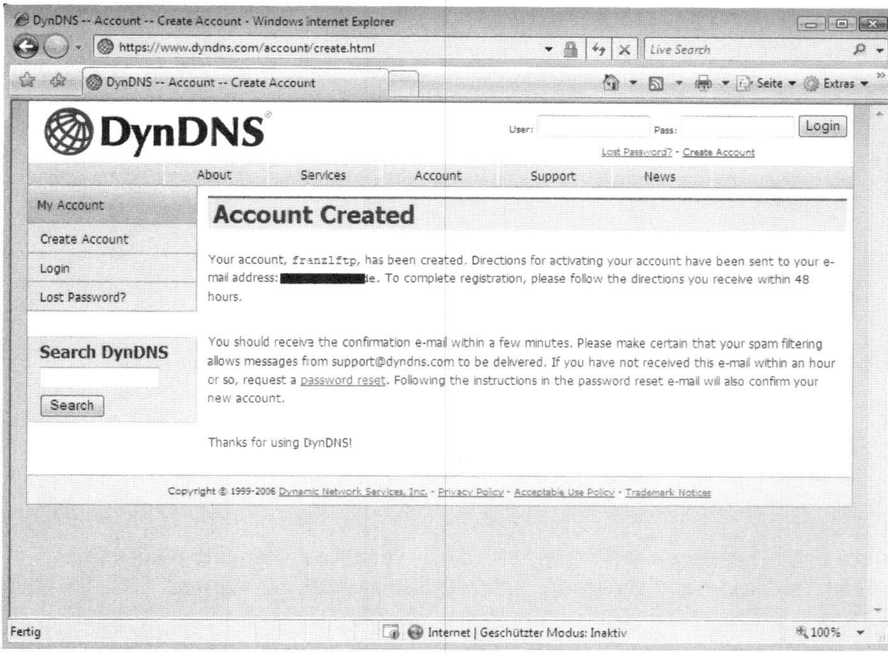

Bild 9.7: Nun beginnen die Mühlen beim Anbieter zu mahlen. Der Account wird eingerichtet, muss aber noch von Ihnen bestätigt werden. Der Anbieter schickt die Freischaltung und weitere Informationen auf den persönlichen Mail-Account.

Nach kurzer Zeit erhalten Sie eine E-Mail vom Anbieter. Sie werden gebeten, den erstellten Account zu bestätigen. Dies bewerkstelligen Sie mit einem einfachen Klick auf die Rückantwortadresse, die in der E-Mail unter *confirm your account* zu finden ist.

▲ Account bestätigen und aktivieren

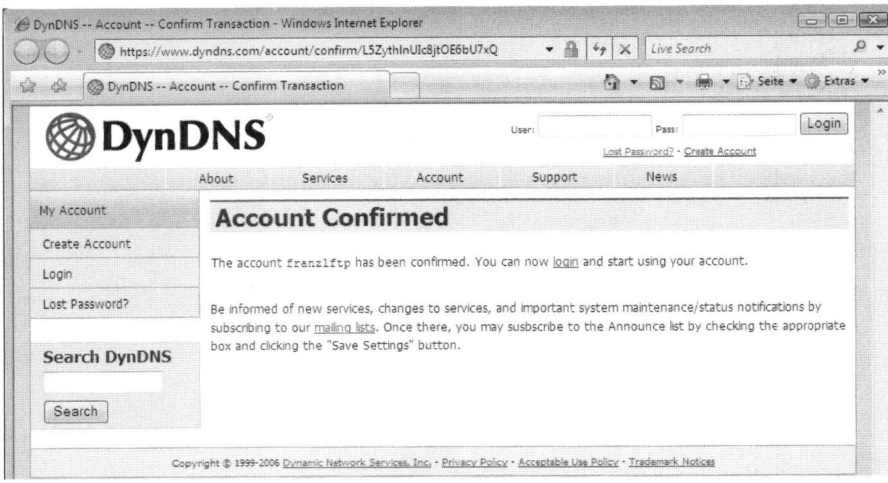

Bild 9.8: Nun loggen Sie sich bei DynDNS ein und erstellen einen DNS-Namen. Hier können Sie kreativ sein: Verwenden Sie einen aussagekräftigen Namen.

Der DNS-Name, den Sie jetzt festlegen, wird Ihr Internet-Domain-Name, der mit der Endung *dyndns.org* komplettiert wird. Per *Account* und *Login* kommen Sie an die persönlichen Einstellungen. Über *My Services/My Hosts/Dynamic DNS/New Dynamic DNS Host* tragen Sie den Namen der gewünschten Domain ein.

▲ DNS-Namen auswählen

Anschließend wählen Sie den Domain-Namen (hier *dyndns.org*) Ihrer Wahl aus. Das war's. Per Klick auf *Add Host* ist Ihre dynamische Domain im Internet aktiv. Jetzt brauchen Sie nur noch einen Mechanismus für das Übermitteln Ihrer IP-Adresse an den Anbieter.

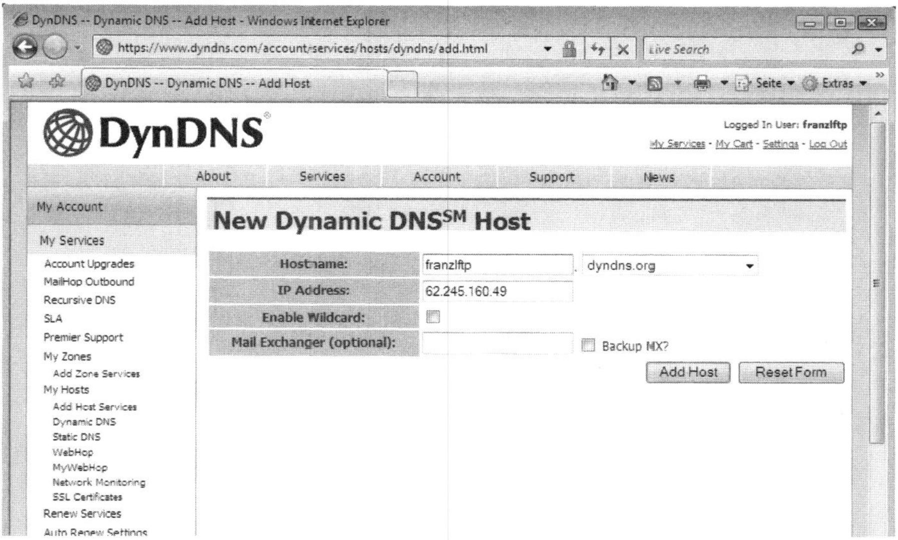

Bild 9.9: In das Feld *Hostname* tragen Sie den gewünschten DNS-Namen für Ihren PC ein. Daneben wählen Sie die gewünschte Domain aus.

▲ Client konfigurieren und Verbindungsdaten eintragen

Ändert sich die IP-Adresse, sollte der heimische Rechner die neue IP-Adresse dem DNS-Anbieter automatisch mitteilen. Dies geschieht über einen Agenten, der im Hintergrund läuft. Unter *www.dyndns.org/services/dyndns/clients.html* ist der passende Client für das Betriebssystem zu finden. Wer einen DSL-Router mit entsprechender DynDNS-Funktionalität im Einsatz hat, braucht natürlich keinen Client auf dem Rechner zu installieren. Hier übernimmt der DSL-Router die entsprechende Arbeit.

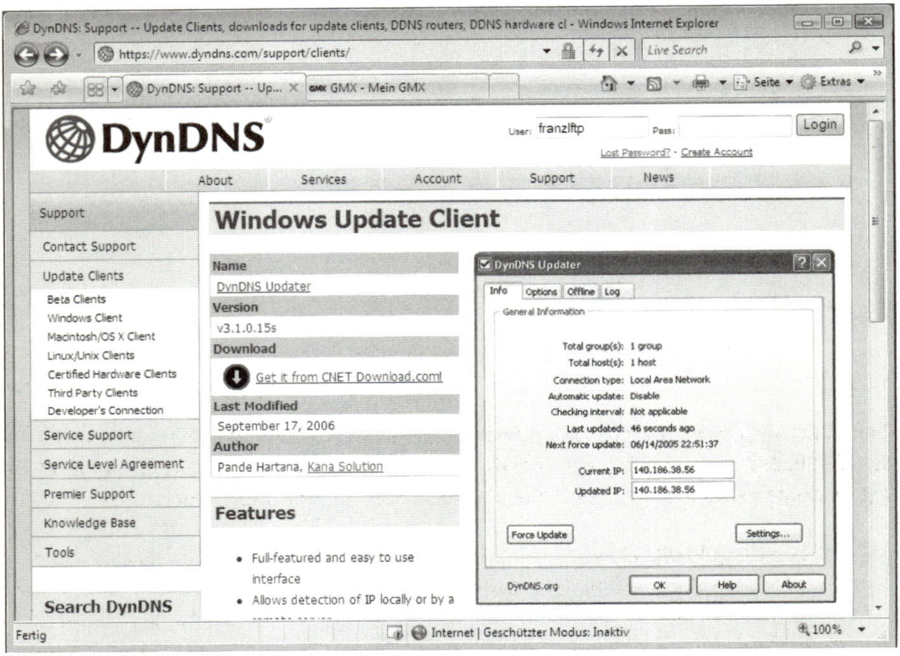

Bild 9.10: Nach dem Entpacken der Datei ist der Client zu installieren. Im Fall der Installation des DirectUpdater-Clients klicken Sie so lange auf *Next*, bis die Installation abgeschlossen ist. Die Standardeinstellungen sollten auf Anhieb funktionieren.

Nach der Installation nistet sich der DynDNS-Client in der Taskleiste als Dienst ein. Mit der rechten Maustaste wählen Sie *Launch Admin now* und passen die Verbindungsdaten für DynDNS an. Klicken Sie anschließend im Register *Status* auf *Create*. Zunächst ist der Anbieter (hier DynDNS »Dynamic«) auszuwählen, dann werden Domain-Name und Account sowie das Passwort dafür eingetragen.

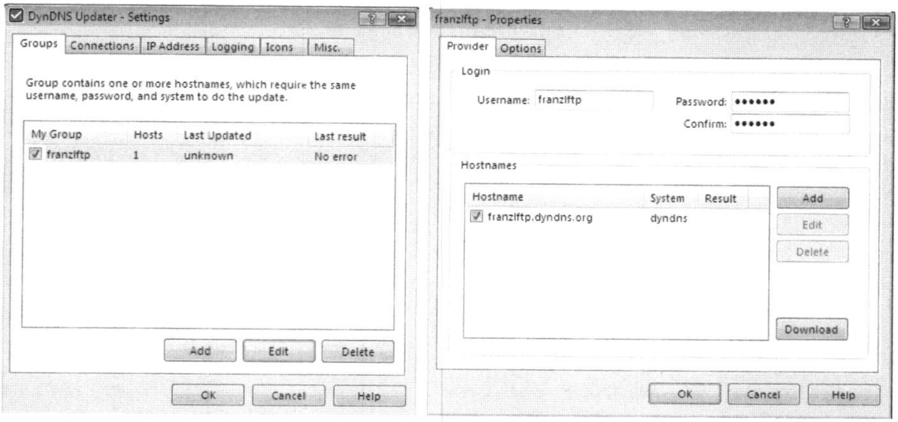

Bild 9.11: Klicken Sie auf *Edit* und überprüfen Sie die Einstellungen des Hostnamens und des Passworts. Sind diese Informationen korrekt eingetragen, übermittelt der PC in regelmäßigen Abständen die aktuelle IP-Adresse an den DynDNS-Server.

Mit einem Ping (*ping IHRDOMAINNAME.dyndns.org*) im DOS-Fenster können Sie das Ergebnis überprüfen. Liefert der *ping*-Befehl eine Antwort samt IP-Adresse zurück, ist alles in Ordnung. Falls nicht, zeigt Ping die Fehlermeldung *Zielhost nicht erreichbar*. In diesem Fall ist zu prüfen, ob der Agent die IP-Adresse übermittelt hat. Im Register *Logging* erhalten Sie in der Log-Datei des Agenten Informationen darüber.

9.2 FTP-Server Marke Eigenbau

Spätestens mit dem neuen Urheberrecht ist das Anbieten und Herunterladen von Dateien nicht nur eine kritische, sondern auch eine möglicherweise strafrechtlich relevante Angelegenheit geworden. Doch auf das Tauschen von urheberrechtlich unbedenklichen Daten und dergleichen mit Freunden oder der Familie brauchen Sie deswegen nicht zu verzichten. Hier gibt es Möglichkeiten, nur befugte und autorisierte User an einem bestimmten Datenpool teilhaben zu lassen. So können Sie beispielsweise von Ihrem Arbeitsplatz aus ganz bequem auf die Musikstücke auf Ihrem eigenen persönlichen Internetserver zugreifen. Mit einem FTP-Server und einer Benutzer- und Rechtestruktur können Sie ganz genau einstellen, wer was herunterladen oder gar auf Ihren Rechner hochladen darf.

CesarFTP: die leistungsfähige Freewarelösung

Es gibt Tausende von FTP-Servern im Internet. Mit einem FTP-Server auf Ihrem Rechner gehören Sie dazu. Die Freeware CesarFTP ist ein ganz einfach einzurichtender FTP-Server. Auch wer mit der englischen Sprache auf Kriegsfuß steht, kann unbesorgt weiterlesen: CesarFTP ist zwar auf Englisch, aber durchgängig leicht bedienbar. Damit können Sie Dateien, Musik, Videos und vieles mehr für andere zur Verfügung stellen und zum Download anbieten. Zusätzlich können die Besucher Dateien hochladen und auf Ihrem Rechner ablegen, vorausgesetzt, es ist ihnen erlaubt. Besonders interessant: Es können verschiedene Benutzergruppen angelegt werden, damit nicht alle, die sich auf Ihrem FTP-Server einloggen, die gleichen Rechte haben.

Mit detaillierten Einstellungen und dem leistungsfähigen virtuellen Dateisystem legen Sie selbst fest, was welcher Besucher in welchem Ordner sehen, laden, verändern oder löschen darf. Damit Ihnen Ihre Besucher nicht zu viel Übertragungsbandbreite rauben, können Sie für die Benutzer oder Benutzergruppen eine sogenannte Ratio-Funktion aktivieren. Damit kann der Besucher auf Ihrer Seite beispielsweise nur so viele Daten herunterladen, wie er selbst für andere auf Ihrem FTP-Server zur Verfügung stellt und hochlädt. Für Erbsenzähler lässt sich das Tauschverhältnis gar byteweise abrechnen.

Sollten Sie mit einem FTP-Client noch keine Erfahrungen gemacht haben, kein Problem – später wird gezeigt, wie Sie mit einem FTP-Programm auf Ihren oder einen x-beliebigen FTP-Server zugreifen und Daten laden können. Doch dazu später mehr – nun geht es an die Installation des FTP-Servers.

CesarFTP: Installation und Konfiguration

Die Installation des CesarFTP-Servers ist innerhalb weniger Minuten erledigt. Normalerweise sind Installation und Konfiguration eines FTP-Servers zeitraubende Angelegenheiten – CesarFTP ist schon sehr gut voreingestellt, damit Sie als Einsteiger sofort loslegen können.

▲ CesarFTP besorgen und Setup starten

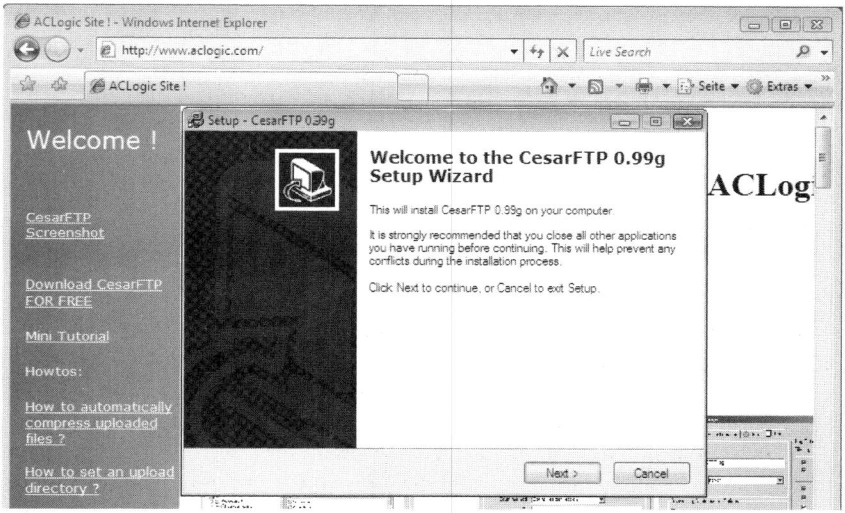

Bild 9.12: Sie finden CesarFTP im Internet, suchen Sie einfach mit Google danach. Nach dem Download starten Sie mit einem Doppelklick auf die Setup-Datei *CesarFTP.exe* die Installation.

Per Klick auf die Schaltfläche *Next* geht es weiter. CesarFTP weist darauf hin, dass während der Installation keine anderen Programme in Betrieb sein sollen. Deswegen wird empfohlen, diese während der Installation zu beenden. Mit einem Klick auf *Next* kommen Sie dann zum nächsten Schritt.

▲ Lizenzbedingungen akzeptieren

Wie auch andere Programme bringt CesarFTP seine eigenen Lizenzbedingungen mit. Obwohl Freeware, sichert sich der Hersteller hier gegen etwaige Schäden ab, die durch sein Produkt entstehen könnten. Mit einem Klick auf *Yes* kommen Sie zum nächsten Dialog.

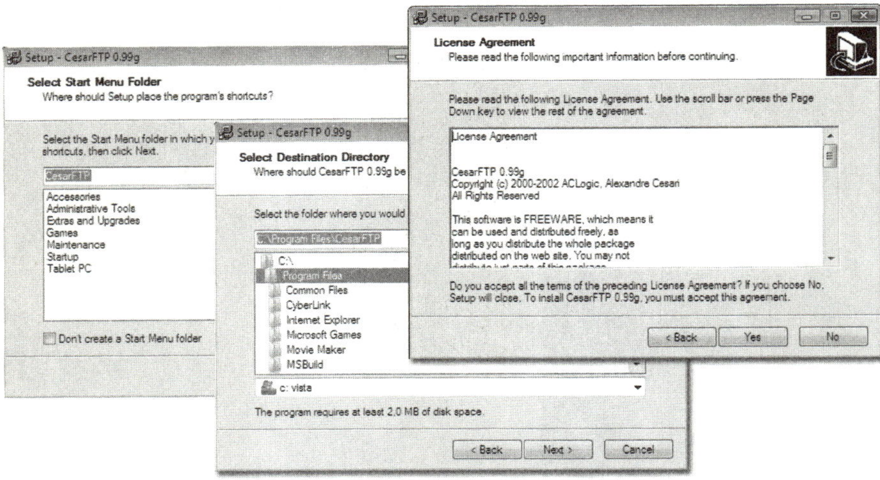

Bild 9.13: Nun legen Sie den Speicherort der Programmdateien von CesarFTP fest. Normalerweise sind die Voreinstellungen in Ordnung.

Wenn Sie das Programm in einem anderen Ordner installieren möchten, geben Sie diesen Installationspfad an. Möchten Sie CesarFTP in einer anderen Programmgruppe im Startmenü unterbringen, können Sie diese Gruppe ebenfalls hier angeben. Mit *Next* geht es weiter.

▲ Desktop-Symbol erstellen und Installation abschließen

Wer es übersichtlich mag, aktiviert hier das Häkchen. In diesem Fall wird für das Programm eine Desktop-Verknüpfung angelegt. Nach dem Klick auf *Next* ist es endlich so weit: Per Klick auf die *Install*-Schaltfläche werden alle Programmdateien in das Programmverzeichnis kopiert.

Bild 9.14: Durch einen Klick auf *Finish* wird die Installation von CesarFTP abgeschlossen. Ist das entsprechende Häkchen in diesem Dialog aktiviert, wird CesarFTP gleich gestartet.

Prinzipiell sollte der FTP-Server nach der Installation reibungslos laufen. CesarFTP ist sehr gut vorkonfiguriert – es sind jedoch noch kleine, aber wichtige Einstellungen vorzunehmen.

▲ FTP-Server einrichten und konfigurieren

CesarFTP läuft auf Anhieb, für den Komfort im täglichen Gebrauch und »fürs Auge« können Sie noch verschiedene Optionen konfigurieren. So erfreut manchen Besucher ein persönlicher Begrüßungstext beim Login. Alternativ können Sie hier Nutzungsbedingungen oder Informationen zum Inhalt des FTP-Servers eingeben. Setzen Sie Windows XP oder Windows Vista ein, ist es zusätzlich sinnvoll, den Start des FTP-Servers als Service einzutragen. In diesem Fall wird der FTP-Server automatisch beim Booten Ihres Rechners gestartet und ist für alle im Internet erreichbar.

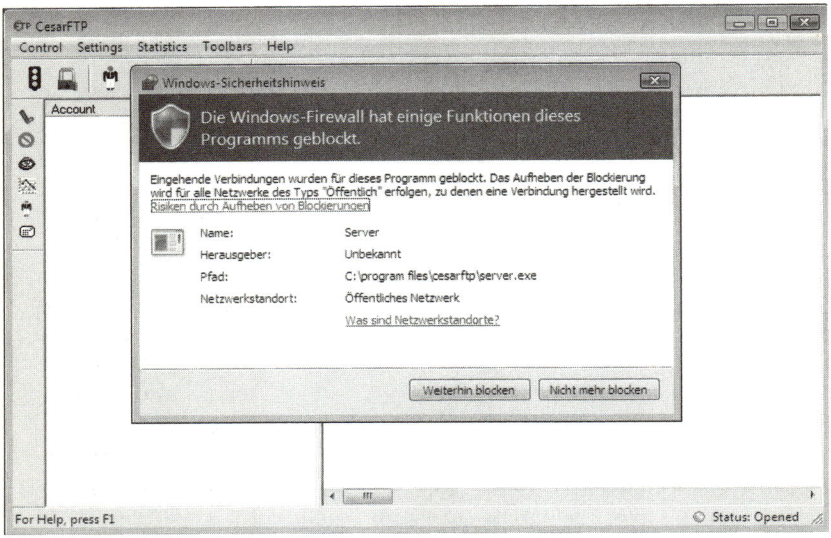

Bild 9.15: Beim erstmaligen Start von CesarFTP schlägt eine aktivierte Firewall Alarm. Soll ein entfernter Rechner mit dem installierten FTP-Server Kontakt aufnehmen dürfen, wählen Sie hier die Schaltfläche *Nicht mehr blocken* aus.

Über die Menüleiste und *Settings/Edit Server Options* gelangen Sie zu den Konfigurationseinstellungen des FTP-Servers. Im Register *General* können Sie kleinere Einstellungen vornehmen, etwa den Begrüßungstext für Ihre Besucher bestimmen.

Die IP-Konfiguration des FTP-Servers erledigen Sie dann im Register *IP Configuration*, in dem Sie die IP-Adresse des FTP-Servers in Ihrem Netz einstellen können. Im Register *Ban* werden die IP-Adressen unerwünschter Störenfriede gespeichert, die Sie einfach per Mausklick »rauskicken« können. Ins Register *Log* sollten Sie ab und zu mal schauen. Log-Dateien sind das A und O, um Fehlern und verdächtigen Aktivitäten auf dem FTP-Server auf die Schliche zu kommen. Dafür lassen Sie von CesarFTP sämtliche Dateioperationen sowie Verbindungs- und Login-Vorgänge protokollieren.

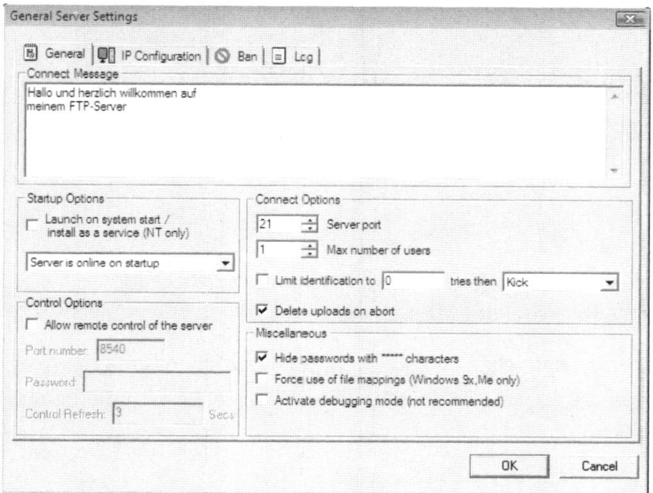

Bild 9.16: Beim Start von CesarFTP erscheint eine übersichtliche und aufgeräumte Oberfläche. Über *Startup Options* können Sie das Startverhalten von CesarFTP steuern.

Nach den Grundeinstellungen richten Sie Gruppen und Benutzer ein, damit nicht jeder auf Ihrem Rechner Narrenfreiheit hat. Prinzipiell sollten Sie sich genau überlegen, wer auf den FTP-Server zugreifen darf und wer nicht. Der Server ist zwar nur für den Personenkreis sichtbar, der den Domain-Namen oder die IP-Adresse des Rechners kennt, trotzdem ist der Einsatz einer Benutzerverwaltung sinnvoll: So können manche Freunde nur herunterladen, andere dürfen zusätzlich Dateien löschen oder bearbeiten.

CesarFTP im praktischen Einsatz

Die Benutzung von CesarFTP ist denkbar einfach. Nach der Installation und Konfiguration des FTP-Servers befindet sich dieser im Active Mode, und die Arbeit kann beginnen. Die Benutzerverwaltung finden Sie in der Menüleiste unter *Settings/Edit Users & Groups*. Je nachdem, wie viele Benutzer auf den FTP-Server zugreifen sollen, können Sie für jeden einzelnen ein eigenes Verzeichnis auf der Festplatte anlegen und es den Benutzern zuordnen. Oder Sie verwenden ein gemeinsames Verzeichnis für alle Benutzer. In diesem Fall legen Sie eine Gruppe an und machen die Benutzer zum Mitglied einer Gruppe.

▲ FTP-Server: Gruppen einrichten

Der Vorteil des Einsatzes einer Benutzergruppe beim FTP-Server liegt auf der Hand: Es müssen nicht jedem Anwender separat die Rechte dafür zugeteilt werden, was er darf und was nicht.

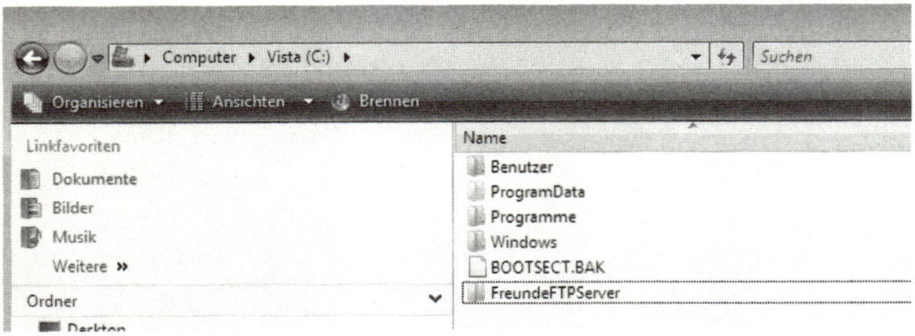

Bild 9.17: Mit dem Windows Explorer legen Sie einen Ordner (beispielsweise *C:\FreundeFTPServer*) für die Besucher des FTP-Servers an.

Über die Menüleiste *Settings/Edit User & Groups* öffnen Sie die Benutzerverwaltung. Hier richten Sie eine oder mehrere Gruppen ein. Wie Sie die Gruppe benennen, bleibt Ihnen überlassen.

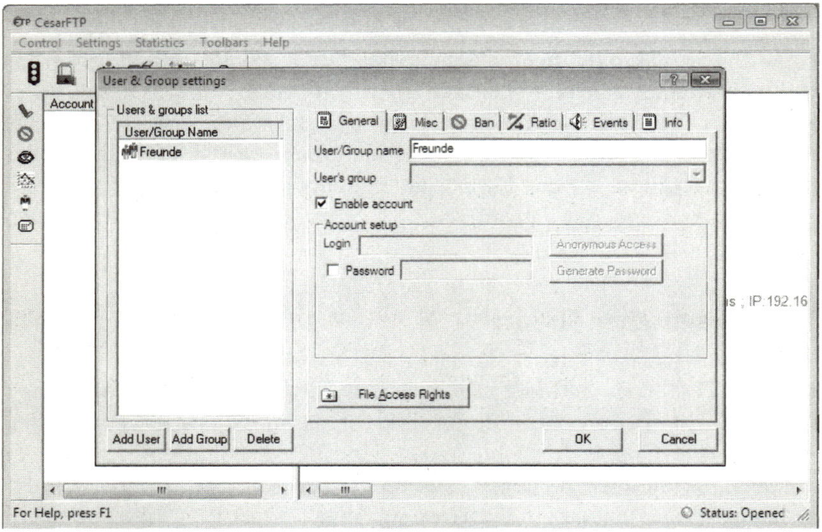

Bild 9.18: Mit einem Klick auf *File Access Rights* öffnet sich ein neues Fenster, der CesarFTP-Browser.

Wechseln Sie im oberen Fensterbereich zu Ihrem Ordner, den Sie für die Besucher freigeben möchte (hier *C:\ FreundeFTPServer*), und ziehen Sie diesen mit der Maus in den unteren Bereich zu der entsprechenden Gruppe. Benennen Sie später im unteren Bereich einen Ordner um, hat dies keinen Einfluss auf den Namen des

Ordners auf der Festplatte, da CesarFTP ein virtuelles Dateisystem verwendet. So lassen sich unterschiedliche Ordner auf der Festplatte für eine Gruppe/einen Benutzer freigeben.

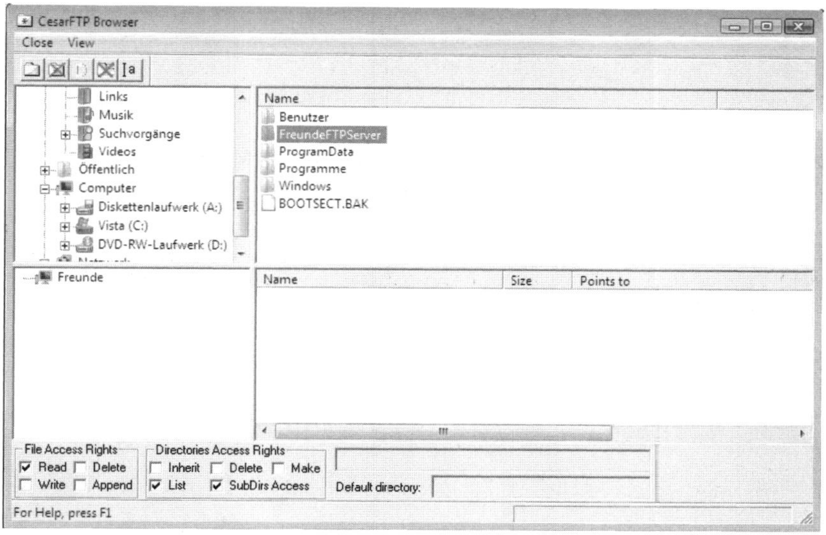

Bild 9.19: Im unteren Bereich des Cesar-Browsers unter *File Access Rights* können Sie für die Gruppe festlegen, was diese mit den Dateien anstellen darf, die Sie zum Zugriff freigegeben haben.

Es gibt normalerweise keinen Grund, jemanden etwas löschen zu lassen – mit dem Schalter *Read* sind Sie auf der sicheren Seite. Sind viele Besucher auf Ihrem FTP-Server zu erwarten, sollten Sie entsprechend viele Gruppen/Verzeichnisse anlegen, damit die Wartung des FTP-Servers übersichtlich bleibt.

▲ FTP-Server: Benutzer einrichten und hinzufügen

Sind die Gruppen bei CesarFTP angelegt, können sie mit Benutzerinformationen ergänzt werden. Die Benutzer erben die Eigenschaften der Gruppe. Der Vorteil ist, dass Sie nicht jeden Benutzer einzeln konfigurieren müssen. In diesem Abschnitt legen Sie einen oder mehrere Benutzer an und ordnen diese den jeweiligen Gruppen zu.

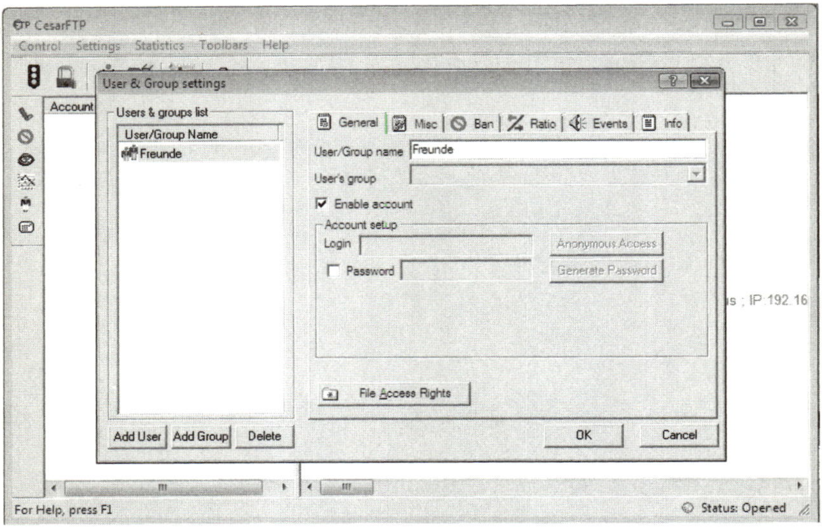

Bild 9.20: Mit einem Klick auf die Schaltfläche *Add User* fügen Sie einen neuen Benutzer auf dem FTP-Server hinzu. Im Bereich *User/Group name* tragen Sie den Namen des Benutzers ein.

Über das Menü *Settings/Edit User & Groups* kommen Sie zur Benutzerverwaltung. Dort können Sie beliebig viele Benutzer einrichten und einer oder mehreren Gruppen zuordnen. Dazu ist die Gruppe auszuwählen, zu der ein Benutzer gehören soll. Es kann auf Wunsch auch ein einzelner Benutzer ohne Gruppenzugehörigkeit angelegt werden, der beispielsweise mehr Rechte hat als alle anderen.

▲ Zugangsinformationen konfigurieren

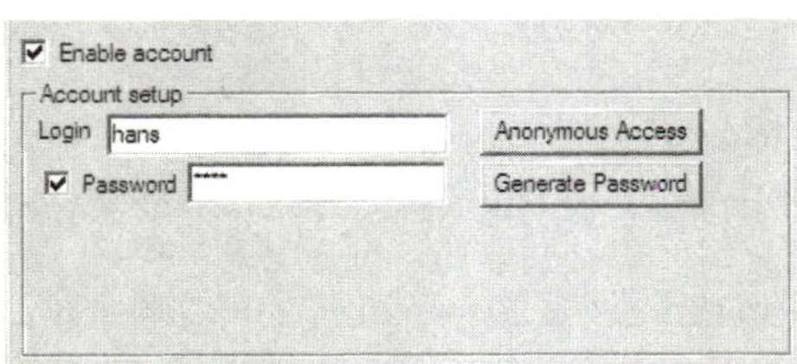

Bild 9.21: Nun ist für den Benutzer ein Login-Name (hier *hans*) einzugeben.

Aktivieren Sie das Häkchen bei *Password*, damit ein Passwort gesetzt werden kann. Anschließend ist hier ein Passwort für den neuen Benutzer einzugeben – für Faule generiert der Klick auf *Generate Password* ein Passwort aus Sonderzeichen, Text und Zahlen. Dieses übermitteln Sie dann als Serverbetreiber dem User, damit dieser sich mit seiner Kennung auf Ihrem FTP-Server anmelden kann.

▲ Rechte für Verzeichnis setzen

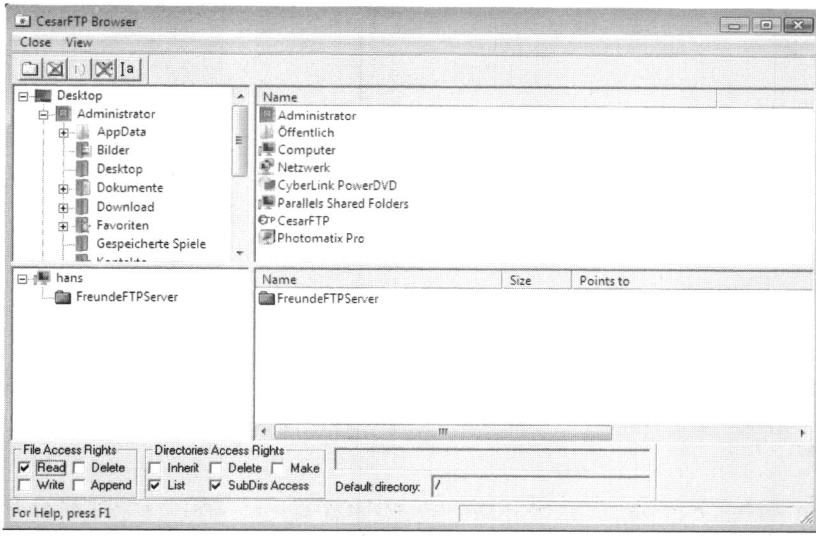

Bild 9.22: Der neue Benutzer erbt die Rechte der Gruppe. Ist der neue Benutzer jedoch nicht innerhalb eines Gruppencontainers untergebracht, kann er gesondert konfiguriert werden.

Markieren Sie diesen Benutzer und legen Sie mit einem Klick auf *File Access Rights* fest, was er auf dem FTP-Server anstellen darf und was nicht. Ist erst einmal eine größere Zahl von Benutzern angelegt, sehen Sie diese in einer übersichtlichen Liste. Mit einer durchdachten Gruppenstruktur haben Sie Überblick über die Rechte jedes einzelnen Benutzers. Mit dem Klick auf *Enable Account* können Sie das markierte Benutzerkonto vorübergehend deaktivieren und später jederzeit wieder aktivieren. Wer es ganz ausführlich mag, kann im Register *Info* für jeden Benutzer den Vornamen, den Nachnamen, eine Adresse sowie Kommentare dazu erfassen.

▲ Vielfältiger Nutzen: Upload-Verzeichnis für Benutzer einrichten

Das Konfigurieren eines Upload-Verzeichnisses bei CesarFTP erfolgt prinzipiell wie der Vorgang *Benutzer einrichten*. Zusätzlich sind hier bei der Rechtevergabe noch andere Parameter zu setzen.

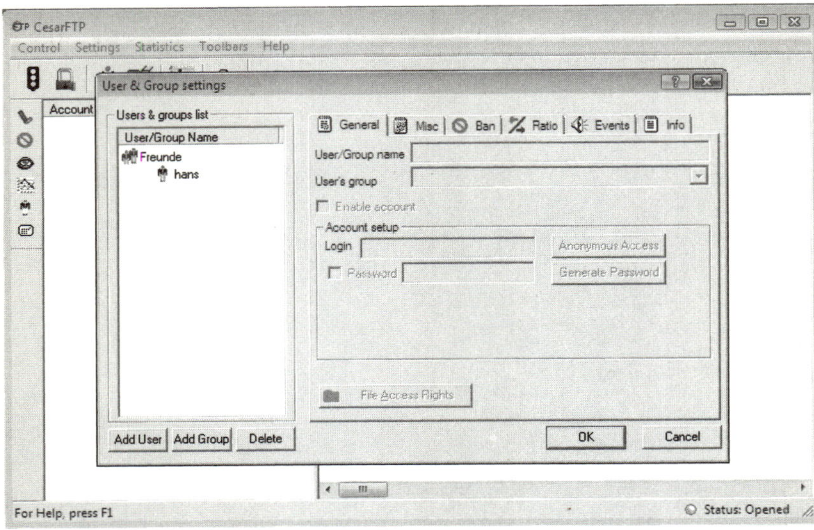

Bild 9.23: Über *Settings* in der Menüleiste öffnen Sie *User & Group settings*. Erstellen Sie über *Add User* einen neuen Account oder wählen Sie jenen, der geändert werden soll.

Die Benutzer können damit nicht mehr nur Dateien saugen, sondern auch Daten auf dem FTP-Server ablegen. Voraussetzung dafür ist, dass ein Benutzer-Account für den Benutzer angelegt ist, der auf dem FTP-Server Daten hochladen darf, und dass dafür ein freigegebenes Verzeichnis existiert.

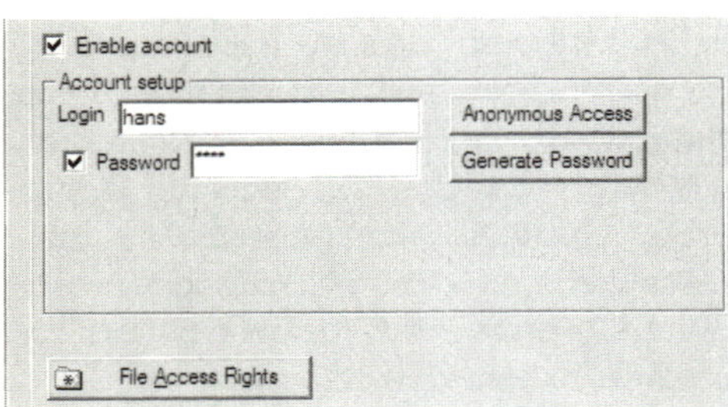

Bild 9.24: Öffnen Sie mit einem Klick auf *File Access Rights* den Dateibrowser von CesarFTP. Haben Sie noch keinen Ordner zum Hochladen angelegt, erstellen Sie mithilfe des Windows Explorer ein neues Verzeichnis.

▲ Verzeichnis zuordnen

Hier können Sie beliebig viele Ordner und Dateien – auch von verschiedenen Quelllaufwerken – unterbringen. Das virtuelle Dateisystem von CesarFTP bietet mit seiner Rechtestruktur vielfältige Möglichkeiten. Markieren Sie den Ordner, der für das Hochladen der Dateien zur Verfügung stehen soll, und aktivieren Sie das Kontrollkästchen *Inherit*, nachdem Sie die *File Access Rights* auf *Read und Write* gesetzt haben.

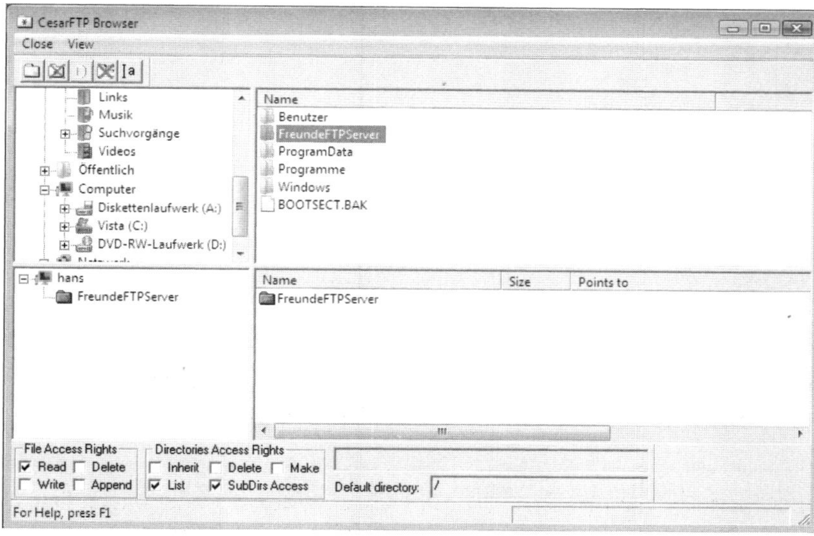

Bild 9.25: Im Dateibrowser von CesarFTP suchen Sie im oberen Fenster das frisch angelegte Verzeichnis und ziehen dieses per Drag-and-Drop in das untere Zielbereichsfenster.

Soll nur das Hochladen von Dateien möglich sein, deaktivieren Sie das *Read*-Kontrollkästchen. Soll das Wiederaufnehmen von abgebrochenen Downloads erlaubt sein, aktivieren Sie die Option *Append*. Mit *Make* können Sie den Anwendern erlauben, selbst Verzeichnisse auf Ihrem FTP-Server anzulegen. Keinesfalls sollten Sie das Kontrollkästchen *Delete* aktivieren, da sonst die Gäste Dateien löschen können.

▲ Konfiguration abschließen

Schließen Sie nun den CesarFTP-Dateibrowser über *Close* in der Menüleiste und klicken Sie auf *OK* zum Speichern der Einstellungen. Jetzt können Sie mit einem beliebigen FTP-Client die Einstellungen testen:

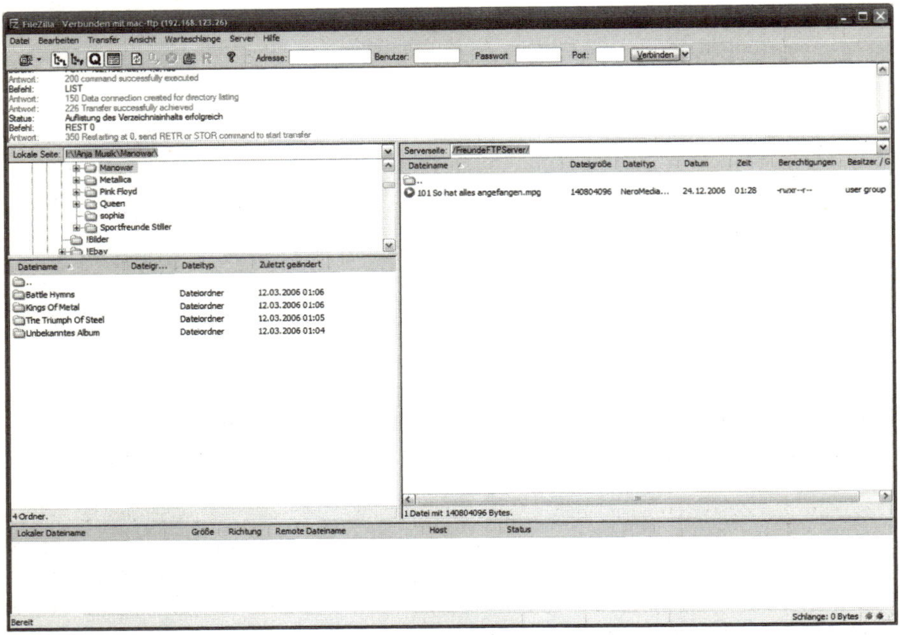

Bild 9.26: User *hans* hat sich auf dem eingerichteten FTP-Server eingeloggt.

Wer keinen FTP-Client installieren möchte, kann sich auch mit Hausmitteln behelfen: Ohne Installationsaufwand geht das Saugen von einem FTP-Server auch mit dem Internetbrowser: Wenn Sie nur Dateien herunterladen möchten, können Sie auch Webbrowser wie Firefox oder Internet Explorer als FTP-Client nutzen.

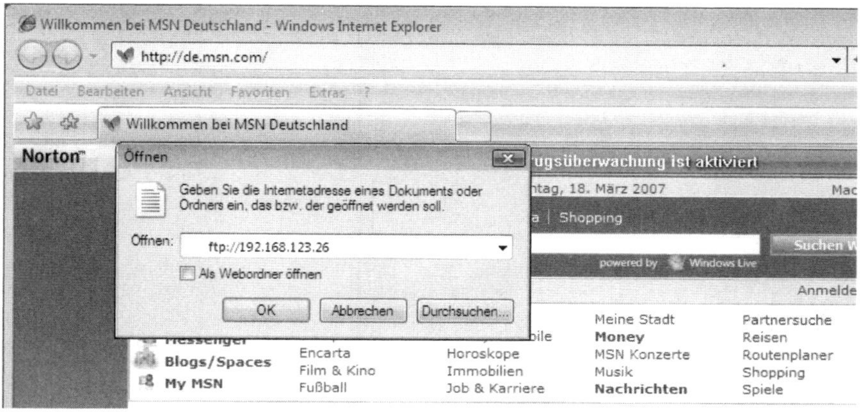

Bild 9.27: Im Webbrowser wählen Sie *Datei/Öffnen* und geben nach *ftp://* die Adresse des FTP-Servers ein. Das kann entweder eine IP-Adresse oder ein DNS-Name sein.

Das geht ganz einfach: Im *Datei öffnen*-Dialog geben Sie den entsprechenden FTP-Server ein. Der Webbrowser erkennt automatisch, ob die Dateien im Binär- oder ASCII-Modus übertragen werden sollen. Einfacher geht es mit einem vollwertigen FTP-Client wie FileZilla, mit dem Sie nicht nur Dateien auf einen FTP-Server hochladen, sondern auch mehrere FTP-Server verwalten können.

9.3 Up- und Download der Daten

FTP-Clients gibt es wie Sand am Meer: Für Einsteiger ist die Freeware FileZilla ideal, da sie nicht nur einfach und intuitiv zu bedienen, sondern auch kostenlos ist. Das Programm finden Sie im Internet, suchen Sie mit Google nach dem Schlagwort *FileZilla*. Derzeit ist die Version 3.2.7.1 in deutscher Sprache aktuell.

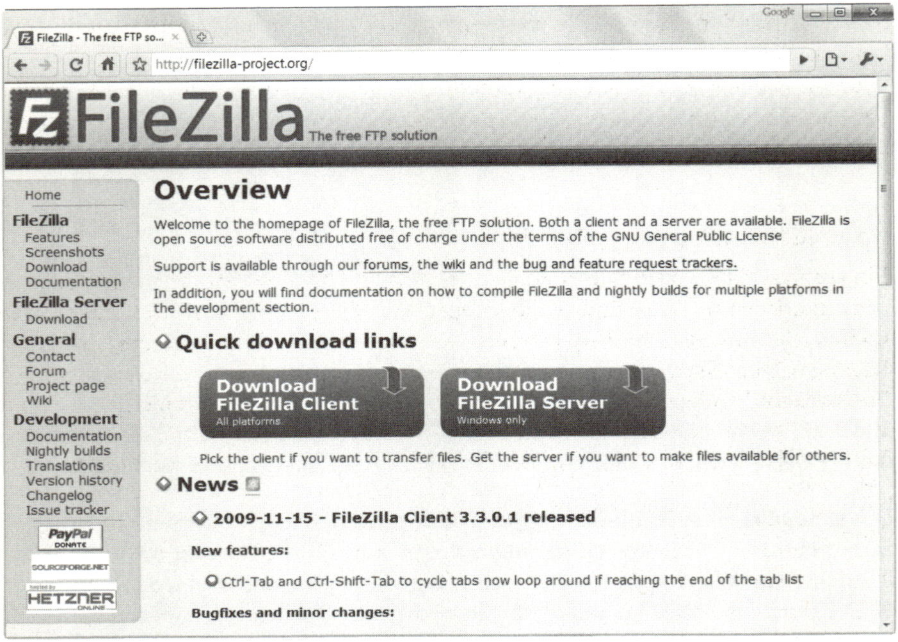

Bild 9.28: Nach dem Download starten Sie per Doppelklick auf die FileZilla-Setup-Datei das Installationsprogramm (*http://filezilla-project.org/*).

Wie gewohnt, bringt auch dieses Programm seine eigenen Lizenzbedingungen mit. Obwohl Freeware, sichert sich der Hersteller hier gegen etwaige Schäden ab, die durch sein Produkt entstehen könnten. Mit einem Klick auf *Annehmen* kommen Sie zum nächsten Dialog.

Nun legen Sie den Speicherort der Programmdateien von FileZilla fest. Normalerweise sind die Voreinstellungen in Ordnung. Wenn Sie das Programm in einen anderen Ordner installieren möchten, geben Sie diesen hier an. Bei der Installation erscheint die Nachfrage, ob Passwörter für die FTP-Server innerhalb des Programms gespeichert werden sollen oder nicht. Arbeiten mehrere Benutzer mit dem PC, sollte diese Option nicht gewählt und stattdessen FileZilla im sogenannten sicheren Modus betrieben werden. Mit *Ja* wird dieser aktiviert. Nach dem Kopieren der Programmdateien wird die Installation mit einem Klick auf *Beenden* abgeschlossen.

Je nachdem, welcher FTP-Client im Einsatz ist, funktioniert das Hochladen und Herunterladen von Daten unterschiedlich. Ist der FTP-Client mit einem FTP-

Server verbunden, können Sie mehr machen, als nur Daten herunterzuladen. So können Sie – abhängig von der FTP-Serverkonfiguration – selbst Verzeichnisse anlegen, Dateien hochladen und verändern. Wie das funktioniert und worauf Sie bei der Konfiguration des FTP-Clients achten sollten, lesen Sie im nächsten Abschnitt.

Up- und Download mit FileZilla

Ein »echter« FTP-Client wie FileZilla ist gerade im Praxiseinsatz wertvoller, denn er kann mehr als nur das simple Übertragen von Daten über den Webbrowser. So können Sie mit FileZilla bequem Ihre Websites regelmäßig auf einem entfernten Rechner aktualisieren, Musik und Videos von bestimmten Servern laden oder auch Freeware und andere Software von anderen FTP-Servern herunterladen.

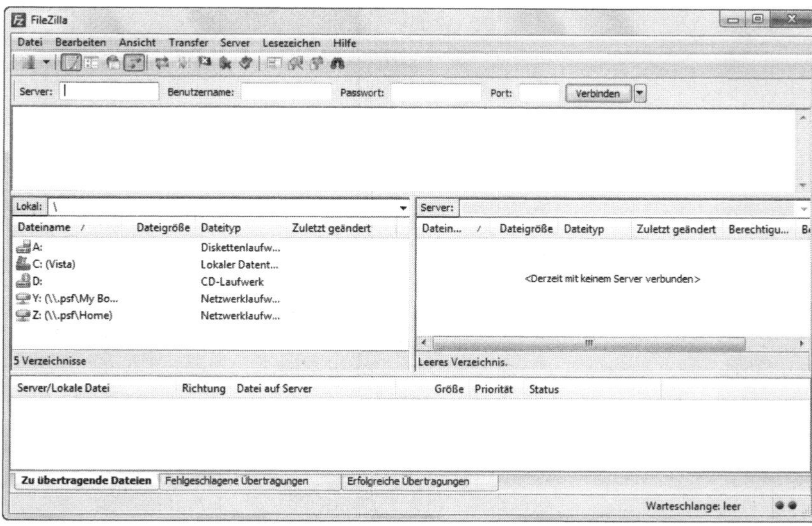

Bild 9.29: Mit einem Doppelklick auf das FileZilla-Symbol wird der FTP-Client gestartet. Im linken Bereich ist die lokale Festplatte, auf der rechten Seite die Serverseite zu sehen.

1 Bevor Sie dort auch Ordner und Dateien ablegen können, müssen Sie sich erst einmal bei einem FTP-Server einloggen. Sind die Adresse, der Benutzername sowie das Passwort eingetragen, wird per Klick auf *Verbinden* eine Verbindung zum FTP-Server hergestellt.

2 Zunächst benötigt der FTP-Client die Adresse des FTP-Servers. Das führende *ftp://* ist nicht notwendig, da FileZilla es selbst automatisch anfügt. So geben Sie beispielsweise im Fall einer *dyndns*-Domain einfach den DNS-Namen (hier *IHRDOMAINNAME.dyndns.org*) ein. Anschließend sind Benutzername und Zugangspasswort für den FTP-Server notwendig. Der Port wird automatisch von FileZilla eingestellt (*Port: 21*).

Weiter ist keine Eingabe erforderlich, es sei denn, der FTP-Server ist auf einem anderen Port als dem Standardport konfiguriert. Mit einem Klick auf *Verbinden* wird der Verbindungsaufbau zu dem angegebenen FTP-Server gestartet.

Kommt eine Verbindung mit dem FTP-Server zustande, landet der Benutzer genau dort, wo Sie ihn haben wollten, denn anhand des Namens und des Passworts kann der Server den Zugriff steuern. Der FTP-Server (hier CesarFTP) protokolliert, welcher Benutzer sich wann eingeloggt hat und was dieser auf dem Server anstellt:

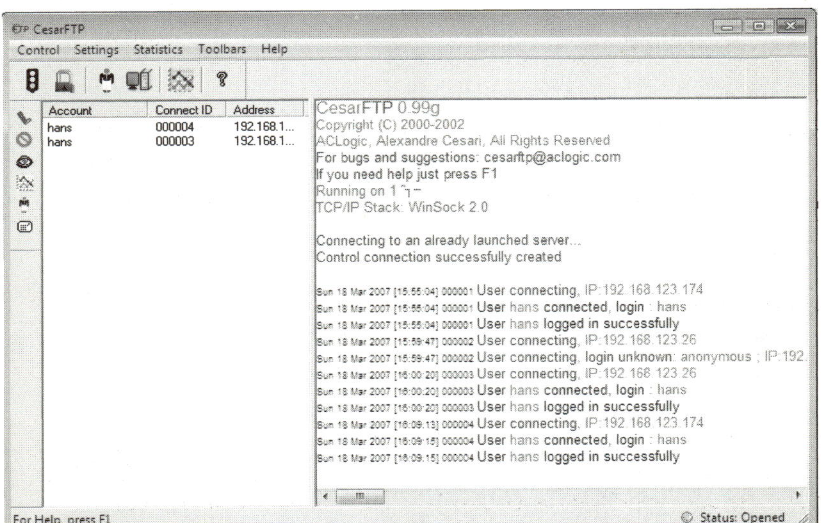

Bild 9.30: Nach einem kurzen Moment ist die Verbindung zu dem FTP-Server hergestellt. User *hans* hat sich erfolgreich auf dem FTP-Server angemeldet.

3 Wer die erweiterte FTP-Serververwaltung von FileZilla nutzen möchte, öffnet sie über *Datei/Seitenverwaltung*. Dort können Sie mit der Schaltfläche *Neue Seite* einen neuen FTP-Server eintragen. Im rechten Fensterbereich tragen Sie bei

Host die FTP-Serveradresse ein. Für den *Logontyp* stehen *Anonym* und *Normal* zur Auswahl. Letztere Option nutzen Sie, wenn Sie für den gewünschten FTP-Server eine persönliche Benutzerkennung besitzen.

4. Geben Sie nun die FTP-Adresse des Heimservers – beispielsweise *ftp.franzlftp.dyndns.org* – und für den Logontyp *Normal* ein und speichern Sie den neuen Eintrag. Mit der Schaltfläche *Verbinden* stellen Sie die Verbindung zu dem FTP-Server her.

5. Sind Sie auf einem FTP-Server angemeldet, fehlt noch das passende Benutzerpasswort, um sich mit dem Account auch einzuloggen. Anschließend stellt dieser automatisch die Verzeichnisse und Dateien zur Verfügung, die der Benutzerkennung zugeordnet sind.

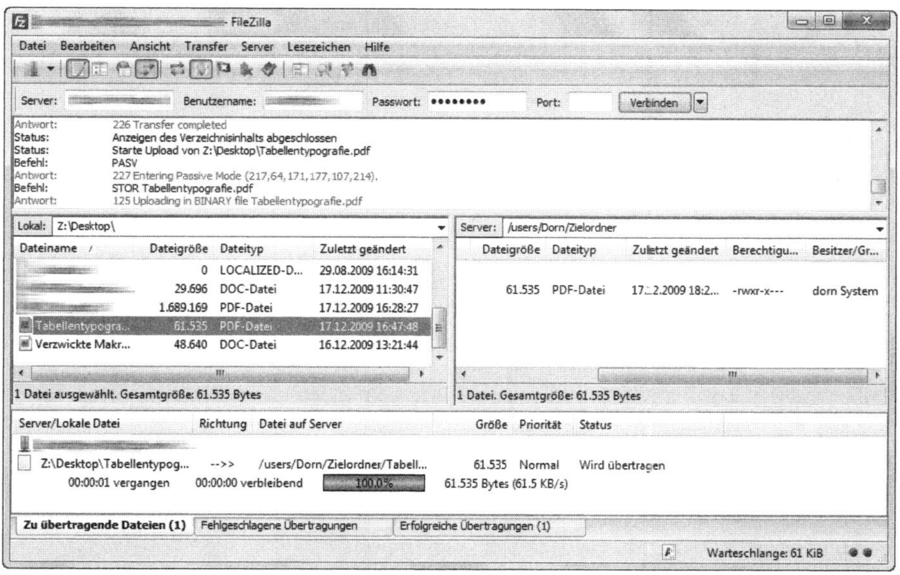

Bild 9.31: Per Drag-and-Drop ziehen Sie die zu übertragenden Dateien oder Verzeichnisse vom linken Quellfenster in das rechte Zielbereichsfenster.

Ist die Verbindung einmal unterbrochen, wird der Up- oder Download automatisch wieder an der Stelle fortgesetzt, an der er abgebrochen ist. Haben Sie also bereits einige MByte einer Datei heruntergeladen, brauchen Sie nicht ganz von vorne zu beginnen. FileZilla wacht über die Verbindung und nimmt den Dateitransfer nach Verbindungsaufbau automatisch wieder auf. Wer eine DSL-Flatrate im Einsatz hat und für Freunde Daten, Musik & Co. permanent zur Verfügung stellen möchte, muss bei einem FTP-Server auf dem Rechner den PC natürlich permanent laufen lassen.

S Stichwortverzeichnis

R

S

T

U